本书获上海财经大学
"中央高校双一流引导专项资金"和
"中央高校基本科研业务费"资助出版

中华人民共和国民法典评注系列
朱晓喆 总编

总则编 杨代雄 主编

民法典总则编
诉讼时效、期间计算评注

（第188条—第204条）

Zivilgesetzbuch
Kommentar

朱晓喆 著

北京大学出版社
PEKING UNIVERSITY PRESS

中华人民共和国民法典评注系列
编委会

总　编　朱晓喆
副总编　杨代雄　李　昊　叶名怡
编委会（按姓名拼音顺序）
　　　　　班天可　冯洁语　黄家镇　李　昊　李　宇
　　　　　刘　洋　沈小军　王葆莳　王文胜　汪　洋
　　　　　武　腾　肖　俊　徐同远　严　城　杨代雄
　　　　　姚明斌　叶名怡　赵文杰　朱晓峰　朱晓喆
　　　　　庄加园

各卷主编

总则编	杨代雄
物权编第一分卷（总论、所有权）	庄加园
物权编第二分卷（用益物权）	汪洋、肖俊
物权编第三分卷（担保物权）	李宇
合同编第一分卷（合同通则）	朱晓喆
合同编第二分卷（买卖至赠与）	武腾、刘洋
合同编第三分卷（借款至保理）	姚明斌、徐同远
合同编第四分卷（承揽至技术合同）	王文胜
合同编第五分卷（保管至合伙）	沈小军 严城
合同编第六分卷（准合同）	赵文杰
人格权编	朱晓峰
婚姻家庭编	叶名怡
继承编	王葆莳
侵权责任编第一分卷（总则）	李昊
侵权责任编第二分卷（特殊侵权责任）	叶名怡

全体撰稿人名单

（按作者姓名拼音顺序排列）

班天可	复旦大学副教授	王葆莳	湖南师范大学教授
曹相见	吉林大学教授	王乐兵	对外经济贸易大学副教授
曹 宇	内蒙古大学副教授	王 琦	北京航空航天大学副教授
杜生一	山东农业大学讲师	王文军	南京航空航天大学教授
冯洁语	南京大学法学院副教授	王文胜	湖南大学教授
何颖来	外交学院讲师	汪 洋	清华大学长聘副教授
黄家镇	西南政法大学教授	魏振华	青岛大学讲师
柯勇敏	中国政法大学讲师	武 腾	中央财经大学教授
李 贝	上海交通大学副教授	肖 俊	上海交通大学副教授
李承亮	武汉大学教授	徐建刚	中央财经大学教授
李建星	上海政法学院教授	徐同远	华东政法大学副教授
李 昊	中南财经政法大学教授	严 城	浙江财经大学副教授
李 敏	中南林业科技大学教授	杨代雄	华东政法大学教授
李 宇	上海财经大学教授	姚明斌	华东政法大学教授
李运杨	华东政法大学副教授	叶名怡	上海财经大学教授
刘 骏	华东政法大学副教授	殷秋实	中央财经大学副教授
刘 洋	上海财经大学副教授	俞彦韬	华东政法大学副研究员
刘征峰	中南财经政法大学教授	曾 见	江苏大学副教授
马 强	上海交通大学博士后	章 程	浙江大学副教授
马强伟	上海财经大学讲师	张 弛	华中农业大学副教授
聂卫锋	西安交通大学副教授	赵精武	北京航空航天大学副教授
潘运华	福州大学副教授	赵文杰	华东政法大学副教授
秦红嫚	浙江理工大学副教授	郑永宽	厦门大学教授
申 晨	武汉大学副教授	朱 涛	重庆大学教授
单平基	东南大学教授	朱晓峰	中央财经大学教授
沈小军	上海财经大学副教授	朱晓喆	上海财经大学教授
孙维飞	华东政法大学副教授	庄加园	上海交通大学教授

目 录

序　言 …………………………………………………………… 1
中国民法典评注：理论基础与愿景使命 ………………………… 1

第九章　诉讼时效

导　言 …………………………………………………………… 3
第一百八十八条　【诉讼时效的期间和起算】………………… 34
第一百八十九条　【分期债务的诉讼时效起算】……………… 86
第一百九十条　【对法定代理人请求权的诉讼时效起算】…… 97
第一百九十一条　【遭受性侵害的诉讼时效起算】…………… 109
第一百九十二条　【诉讼时效的法律效果】…………………… 119
第一百九十三条　【禁止主动援引诉讼时效裁判】…………… 166
第一百九十四条　【诉讼时效期间的中止】…………………… 171
第一百九十五条　【诉讼时效的中断】………………………… 205
第一百九十六条　【不适用诉讼时效的请求权】……………… 285
第一百九十七条　【禁止诉讼时效的约定】…………………… 306
第一百九十八条　【仲裁时效】………………………………… 317
第一百九十九条　【除斥期间】………………………………… 329

第十章 期间计算

导　言 …………………………………………………………… 365
第二百条　【期间的计算单位】 ………………………………… 367
第二百零一条　【始期的计算方法】 …………………………… 370
第二百零二条　【终期的计算方法】 …………………………… 375
第二百零三条　【终期的顺延与截止时间】 …………………… 378
第二百零四条　【本章规定的适用范围】 ……………………… 382

附录一　《民法典总则编·诉讼时效、期间计算评注》
　　　　规范性文件名称缩略语表………………………… 385
附录二　"中华人民共和国民法典评注系列"编写指南 ……… 391

序 言

王泽鉴[*]

北京大学出版社"中华人民共和国民法典评注系列"的出版是中国法律图书出版及法律发展的里程碑,并将深远地影响中国民法理论及实务的开展和进步。我阅读了部分评注,深感其的确具有德国注释书的水准,并突显中国本土特色。本评注精选司法实务中的重要判决及稳妥的学说,对现行法、判例与学说进行体系化,充分发挥法释义学功能,尤其兼有法学方法论的思维,包括法律解释、法之续造(如填补法律漏洞、类推适用等)。本评注将引领中国民法学发展的方向、节约论证成本、建立共识并形成通说,促进实践中同案同判的平等原则、维护法秩序的统一性及一贯性。兹归纳本评注三项风格特点如下,以供读者参考:

第一,总体风格。其一,本评注以法律职业共同体必备参考书为目标定位,以服务法律实践适用为导向,侧重对司法裁判的考察,通过对相关案型的整理与归纳,清晰地呈现司法裁判规则的发展与现状。其二,适度展开民法学理分析,对条文所涉及的学说及理论争议问题进行梳理,展现学理脉络,但避免纯粹的学理争论或过于抽象的理论阐释。其三,以条文的解释适用为重心,对立法政策少作批评。但是,在确有法律漏洞之处,亦会借助类推适用、目的性扩张、目的性限缩等方法填补漏洞,减轻法律适用者的论证负担。

第二,体例结构。本评注针对每一条文的评注,分为如下几部分:其一,规范意旨,用以明确法条的规范目的、性质和内在理由等,尤其是某一条文可否直接作为请求权基础,抑或作为辅助性法条。其二,立法历史沿革及比较法例,对立法沿革的梳理可明确某一法律规范在中国法上的变迁,便于了解法律的发展变化,并为历史解释做铺垫。中国属于继受法国家,《民法典》的诸多规则在比较法上有迹可循,适当的比较法介绍,有助

---

[*] 王泽鉴,台湾大学荣誉教授。

于解释适用。其三,构成要件和法律效果,以教义学方法阐释法律条文适用的前提与效果,这是评注的重点。其四,证明责任,本评注既以服务法律实践适用为目的,亦就各条文适用中可能涉及的证明责任承担问题予以适当阐释。

第三,文献与案例索引。在德国,评注习惯将文献索引置于正式内容之前(如 Münchener Kommentar),或夹杂于评注正文段落中(如 Staudinger Kommentar),但此与中文的阅读习惯不甚相符,且使正文内容略显杂乱,本评注选择将文献索引置于相应条文评注末尾,如此更便利评注使用者查阅相关学术文献与司法裁判。

本评注的规划始于《民法典》颁布之前,负责人朱晓喆教授组织五十余人的编写团队,皆为高校民商法领域优秀的中青年学者,且多有留学大陆法系国家的经历,对于民法基础理论具有充分把握,对于评注的文体形式与核心要义具有深刻的认识。加之燕大元照专业的编辑和审核工作,这些足以保证本评注的严谨性与科学性。

期待本评注系列丛书能顺利付梓,谨对所有参与这项历史性任务的同人,表示诚挚的感谢与祝福。

2024 年 6 月 6 日

中国民法典评注:理论基础与愿景使命

(代序)

朱晓喆

> 好的评注像树木一样生长,这需要时间。[1]

一、认真对待法律评注

1. 什么是法律评注

评注的字面含义就是对某种文本进行评论解释。在西方,法律评注(Kommentar)作为一种法律研究和文献编纂方式最早起源于古罗马。罗马共和国建立后颁布《十二铜表法》,此后就有法官和法学家以演绎、类比、对比等方式对其作出解释。公元前 200 年,Sextus Aelius Paetus Catus 最早撰写关于《十二铜表法》的评注,其内容包括三部分,一是对法条的复述,二是对该法条的解释,三是程序形式,该评注的意义在于为法律实践而解释法律,丰富了法律权威文本的内涵。[2] 公元前 100 年左右,Servius Sulpicius Rufus 及其学生 Aulus Ofilius 编写关于罗马裁判官告示的评注,促进了告示的体系化,告示评注后来也成为罗马法的重要文献。[3] 公元 2 世纪,法学家盖尤斯编写了解释法律的作品《法学阶梯》,

---

[1] 参见[德]彼得·A. 温德尔:《德国评注文化——是为中国之范例?》,李雨泽译,《苏州大学学报(法学版)》2020 年第 2 期,第 26 页。

[2] Vgl. David Kästle-Lamparter, Welt der Kommentare: Struktur, Funktion und Stellenwert juristischer kommentare in Geschichte und Gegenwart, Mohr Siebeck 2016, S. 20-21. 此外,公元前罗马法学家拉贝奥(Labeo)也撰写过关于《十二铜表法》的评注。Vgl. Waldstein/Rainer, Römische Rechtsgeschichte, 11.Aufl., C. H. Beck 2020, S. 49, 226.

[3] Vgl. David Kästle-Lamparter, Welt der Kommentare: Struktur, Funktion und Stellenwert juristischer kommentare in Geschichte und Gegenwart, Mohr Siebeck 2016, S. 21.

其全称就是《市民法阶梯的四卷评注》〔4〕。中世纪后期，随着罗马法的复兴以及优士丁尼《学说汇纂》手稿被发现，欧洲的大学里出现一种整理和解释罗马法文献的学术研究，并形成前后相继的注释法学派（Glossatoren）与评论法学派（Kommentatoren）。〔5〕 这两个学派奠定了近代欧洲法学和法律发展的罗马法基础，但与当代盛行于大陆法系的法律评注关联不大。

我国古代的中华法系也存在官方和民间注解法律的传统。据何勤华教授考证，早在秦汉时期，随着国家颁布成文法典，为贯彻实施法律而兴起一种对成文法进行注释诠解的学术活动，即"律学"。〔6〕 此时的律文注释内容已经相当丰富，既有对某项法律、法令的历史背景和发展演变的阐述，也有对律文的立法宗旨和含义的总结，还有对法律概念或术语的训诂和解读，总体上呈现出一种较为系统的形态。〔7〕 有唐一代，刑律包括律、注、疏三个部分，官方编撰的《唐律疏议》将律文与解释汇集于一部刑律之内；注解的目的是克服司法实践中，中央刑部与大理寺之间及地方州、县之间因认识分歧而执法不一的弊病。〔8〕《唐律疏议》将律学的法律注解传统推向高潮，一直为后世效仿。直至清末西风东渐，变法修律，传统律学赖以生存的土壤不复存在，律学也随之消亡。〔9〕

当代对法律实践产生重要影响的法律评注观念，始于19世纪德意志帝国统一后的法典编纂以及伴随而生的商法和刑法评注。〔10〕 在20世纪，特别是在《德国民法典》诞生后，为贯彻实施法律，满足实践需求，

---

〔4〕《法学阶梯》的拉丁文全称为 Instituionum iuris civilis commentarii quattuor。相关研究参见徐国栋："代序言"，载《优士丁尼〈法学阶梯〉评注》，北京大学出版社2011年版，第6页。

〔5〕 Vgl. Hans Schlosser, Neuere Europäische Rechtsgeschichte, C. H. Beck 2014, S. 60 ff.

〔6〕 参见何勤华：《秦汉律学考》，《法学研究》1999年第5期，第125页。

〔7〕 参见何勤华：《秦汉律学考》，《法学研究》1999年第5期，第130页。

〔8〕 参见钱大群：《〈唐律疏议〉结构及书名辨析》，《历史研究》2000年第4期，第111页。

〔9〕 参见陈锐：《中国传统律学新论》，《政法论坛》2018年第6期，第50页。

〔10〕 Vgl. David Kästle-Lamparter, Welt der Kommentare: Struktur, Funktion und Stellenwert juristischer kommentare in Geschichte und Gegenwart, Mohr Siebeck 2016, S. 70 ff.

德国涌现大量著名的法典评注,其范围覆盖所有的法律部类,包括宪法、刑法、民法及诉讼法等。根据评注的规模,大体上可分为简明评注、中型评注和大型评注,而评注的作者既有知名的学者教授,也有司法官员和律师等实务专家。[11] 德国式的法律评注观念和方法,也传播至受其影响的奥地利、瑞士、意大利、日本等大陆法系国家。顺便一提,英美法系虽然没有德国式的法律评注,但存在具有评注功能的法律文献或出版物。[12]

典型的法律评注的首要目的在于服务法律实践,其特点是以解释现行法为中心,回答司法实践中可能出现的一切问题。[13] 大陆法系以法典法为主要法律渊源,法典固然具有统一整合法律、概览法律领域和便利法律适用的优点,但同时因法律语言的抽象性、法典体系的复杂性、法条之间相互参引且缺少适用范例,仅靠法典的条文难以实现准确地理解与适用法律的目的。而勃兴于20世纪的德式法律评注,是以法律条文的文义、规范目的和体系解释为基础,注重发掘和整理司法裁判规则,运用法教义学的写作和叙述方式,完成法条、学理和判例熔于一炉的法律解释作品。用齐默尔曼的话说,典型的法律评注汇集了法律文本、司法判例和法学理论,但不是简单的"材料堆积",而是追求一种独立的整合作品和体

---

[11] 国内对此已有详细的介绍和研究,参见贺剑:《法教义学的巅峰:德国法律评注文化及其中国前景考察》,《中外法学》2017年第2期,第380—383页;王剑一:《德国法律评注的历史演变与现实功能》,《中国应用法学》2017年第1期,第186—192页;卜元石:《德国法律评注文化的特点与成因》,《南京大学学报(哲学·人文科学·社会科学)》2020年第4期,第112—116页。

[12] 以美国为例,Lexis和Westlaw两大出版机构按主题领域编辑出版的联邦法律都附有注解(annotations),包括立法史、学术文献和重要判决,是一种"资料汇编"。示范法(Uniform Laws)在发布时附有解释各个法条含义的评论(comments);法律重述(Restatement)除了评论,还包含引用重要判决和学术文献的注释(note)。这些文献总体上具有与德国式法律评注类似的功能。Vgl. Zimmermann, Privatrechtliche Kommentare im internationalen Vergleich: Verbreitung, Varianz, Verwandtschaft, in: David Kästle - Lamparter/ Jansen/ Zimmermann, Juristische Kommentare: Ein internationaler Vergleich, Mohr Siebeck 2020, S. 489. 贺剑教授也指出,英美法系虽然没有德式法律评注,但通过判例法的积累、法律重述、法律释义书和数据库等法律文献,也能实现类似评注的功能。参见贺剑:《法教义学的巅峰:德国法律评注文化及其中国前景考察》,《中外法学》2017年第2期,第394—395页。

[13] 参见贺剑:《法教义学的巅峰:德国法律评注文化及其中国前景考察》,《中外法学》2017年第2期,第385—386页。

系化的秩序。[14] 而且，在编撰者和出版社的共同努力下，法律评注通常以有条理、有层次的纲目编制的形式呈现其内容，并配有参考文献、案例索引和关键词等。评注的使用者可以便捷地浏览和定位所需查找的问题点，迅速获取规范目的、学理状况及司法裁判等有效信息，使之用于法律适用和法律知识的学习。

2. 法律评注与法学教科书

关于法律评注的功能，德国学者卡斯特—朗帕特在其专著《法律评注的世界》中归纳出十项：解释说明功能、知识和信息存储功能、过滤和简化功能、组织和体系化功能、引导和构建教义功能、具体化和示例功能、传播和协调功能、稳定与合法化功能、弹性化和批评功能以及创新与续造功能。[15] 我国也有研究者指出法律评注的上述功能。[16] 对于法律评注的功能及其意义，无须本序再作赘述。以下笔者将结合国内法律文献的状况，仅就法律评注区别于法学教科书、立法释义书等文献的特点和价值提出若干观察与思考。

一方面，法律评注与部门法教科书或专著同属法教义学作品，但具有教科书不可比拟的实践价值。通常在法典颁布之前，某一领域由于缺乏实证法，法学研究往往不受研究对象和研究范围的拘束，承载学者观点的教科书因其学术权威性，从而深刻地影响司法实践。回顾 19 世纪德意志伟大的法学家温德沙伊德的《潘德克顿教科书》(„Lehrbuch des Pandektenrechts")的崇高地位，便可窥知。《潘德克顿教科书》将实务人员不能全面掌握的大量渊源和学术观点进行全面整理，并提出解决方案。在德意志没有统一立法的背景下，《潘德克顿教科书》集法律、评论和教科书于一体，以完美的方式呈现符合时代期待的作品。以至于在 19 世纪最后 30 年的符腾堡，在没有司法先例的情况下，许多法律争议都是按照这本

---

[14] Vgl. Zimmermann, Privatrechtliche Kommentare im internationalen Vergleich: Verbreitung, Varianz, Verwandtschaft, in: David Kästle–Lamparter/Jansen/Zimmermann, Juristische Kommentare: Ein internationaler Vergleich, Mohr Siebeck, 2020, S. 468.

[15] Vgl. David Kästle–Lamparter, Welt der Kommentare: Struktur, Funktion und Stellenwert juristischer kommentare in Geschichte und Gegenwart, Mohr Siebeck 2016, S. 311 ff.

[16] 参见王剑一：《德国法律评注的历史演变与现实功能》，《中国应用法学》2017 年第 1 期，第 193—197 页。

教科书处理的。[17] 与此颇为相似,20世纪80年代以来,我国海峡两岸著名民法学者的教科书在实践中也产生重要的影响。但是,在法典化完成后,司法实践奉法典为圭臬,而法律研究者又以获致司法裁判认可的观点为取向,法律实证主义趋势明显。以解释适用法典为目的的法律评注与法典相伴而生,且融入大量的司法裁判观点,因此其地位逐渐跃升。还是以德国民法为例,1900年后,评注与教科书实现功能上的分野,即一边是"对法典的逐条解释",另一边是以大学教学为目的的教义学体系构建。自20世纪80年代以来,大部头的教科书和体系化的法学手册越来越边缘化,甚至难以为继。[18] 总之,教科书以学术性和科学性为主,而法律评注更注重实用性和权威性,在后法典化时代法律知识的传播和实践运用领域,后者显得更有价值。

但另一方面,教科书不拘泥于实证法的范畴,可以从比较法的角度澄清法律制度的历史源流,深入探寻其社会机理,发掘阐释其制度精义,达致一定的理论高度。例如,我国自1986年《民法通则》以来,实证法上从未出现"债法总则"这个一般规定,但民法理论界借鉴德国法系债法总则的体例,不断推陈出新,编写以《债法总论》、《债法总则》为名的这类教材,概括阐述合同、侵权、不当得利及无因管理的共性原理。再如,我国《刑法》对于犯罪构成究竟采取四要件还是三阶层论并未明确,但长久以来这都是中国刑法学的核心理论争议,教科书中对此都有长篇大论。而以实践为导向的法律评注,通常就事论事,围绕法律条文及相关司法裁判展开注解和评释,并不铺陈展开理论争议。即使在法典评注的各编章之前存在介绍制度一般原理的导论或前言(Vorbemerkung),这些内容也不是评注的重点。著名的德国《慕尼黑民法典评注》(第五版)在"编辑指南"中对导论的要求是:"只有从事物的本质看绝对必要时,才允许在单

---

[17] 参见[德]米夏埃尔·马丁内克:《德意志法学之光:巨匠与杰作》,田士永译,法律出版社2016年版,第44—45页。

[18] 参见[德]尼尔斯·扬森:《评注的勃兴与教科书的式微——对二十世纪德国法学文献形式的15项观察》,刘青文译,《南大法学》2022年第1期,第162、172页。对此意见的赞同者,参见Zimmermann, Privatrechtliche Kommentare im internationalen Vergleich: Verbreitung, Varianz, Verwandtschaft, in: David Kästle-Lamparter/Jansen/Zimmermann, Juristische Kommentare: Ein internationaler Vergleich, Mohr Siebeck, 2020, S. 449。

章或若干条之前编撰前言……那些专著性质的导读性长文是不允许的。"[19] 显然,法律评注的目的不在于追求理论创新,提出作者自己的观点,[20] 重点是如何准确、清晰地阐述现行的法律秩序状态。对于法学理论,评注主要是依据通说回答现行法是什么;在欠缺通说之处,评注可以记录不同的学说或司法裁判,呈现现行法一时的混乱;也可以发表观点,参与通说的形成。[21]

法律评注是法律实践部门适用法律的重要参考文献。编撰者在评注中陈述和表达的法教义学命题或观点,将直接或间接地发生实际影响,其后果体现在民商事领域,就是当事人的私权有无、多少或比例的问题;在刑法领域是犯罪嫌疑人的出罪入罪、罪轻罪重的问题;在行政法领域是行政机关的处罚是否合法合理、是否确认无效或撤销的问题。因此,全体法律人都要认真对待法律评注。评注的编撰者来不得半点马虎,必须对其所采用的理论学说和司法裁判的合理性、真实性、关联性负起责任;遇到疑难或争议问题,必须在权衡考量和穷尽解决路径的基础上,提出可行的方案。法律评注的使用者既要参考和尊重评注,又要对疑难问题保持合理怀疑,不能只是依从编撰者的学术权威而失去公正独立的判断。

3. 法律评注与立法释义书

当前对我国法律实务具有重要影响的还有一类法律解释的文献,大致包括两种。其一,全国人大常委会法制工作委员会或立法部门主要负责人主编的法律释义书,具有代表性的是法律出版社出版的"中华人民共和国法律释义丛书"(以下简称"法律释义丛书")。[22] 其主编和参编

---

[19] [德]弗朗茨·尤尔根·塞克尔:《〈慕尼黑民法典评注〉(第五版)编辑指南》,黄卉译,《中国应用法学》2017年第2期,第176页。

[20] 德国法学家弗卢梅曾批评《慕尼黑民法典评注》(第二版)的问题在于,作者的主观因素过多,代替了说明阐释,优先展示自己的观点,因而像是在评释与专著之间的雌雄同体作品(Zwittergebilde)。Vgl. Werner Flume, Die Problematik der Änderung des Charakters der großen Kommentare: erörtert an Beispielen in der Besprechung der zweiten Auflage des Münchener Kommentars zum Allgemeinen Teil des BGB, JZ 1985, S. 475.

[21] 参见贺剑:《法教义学的巅峰:德国法律评注文化及其中国前景考察》,《中外法学》2017年第2期,第387页。

[22] 例如,黄薇主编:《中华人民共和国民法典释义》(总则编、物权编、合同编、人格权编、婚姻家庭编、继承编、侵权责任编、附则),法律出版社2020年版。

者多是亲历立法的工作人员,释义内容能够体现立法目的和立法中对相关争议的决断(立法解释)。例如,《民法典》第 147 条关于重大误解可撤销意思表示为何不采用大陆法系传统的"错误"这一术语表达,释义书明确:"经研究,重大误解的概念自民法通则创立以来,实践中一直沿用至今,已经为广大司法实务人员以及人民群众所熟知并掌握,且其内涵经司法解释进一步阐明后已与大陆法系的'错误'的内涵比较接近,在裁判实务中未显不当,可以继续维持民法通则和合同法的规定。"[23]如果此后的评释者再探讨或争辩该第 147 条的术语使用不当或文义有待澄清,就显得徒劳。因此,"法律释义丛书"中已有定论的,通常法律适用者遵照执行便是。其二,最高人民法院为贯彻执行《民法典》,研究和颁布关于《民法典》各编的司法解释,继而在此基础上由人民法院出版社出版的民法典或司法解释的"理解与适用"丛书(以下简称"理解与适用丛书")。[24] 由于最高人民法院的司法解释也具有立法性质,对于"司法解释的解释"也具有"立法解释"的意义。相比其他法律评注,上述两个系列丛书分别由最高立法机关、最高司法机关组织编写,在法律实践中具有足够的权威性,可统称为立法释义书。

但上述丛书的短板也很明显。一方面,其精简的篇幅决定了不会竭尽所能回答法律适用中的一切问题。粗略统计关于《民法典》总则部分的释义,"法律释义丛书"中每条释义的篇幅在 2000 字左右,"理解与适用丛书"中在 4000 字左右。面对纷繁复杂的民商事法律关系和重要的法教义学问题,这类丛书无法作出全面的回应和解释。另一方面,"法律释义丛书"注重立法解释,缺少司法裁判的视角和内容。众所周知,了解并掌握一个社会或某一领域的法律状态不能只凭借法律条文,而是必须考察各级各地司法裁判对于某一法律适用的态度和结论。正如恩斯特·拉贝尔教授指出:"没有附带判决的法律,犹如没有肌肉的骨架。"[25] 只有

---

[23] 黄薇主编:《中华人民共和国民法典总则编释义》,法律出版社 2020 年版,第 390 页。

[24] 参见最高人民法院民法典贯彻实施工作领导小组主编:《中华人民共和国民法典理解与适用》(总则编、物权编、合同编、人格权编、婚姻家庭编继承编、侵权责任编),人民法院出版社 2020 年版。

[25] Ernst Rabel, Die Aufgabe und Notwendigkeit der Rechtsvergleichung, der Hochschulbuchhandlung Max Hueber, München 1925, S. 4.

司法判例才能丰富法律的血肉，真实反映法律的状况。即使"理解与适用丛书"引入对典型案例的介绍和分析，但数量稀少，如同点缀，缺乏对相关司法裁判状况的完整考察与说明。以上观察也印证了朱庆育教授所说：此类丛书在理论阐述、立法资料抑或司法实践，均是点到即止。[26]

此外，最高人民法院相关部门及各地高级人民法院、中级人民法院整理出版的全国或各地的指导性案例汇编、类案审判指导和司法观点汇编，对于查明法律实务状况具有重要的参考价值。但其大多属于初步加工的产品，缺乏体系化的编排；且案例未经概括提炼，记载事实过多，理论阐述不够到位，难以令人迅速透彻地了解相关法律状况。而法律评注的各条内容将立法目的、理论解释和经整理提炼的司法裁判规则熔于一炉，有时还包括法律沿革和比较法，从而大大提高读者获取信息的效率。特别是在数字化时代，各类法律数据库存储海量的裁判文书，通过评注编撰过程的筛选、过滤和选择，呈现在读者面前的是关联性强、重点突出、更新及时的司法裁判观点，有效降低法律知识在传播和适用中的复杂性。这也是评注应具有的信息过滤功能使然。[27]

从法律实践需求看，一部以解决实务问题为旨趣的法律文献，应尽可能在一定篇幅内概览立法、学说与司法状况的全貌，提供准确、有效的信息，而且便于检索与查询。这些要素在成熟的法律评注里同时具备。以此标准衡量，目前上述国内法律文献均难以符合这个标准。

综上，认真对待法律评注，就是认真对待法律实践的需求，这要求评注的编撰者真诚友好地对待我们的同行，即法律人共同体。

二、法律评注与法教义学

1. 法教义学的"宝藏"之地

法教义学是以解释和适用现行法为目的建立起来的法律原理和知识体系，其研究对象包括制定法、学说及司法裁判。根据阿列克西的观点，法

---

[26] 参见朱庆育："法律评注是什么（代序）"，载朱庆育主编：《中国民法典评注·条文选注（第1册）》，中国民主法制出版社2021年版，第3页。

[27] 关于法律评注的过滤功能，参见王剑一："德国法律评注的历史演变与现实功能"，《中国应用法学》2017年第1期，第194页。

教义学包括三种活动:其一,对现行有效法律的描述;其二,对这种法律之"概念—体系"的研究;其三,提出解决疑难法律案件的建议。[28] 在这个意义上,可以说部门法学等同于法教义学,即民法学＝民法教义学,刑法学＝刑法教义学。[29] 法教义学是由一系列关于法律或司法裁判的命题语句构成的一个体系(ein System von Stäzen)。[30] 与关于事实描述的陈述性语句不同(如"这本民法典是红色的"),法教义学的命题语句指向对现行法规范内容的分析和解释,以及必要的法律续造,其引导法律规范的适用,具有"规范性内涵",[31]并产生相应的实践后果,因此它是指导法律适用的说明书。在大陆法系,法教义学的表现形式及载体包括教科书、专著、研究论文、司法裁判以及法律评注等,这些法律文献构成一个关于"法律是什么"以及"法律如何适用"的话语体系。法律评注作为一种载体,其内容和功能与法教义学具有"同构共生"的关系,并大大促进法教义学的发展。

　　第一,法律评注与法教义学都秉持法律实证主义立场回答"法律是什么",即法源的问题。在大陆法系,"法律"当然是指由国家权威机关制定的成文法,包括宪法、一般法律、行政法规、规章、地方性法规等。但法律肯定不限于国家制定的成文法,习惯、学理、司法裁判规则、社会组织的自治规章或章程以及国际条约等都可以作为广义上的法源。《瑞士民法典》第1条早已宣布"习惯法"与"法理"均可作为司法裁判的规则;我国《民法典》第10条也规定"习惯"作为法源。[32] 于此,需要特别指出,尽管大陆法系

---

〔28〕 参见[德]罗伯特·阿列克西:《法律论证理论:作为法律证立理论的理性论辩理论》,舒国滢译,商务印书馆2019年版,第308页。

〔29〕 参见卜元石:《法教义学:建立司法、学术与法学教育良性互动的途径》,载田士永、王洪亮、张双根主编:《中德私法研究》2010年总第6卷,北京大学出版社2010年版,第6页。

〔30〕 参见[德]尼尔斯·扬森:《民法教义学》,朱晓喆、沈小军译,《苏州大学学报(法学版)》2016年第1期,第99页;[德]罗伯特·阿列克西:《法律论证理论:作为法律证立理论的理性论辩理论》,舒国滢译,商务印书馆2019年版,第313页。

〔31〕 参见[德]罗伯特·阿列克西:《法律论证理论:作为法律证立理论的理性论辩理论》,舒国滢译,商务印书馆2019年版,第314页。

〔32〕 关于我国民法法源系统性的论述可参见李敏:《民法法源论》,法律出版社2020年。关于《民法典》第10条的历史与法理基础的研究,参见汪洋:《私法多元法源的观念、历史与中国实践:〈民法总则〉第10条的理论构造及司法适用》,《中外法学》2018年第1期,第120—149页。

不像英美法系明确采用"遵循先例原则",但法院在典型司法裁判中就某个法律问题作出的决定,对于后续的待决案件将构成裁判先例(Präjudizien),并对法院产生约束力。拉伦茨指出,这种约束力不是裁判先例本身,而是在其中被正确解释或被正确具体化的规范。在德国法中,只要裁判先例,特别是各最高审级法院的裁判先例没有重大的矛盾,天长日久就被视同"现行法",并慢慢形成补充和续造制定法的"法官法"。[33] 在我国,由于最高司法机关确立了案例指导制度,[34] 最高人民法院发布的指导性案例,各级司法机关应当参照,[35] 其作为法源并无问题。而权威司法机关发布的其他典型案例,例如《最高人民法院公报》《人民法院案例选》刊载的案例,在实务中发挥解释法律、填补法律漏洞的功能。[36] 学术界基于"同案同判"法理,认为判例在同类案件中应当予以参照适用。[37] 基于此,评注者要在被评注的法律条文之下,收集、整理和呈现有关的法律渊源(包括司法裁判规则),这对于厘清什么是现行法,确定解决案件问题的大前提即"找法",提高法律的可预期性,具有重要的意义。

第二,法律评注的体例一般是逐条解释法典的每一项法律规定,其内容和论题都是法教义学。通常每一法条的评注内容包括:首先,介绍规范目的;其次,在必要时梳理法律规定的历史沿革或比较法渊源;再次,对于条文展开概念内涵、体系定位、构成要件和法律效果方面的教义学分析,对于完全的法条,须分别阐述其构成要件和法律效果,对于不完全的法条,包括宣示性法条、定义性法条及指示援引性法条等,根据各该法条的

---

[33] 参见[德]卡尔·拉伦茨:《法学方法论》(全本·第六版),黄家镇译,商务印书馆 2020 年版,第 539 页。

[34] 最高人民法院《关于案例指导工作的规定》(法发〔2010〕51 号)第 7 条:最高人民法院发布的指导性案例,各级人民法院审判类似案例时应当参照。《最高人民检察院关于案例指导工作的规定》(高检发办字〔2019〕42 号)第 15 条第 1 款:各级人民检察院应当参照指导性案例办理类似案件,可以引述相关指导性案例进行释法说理,但不得代替法律或者司法解释作为案件处理决定的直接依据。

[35] 参见胡云腾:《关于参照指导性案例的几个问题》,载《人民法院报》2018 年 8 月 1 日,第 5 版。

[36] 参见李敏:《民法法源论》,法律出版社 2020 年版,第 241—247 页。

[37] 参见张骐:《论裁判规则的规范性》,《比较法研究》2020 年第 4 期,第 145—160 页;顾培东:《判例自发性运用现象的生成与效应》,《法学研究》2018 年第 2 期,第 78—79 页。

情况,予以适当的解释和分析;最后,如有必要,对该法条司法适用时的举证责任进行阐述。[38]

第三,法律评注编撰者须运用法律解释和法律续造的方法,解释法律条文的含义、构成要件和法律效果。在有争议之处,编撰者须提出问题和争论,并阐明当下通说是什么,当然,少数说也应当被注意,因为少数说在一段时间之后也可能变成多数说。[39] 特别重要的是,编撰者须提出本评注所支持的观点及理由,以便参阅者获得法律适用中的确信。当然,一般不鼓励在法律评注中进行理论创新,但如果不同意既往的观点,编撰者也可以提出自己的新观点,并加以论证。进而,如果评注的观点得到司法实践的认可,或许可以形成新的通说。此外,评注编撰者一定要运用司法裁判来解释法律。以德国的法律评注为例,在评注中使用学术文献只是为某种法律观点提供支持,相比而言,司法裁判的地位更为重要,因为从评注使用者的角度看,他们其实更关心如何透过司法裁判观察现行法的运行状况。正由于评注结合司法裁判对成文法进行解释,使得评注被认为是一种"活化"现行法的形式,它能够更好地回答法律适用的状况。[40]

尽管法律评注不注重观点创新,但如果遇上法律规范存在"违反立法规划的不完满性"的法律漏洞情形,并将给法律实务带来困难时,评注编撰者必须回应如何解决此类法律漏洞,以减轻法律适用者的论证负担。填补法律漏洞的方法包括类推、目的性扩张、目的性限缩,以及在必要时

---

[38] 关于民法和刑法具体条文评注的内容及结构,参见[德]弗朗茨·尤尔根·塞克尔:《〈慕尼黑民法典评注〉(第五版)编辑指南》,黄卉译,《中国应用法学》2017年第2期,第175—177页;[德]埃里克·希尔根多夫:《法律评注的概念和方法》,刘畅译,载《法理——法哲学、法学方法论与人工智能》(2021年第1辑,总第9辑),商务印书馆2021年版,第44页;[德]赫尔穆特·查致格:《评注项目筹备面临的九个基本问题》,唐志威译,载《法理——法哲学、法学方法论与人工智能》(2021年第1辑,总第9辑),商务印书馆2021年版,第56页。

[39] 参见[德]埃里克·希尔根多夫:《法律评注的概念和方法》,刘畅译,载《法理——法哲学、法学方法论与人工智能》(2021年第1辑,总第9辑),商务印书馆2021年版,第44页。

[40] 参见[德]尼尔斯·扬森:《评注的勃兴与教科书的式微——对二十世纪德国法学文献形式的15项观察》,刘青文译,《南大法学》2022年第1期,第171页。尼尔斯·扬森还指出,"现代法律评注力图揭示这样一个事实:所谓现行法,其实是制定法和司法裁判相融合的产物"。同上文,第160页。

的利益衡量。如卡斯腾·斯密特所说:法律评注不仅仅是法律日常工作的手册,而且适宜作为法律续造的基础(Grundlage der Rechtsfortbildung)。[41] 评注者提出的法律漏洞填补的结论、对现行法的反思及法政策上的考量,可以作为将来完善法律修订或立法的重要参考。

第四,法教义学具有体系化、稳定法律观点、减轻论证负担、传播交流信息、批判和创新等各种功能,[42]法律评注能够在很大程度上实现这些功能。其一,法律评注围绕法条阐释法律规范的含义,整理司法裁判规则,形成体系化的知识。其二,法教义学确立的实践问题的特定解决方案可以长时间地保留并被复制,而法律评注可以承载这些内容,并基于其权威性,起到稳定法律适用的作用。其三,法律评注可以作为法教义学命题的观点出处或理论来源,减轻法学理论研究或法律实务工作中的论证负担。其四,法律评注围绕法条组织和安排法教义学的内容,方便使用者理解立法,促进法律知识的传播与学习。其五,法教义学并不主张观点的垄断,而是提倡通过理论和实务的检验,促进观点的创新。与此类似,法律评注除了评判、检阅、衡量既有的观点,也应该指明发展的趋势,提出新的、更合理的路径方案。[43]

归纳而言,法教义学贯彻于法律评注的始终,法律评注是法教义学的重要载体或呈现形式。法律评注由于其完整的体例和宽松的篇幅,展现了层次清晰、内容丰富、论证充分的法教义学内容,是法教义学的"宝藏"[44]之地。

2. 法律评注:法教义学的巅峰?

法律评注与法教义学的兴盛具有紧密的联系,但如果说法律评注成

---

〔41〕 Vgl. K. Schmidt, Staub in Staub's Kommentar, 114; David Kästle-Lamparter, Welt der Kommentare: Struktur, Funktion und Stellenwert juristischer kommentare in Geschichte und Gegenwart, Mohr Siebeck 2016, S. 331.

〔42〕 参见[德]罗伯特·阿列克西:《法律论证理论:作为法律证立理论的理性论辩理论》,舒国滢译,商务印书馆2019年版,第326—333页。

〔43〕 Vgl. Wolfram Henckel, Zum gegenwärtigen Stand der Kommentarliteratur des Bürgerlichen Gesetzbuchs, JZ 1984, S. 967.

〔44〕 法律评注是法教义学的"宝藏"的说法出自温德尔教授。参见[德]彼得·A.温德尔:《德国评注文化——是为中国之范例?》,李雨泽译,《苏州大学学报(法学版)》2020年第2期,第26页。

为或达到"法教义学的巅峰"[45]，则略显夸张。在范围上，法律评注肯定不代表法教义学的全部；在研究深度和广度上，法律评注或许不及其他体裁的文献。而且，法教义学本身固有的局限性也决定了法律评注的不足。

近年来，在"法教义学—社科法学"孰为法学研究基本方法的争论中，从实践价值和学术成果的表现看，法教义学在当代中国法学界都占据优势地位。但教义学者不可自我封闭，认为教义学是法学研究的唯一路径和对象。其实法教义学内含着先天的局限性，主要包括：其一，教义学以立法或司法作为论证的前提，这种内部视角隐含着强烈的法律实证主义，从而容易排斥来自国家权威机关之外的法律渊源。而从比较法看，习惯、法理、私人自治章程、各种协会的行业指引、法院或仲裁机构的裁判，乃至当事人之间的合同，都是广义上的法律，埃里希称之为现实社会中的"活法"（Living Law）。其二，法教义学在构建"概念—体系"的抽象过程中，必然遗漏个别具体的因素或遗忘规则的价值来源，以致沦为冰冷的概念或教条，失却了直观的事物本性及社会目的考量。耶林曾讥讽这种主张"服从概念的统治""从概念中推导出法律"的思维追求的是一种"概念的天国"。[46] 其三，法教义学体系往往是以演绎的方法构建起来的公理式体系，即根据概念范畴的上下位阶关系整理出一个概念或规则抽象程度自上而下的金字塔体系，并期待从中发现任何法律问题的答案。尽管这种理想的体系能够确保法律的安定性和可预期性，但现代法学方法论已经论证，法律作为一门实践学科，其知识体系不可能在逻辑上完全自洽，法律问题的答案不可能全都出自这种体系。[47]

在编撰法律评注时应尽量避免和克服法教义学的弱点。法律评注撰写者一方面充分发挥法教义学在法律解释方面的优势，另一方面应注重对司法裁判经验的归纳总结，通过案例类型化或构建案例群组（Fallgruppen），对抽象的法律概念或一般条款进行具体化，以澄清其内涵，指导法律实践。而且，法律评注还可以根据条文的规范目的和规范领域，展开

---

[45] 此说法来自贺剑教授的论文标题，参见贺剑：《法教义学的巅峰：德国法律评注文化及其中国前景考察》，《中外法学》2017年第2期，第376—401页。

[46] 参见[德]鲁道夫·冯·耶林：《对法学的戏谑与认真：给法学读者的礼物》，张焕然译，法律出版社2023年版，第324页。

[47] 参见[德]卡尔·拉伦茨：《法学方法论》（全本·第六版），黄家镇译，商务印书馆2020年版，第549—550页。

"论题式"的研究(详见下文),保持对法律现象的经验总结和一定程度的直观描述,其内容和结论对于司法实务的参考价值更大。

再者,法律评注的对象是实证法,但法教义学与实证法的关系很微妙。通常认为法教义学应以现行实证法为前提,但法教义学的推演和结论,有时恰恰会脱离实证法,甚至批判实证法。法教义学具有独立的权威性和规范性,正如维亚克尔所说,法教义学可以"不依赖制定法而要求获得普遍认可和遵守"[48]。此外,当制定法或法官法与法律原则、原理不相适应的时候,法教义学就开始发挥其批判功能。[49] 法教义学对于更好的理论解释、更好的解决方案都保持开放的态度,会在法学研究与讨论中不断地被修正和改进。

历史地看,法教义学最早诞生于19世纪德国的"法学实证主义"(rechtswissenschaftliche Positivismus)时代。当时的潘德克顿法学家认为法律由法律科学的概念、体系和命题推导出来,不用考虑法律之外的社会因素,而且法律不存在漏洞,有漏洞的只是实证法,这种思想一直影响到《德国民法典》的编纂。[50] 在法典化完成后,由于制定法的权威性更为明白直接,"法律实证主义"(Gesetzespositivismus)才登上历史舞台。即使如此,在法教义学者眼中,必要时还会扯下实证法权威的面纱。[51] 回到问题中,编撰现代法律评注的主要目的是服务法律实践,使读者迅速、

---

[48] Franz Wieacker, Zur praktischen Leistung der Rechtsdogmatik, in: Rüdiger Bubner/Konrad Cramer/Reiner Wiehlr Hrsg., Festschrift für Hans-Georg Gadamer, Bd. II, Mohr Siebeck 1970, S. 319.

[49] Vgl. Rolf Stürner, Das Zivilrecht der Moderne und die Bedeutung der Rechtsdogmatik, JZ 2012, S. 11.

[50] Vgl. Franz Wieacker, Privaterechtsgeschichte der Neuzeit, 2. Aufl., Göttingen 1967, S. 431 ff.

[51] 例如,19世纪的耶林认为,实证主义是法学中隐含的"根本之恶","实证主义意味着逃避独立思考,献身于那作为无意志的工具的制定法",应对其保持警戒。参见[德]鲁道夫·冯·耶林:《法学是一门科学吗?》,[德]奥科·贝伦茨编注,李君韬译,法律出版社2010年版,第50页。在"二战"之后,拉德布鲁赫曾疾呼:"实证主义通过'法律就是法律'的信念,已经使德国法学界无力抵抗暴政和犯罪内容的法律","实证主义完全没有能力运用自己的力量来证明法律的有效性"。参见[德]G. 拉德布鲁赫:《法律的不公正和超越法律的公正》,载 G. 拉德布鲁赫:《法哲学》,王朴译,法律出版社2005年版,第232页。

准确地了解法源,在法源及权威性问题上,它的立场一定更靠向"法律实证主义",而非"法学实证主义",因为后者还隐含着对现行法的不信任甚至批判。可见,"法教义学的巅峰"的说法或许更适合用来描述法典化之前法学和法学家的地位。

3. 法律评注的其他局限性

除了法教义学自身带来法律评注的问题,还要从形式和内容认清法律评注的局限性。

一方面,法律评注遵循法典的立法体例,逐条注释法律,因而注定不可能在某个法条之下展开阐释某些制度共性的一般原理。例如,侵权、不当得利、无因管理都可归为"法定之债",法定之债与合同之债的区别与联系以及在理论和实践方面的区分意义,教材或专著可对此类问题进行深入研讨,但是在法律评注中则无处安放。又如,民法典中对个别问题的规定,其本质上反映同类问题,但民法典欠缺对一般抽象规则的提炼,法律评注也难以切入。比如我国《民法典》多处规定"催告"〔52〕行为及其效力,其性质上属"准法律行为",其生效时间、形式、解释及法律效力等问题原则上可参照适用法律行为暨意思表示的规则(《民法典》第134条至第160条),且与"通知"行为具有共性,因而在教义学上特别是在《民法总论》之类的教材中,往往将其归纳综合并置于意思表示与法律行为相关章节进行阐述。但因为《民法典》中没有准法律行为的一般规定,法律评注也无法在具体规定下展开这些内容。即使法律评注在各编章之前有一些对制度原则进行一般介绍的导论或前言,也未必能够展开那些体系层级较低,但又具有基础原理地位的理论问题。在这方面,教材、专著或专题论文更适合研究那些不依循法典体例,且又需要深刻挖掘的体系化问题,法律评注在这方面力有不逮。〔53〕

另一方面,法教义学虽然是主要的,但并非唯一的法学研究方法。如果把法社会学、法经济学和法政策学的视角或内容引入教义学,将有助于

---

〔52〕 参见《民法典》第145条、第171条、第384条、第515条、第551条、第563条、第564条、第634条、第642条、第654条、第675条、第740条、第752条、第778条、第806条、第807条、第913条、第916条、第944条、第957条。

〔53〕 相同观点参见朱庆育:"法律评注是什么(代序)",载朱庆育主编:《中国民法典评注·条文选注(第1册)》,中国民主法制出版社2021年版,第4页。

改善法教义学的论证结构,提升教义学的生产能力。[54] 从法律的外在视角的观察所得,可以内化、转译为法教义学的命题和知识。[55] 类似地,法律评注作为一种文献体裁,也不限于教义学式。尽管典型的法律评注以服务法律实务为目的,但 20 世纪 70 年代后,德国法学界兴起一种"另类评注"(Alternativkommentare),其主张者认为,德国正在从自由法治国向社会法治国过渡,应当把最大限度保障自由和社会公平的秩序作为目标,法律评注应当揭示法律制度的社会、政治和经济的前提,由此应当在评注中引入社会学和经济学的分析。另类评注特别关注所有权、住宅租金、合伙等与社会经济关联性强的领域。[56] 另类评注虽未影响德国法律评注的主流风格,但毕竟是一种教义学之外的创新尝试。此外,近年来由德国多位知名法律史学家共同编撰的《德国民法典历史批判评注》引起学界关注,该评注以《德国民法典》条文规范群形成主题,例如自然人、法人、法律行为、代理、时效等,追溯法律制度的历史渊源,起到澄清和比较的作用,对于今日之法教义学的解释亦具有参考意义。目前该评注已经出版《民法总则》《债法总则》《债法分则》《家庭法》四卷。[57] 可见,即使在法律评注文化兴盛的德国,教义学式评注也并非唯一风格。法教义学式评注承载不了过多的历史、社会、政治及经济内容,它也不宜对立法政策作过多批判,这方面需要"社科法学"及其他法律文献的贡献。

总之,法律评注与法教义学的关系是辩证的。一方面,法律评注承载着法教义学的内容,但应当注意克服法教义学过于抽象、缺少经验归纳和排斥外部视角的弊端;另一方面,法教义学与实证法保持一定距离,作为

---

[54] 参见雷磊:《法教义学之内的社会科学:意义与限度》,《法律科学》2023 年第 4 期,第 14—32 页。

[55] 参见纪海龙:《法教义学:力量与弱点》,《交大法学》2015 年第 2 期,第 97 页。

[56] Vgl. Zöllner, Das Bürgerliche Recht in Spiegel seiner großen Kommentare, JuS 1984, S. 733 ff.; Wolfram Henckel, Zum gegenwärtigen Stand der Kommentarliteratur des Bürgerlichen Gesetzbuchs, JZ 1984, S. 966 ff.

[57] Vgl. Mathias Schmoeckel / Joachim Rückert / Reinhard Zimmermann, Historisch-kritischer Kommentar zum BGB, Mohr Siebeck, Band 1 2003; Band II 2007; Band III 2013; Band IV 2018. 相关介绍可参见 [德] 索尼娅·梅耶:《历史批判性评注——以〈《德国民法典》历史批判评注〉为例》,余翰然译,载宋晓主编:《中德法学论坛》2020 年第 1 辑,南京大学出版社 2020 年版,第 231—239 页。

阐释实证法作品的法律评注，即使规模巨大，也无法覆盖法教义学的全部。廓清法教义学与法律评注的关系，有助于合理地定位法律评注的风格、内容与功能。

三、中国民法典评注的前景期待

1. 民法典评注本土化的条件已然具备

从比较法看，德国式的大型法律评注模式在大陆法系很多国家被借鉴和引入。不仅同属德语圈的奥地利和瑞士采用德国评注模式，而且欧洲的荷兰、比利时，南美洲部分国家以及亚洲的日本、韩国都有类似德国的法典评注成果。[58] 法律评注甚至被认为是一个大陆法系国家"立法、司法及学说成熟的标志"[59]。在我国《民法典》颁布之前，讨论民法典评注堪称奢望。即便如此，多年前学术界已经多次召开研讨会，呼吁引进德式法律评注，并就民法评注的可行性展开论证，且付诸实践。[60] 当时从事民法评注工作，至少面临三重本土化的困restrictions：[61] 其一，法源的分散性和动态性。在《民法典》颁布之前，我国民事制定法以单行民事法律为主，辅之以层层叠叠的司法解释，仅选择评注对象就存在困难。其二，裁判的复杂性。上有最高人民法院发布的指导性案例及其机关刊物发布的各类典型案例，下有各地高级人民法院、中级人民法院的典型案例或类案裁判指引，以致法律适用者对引用何种法院裁判作为权威依据存在疑虑。

---

[58] 关于法律评注在世界范围内传播和比较的重要研究，参见 David Kästle-Lamparter/Jansen/Zimmermann, Juristische Kommentare: Ein internationaler Vergleich, Mohr Siebeck 2020。

[59] 韩世远：《法律评注在中国》，《中国法律评论》2017年第5期，第163页。

[60] 参见黄卉：《法律技术抑或法律文化？——关于中德合作编纂中国法律评注的可能性的讨论记录》，载王洪亮等主编：《中德私法研究（11）：占有的基本理论》，北京大学出版社2015年版；张双根、朱芒、朱庆育、黄卉：《对话：中国法律评注的现状与未来》，《中国应用法学》2017年第2期，第161—173页；贺剑：《法教义学的巅峰：德国法律评注文化及其中国前景考察》，《中外法学》2017年第2期，第376—401页；韩世远：《法律评注在中国》，《中国法律评论》2017年第5期，第163页。

[61] 此处主要参考姚明斌教授的观点，笔者亦结合自己的观察和理解。参见姚明斌：《论中国民法评注之本土化》，《南京大学学报（哲学·人文科学·社会科学）》2020年第4期，第151—158页。

而且,由于制定法供给不足,司法裁判须进行法律漏洞填补,由此带来规则的不明确。其三,如何界定民法"通说"尚未确立标准。法律评注的重要功能是获致法律适用的明确性和可预期性,评注中采用作为"支配性意见"的通说尤为重要。但在法源、裁判、学理均比较混乱的状态下,确定通说存在障碍。[62]

关于以上三重困难,首先,在《民法典》制定完成后,第一个问题已然解决。尽管最高人民法院持续不断地出台《民法典》各编的司法解释,法源多元问题依然存在,但评注的功能之一就是整理法源,可在《民法典》相关条文之下纳入对于司法解释的评注。而且,司法解释本身也细化法律规则,对于增强法律的明确性大有助益。其次,司法裁判的复杂性并不成为法律评注的障碍。贺剑教授认为,在司法四分五裂之际,往往学说大有可为,法律评注编撰者可以通过案例的甄选、评说与理论的建构参与到法律的发展中,进而形成评注自身特色。[63] 何况,法律评注本身即有筛选和过滤的功能,纳入评注的案例,无论正、负面意义,均可能成为典型案例。最后,"通说"的形成是法律界整体的任务,法学理论文献支持的观点与司法机关在裁判中确认的观点都可能存在分歧。法律评注既可以采纳已经形成的通说,也可以参与讨论,促进通说的形成。综上,在《民法典》时代,从事评注的事业已经不存在障碍。

近年来,由朱庆育、高圣平教授牵头的《中国民法典评注》,包括成板块的"规范集注"[64]和分散的"条文选注"[65]共出版五部,对德式大型的法律评注进行了有益探索,积累了丰富经验。2020年以来,随着我国《民法典》的颁布实施,学术界和实务界中名为评注的作品不断涌现,中

---

[62] 在德国法律评注文化中,对通说的形成更重要的是案例而不是学说(参见贺剑:《法教义学的巅峰:德国法律评注文化及其中国前景考察》,《中外法学》2017年第2期,第387页)。但是,在我国法学研究和法律评注语境中,司法判例的作用和地位远未达到足够权威的程度,须根据不同的场景和需要进行使用(参见姚明斌:《法律评注撰写中的案例运用》,《法律适用(司法案例)》2017年第8期,第45—46页)。

[63] 参见贺剑:《法教义学的巅峰:德国法律评注文化及其中国前景考察》,《中外法学》2017年第2期,第398页。

[64] 参见杨巍:《中国民法典评注·规范集注(第1辑)·诉讼时效·期间计算》,中国民主法制出版社2022年版。

[65] 参见朱庆育、高圣平主编:《中国民法典评注·条文选注(第1—4册)》,中国民主法制出版社2021—2023年版。

国人民大学出版社、中国法制出版社、人民法院出版社分别出版较大规模的民法典评注系列著作。[66] 一些小型民法典评注也纷纷问世。[67] 这些评注文献,为进一步完成大型民法典评注创造了一定的条件。不唯如此,我国有刑法学者已经完成一部中等规模(600多万字)、三卷本的《中国刑法评注》。[68] 这对于推动法律评注事业的发展和促进评注文化的兴盛具有重要的意义,也鼓舞了其他部门法的同行。

2. 法律共同体对民法典评注的期待

在当代中国法律体系中,《民法典》作为一部固根本、稳预期、利长远的基础性法律,在推进全面依法治国、发展社会主义市场经济、推动我国人权事业发展以及推进国家治理体系和治理能力现代化等方面都具有重大意义。准确地理解与适用《民法典》,是法律职业共同体面临的现实任务。尽管《民法典》颁布实施以来,各类关于《民法典》的注释书不断出版,但如上所述,一些注释书由于出版周期短,缺少对司法案例的整理归纳,以及篇幅所限,未能全面反映以《民法典》为中心的私法秩序全貌。法律学术界和实务界对于一套全面的、系列的民法典评注依然存在巨大的需求。笔者认为,当前进行的民法典评注应当满足法律共同体的如下期待:

首先,民法典评注应当架起沟通理论与实务的桥梁,融合法教义学与司法实务,完整描绘法秩序的图景。法律评注可以由理论界的学者或实务界的专家作为编写者,[69] 但不论如何,法律评注绝不仅是关于法律条文的文义、体系、目的解释,而必须结合司法裁判,对于现行法的实际状况进行描述与分析。在我国法律的语境中,撰写评注还须结合最高人民法

---

[66] 例如,王利明主编:《中国民法典释评·总则编》,中国人民大学出版社2020年版;王利明主编:《中国民法典评注·总则编》,人民法院出版社2021年版;孙宪忠、朱广新主编:《民法典评注·物权编》,中国法制出版社2020年版;朱广新、谢鸿飞主编:《民法典评注·合同编》,中国法制出版社2020年版。

[67] 例如,徐涤宇、张家勇主编:《〈中华人民共和国民法典〉评注(精要版)》,中国人民大学出版社2022年版;杨代雄主编:《袖珍民法典评注》,中国民主法制出版社2022年版。

[68] 参见冯军、梁根林、黎宏主编:《中国刑法评注》(全三卷),北京大学出版社2023年版。

[69] 参见卜元石:《德国法律评注文化的特点与成因》,《南京大学学报(哲学·人文科学·社会科学)》2020年第4期,第117—118页。

院、最高人民检察院发布的司法解释及各类审判会议纪要、[70]地方高级人民法院发布的裁判规则指引(指南)或解答[71]乃至各种司法意见。当然,法律评注不能停留在简单地描述和介绍司法现状,而须以法教义学为工具提升实践知识的普遍性。从评注使用者的角度看,法律评注应当鲜活地反映法秩序有机的、发展的样貌。如尼尔斯·扬森教授指出,法律人期望在评注中找到现行法在司法实践中是如何被应用的;评注对法律人有关法律的想象也会产生反向影响,评注借由内容的布局和编排,给法律人关于法律秩序的想象"图景"镶嵌了自身的印记。[72]

其次,民法典评注应当结合"概念—抽象"体系式与论题学式(Topic)两种方法论进行编撰和阐述,使评注使用者可以既全面又有重点地了解某一领域的法律秩序。"概念—抽象"体系是借助概念的种差形成的上下位阶关系,将抽象程度较低的下位概念涵摄在抽象程度较高的上位概念之下,推导出一个从下而上的法律体系,这个体系可以保障法律的概览性、安定性、科学性。[73] 民法典以这种"概念—抽象"体系作为框架,形成总则—分则、人身—财产、物权—债权等结构性的区分。但这种"概念—抽象"体系容易使法律概念及规则的意义空洞化,脱离日常生活经验,并导致法律适用的僵化。为此,现代法学方法论提出类型及类型序列、动态体系论、内部价值体系及论题学等思维方式,以救其弊。[74] 其

---

[70] 例如,最高人民法院 2019 年发布的《全国法院民商事审判工作会议纪要》(法〔2019〕254号,简称"九民纪要")、2020 年发布的《全国法院审理债券纠纷案件座谈会纪要》(法〔2020〕185号)、2021 年发布的《全国法院涉外商事海事审判工作座谈会会议纪要》(法〔民四〕明传〔2021〕60号),都在相关领域法律适用中起到重要的作用。

[71] 例如,浙江省高级人民法院制定的《浙江法院破产案件管理人管理工作指引》(浙高法〔2023〕99号),江苏省高级人民法院制定的《侵犯商业秘密民事纠纷案件审理指南》(江苏省高级人民法院审判委员会会议纪要〔2021〕2号)、《刑事裁判涉财产部分执行若干问题的解答》(苏高法电〔2023〕3号),上海市高级人民法院制定的《关于审理公司纠纷案件若干问题的解答》(沪高法民二〔2006〕8号)等。

[72] 参见[德]尼尔斯·扬森:《评注的勃兴与教科书的式微——对二十世纪德国法学文献形式的15项观察》,刘青文译,《南大法学》2022年第1期,第171页。

[73] 参见[德]卡尔·拉伦茨:《法学方法论》(全本·第六版),黄家镇译,商务印书馆2020年版,第549页。

[74] 参见[德]卡尔·拉伦茨:《法学方法论》(全本·第六版),黄家镇译,商务印书馆2020年版,第577—613页。

中,论题学是与体系思维相对的"一门问题定向的思维技术",是一种发现问题"前导性的沉思"。[75] 论题学的目的是研究论题并建立论题目录,强调在事物的具体情境中开启对问题的讨论。菲韦格举例说明,民法上有一项规则:在表意人缺乏"表示意思"时,宣告意思表示无效,但须承担信赖赔偿责任。按概念逻辑理解,既然缺乏"表示意思",就没有意思表示,也就没必要宣告无效,但为保护相对人的信赖利益,法律需要这样设计,因此只有通过"利益判断"这个论题才能透彻理解上述规则。[76] 总之,论题学比体系思维更加具象、更接近事物本质。

民法典评注应遵循《民法典》的编纂体系,依法典条文顺序逐条评释,不可随意打乱,重新编排顺序。但我国《民法典》仅 1260 条,即使辅之以数百条司法解释,在实践中也不敷适用。《民法典》评注可以在不受篇幅限制的前提下,尽量展开与各该条文相关的论题并提出解决方案。举例而言,其一,对抽象一般条款具体化,例如《民法典》第 153 条之下归纳并建构违反强制性法律规定、违反公序良俗而无效法律行为的类型;[77] 其二,有些《民法典》条文的适用须结合程序法上的考量,例如第 186 条关于民事责任竞合,评注者即单列一节讨论"请求权竞合与诉讼标的理论的关系";[78] 其三,《民法典》条文虽未规定,但与其适用有联系或须辨析的问题,例如第 1060 条关于日常家事代理,须澄清该条规制的情

---

[75] [德]特奥多尔·菲韦格:《论题学与法学——论法学的基础研究》,舒国滢译,法律出版社 2012 年版,第 26、37 页。我国学者关于论题学的研究,可参见舒国滢:《寻访法学的问题立场——兼谈"论题学法学"的思考方式》,《法学研究》2005 年第 3 期,第 3—20 页;徐国栋:《从"地方论"到"论题目录"——真正的"论题学法学"揭秘》,《甘肃社会科学》2015 年第 4 期,第 197—203 页。

[76] 参见[德]特奥多尔·菲韦格:《论题学与法学——论法学的基础研究》,舒国滢译,法律出版社 2012 年版,第 109—110 页。

[77] 卡纳里斯适切地指出,概括条款的具体化在很大程度上通过类型建构进行,因此需要体系性固定。可见,体系思维与论题思维相互补充。[德]克劳斯-威廉·卡纳里斯:《法学中的体系思维与体系概念》,陈大创译,北京大学出版社 2024 年版,第 159 页。

[78] 参见叶名怡:《第 186 条:责任竞合》,载朱庆育主编:《中国民法典评注·条文选注(第 1 册)》,中国民主法制出版社 2021 年版,第 223—228 页。

形与共有人管理共有物、表见代理、户主的区别；[79]其四，《民法典》条文规范本身指示援引法典内外的其他规定，甚至是公法，那么评注的内容自然应将相关规则集中在该条文之下进行阐述。例如，关于所有权、农村土地承包经营权、建设用地使用权的规则，涉及诸多公法上关于自然资源分配和利用的规则，散见于《土地管理法》《农村土地承包法》《矿产资源法》等；再如，《民法典》第1254条为规制建筑物高空抛物问题，于第3款明确公安机关调查和查清责任人的职责。于此，不可拘泥于《民法典》为纯粹私法法典的成见，而应将其理解为规范对象、规范领域的完整论题，"下挂"在相关法典条文之下进行阐释。由此，评注使用者才能透过一个或一组条文的法律评注，全面又直观地了解某一特定领域的法律秩序。

再次，民法典评注将在民法教学领域发挥重要的教育作用。我国法学教育体制承袭大陆法系传统，以法学院的理论教育为中心，教师和学生多以教科书为媒介、以课堂讲解方式传授和学习法律知识，辅之以少量的案例教学或实务课程。但是，当下大多数法学教师的感受是，学生即使在考试中获得较高的成绩，但解决实际问题的能力仍然薄弱。问题的原因是多重的，从根本上说，乃是现行法学教育体制以传授知识为主，而忽略技能培养使然。[80] 法律的技能包括法律的理解、适用、分析、归纳和评价等。[81] 何美欢、葛云松教授等都已指出培养法律技能不是通过讲课，而必须是通过大量的"练习"，特别是通过判例研读、案例研习课程。[82] 学生从事这些练习，特别是撰写案例研习报告需要优质的参考资料，而民

---

[79] 参见贺剑：《第1060条：日常家事代理》，载朱庆育主编：《中国民法典评注·条文选注（第3册）》，中国民主法制出版社2022年版，第309—302页。

[80] 英美法教育向来以法律实践技能著称，而德国法学教育也强调知识与技能并重，如默勒斯教授指出："法学教学不仅是向学生介绍必要的法律知识，而更要教会其进行法学研究和运用法律的方法。"[德]托马斯·默勒斯：《法律研习的方法：作业、考试和论文写作（第9版）》，申柳华等译，北京大学出版社2019年版，第4页。

[81] 参见何美欢：《理想的专业法学教育》，载《清华法学》第九辑，清华大学出版社2006年版，第114页。葛云松教授认为法律技能的核心是法律解释的能力。参见葛云松：《法学教育的理想》，《中外法学》2014年第2期，第297页。

[82] 参见何美欢：《理想的专业法学教育》，载《清华法学》第九辑，清华大学出版社2006年版，第114页；葛云松：《法学教育的理想》，《中外法学》2014年第2期，第307—316页；朱晓喆：《请求权基础实例研习教学方法论》，《法治研究》2018年第1期，第34—35页。

法典评注因汇集了理论与实务的文献和观点,提供了比普通的教科书和学术论文更丰富、更准确的信息资源。而且评注的教义学风格展示了法律论证和说理的技术,学生可以通过阅读评注了解学理通说和司法裁判,获得清晰明确的答案,并模仿和习得法律论证的方法。

最后,民法典评注将有助于构建我国自主的民法学术话语体系。不可否认,法律评注作为一种现象,勃兴于20世纪的德国,影响及于欧洲和东亚。除德国外,举凡大陆法系法治发达国家,均有多种代表性的民法典评注问世。[83]特别是日本的经验极具参考价值。"二战"之前,日本经历了德国法的理论继受时期,这一时期的学者以德国民法的原理解释日本民法,实务工作者也参考德国法律评注的意见。[84]"二战"之后,日本受美国法影响较大,德国法的影响减弱,并且判例的地位日益重要,自20世纪50年代开始,一系列重要的评注书相继出现。长野史宽认为"二战"后德国法对日本的影响削弱之后,评注才达到鼎盛时期。[85]与此印证,"二战"后至21世纪,正是日本民法从本土化到建立自信的发展时期。[86]由日本民法的历史发展规律可知,法律移植国家的继受早期须有一个模仿的过程,及至结合本土社会形成自身的法律秩序和法律学术体系之后,法学研究和司法实务也将摆脱外国法的约束。民法典评注作为一种学术话语的表达形式,因其学术权威性、对司法实务的影响,加上巨量的篇幅和编撰技术的难度,成为大陆法系国家民法学术成熟的标志。可以期待,民法典评注的诞生与繁荣必将促进具有中国特色的民法学术

---

[83] 对大陆法系国家民法典评注的相关介绍,参见娄爱华:《意大利民法典评注的撰写——以三个条文为切入点的观察》,《南京大学学报(哲学·人文科学·社会科学)》2020年第4期,第138—150页;吕琳华:《法律评注的历史源流、方法与范式——法国视角》,《苏州大学学报(法学版)》2020年第2期,第11—17页;[意]恩里科·嘎布里埃利:《恩里科·嘎布里埃利主持的意大利民法典评注》,黄文煌译,《苏州大学学报(法学版)》2020年第2期,第28—32页;程坦:《日本民法评注的方法论演变与结构内容》,《苏州大学学报(法学版)》2020年第2期,第33—44页。

[84] 参见[日]长野史宽:《法律评注在日本的发展与价值——作为法学思维方式映射的文献形式》,张慰译,《南大法学》2022年第4期,第172页。

[85] 参见[日]长野史宽:《法律评注在日本的发展与价值——作为法学思维方式映射的文献形式》,张慰译,《南大法学》2022年第4期,第173页。

[86] 参见朱晔:《日本民法注释的演变对中国的启示》,《南京大学学报(哲学·人文科学·社会科学)》2020年第4期,第130—132页。

话语体系的形成。

3. 法律科技对法律评注的冲击与回应

当代信息科技的发展给各行各业带来天翻地覆的变化,大数据、人工智能、区块链等正深刻影响和重塑着法律行业的方方面面。在法学研究和法律实践中,各类以数据搜集整理与智能分析为基础的法律科技软件推陈出新,并被应用于文献检索和查询、法律咨询和解答、司法系统基础设施数字化、区块链存证以及在线庭审技术等领域。近年来,最高人民法院及各地法院提倡智慧法院建设,很多法院在审判、执行、诉讼服务和社会治理等方面基于司法大数据开发和利用各种软件,提高了司法效率,[87]有的法院还应用人工智能辅助办案,进行类案检索及智能预测和推送,预防案件结果的偏离。[88] 2022年年底,生成式人工智能ChatGPT问世,基于自然语言处理(NLP)、机器学习和大数据分析等技术,生成式人工智能可以自动解析用户输入的法律问题,并从海量的法律文献和判例中快速提取信息,提供较为准确的法律建议。人工智能在简单、重复的法律事务处理中具有明显优势,起到辅助或替代法律检索和分析的作用。法律科技软件强大的数据获取、集约与处理能力,可能会对法律评注编写的意义与价值带来冲击与挑战。[89]但从现阶段看,法律评注仍具有明显优势。

首先,当前法律数据库的功能大多停留于数据的检索和陈列阶段,还

---

[87] 参见孙晓勇:《司法大数据在中国法院的应用与前景展望》,《中国法学》2021年第4期,第124—137页。

[88] 例如,江苏法院率先建成"同案不同判预警平台",通过类案推送、量刑推荐、结果偏离预警等功能模块,为司法审判提供智能化的决策辅助(参见大数据在司法审判中的融合应用研究课题组:《限度与深化:大数据在司法审判中的融合应用研究》,《中国应用法学》2021年第2期,第59页)。最高人民法院于2020年发布《关于统一法律适用加强类案检索的指导意见(试行)》(法发〔2020〕24号),要求对于拟提交专业法官会议或者审判委员会讨论决定的案件、缺乏明确裁判规则或者尚未形成统一裁判规则的案件、院庭长根据审判监督管理权限要求进行类案检索的案件,应当进行类案检索。

[89] 日本学者长野史宽在研究法律评注现象时指出,法律评注只提到重要的法院判决,因而不太可能成为从业者的信息来源,如今实务工作者都在使用数据库寻找相关判决,法律评注只是作为案例重要性的论据。参见[日]长野史宽:《法律评注在日本的发展与价值——作为法学思维方式映射的文献形式》,张慰译,《南大法学》2022年第4期,第178页。

无法做到分析文献内容及观点整合,更不必说形成法学通说或建构案例类型。例如,"中国司法大数据研究院"开发的"法信"(faxin.cn)系统,只是将法律主题的检索结果,包括法律法规、案例库、裁判规则、法律观点、图书及期刊论文分类呈现,但这些内容模块基本处于割裂状态,没有自动形成聚焦于特定问题的体系性知识。法律适用者还须进一步通过文献筛选、阅读、归纳和整理,才能获取准确的法律观点。法律评注不是简单的文献收集和罗列,而是经由评注编撰者对法律素材进行整理分析与专业加工后完成的作品,可以极大节约评注使用者的信息成本。而且,评注的脚注和文献索引列明了重要参考资料,可供使用者延伸阅读和学习。

其次,即便诸如 ChatGPT 之类的人工智能基于海量的语料库训练,可以根据既有文献回答法律问题,并且基于较高的自然语言处理能力,表现出强大的语言理解、意图识别、人机互动能力,但相较法律评注,其在精确性方面仍有所欠缺。原因在于:其一,法律语言特别是专业术语具有理解上的复杂性,法律语句或命题包含着规范目的、权利与责任的分配、价值判断、逻辑推理等丰富的规范性、伦理性内涵,不能被完全转译或复述为计算机语言。因此,通过人工智能检索或生成的法律建议,远不如法律专家对法律规范的解释与回答。其二,对法律问题的解答须结合特定地域内和在不同时期生效的法律渊源,而且法律渊源具有多样性,不同层级规范受上下位阶效力的约束,法律条文之间存在相互限制或扩张等,法律评注的编撰者能够运用专业能力处理这些错综复杂的规范效力问题,但目前人工智能尚无法对此作出准确的分析与判断。其三,包括 ChatGPT 在内的人工智能在本质上是基于过去的数据推测未来的数学模型,是归纳大数据得出的规律性认识。然而,法律实务工作是以解决现在和未来的问题为中心,不能以简单的规律或概率来应对问题。特别是在疑难案件中,法律适用者须根据目的进行法律解释,甚至创造新的规则,这是人工智能无法胜任的。[90] 其四,训练人工智能学习的语料库主要来自网络,这些数据的质量参差不齐、内容真假难辨,在缺乏人工校准与监督时,大语言模型往往会吸收领会其中的错误知识与价值,特别是在有纵深的专业问题上,受制于数据语料的有限性,ChatGPT 之类的技术也无法保证

---

[90] 参见王禄生:《ChatGPT 类技术:法律人工智能的改进者还是颠覆者?》,《政法论坛》2023 年第 4 期,第 58 页。

生成正确答案。[91] 同样是基于既有的法律数据和素材，评注是法律专家运用特有的专业能力编撰而成，能够保障推导和结论的准确性与合理性，因此法律评注相比人工智能具有明显的专业优势。

最后，尽管目前还谈不上人工智能等信息技术完全替代法律评注，但编撰法律评注应当对技术保持开放，善用科技手段。法律评注主要是对现行法及相关学理和实践进行汇总与评释，准确归纳和反映法秩序，因此法律评注的内容大多是重述既有的规则、裁判和法律观点。而处理重复的、庞大的数据正是人工智能的优势，利用好成熟的数据库及人工智能技术，对法律文献进行初步的分类与整理，可以大大提高评注编撰的效率。再者，利用信息技术手段呈现法律评注，可以更有效地发挥其作用。例如，将法律评注转化为可检索查阅的数据库，一方面便于其内容本身的检索，以及通过链接文献索引全文（包括著作、论文、裁判文书等），实现在线延伸阅读；另一方面，联通法律法规数据库、案例数据库、司法大数据库等，利用人工智能抓取最新文献并在评注的相应位置提示，编撰者在线进行更新（未来甚至可能实现自动更新），保证评注的前沿性、时效性，以克服"评注的写作赶不上法律秩序变化的速度"[92]的时滞问题。可以预见，合理应用信息技术，不但法律评注不会被淘汰，而且可使其内容更加完善、应用更为便捷、更新更为高效。

总之，法律科技给法律评注事业带来诸多的挑战，但当前形势下，法律评注在专业分析、信息整合、逻辑推论、知识创造与价值判断等方面，相较人工智能等信息技术还具有一定的优势。与此同时，法律评注的编撰应积极引入信息技术手段，发挥人与机器的特长，共同提升法律适用的统一性和准确性。

四、北京大学出版社"中华人民共和国民法典评注系列"：缘起与展望

2019年上半年，也即我国《民法典》出台的前一年，我与北京大学出版社副总编辑蒋浩老师初步商议编撰"中华人民共和国民法典评注系列"的

---

[91] 参见王禄生：《ChatGPT类技术：法律人工智能的改进者还是颠覆者？》，《政法论坛》2023年第4期，第57页。

[92] Wolfram Henckel, Zum gegenwärtigen Stand der Kommentarliteratur des Bürgerlichen Gesetzbuchs, JZ 1984, S. 966.

项目事宜(以下称为"本项目"及"项目组")。当年8月27日,我们邀请了全国17名中青年民法学者相聚于文脉郁郁的安徽滁州琅琊山醉翁亭畔,共同探讨"中华人民共和国民法典评注系列"启动事宜。会后,我作为项目组负责人将会议精神概括为如下几条工作原则:(1)编写"中华人民共和国民法典评注系列"的初步条件已经具备,当前可以启动该项工作,编撰者可根据《民法典》草案,着手研究相关领域的民法原理、司法裁判等问题。(2)"中华人民共和国民法典评注系列"实行各分卷主编负责制,编写主力均是我国知名的中青年民法学者,大多具有大陆法系国家的留学背景,了解民法典评注的特点和功能,可胜任工作,保障评注的质量。写作经验不够丰富的年轻学者,边学习边写作,在研究写作中逐渐锻炼成熟。(3)"中华人民共和国民法典评注系列"的定位是以解决法律实践问题为旨趣,成为法律人共同体必备的一套评注书。在民法典评注中不必进行艰深的基础理论研究。评注编写者可将相关主题作为长期理论深耕领域,通过撰写评注积累的素材、资料,进行专题性研究,作为论文发表,达到效用最大化。(4)北京大学出版社具有出版优势,正在出版我国第一套刑法评注,有经验可供借鉴,出版社将在编辑出版工作方面提供有力保障。而且,"中华人民共和国民法典评注系列"未来还将通过数字化平台,进行线上产品开发。(5)预期于2021年完成"中华人民共和国民法典评注系列"第一版,此后每隔5年左右进行修订,保持评注持久的生命力。

此次会后,项目组发布"'中华人民共和国民法典评注系列'撰写规范(第一版)",并邀请40多位编写者开始准备工作,后续又吸收新的作者加入编写队伍。讵料2020年年初新冠疫情肆虐,《民法典》推迟2个月出台,本项目也推进缓慢。尽管疫情阻断正常的交流,2020年项目组还是开展多次线上线下的研讨活动,特别是在2020年12月27日召开的民法典评注工作会议上,台湾大学王泽鉴教授远程发来指导意见,对本项目提出四点要求:(1)评注尽量形成通说,便利法律的适用;(2)将案例进行系统地梳理和构成,评注将来应能引导判例制度的发展;(3)德国、日本等国的民法通说的见解对我国民法可以适用的,可供吸收借鉴;(4)评注应当用简单的案例来阐释复杂的问题。同时,王泽鉴教授表示期待本评注项目能够对我国民法的解释适用作出长远伟大的贡献。此次会议,还邀请了浙江大学张谷教授给予指导,他提出民法典评注是为法官等实务工作者提供最便捷的解决问题的方案、学术研究要服务实际问题的解决、避免评注"论文化"等意见,特别具有警示和指导意义。

2021年后,项目组陆续完成部分卷册的稿件,有些稿件不成熟,又返稿进行修改。2023年后,部分成熟的卷册完成定稿,开始正式进入出版流程。因出版技术、编排体例、新法修订等问题,项目组负责人与出版社多次沟通,延续至2024年正式出版首本评注。

组织和参与民法典评注的编撰工作,远比想象中困难。首先,评注作为一种作品形式,在现有的学术成果评价体系中只是主编或参编的成果,评价的权重较小。而且,评注以解决实践问题为导向,要求认真严谨的研究态度,论题和表达不可纵情恣意,资料和论证不可马虎草率,因而对于处于职称攀升期的中青年学者而言,负责或参与评注编写,是一项成本和收益不成正比的工作。其次,就编写的具体工作而言,评注内容的轻重拿捏、深浅把握,比较法和立法史的介绍,案例的筛选和整理,学说的选择与评价,都对编撰者提出较高的要求。再次,在多人参与的卷册中,由于各位作者的知识背景、写作风格、切入角度不同,可能出现认识上、表达上的分歧,而对于以统一法律适用为目的的评注来说,这是要避免的。因此,主编的统稿难度较高。最后,在编辑出版方面考虑的因素较多,包括体例统一、结构层次、便利查阅以及未来如何修订等。尽管困难重重,所幸项目组在坚持数年后,今日终于得见初步的成果。

就本项目规模的总体规划,项目负责人曾与各卷主编或参编者进行商议,多数意见认为初版的民法典评注宜达到中等以上规模,才能透彻地展开法条内含的解释。因此,每个条文的字数以1万字左右为宜,重点条文可以达到2~3万字,而全套评注的总体字数预计将达到1500万字左右,分15~20卷出版。而且,随着各卷评注的逐步完成,本项目将拓展在线数据库的建设,以便查阅和检索。希望在各卷主编、参编者以及出版社的共同努力下,早日实现上述目标。

五、结语

法律评注作为一种法律文化现象源远流长,当代对于大陆法系产生深远影响的是以服务法律实践为导向的德国式法律评注,其传播至我国的时间也不过十余年。随着《民法典》的颁布和实施,民法典评注的数量和种类日趋丰富,但评注作品的质量仍有待提高。现阶段,有必要借鉴比较法的理论资源,全面研究法律评注的基础原理,为评注的定位及编撰方法确定一些理论支点。为此,本序对中国民法典评注未来的生长,提出若干方向性的理论观点:

首先,法律评注是基于法典的结构和顺序展开逐条评释的作品,以解释说明现行法及其适用为目的;而法学教科书以阐述基本原理为宗旨,且不受法典体例的限制,适合展开学术性讨论;当前官方出版的立法释义书以说明立法目的为主,但缺少对司法裁判规则的整理和归纳。一部理想的法律评注,应当有机地汇集并整合制定法、法学理论和司法裁判,成体系地反映现行法的状况,以便法律适用者和研习者迅速了解与掌握。

其次,法律评注始终贯穿着法教义学,其对象、内容、方法、功能与法教义学基本保持一致,是法教义学的重要载体。但编撰法律评注应避免法教义学过于抽象、缺少经验、排斥外部视角的弊端。法教义学对实证法保持一定的独立性,而法律评注则须围绕和依赖实证法,因而在观点创新、理论突破方面存在局限性,当然,这更多是留给法学理论作品的任务。

最后,当代编撰中国民法典评注的条件已经基本具备,且已付诸实践。编撰中国民法典评注应当融合法教义学与司法实务,完整描绘法秩序的图景,并注重体系思维与论题思维的互补。中国民法典评注的完成,将对我国民法教学事业和民法学术话语体系的建设起到至关重要的作用。可见,编撰法律评注也是一项参与法秩序形成的光荣事业。

在当今信息科技的发展日新月异的时代,作为一种法律信息的筛选、整理、存储、检索机制的法律评注,或许在不久的将来就会被人工智能取代。在这个意义上说,法律评注的编撰似乎是一项带有机器时代全面来临之前的末世情怀的事业。但至少在现阶段,编撰评注的法律专家在专业分析、知识创新、价值判断等方面具有相对的优势,人与机器可以各展所长,共同有效率地提升法律适用的统一性和准确性。

我们期待,在不久的将来,北京大学出版社"中华人民共和国民法典评注系列"通过传统媒介和在线数据库的同步建设,能够成为一套可供理论界和实务界普遍参考的工具书。或许正如温德尔教授所说的那样,"好的评注像树木一样生长,这需要时间"[93]。

---

[93] [德]彼得·A. 温德尔:《德国评注文化——是为中国之范例?》,李雨泽译,《苏州大学学报(法学版)》2020年第2期,第26页。

第九章 诉讼时效

导 言

目 录

一、民事权利的时间限制 …………………………………………… 003
  (一)时间在法律上的意义 ……………………………………… 003
  (二)民法上权利的时间限制 …………………………………… 004
    1.权利的期限(Befristung) …………………………………… 005
    2.时效(Verjährung) ………………………………………… 006
    3.除斥期间(Ausschlußfrist) ………………………………… 006
    4.失权期间(Verwirkungsfrist) ……………………………… 013
二、诉讼时效(消灭时效)的概念史 ………………………………… 014
  (一)民法上时效制度的沿革 …………………………………… 014
  (二)我国民法上"诉讼时效"的概念 …………………………… 019
三、诉讼时效制度的价值基础 ……………………………………… 021
  (一)《民法通则》颁布以前 ……………………………………… 021
  (二)从《民法通则》到《民法典》时代 …………………………… 022
四、诉讼时效的立法模式 …………………………………………… 025
  (一)诉讼时效期间与起算标准 ………………………………… 025
  (二)诉讼时效的强制性 ………………………………………… 027
  (三)诉讼时效中止与中断 ……………………………………… 028
  (四)诉讼时效届满的法律效果 ………………………………… 029
  (五)表格:诉讼时效立法模式对比 …………………………… 030
参考文献 ……………………………………………………………… 031

一、民事权利的时间限制

(一)时间在法律上的意义

在物理学意义上,"时间"并非是一种实体性的存在,而是人类的一种"思考形式"（Denkweise），因而时间不是法律所规范的对象。尽管时间本身并不发生或改变什么，但任何人类社会的法律和法律关系的存在与构造，都离不开时间维度，通过某些制度的关联，时间在法律上获得了意义。[1]

2　　时间在法律上的意义，大致体现在如下方面：首先，法律对于某个共同体内社会关系的约束力须有明确的时间起点或终点，尤其是法律颁布后，什么时间开始发生效力，立法者须予以明确。新的法律对于颁布之前已发生的社会关系是否适用，即法律是否具有溯及力的问题，对此立法者通常采取"法不溯及既往"原则。此外，旧的法律何时废止，新法也应作相应规定（参见《民法典》第1260条。下文若无特别注明，所引法条序号均为《民法典》条文）。其次，就法律关系本身而言，很多权利义务都系于时间。例如，自然人之出生、死亡时间决定权利主体的存在和消灭；自然人的行为能力和刑事责任能力，原则上取决于以时间计算之年龄；债权债务的发生和履行时间；他物权的存续期间；等等。再次，单纯时间之经过，也会发生一定的法律后果。例如，由于时间久远，之前的法律关系和事实变得模糊，义务人举证困难，因此法律上通常以"时效"制度对过去太久的纠纷解决进行限制，包括刑法上的追诉时效、行政处罚的时效、民法上的消灭时效等。最后，司法机关处理案件需要一定的社会成本，案件当事人也希望尽快结束法律关系的不确定状况，因此民事程序法上设置很多程序期间，例如关于立案、应诉答辩、举证、开庭审理、上诉和执行都有期间的限制。至于刑事案件中的程序期间涉及犯罪嫌疑人的人权保障，司法机关更应严格遵循侦查、检察、公诉以及审判期间的规定。由以上数端可见，时间在不同的法律规范脉络中，具有特定的意义，产生相应的法律后果。

（二）民法上权利的时间限制

3　　在民事实体法上，时间对于民事权利的限制，大致可分为如下4类。

---

[1] Vgl. Ingo v. Münch, Die Zeit im Recht, NJW 2000, 1, 2. 这种关于时间的法律实证主义立场，早在19世纪就为德国法学家承认，Julius Baron 在其1882年的《潘德克顿法学》中即已指出："时间在法律上的力量并非天生，而是立法者基于实用性的需要，通过实证规范予以确立。" Julius Baron, Pandekten, 4. Aufl., 1882, §72, 129. Vgl. Historisch-kritischer Kommentar zum BGB/Hermann, Band 1, Mohr Siebeck 2003, §194-225, Rn. 1.

第九章　诉讼时效 导言

1. 权利的期限（Befristung）

有些民事权利，并无时间限制，原则上可以永久存续，例如所有权。但有些民事权利，其内容本身就存在时间上的限制，权利只能在一定期间内存续。权利的期限可以是法律规定，例如《民法典》规定的土地承包经营权，"耕地的承包期为三十年。草地的承包期为三十年至五十年。林地的承包期为三十年至七十年"（《民法典》第332条第1款）。又如，根据《著作权法》第23条第1款规定，自然人的作品发表权、复制权等权利保护期为作者终生及其死亡后50年。[2]

权利的期限除了法律规定，也可以由当事人约定。根据《民法典》第367条、第373条，居住权和地役权的期限可以由当事人通过合同约定。持续性的合同关系都可以由当事人约定期间，例如租赁、委托合同等。此外，有些用益物权，尽管没有明确的法定或约定期限，但根据其性质，存在权利期限，例如自罗马法以来并为大陆法系继受的用益权、居住权等，就以权利人的生存时间为限，[3]我国《民法典》第370条关于居住权亦有同样规定。

上述权利的期限本质上是由权利内容决定的，其表现出该权利的时间性（Temporalität），与权利人是否有请求或主张的行为并无关系。正如德国学者魏斯（Weiss）所言："对这一权利，立法者并不关心权利人会做什么，它只是设定一个终止期限，权利的存在从一开始仅仅依据确定的这个期限来计算。"[4]换言之，权利期限的作用在于，无论该权利是否被行使，该权利都会在期间完成后而消灭。[5]

与权利的期限不同，下文所述的诉讼时效、除斥期间和失权期间，虽然也是权利在时间上的限制，但与权利人是否行使权利直接相关。后者共同的特点在于，若权利人在特定期间内行使权利，则权利得以留存；若

---

〔2〕 通说认为著作权保护期为权利期限，并非除斥期间。相关理论争议参见耿林：《论除斥期间》，《中外法学》2016年第3期，第621页。

〔3〕 Vgl. Larenz/Wolf, Allgemeiner Teil des Bürgerlichen Rechts, 9. Aufl., C.H. Beck 2004, S. 291.

〔4〕 Christian Weiss, Beiträge zur Erläuterung des deutschen Rechts, Jg. 50, 1906, S. 157-159.转引自耿林：《论除斥期间》，《中外法学》2016年第3期，第620页。

〔5〕 Vgl. Larenz/Wolf, Allgemeiner Teil des Bürgerlichen Rechts, 9. Aufl., C.H. Beck 2004, S. 292.

权利人未行使权利,则权利将消灭或受到限制。

2. 时效(Verjährung)

8　　广义上的时效(Verjährung)是指经过一定期间之后,发生权利取得或权利效力减弱的效果,前一种效果为取得时效(acquisitive Verjährung 或 Ersitzung),后一种效果为消灭时效(extinctive Verjährung)。由于消灭时效仅适用于请求权(Anspruch),故又称为"请求权消灭时效"(Anspruchsverjährung)。[6] 在罗马法上,取得时效与消灭时效未见明显的区分,直至19世纪德国潘德克顿法学(Pandektenwissenschaft)时期,才作出改变。《德国民法典》立法者将取得时效作为一种所有权的取得要件规定于物权编,而请求权消灭时效规定在总则编。[7] 德国法系通说认为消灭时效的适用对象是请求权,在时效期间经过后,并非导致请求权真的"消灭",而是使债务人取得了拒绝履行的抗辩权。此外,法院不得主动适用时效抗辩权。如果债务人主张时效抗辩权,可阻止请求权人行使权利;如果债务人已经履行债务,则不得请求返还已经作出的给付(《德国民法典》第214条)。我国民法早前继受苏联民法的"胜诉权消灭说",在21世纪之后转向德国法系的"抗辩权发生说"。《民法典》第192条、第193条亦采取该模式,对此下文详述,于此不赘。

3. 除斥期间(Ausschlußfrist)

9　　除斥期间也是对于民事权利的时间限制,其规范目的主要是尽快明晰当事人的权利义务,结束法律关系的不稳定性,因而在期限经过后,导致权利的消灭。[8] 与诉讼时效相比,二者在如下方面具有显著的区别:

10　　第一,法律后果。在特定的期间经过后,诉讼时效导致债务人取得抗辩权,法院不得主动援引适用,因此一项即使经过诉讼时效的请求权也可能因为被告不援引时效而使原告成功胜诉;但除斥期间将直接使权利消灭,产生债务人的抗辩,即使当事人没有援引,法院亦可依职权主动调查和

---

[6] Vgl. Hübner, Allgemeiner Teil des Bürgerlichen Gesetzbuches, Walter de Gruyter 1985, S. 533.

[7] Vgl. Historisch-kritischer Kommentar zum BGB/Hermann, Band 1, Mohr Siebeck 2003, § 194-225, Rn. 8.

[8] Vgl. Münchener Kommentar zum BGB /Grothe, 6.Aufl., 2012, Vor zu § 194 ff., Rn. 10.

适用。[9]

第二,适用对象。自19世纪德国民法学家温德沙伊德区分请求权与诉权以来,实体法上的请求权就被界定为"请求他人为或不为一定行为之权利"。《德国民法典》第194条明确将消灭时效限定适用于请求权,大陆法系多继受之。而除斥期间主要适用对象是形成权(如撤销权、解除权等),但也可能适用于请求权、其他权利甚至某种法律地位(Rechtsposition)。[10] 对此参见下文《民法典》第199条的评注。

第三,期间的计算。诉讼时效原则上采主观主义标准,即自权利人知道或应当知道权利受到损害以及义务人之日起算3年(《民法典》第188条第2款第1句);但如果时间太过久远,权利人仍不知享有请求权,为免追溯过久的案件,有了最长的诉讼时效期间限制,并且采客观主义标准,自权利受到损害之日起算20年(《民法典》第188条第2款第3句)。除斥期间并无统一的起算标准,而是分散在各个具体规定中。有时兼采主观主义和客观主义,例如《民法典》第152条第1款规定,对于瑕疵法律行为的撤销权自知道或应当知道撤销事由之日起90天(重大误解)或1年(欺诈、胁迫)后消灭,而第2款规定自法律行为发生之日起5年,没有行使权利的,撤销权消灭。有些除斥期间自权利人收到相对人催告通知之日起算,如《民法典》第145条第2款、第171条第2款的追认权。

第四,期间进行的障碍。诉讼时效的期间进行过程中,由于各种原因导致权利人不能行使权利,或已经行使权利,从而使进行中的时效停止或重新计算。而《民法典》第199条规定,除斥期间不适用诉讼时效的中止、中断或延长的规定。我国民法学理上也认为,除斥期间旨在排除形成权所导致的法律关系的不稳定性,所以不允许中止、中断或延长。[11] 但从比较法上看,这并非普遍规则。例如,《德国民法典》第124条第1款规定瑕疵意思表示的撤销权准用消灭时效的不完成(延期届满)之规定。德国民法理论认为,不应排除消灭时效个别规定可适用于除斥期间,这取决于各个除斥期间的规范目的,尤其是该除斥期间是否注重法律的清晰

---

[9] Vgl. Larenz/Wolf, Allgemeiner Teil des Bürgerlichen Rechts, 9. Aufl., C.H. Beck 2004, S. 292—293.

[10] Vgl. Larenz/Wolf, Allgemeiner Teil des Bürgerlichen Rechts, 9. Aufl., C.H. Beck 2004, S. 292.

[11] 参见王利明:《民法总论》(第二版),中国人民大学出版社2015年版,第371页。

性和确定性。[12] 本评注认为,不能固守概念的界定,而罔顾除斥期间的客观障碍情事,进而排除除斥期间适用中止、中断的可能性。我国司法实践中也有反思质疑的案例,除斥期间个别适用诉讼时效的规定也得到民法学说的澄清和支持。对此参见下文《民法典》第 199 条的评注。

14 第五,期间是否可以约定变更。《民法典》第 197 条第 1 款明确规定诉讼时效期间不可约定,否则无效。但除斥期间则不一定。对于法定的除斥期间,理论上有认为不可约定改变时间的长度。[13] 对于约定的除斥期间,其本身产生于当事人的意思自治,事前事后都应允许当事人约定。

15 第六,期间的利益可否抛弃。诉讼时效期间经过后,权利人得自由抛弃已取得的抗辩权(《民法典》第 192 条第 2 款前句);当事人不得约定预先放弃诉讼时效利益,否则无效(《民法典》第 197 条第 2 款)。但是,除斥期间届满导致权利消灭,权利人不得再行撤销或解除,其法律效果自动发生,义务人无法抛弃该除斥期间之利益。[14]

16 第七,期间完成后的给付。诉讼时效期间经过后,如果义务人自愿履行义务,则不得请求返还,且权利人不构成不当得利。这种后果,对于形成权的除斥期间而言,不具有可比性。因为除斥期间完成后,形成权消灭,当事人之间维持现状,别无其他作用。[15] 但是,对于某些适用除斥期间的请求权而言,确实存在疑问。例如,《民法典》第 462 条第 2 款的占有人返还原物的请求权。若按通常关于除斥期间的法律效果界定,其导致权利消灭,且无须义务人主张抗辩权,故请求权的除斥期间完成后,义务人作出给付的,构成非债清偿,可按不当得利要求返还。[16] 但如果义务人自愿履行,也要按不当得利返还,其结论显然不合情理。有学者提出,若是义务人知道除斥期间经过后的自愿给付,可以视为当事人之间以合同的方式重新缔结

---

〔12〕 Vgl. Staudinger Kommentar zum BGB/Peters/Jacoby, 2009, Vor zu §§ 194-225, Rn. 16.

〔13〕 参见耿林:《论除斥期间》,《中外法学》2016 年第 3 期,第 642 页。

〔14〕 参见陈甦主编:《民法总则评注》(下册),第 199 条(周江洪执笔),法律出版社 2017 年版,第 1441 页。

〔15〕 参见芮沐:《民法法律行为理论之全部》,中国政法大学出版社 2003 年版,第 159 页。

〔16〕 参见陈甦主编:《民法总则评注》(下册),第 199 条(周江洪执笔),法律出版社 2017 年版,第 1441 页。

与原请求权内容相同的法律关系,而不是原有权利的延续。[17] 这种方案要求法官从当事人的履行行为中推断出有缔结合同的意思表示,即默示意思表示(《民法总则》第 140 条第 1 款),[18]似乎比较牵强。拉伦茨和沃尔夫认为,适用除斥期间的请求权,只是排除其"可得主张"(Geltendmachung)。这与请求权到期后的彻底消灭是不同的(如持续性合同届期而消灭请求权),对于已消灭的请求权清偿,受领人构成不当得利。对于罹于除斥期间的请求权,可类推适用《德国民法典》第 214 条第 2 款的规定,即期间经过后,债务人作出的给付不得以不当得利为由要求返还。[19] 可见,拉伦茨和沃尔夫的观点,是以类推方式顺利地解决问题,但这与通说界定的除斥期间的效果("权利消灭说")不符,其实质是"修正"了除斥期间的效果。[20]

我国民法学界曾经存在的普遍误解认为,除斥期间的客体只是形成权。但这与原理不符,因而有进一步澄清之必要。首先,从概念和制度的历史发展来看,权利期限、除斥期间和诉讼时效在早期并不被严格区分。19 世纪末,德国民法学理上首先纯化了"消灭时效适用对象是请求权"的观点,继而将权利期限作为权利的内容看待,此外,其他权利的时间限制,一般都落入除斥期间的范畴。[21] 其次,从形成权(Gestaltungsrecht)与除斥期间概念产生的先后顺序来看,形成权迟至 20 世纪初才逐渐形成固定理论,[22]而除斥期间适用于各种权利的情形早已存在。

---

〔17〕 参见陈甦主编:《民法总则评注》(下册),第 199 条(周江洪执笔),法律出版社 2017 年版,第 1441 页。另参见耿林:《论除斥期间》,《中外法学》2016 年第 3 期,第 643 页。

〔18〕 参见陈甦主编:《民法总则评注》(下册),第 140 条(朱晓喆执笔),法律出版社 2017 年版,第 1004 页。

〔19〕 Vgl. Larenz/Wolf, Allgemeiner Teil des Bürgerlichen Rechts, 9. Aufl., C.H. Beck 2004, S. 292.

〔20〕 若按拉伦茨和沃尔夫的观点,除斥期间的效果应区分形成权和请求权:前者是"权利(撤销)消灭",后者是"不得主张"(类似诉讼时效的后果)。

〔21〕 参见耿林:《论除斥期间》,《中外法学》2016 年第 3 期,第 619 页以下。

〔22〕 1903 年埃米尔·泽克尔(Emil Seckel)才提出形成权的一般理论,这被 Hans Dölle 教授列为著名的"法学上之发现"之一。参见 Hans Dölle:《法学上之发现》,载王泽鉴:《民法学说与判例研究》(重排合订本),北京大学出版社 2015 年版,第 9—10 页。关于形成权的研究成果,参见申海恩:《私法中的权力:形成权理论之新展开》,北京大学出版社 2011 年版。

18 　　除斥期间适用于其他客体,这在当代中国民法中也能找到具体适例。关于请求权适用除斥期间的情形,例如《个人独资企业法》第 28 条规定"个人独资企业解散后,原投资人对个人独资企业存续期间的债务仍应承担偿还责任,但债权人在五年内未向债务人提出偿债请求的,该责任消灭"。《产品质量法》第 45 条第 2 款规定"因产品存在缺陷造成损害要求赔偿的请求权,在造成损害的缺陷产品交付最初消费者满十年丧失"。再例如,《合同法》(已失效)第 104 条第 2 款关于债权人在提存之日起 5 年内享有提存物领取权。[23]

19 　　以下讨论几类适用除斥期间的请求权。首先,《物权法》(已失效)第 245 条规定占有人的占有保护请求权。占有保护的立法理由是,"已经成立的事实状态,不应受私力而为的扰乱,而只能通过合法的方式排除""占有人无论是否有权占有,其占有受他人侵害,即可行使法律赋予的占有保护请求权";[24]第 245 条第 2 款规定占有人的返还原物请求权,即"自侵占发生之日起一年内未行使的,该请求权消灭"。就该请求权期间的性质,我国物权法理论上存在除斥期间、诉讼时效、失权期间三种观点。[25] 根据立法机关的解释,该期间为除斥期间,理由有二:其一,诉讼时效的起算点是权利人知道或应当知道权利受侵害之日起,并且有中止或中断制度,因此可能导致期间较 1 年时间为长,使权利处于长期不稳定的状态;其二,占有返还请求权因除斥期间经过而未行使,占有人如果对物享有其他实体权利(如所有权),仍可据此提出返还请求,因此没必要在本条规定更长的期间进行保护。[26] 梁慧星教授和陈华彬教授也支持

---

〔23〕 提存物领取权相当于《德国民法典》第 382 条。德国学理上有将此作为请求权适用除斥期间的示例(Vgl. Staudinger Kommentar zum BGB/Peters/Jacoby, 2009, Vorbemerkung zu § 194-225, Rn. 14.)也有将此作为物权适用除斥期间的示例(Vgl. Larenz/Wolf, Allgemeiner Teil des Bürgerlichen Rechts, 9. Aufl., C.H. Beck 2004, S. 292.)

〔24〕 全国人大常委会法制工作委员会民法室编:《〈中华人民共和国物权法〉条文说明、立法理由及相关规定》,北京大学出版社 2007 年版,第 434 页。

〔25〕 学说争议介绍可参见冉克平:《物权法总论》,法律出版社 2015 年版,第 612 页。司法实务中的争议参见吴香香:《〈物权法〉第 245 条评注》,《法学家》2016 年第 4 期,第 163 页。我国台湾地区学说上对此期间也有争议,参见王泽鉴:《民法物权》,北京大学出版社 2009 年版,第 534 页。

〔26〕 参见胡康生主编:《中华人民共和国物权法释义》,法律出版社 2007 年版,第 522 页。

这种观点。[27] 但上述除斥期间观点尚未触及占有保护规范的本质。从比较法上看,《德国民法典》第864条第1款和《瑞士民法典》第929条第2款均规定侵夺和妨碍占有的请求权受1年期间限制。其规范目的在于,占有保护是临时性措施,占有人在遭受侵夺或妨碍后,应尽快行使权利,如《瑞士民法典》第929条第1款强调占有人应"立即"(sofort)主张权利。否则在经过一定时间后,这种临时性的秩序将发生变化,让位于新的占有状态。据此,德国和瑞士民法通说都认为,该1年期间为除斥期间,可以由法院主动适用。[28] 我国有学者接受这一理由,认为占有保护并非权利的终局归属,《物权法》(已失效)第245条第2款应为除斥期间,这样有利于法律关系的稳定。[29]

关于遗失物的返还请求权,《物权法》(已失效)第107条第2句规定,若"遗失物"被无权处分,权利人得"自知道或者应当知道受让人之日起二年内向受让人请求返还原物"。立法机关对该2年期间无相应解释,[30] 或许是回避其理论争议。自比较法言,德国法上盗赃物和遗失物(占有脱离物)不适用善意取得。《瑞士民法典》第934条开始认可占有脱离物的原权利人5年内的返还请求权,理论上认为该期限为除斥期间(Verwirkungsfrist[31]),可由法院主动适用,且不适用时效中断规则。[32]《日本民法典》第193条、我国台湾地区"民法"第949条将权利人主张返还请求权的期间限定为2年,也将其定性为除斥期间。[33] 我国民法学理

---

[27] 参见梁慧星、陈华彬:《物权法》(第六版),法律出版社2016年版,第372页。

[28] Vgl. Staudinger Kommentar zum BGB/ Gutzeit, 2012, §864, Rn. 1.于此须说明《瑞士民法典》第929条第2款用语为"时效"(Verjährung),但理论解释上认为其为除斥期间(瑞士民法上的除斥期间用语为Verwirkungsfrist)。Vgl. Basler Kommentar zum ZGB/Stark/Ernst, 3. Aufl., 2007, Art. 929, Rn. 4.

[29] 参见吴香香:《〈物权法〉第245条评注》,《法学家》2016年第4期,第163页。

[30] 参见全国人大常委会法制工作委员会民法室编:《〈中华人民共和国物权法〉条文说明、立法理由及相关规定》,北京大学出版社2007年版,第195—196页;胡康生主编:《中华人民共和国物权法释义》,法律出版社2007年版,第242—243页。

[31] 德国民法上除斥期间对应术语是 Ausschlußfrist,而 Verwirkungsfrist 对应理解为"失权期间"。但瑞士民法上,Verwirkungsfrist 就是除斥期间的含义。

[32] Vgl. Basler Kommentar zum ZGB/Stark/Ernst, 3. Aufl., 2007, Art. 934, Rn. 14.

[33] 参见[日]近江幸治:《民法讲义Ⅱ:物权法》,王茵译,北京大学出版社2006年版,第121页;王泽鉴:《民法物权》,北京大学出版社2009年版,第485页。

上亦可作相同理解。

21　　担保物权在主债权诉讼时效经过以后,权利是否相应地消灭,上述问题在我国民法的状况比较复杂。《担保法》(已失效)对此问题没有规定。2000年最高人民法院《关于适用〈中华人民共和国担保法〉若干问题的解释》(以下简称《担保法解释》)第12条第2款规定"担保物权所担保的债权的诉讼时效结束后,担保权人在诉讼时效结束后的二年内行使担保物权的,人民法院应当予以支持。"2007年《物权法》(已失效)第202条又规定抵押权人未在主债权诉讼时效期间内行使权利的,"人民法院不予保护"。但对于质权和留置权,未作明确规定,由此引发理论和实务上的无尽争议。[34]

22　　从比较法上看,担保物权与诉讼时效的关系,大致有如下几种模式:第一,《日本民法典》规定主债权罹于消灭时效,抵押权人援引时效将导致抵押权消灭(第396条);但质权和留置权不受消灭时效的影响(第300条、第350条)。第二,《德国民法典》对抵押权和质押统一规定,不受主债权消灭时效的影响(第216条第1款),主债权消灭时效完成后,抵押权可以公示催告程序排除之(第1170条)。瑞士民法与德国民法类似。第三,我国台湾地区"民法"采取区分态度,一方面规定消灭时效完成后,抵押权、质权和留置权仍可行使(第145条);另一方面对于抵押权特别规定主债权消灭时效完成后,"五年间不实行其抵押权者,其抵押权消灭"(第880条)。此乃我国台湾地区"民法"的首创。[35] 根据我国台湾地区"民法"通说,其第880条的5年期间性质为除斥期间。[36]《担保法解释》

---

[34] 相关理论争议可参见邵敏杰、张谷:《民法典时代抵押权存续期间之存废:基于比较私法与私法史的考察》,《中外法学》2023年第6期;高圣平:《论时间的经过对抵押权行使的影响——基于民法典实施之后的裁判分歧的展开和分析》,《比较法研究》2023年第2期;郑永宽:《论抵押期间的性质与效力》,《法学家》2022年第3期;邹海林:《抵押权时效问题的民法表达》,《法学研究》2018年第1期;戴永盛:《论债权之罹于时效与担保物权之存续》,《法律科学》2014年第3期;张驰:《论抵押权的存续期间——兼评我国〈物权法〉第202条》,《法学》2010年第4期;孙鹏:《论担保物权的实行期间》,《现代法学》2007年第6期。

[35] 相关比较法的介绍参见戴永盛:《论债权之罹于时效与担保物权之存续》,《法律科学》2014年第3期,第67页以下。

[36] 参见史尚宽:《物权法论》,中国政法大学出版社2000年版,第316页;王泽鉴:《民法物权》,北京大学出版社2009年版,第370页。

(已失效)第 12 条第 2 款的 2 年期间,类似于我国台湾地区"民法"第 880 条的抵押权除斥期间。从理论提出的批评和改革建议上说,《物权法》(已失效)第 202 条被认为是一项失败的立法,因其将诉讼时效的后果与担保物权的价值支配效力混淆,且对于债权人极为不公,因此应当对抵押权规定特殊的存续期间(5 年或更长的期间);而对于质权和留置权,如质物或留置物处于债权人占有之下,则不受诉讼时效的影响。[37]

关于法律地位适用除斥期间的情形,例如《合同法》(已失效)第 23 条规定的承诺期限,据此,要约受领人在承诺期限内具有承诺资格,若超过期限,则失去资格。[38] 有学者提出《合同法》(已失效)第 158 条规定的检验期间和异议通知权,也具备适用除斥期间的法律地位。[39] 笔者对此存疑,因为买受人的检验和异议通知,究竟是一项权利,抑或是一项不真正义务,难以定论。若为义务,则不符合除斥期间导致"权利消灭"的原理。

4. 失权期间(Verwirkungsfrist)

失权期间是指权利人长期不行使权利,义务人根据权利人之行为信赖其将来也不会行使权利,从而导致该权利失效(verwirken)。作为一种权利的时间限制,它并非一项法定制度,而是德国民法学理和判例围绕着诚实信用原则共同发展出来的一种制度。与诉讼时效相比,它适用于所有类型的权利,包括请求权、形成权乃至抗辩权。与诉讼时效和除斥期间都不同的地方在于,失权不仅与特定的期间相联系,而且还需要其他的要件,尤其需要相对人合理地信赖权利人不行使权利,从而产生信赖保护(Vertreusschutz)。[40] 其理论基础在于,从事法律交往的当事人须受自身行为之约束,事后不得悖于诚实信用地否认自己的行为。[41]

---

[37] 学者提出的立法建议参见徐洁:《担保物权与时效的关联性研究》,《法学研究》2012 年第 5 期,第 154 页以下;戴永盛:《论债权之罹于时效与担保物权之存续》,《法律科学》2014 年第 3 期,第 67 页以下。

[38] 此例相当于《德国民法典》第 148 条。Vgl. Larenz/Wolf, Allgemeiner Teil des Bürgerlichen Rechts, 9. Aufl., C.H. Beck 2004, S. 292.

[39] 参见耿林:《论除斥期间》,《中外法学》2016 年第 3 期,第 622 页。

[40] Vgl. Larenz/Wolf, Allgemeiner Teil des Bürgerlichen Rechts, 9. Aufl., C.H. Beck 2004, S. 293 f.

[41] Vgl. Hübner, Allgemeiner Teil des Bürgerlichen Gesetzbuches, Walter de Gruyter 1985, S. 544.

25 　　具体而言,失权期间的构成要件包括如下几方面:[42]（1）时间要素,即权利人能够行使权利而长期不行使。这一期间的长度并不确定,具体要根据权利的种类和意义、相对人信赖的程度、保护的必要性来衡量。在司法实践中,从数周时间到数年时间不等。（2）信赖要素,相对方（义务人）由权利人长期不行使权利的情事,能够理性地信赖其将来也不再行使权利。（3）情事要素,即义务人基于信赖进行的财产安排,由于迟延主张的权利而将遭受不利,而如果及时行使权利就不会发生。（4）判断是否发生失权的效果,应综合衡量上述因素。[43]

26 　　与诉讼时效的法律效果不同,失权发生抗辩后果（Einwendung）,法院可以主动适用。但失权导致权利的消灭（erlöschen）,抑或是权利不可执行（nicht durchsetzen）,存在争议。依"权利消灭说",其效果就比诉讼时效要强。例如,失权后的债权不可作为受领的法律原因,义务人再为履行的,可依不当得利要求返还（前提是义务人曾提出失权之抗辩）;[44] 相反,依"权利不可执行说",则可以类推适用诉讼时效完成后之给付的规定[《德国民法典》第 214 条第 2 款、《民法总则》（已失效）第 192 条第 2 款第 2 分句],义务人已履行的,不得再请求返还。[45]

二、诉讼时效（消灭时效）的概念史

（一）民法上时效制度的沿革

27 　　时效作为一项法律制度源自罗马法,而罗马法上的时效制度又主要围绕取得时效展开。关于时效最早的成文法规定首见于《十二铜表法》第 6 条第 3 款,按照该款规定,未中断地占有他人土地达两年和占有其他

---

　　[42]　Vgl. Larenz/Wolf, Allgemeiner Teil des Bürgerlichen Rechts, 9. Aufl., C.H. Beck 2004, S. 294 ff.
　　[43]　文献中,存在以动态体系论（bewegliches System）运用这些要素的观点。Vgl. Münchener Kommentar zum BGB /Grothe, 6.Aufl., 2012, Vor zu §§ 194 ff., Rn. 14.
　　[44]　Vgl. Staudinger Kommentar zum BGB/Peters/Jacoby, 2009, Vorbemerkung zu §§ 194-225, Rn. 34.
　　[45]　Vgl. Larenz/Wolf, Allgemeiner Teil des Bürgerlichen Rechts, 9. Aufl., C.H. Beck 2004, S. 296.

无主物达1年的人,可获得该土地和该物的所有权。[46] 这是关于取得时效(acquisitive Verjährung)的早期规定,彼时尚不存在现代意义上的消灭时效(extinctive Verjährung)。古典罗马法时期奉行的原则是,诉权通常不受期限的限制,诉权可以在经过任意长的时间后进行主张。[47] 只有裁判官法罚金之诉(prätorischen Bußklagen),出于刑罚目的所要求的迅速解决,才受1年时效期间的限制,即在时间经过后诉权消灭。[48] 但此"1年之期限"主要适用于那些因裁判官的诏令而设置的刑事诉讼;如果裁判官设立的诉讼能够在私法中找到法律基础,则绝对不能受期间的限制。[49] 另外,罗马市场裁判官提出的买卖中物的瑕疵诉讼亦受1年期间的限制。[50]

罗马法早期的取得时效只对罗马市民且仅在非属行省土地中适用,在公元2世纪末,其通过一项平行制度而得到补充,由此使对于"外国人"和行省土地,亦有取得时效的适用,该制度被称作"长期时效"或"长期抗辩权"(longi temporis praescriptio; Einrede der langen Zeit)。[51] 按照该制度,在占有人善意地取得他人之物,并且占有10年,或者在所有权人居住在外省时占有达20年,占有人可以对抗所有权人的原物返还请求权。[52] 该规则对动产与不动产皆可适用。[53] 到了公元424年,狄奥多西二世(Theodosius II)皇帝参照许多行省法律范本,规定了既可适用于物权请求权又可适用于债权请求权的时效制度:任何诉权,如果先前没有提起诉讼,自其被权

---

〔46〕 参见朱岩:《消灭时效制度中的基本问题——比较法上的分析—兼评我国时效立法》,《中外法学》2005年第2期,第156页;王志雄:《时效制度存在理由——法律合法性路径考究》,《贵州社会科学》2013年第6期,第166页。

〔47〕 Vgl. Kaser/ Knütel/ Lohsse, Römisches Privatrecht, 22. Aufl., C. H. Beck 2021, S. 90.

〔48〕 Vgl. Kaser/ Knütel/ Lohsse, Römisches Privatrecht, 22. Aufl., C. H. Beck 2021, S. 90.

〔49〕 参见郝丽燕:《比较法视野下我国消灭时效制度构建的几个问题》,《河北法学》2015年第9期,第129页。

〔50〕 Vgl. Kaser/ Knütel/ Lohsse, Römisches Privatrecht, 22. Aufl., C. H. Beck 2021, S. 90.

〔51〕 Vgl. Jan Dirk Harke, Römisches Recht, 2. Aufl., C. H. Beck 2016, S. 252.

〔52〕 Vgl. Jan Dirk Harke, Römisches Recht, 2. Aufl., C. H. Beck 2016, S. 252.

〔53〕 参见周枏:《罗马法原论》(上册),商务印书馆2014年版,第374页。

利人合法取得时,经过 30 年沉默之后,即不应再令其发生效力。[54] 学理上认为,这在民法中首次确立了一般性的诉讼时效(Klagverjährung)制度。[55] 不过,与现代消灭时效仅产生抗辩权不同,彼时的诉讼时效经过会使请求权消灭。[56]

29　　优士丁尼皇帝延续了取得时效与长期时效二分的做法,并推动了统一时效改革:对于动产,经过 3 年;对于不动产,遵照"长期时效"的范例经过 20 年,或者如果当事人居住在同省经过 10 年,占有人可取得所有权。[57] 该规则适用的前提是占有人占有他人之物必须出于善意且有合法原因。[58] 除此以外,优士丁尼也保留了狄奥多西二世的可追溯至 30 年"长期时效",其主要适用于债权请求权,以及所有权人对不能因时效取得之占有人的权利,例如因为物是被偷的或者没有取得的合法原因。[59]

30　　可以看出,尽管罗马法上的长期时效奠定了近代消灭时效的基本模型,但其更多的是围绕着取得时效进行构造,消灭时效作为一个法律概念,尚未被提出。如卡泽尔所言:"在世俗法观念中,消灭时效与取得时效融于一体。优士丁尼的取得时效法改革,也没能将取得时效与消灭时效相区分。相应地,中世纪法学家和早期的普通法学家都将时效(praescriptio)作为一项统一法律制度,但人们很早就认识到关于物、在稍晚些关于权利的取得时效与旨在使诉权或权利消灭的时效的区分。"[60]

---

[54] Vgl. Kaser/ Knütel/ Lohsse, Römisches Privatrecht, 22. Aufl., C. H. Beck 2021, S. 90; Jan Dirk Harke, Römisches Recht, 2. Aufl., C. H. Beck 2016, S. 252. 在罗马法上,之所以将 30 年作为时效期间,是因为当时人的平均寿命大约只有 30 岁,法学家们希望在一代人之内把争议消除,而不带到下一代人。有意思的是,德国直至千禧年后改革时效法,都还坚持罗马法的传统,将消灭时效规定为 30 年。

[55] Vgl. Historisch-kritischer Kommentar zum BGB/Hermann, Band 1, Mohr Siebeck 2003, § 194–225, Rn. 7.

[56] Vgl. Kaser/ Knütel/ Lohsse, Römisches Privatrecht, 22. Aufl., C. H. Beck 2021, S. 90. 更准确的说法应该是"使诉权消灭"。

[57] Vgl. Jan Dirk Harke, Römisches Recht, 2. Aufl., C. H. Beck 2016, S. 253.

[58] 参见周枏:《罗马法原论》(上册),商务印书馆 2014 年版,第 376 页;朱岩:《消灭时效制度中的基本问题——比较法上的分析—兼评我国时效立法》,《中外法学》2005 年第 2 期,第 157 页。

[59] Vgl. Jan Dirk Harke, Römisches Recht, 2. Aufl., C. H. Beck 2016, S. 253.

[60] Vgl. Kaser/ Knütel/ Lohsse, Römisches Privatrecht, 22. Aufl., C. H. Beck 2021, S. 91.

罗马法关于时效的处理方式极大地影响了自然法时期民法典的编纂，最具代表性的就是《拿破仑法典》与《奥地利普通民法典》。《拿破仑法典》第 20 章就时效制度作出了规定，并将占有的规则亦置于其下。该法第 2219 条规定："时效谓依法律特定的条件，经过一定的期间，而取得财产的所有权或免除义务的方法。"[61] 所谓"取得财产的所有权"应是指取得时效，而"免除义务"则是对消灭时效而言。统一规定取得时效和消灭时效的基础在于：时间流转可使权利取得或权利丧失。[62]《奥地利普通民法典》第四章也对消灭时效和取得时效进行了统一规定。该法第 1451 条专门对"时效"作出定义：时效（Verjährung）是指在法律规定的时间内不行使权利，就会使权利丧失（的制度）。按照早期普通法学说，《奥地利普通民法典》在广义的时效这一上位概念之下规范了取得时效与消灭时效，[63] 因法律规定的特定时间经过不行使权利而使权利丧失是二者的共同点，基此《奥地利普通民法典》统一规范了这两项制度。[64] 不过，现代奥地利民法学理对消灭时效与取得时效有着严格的区分，取得时效作为消灭时效的对立面（Kehrseite）而加以规定，但消灭时效绝非取得时效的前提，这是两项具有完全不同构成要件与法效果的各自独立的制度。[65] 取得时效作为权利取得制度，主要在物权法上加以讨论；而消灭时效作为限制权利（或使权利丧失）的制度，主要在民法总则中加以讨论。[66]

---

〔61〕 《拿破仑法典：法国民法典》，李浩培等译，商务印书馆 1979 年版。值得注意的是，现代《法国民法典》已经改变这一做法，而于法典第二十编规定消灭时效，第二十一编规定占有与取得时效。

〔62〕 参见朱岩：《消灭时效制度中的基本问题——比较法上的分析—兼评我国时效立法》，《中外法学》2005 年第 2 期，第 158 页。不过，法国民法学界现在早已认识到了消灭时效与取得时效的不同，而将消灭时效作为民法总则制度。

〔63〕 也正是出于这一考虑，我国学者在翻译《奥地利普通民法典》第 1451 条时，没有将"Verjährung"翻译为"消灭时效"，而是翻译为"时效"。参见奥地利宫廷汇编委员会编：《奥地利普通民法典》，周友军、杨垠红译，清华大学出版社 2013 年版，第 242 页，注释 2。

〔64〕 Vgl. Meissel, in: Kurzkommentar zum ABGB, 3. Aufl., 2010, § 1451, Rn. 1.

〔65〕 Vgl. Gert Iro, Bürgerliches Recht Band IV: Sachenrecht, 4. Aufl., Springer 2010, S. 148.

〔66〕 Vgl. Peter Bydlinski, Bürgerliches Recht Bd. I: Allgemeiner Teil, 4. Aufl., Springer 2007, S. 84; 参见朱岩：《消灭时效制度中的基本问题——比较法上的分析—兼评我国时效立法》，《中外法学》2005 年第 2 期，第 158 页。

32　　19世纪,潘德克顿法学家明确将时效区分为**取得时效与消灭时效**。"当权利人长时间不行使其权利,因时间经过会发生权利的变更。任何一种改变都可称作时效(praescriptio)。其有两种类型:当不作为仅导致权利丧失时的消灭时效(praescritio extinctiua);当权利的相对方可以取得权利时的取得时效(praescritio acquisitiua)。"[67]萨维尼对将"时效"作为上位概念而统摄取得时效与消灭时效的做法提出强烈批评:"诉讼时效(Klagverjährung)与其他许多法律制度一样,作为权利变更的时间因素,而与其具有亲缘关系。但正是这种亲缘关系导致理论与实践遭到极大破坏,人们试图将所有因时间经过致使法律关系改变(的制度)置于同一概念之下。人们将这些不同的法律概念称作'时效',而其可进一步细分为取得时效与消灭时效。不仅是这些专业术语,而且包括由其指称的法律概念,完全应受到谴责。"[68]这种做法得到了学界的普遍认可,其为后来的学者所采纳。[69]严格区分消灭时效与取得时效的做法,也在《德国民法典》的制定中被采纳。[70]当代著名比较法学者齐默尔曼指出:"在今天,将两项法律制度置于同一个相同的教义学框架之下,不再被认为是有益的,因为二者很大程度上受制于完全不同的规则。"[71]

33　　有意思的是,"时效"(praescriptio)这一术语在英国法上保持了其原初的含义,对于普通法律师而言,"消灭时效"这一术语听起来有些奇怪,"时效"在普通法中通常被用来表示取得对他人土地的有限使用权(如地役权)的过程。[72]在

---

[67] Vgl. D. Friedrich Ludwig von Keller, Pandekten, Leipzig 1861, S. 155.

[68] Vgl. Savigny, System des heutigen römischen Rechts Bd. V, Berlin 1841, S. 266.

[69] 如在等恩伯格的潘德克顿教科书中消灭时效被置于"一般理论"之下的权利保护中加以讨论,而取得时效则位于物权法中,在体系上明确区分两者。Vgl. Heinrich Dernburg, Der Pandekten Teil. I, 8. Aufl., Berlin 1911, S. 266 ff. und 369 ff. 不过,也有学者主张:"与所有权请求权的消灭时效平行的是取得时效,通过取得时效原所有权人丧失其权利与请求权。"Vgl. Andreas von Tuhr, Der Allgemeine Teil des Deutschen Bürgerlichen Rechts, Bd. II, Hälfte. II, Duncker & Humblot 1918, S. 508, Fn. 5.

[70] Vgl. Motive zu dem Entwurf eines Bürgerlichen Gesetzbuches für das Deutsche Reich Bd. I, Berlin und Leipzig 1888, S. 511.

[71] See Zimmermann, Comparative Foundations of a European Law of Set-Off and Prescription, Cambridge University Press, 2003, pp.69-70.

[72] See Zimmermann, Comparative Foundations of a European Law of Set-Off and Prescription, Cambridge University Press, 2003, p. 70, fn. 46.

英国法中，与消灭时效具有功能等价性的术语是"诉讼时效"(limitation of actions)。如该术语本身所表示的，在英国法上诉讼时效本质上是程序法制度，时间并不影响权利(即实质的诉讼理由)，而只作用于在法庭上追求该权利(实现)的能力。[73] 我们知道，在19世纪以前，诉权与实体法上的请求权是合二为一的，在此之前时效所限制的是权利人提起诉讼的权利。从这个角度而言，英国法上的诉讼时效制度，实际上在更大程度上遵循了罗马法对于时效的认识。

在英国法上，也存在类似于大陆法系中取得时效的制度，即所谓"反向占有"或"逆权占有"，按照该规则，占有人本不享有合法占有权，却如同所有权人一样对地产实施事实上的、持续的、公开的与明显的占有，并意图排除包括真正所有权人在内的其他一切人的权利，此等占有达到法定时限后，真正所有权人的所有权因诉讼时效完成而终止，占有者可以成为地产的新所有权人。[74] 普通法学者并未将之与罗马法规则相联，而是将其历史追溯至1275年的《威斯敏斯特法》，该法通过规定原告不得提出过时的权利主张而限制提起返还不动产的诉讼。[75] 英国1693年颁布的《诉讼时效法》规定延续了这一做法，要求返还不动产占有权的诉讼必须在20年内提出。[76] 有学者指出，英美法上的反向占有制度依托的是英美式的时效制度，此等制度熔消灭时效和取得时效于一炉。[77] 而这种做法，恰与罗马法、中世纪教会法与自然法的学说相契合。值得注意的是，《英国1980年时效法》第3条就"连续侵占及被侵占物品的所有权人所有权消灭的期限"作出规定，以时效统合取得时效与消灭时效的做法在英美法中仍在延续。

(二)我国民法上"诉讼时效"的概念

"诉讼时效"在比较法上有不同的称谓。将德国法上的"Verjährung"

---

[73] See Zimmermann, Comparative Foundations of a European Law of Set-Off and Prescription, Cambridge University Press, 2003, p. 70.

[74] 参见徐国栋：《反向占有、取得时效、占据空屋运动与所有权积极行使义务——兼论〈魏玛宪法〉第153条的历史根源》，《经贸法律评论》2020年第2期，第62页。

[75] 参见[美]约翰·G. 斯普兰克林：《美国财产法精解(第二版)》，钟书峰译，北京大学出版社2009年版，第435页。

[76] 参见[美]约翰·G. 斯普兰克林：《美国财产法精解(第二版)》，钟书峰译，北京大学出版社2009年版，第435页。

[77] 参见徐国栋：《反向占有、取得时效、占据空屋运动与所有权积极行使义务——兼论〈魏玛宪法〉第153条的历史根源》，《经贸法律评论》2020年第2期，第64页。

一词译为"时效",虽可涵盖取得时效与消灭时效,但在法典中,"Verjährung"所指的就是消灭时效,取得时效德文使用的是"Ersitzung"一词。我国台湾地区以"消灭时效"对译德文中的"Verjährung"。在英美法上,多称时效(limitation)或诉讼时效(limitation of action)。

36 据学者考证,我国民法中的"诉讼时效"这一称谓来自于苏俄民法的翻译,在翻译《苏俄民法典》与民法学著作时,曾以"起诉时效"作为对译词,但这一译名很快被"诉讼时效"取代,可能的原因是:《苏俄民法典》第44条第1句规定"起诉权,逾法律规定之期间而消灭",故译为"起诉时效";但后来苏俄学者指出,起诉权并不因时效经过而消灭,被消灭的只是通过法院强制实现权利的能力,故"起诉时效"之译法即不再妥当,遂统一采用"诉讼时效"之表述。[78]

37 有学者指出,上述各种称谓其实均有不足之处,权利人在诉讼时效期间内不行使其请求权的,其权利并不消灭,仅因发生义务人的抗辩权而使请求权的效力减损而已,故不能以消灭时效名之;单纯称为时效,又难免被误认为系取得时效等各种时效制度的上位概念;虽称诉讼时效,但并非诉讼法上的制度,而系实体法上的制度,诉讼时效期间届满,对于诉权并无影响。[79] 考虑到我国立法、司法及学理长久以来一直使用"诉讼时效"这一称谓,只需延续传统,继续使用该称谓即可。

38 《关于〈中华人民共和国民法总则(草案)〉的说明》(以下简称"《民法总则》草案说明")(2016年7月10日)称"诉讼时效是权利人在法定期间内不行使权利,该期间届满后,权利不受保护的法律制度。"此处对于诉讼时效的定义并不准确。一方面,诉讼时效仅适用于请求权,而不适用于其他主观权利,[80] 因时效而消灭者,不是权利本身,而是请求权。[81]

---

[78] 参见朱庆育:《民法总论》(第二版),北京大学出版社2016年版,第535—536页。

[79] 参见李宇:《民法总则要义:规范释论与判解集注》,法律出版社2017年版,第884页。

[80] 参见 Reinhard Bork, Allgemeiner Teil des Bürgerlichen Gesetzbuchs, 4. Aufl., Mohr Siebeck, 2016, Rn. 318;朱庆育:《民法总论》(第二版),北京大学出版社2016年版,第536页;黄立:《民法总则》,中国政法大学出版社2002年版,第453页;史尚宽:《民法总论》,中国政法大学出版社2000年版,第628页。

[81] 参见王泽鉴:《民法总则》,北京大学出版社2009年版,第492页。

另一方面,称"权利不受保护"亦不准确,因为时效届满仅使请求权人的相对人(义务人)取得抗辩权。以债权为例,债权人之债权罹于诉讼时效,债务人会取得时效抗辩权,债务人可据此对抗债权人请求履行债务的主张,这并不意味着债权本身不受保护。准确地讲,诉讼时效是指因请求权人在一定期间内不行使权利,致使其请求权消灭的法律事实。[82]

三、诉讼时效制度的价值基础

诉讼时效可以阻却权利人行使其所享有的请求权,即义务人可于时效期间经过后取得对抗权利人之请求权的抗辩权。权利人合法享有的权利会单纯地因为时间经过而"减损",此非出于当然之理,诉讼时效制度的存在需有其合理性。从历史角度考察可以发现,诉讼时效制度的价值,因每一社会状况和每一历史阶段的不同,而有不同的认识,这些价值判断会随着时代变迁不断演变。

(一)《民法通则》颁布以前

新中国成立以来,受苏联法学影响较重,诉讼时效制度亦然。1956年出版的苏联法学家诺维茨基《法律行为·诉讼时效》一书认为,首先,诉讼时效的首要意义是"巩固经济核算制的一种重要手段",因为"采用诉讼时效制度,可以鼓励尽快地提起诉讼,从而也就会加速流动资金的周转率,帮助扩大社会主义再生产和增加工业内部积累。"[83]其次,诉讼时效制度还可以巩固已形成的法律关系,防止任意兴讼。因为"在有些案件中,案件事实情况的发生距离起诉的时间过久,因而无法仔细检查。这时,诉讼时效的规定就可以便利法院不必审查事实情况的全部细节,从而也就减轻了法院的负担。多余的、往往还是无法解决的争议,可以因此而减少"。[84]再次,诉讼时效可以减轻债务人举证的困难,因为如果诉讼

---

[82] 参见王泽鉴:《民法总则》,北京大学出版社2009年版,第492页;史尚宽:《民法总论》,中国政法大学出版社2000年版,第627页。

[83] [苏联]诺维茨基:《法律行为·诉讼时效》,康宝田译,中国人民大学出版社1956年版,第161—162页。

[84] [苏联]诺维茨基:《法律行为·诉讼时效》,康宝田译,中国人民大学出版社1956年版,第166页。

不受时间限制的话,会使多年后再来应诉的人陷于困境,"经过了多年之后,文书可能已经遗失,证人可能已经死去或他住,而被传唤作为被告的人,手中可能已经没有任何证据来证明自己是正当的。这样一来,原告如果想出办法来确认权利产生的事实,那么即使他所提起的是毫无根据的诉讼,也会得到胜诉"。[85] 最后,诉讼时效符合生活经验,因为"真正享有权利的利害关系当事人,在绝大多数情况下,都不会长时间不提起诉讼"。[86] 归纳而言,诉讼时效的价值有四:巩固社会主义经济秩序、避免法院处理时间久远的纠纷、防止债务人举证困难和符合权利的真实状态。

41 苏联的民法理论奠定了此后数十年来中国民法诉讼时效制度的理论基础。例如1958年中央政法干部学校编著的《中华人民共和国民法基本问题》一书认为,时效的作用包括以下三方面:(1)稳定社会经济秩序,巩固社会主义的经济核算制,合理及时利用社会财富,以利于社会主义建设;(2)使法院解决民事争执便于调查证据,易于发现客观事实;(3)避免对年代久远的债务兴讼。[87]

(二)从《民法通则》到《民法典》时代

42 1986年后,随着《民法通则》的颁布,关于诉讼时效制度价值的权利人视角得到重视,学界增加列举了诉讼时效有助于督促权利人及时行使权利的意义。但从重要性的排列上,稳定社会主义经济秩序仍为诉讼时效的首要价值。[88] 此外,这一时期的学理阐述,普遍遗漏了诉讼时效保护债务人举证困难的价值,而将调查证据的困难,并入司法机关避免处理

---

[85] [苏联]诺维茨基:《法律行为·诉讼时效》,康宝田译,中国人民大学出版社1956年版,第166页。

[86] [苏联]诺维茨基:《法律行为·诉讼时效》,康宝田译,中国人民大学出版社1956年版,第168页。

[87] 参见中央政法干部学校民法教研室编著:《中华人民共和国民法基本问题》,法律出版社1958年版,第103页。

[88] 参见谢怀栻:《时效》,载最高人民法院《民法通则》培训班:《民法通则讲座》,北京市文化局出版处1986年版,第281页;李由义主编:《民法学》,北京大学出版社1988年版,第154页;王利明、郭明瑞、方流芳编著:《民法新论》(上),中国政法大学出版社1988年版,第555—557页;佟柔主编:《中国民法学·民法总则》,中国人民公安大学出版社1990年版,第314页。梁慧星:《民法》,四川人民出版社1988年版,第174页。

年代久远的案件、及时高效处理民事纠纷之理由,[89]影响迄今。

及至近年,我国民法理论界和实务界对于诉讼时效制度价值的认识悄然之间发生了位序的转变。王利明教授在其《民法总论》一书中认为诉讼时效的制度功能在于:(1)督促权利人及时行使权利;(2)维护既定的法律秩序的稳定;(3)有利于证据的收集和判断,及时解决纠纷。[90]最高人民法院有关负责人关于《诉讼时效若干规定》的解读也认为,诉讼时效制度的立法目的有四:"一是督促权利人行使权利,因在权利上睡眠者不值保护。二是由于持续性事实被认为在盖然性上较能正确地反映真实,因此基于盖然性原则,诉讼时效期间届满,推定义务人不负有义务。三是避免举证困难,减轻法院负担。四是保护交易安全,尊重现存社会秩序,维护社会公共利益。"[91]由此可见,督促权利人行使权利的功能,取代稳定社会经济秩序的功能成为诉讼时效的首要价值。

近年来,还有部分学者借鉴德国民法学理,突出诉讼时效保护债务人和督促权利人两个方面的意义。[92]《德国民法典》立法理由书指出"请求权消灭时效之原因与宗旨,乃使人勿去纠缠于陈年旧账之请求权……消灭时效之要旨,并非在于侵夺权利人之权利,而是在于给予义务人一保护手段,使其毋须详察事物时即得对抗不成立之请求权……若消灭时效于实体公正有损,即若权利人因消灭时效届满失却其本无瑕疵之请求权,此亦属关系人须向公共利益付出之代价。"[93]德国民法学理通说也是从债务人保护与督促权利人的两个视角认识诉讼时效的立法目的。[94]朱庆

---

[89] 参见佟柔主编:《中国民法学·民法总则》,中国人民公安大学出版社1990年版,第314页;王利明、郭明瑞、方流芳编著:《民法新论》(上),中国政法大学出版社1988年版,第557页。

[90] 参见王利明:《民法总论》(第二版),中国人民大学出版社2015年版,第333页。

[91] 宋晓明、刘竹梅、张雪楳:《〈关于审理民事案件适用诉讼时效制度若干问题的规定〉的理解与适用》,《人民司法》2008年第21期,第16页。

[92] 参见龙卫球:《民法总论》(第二版),中国法制出版社2002年版,第613页。

[93] 穆格丹编:《德国民法典资料总汇:1899/1900》(第一卷),第512页。转引自[德]迪特尔·梅迪库斯:《德国民法总论》,邵建东译,法律出版社2000年版,第91—92页。

[94] Vgl. Larenz/Wolf, Allgemeiner Teil des Bürgerlichen Rechts, 9. Aufl., C.H. Beck 2004, S. 297 ff.

育教授在其《民法总论》一书中论及诉讼时效之功能时亦指出：请求权久悬不决的状态，持续时间越长，义务人的包袱越是沉重。让罹于时效的请求权人承受不利益，起到促其及时行使权利的作用。[95]

45　　此外，王轶教授提出诉讼时效对于权利限制的正当理由主要在于保护不特定第三人对当事人间呈现的权利不存在状态的信赖，即通过保护第三人的利益，保护了交易安全，有助于维持既定社会秩序的稳定，维护了社会公共利益。[96] 朱虎教授也从降低第三人交易成本的角度论证保护第三人信赖的理由。[97]

46　　《民法总则》草案说明指出："诉讼时效……制度有利于促使权利人及时行使权利，维护交易秩序和安全……强调了诉讼时效的法定性。诉讼时效制度关系法律秩序的清晰稳定，权利人和义务人不可以自行约定。"《民法总则》立法机关所举诉讼时效的立法目的基本值得赞同。但对于"维护交易秩序和安全"的说明颇令人困惑。如认为其泛指一般意义上的交易秩序和安全，类似稳定社会秩序的理由，尚可理解。[98] 但如认为其含义是第三人信赖保护，似有疑义。因为所谓第三人对于权利人和义务人之间权利状态的信赖，绝大部分情形通过民法上各个具体的善意信赖保护法则已经实现，毋须假道诉讼时效。

47　　此外，苏联和我国早期民法理论上认为诉讼时效保护债务人的理由，在1986年之后几乎销声匿迹。从比较法上看，避免债务人在时间长久流逝之后对抗债权人诉讼的举证困难，是英美法系和大陆法系普遍认可的首要立法政策理由。[99] 尽管立法机关在制定《民法总则》（已失效）的说明中，未论及此点，但客观解释，保护债务人也是诉讼时效制度

---

[95]　参见朱庆育：《民法总论》（第二版），北京大学出版社2016年版，第535页。

[96]　参见王轶：《物权请求权与诉讼时效制度的适用》，《当代法学》2006年第1期，第79页。

[97]　参见朱虎：《返还原物请求权适用诉讼时效问题研究》，《法商研究》2012年第6期，第118—119页。

[98]　如最高人民法院《诉讼时效若干规定》解释者将"保护交易安全"与"尊重现存社会秩序，维护社会公共利益"并列为诉讼时效的第四点理由。参见宋晓明、刘竹梅、张雪楳：《〈关于审理民事案件适用诉讼时效制度若干问题的规定〉的理解与适用》，《人民司法》2008年第21期，第16页。

[99]　See Zimmermann, Comparative Foundations of a European Law of Set-Off and Prescription, Cambridge University Press, 2003, pp.63-64.

应有之价值。

最后,诉讼时效制度的正面价值固然在于督促权利人及时行使权利。但从现实的民商事交往来看,尽管当事人一方确实享有权利,但如果诉讼时效期间设置过短,或时效障碍事由构成过难,权利人动辄采取催告、要求对方承认,甚至起诉等方式以保存其权利,将使交易过程窒碍难行,而且诉讼的司法成本也较高昂。因此,从消极方面考虑,诉讼时效制度的价值追求还应包括适度克制权利人主张权利的行为,或不应过分催促权利人及早行使权利。诚如齐默尔曼所言:"时效法律制度应尽力阻止诉讼的发生,而不是鼓励甚至制造诉讼。"[100]

综上,我国诉讼时效制度须考虑的价值基础可概括为:(1)督促权利人行使权利;(2)保护债务人免于举证困难;(3)尽量避免无益的诉讼;(4)稳定法律和社会秩序,节约司法资源成本。

四、诉讼时效的立法模式

(一)诉讼时效期间与起算标准

现今大陆法系国家及地区普遍将消灭时效与取得时效分作两种不同的法律制度,而单独予以规定,即便个别立法例将二者置于同一体系位置之下,在解释上,二者亦属完全不同之法律制度。法学理论发展至今,消灭时效制度已与罗马法时代的时效制度迥然有别,各国及地区关于消灭时效的立法模式亦各不相同。下面笔者将对大陆法系诉讼时效的主要模式进行简要介绍,更详细的梳理参见下文各条评注中的具体内容。

在时效的起算上,传统大陆法系多采客观起算标准,如 2002 年债法现代化改革以前的《德国民法典》第 195 条、原《日本民法典》第 166 条、现行的《瑞士债务法》第 130 条以及我国台湾地区"民法"第 128 条等。在对诉讼时效采客观起算标准的立法例之下,诉讼时效大多自"请求权可行使时起算",即权利人于法律上并无障碍,而得行使请求权之状

---

[100] See Zimmermann, Comparative Foundations of a European Law of Set-Off and Prescription, Cambridge University Press, 2003, p.114.

态,至于义务人实际上能否给付,请求权人主观上何时知悉其可行使,则非所问。[101] 客观的起算标准因不考虑权利人主观上是否知悉权利的存在,故为保护权利人,时效期间通常较长,原德国法规定为 30 年,日本法与瑞士法规定为 10 年,我国台湾地区规定为 15 年。

52　　2002 年德国债法现代化后,将普通消灭时效期间降为 3 年,并将时效的起算点确定为"知道或应当知道请求权产生及其产生事由和债务人之年度结束之时",与此同时,又规定 10 年或 30 年最长诉讼时效期间。由此确定了"主观短期时效+客观长期时效"的规范模式。这种主客观相结合的规范模式直接影响了日本时效法的修改,按照现行的《日本民法典》第 166 条第 1 款,债权的消灭时效为"主观 5 年+客观 10 年"。主客观相结合的时效起算标准,既确保了权利人能有充分的时间主张权利,又兼顾了债务人的信赖保护,有利于法律上的安定和平。我国《民法典》诉讼时效起算标准采主客观相结合的规范模式。值得注意的是,《欧洲示范民法典草案》(DCFR)第 III-7:201 条规定了客观起算的 3 年时效期间;同时又在第 III-7:301 条将债权人不知道或不可合理期待其知道债务人与权利产生的事实,作为时效中止事由;不过,这里的中止亦受时间限制,根据第 III-7:201 条,时效期间不得因中止或延期届满而超过 10 年,人身伤害请求损害赔偿的权利,不得超过 30 年。

53　　比较法上,在普通时效期间以外,通常会对某些特殊类型的请求权规定特殊的时效期间与起算标准。如《德国民法典》第 196 条规定土地权利之间的时效为 10 年,第 197 条规定对于人身伤害、原物返还请求权等适用 30 年的时效期间;此外我国台湾地区"民法"在 15 年普通时效期间之外,特别规定了适用 5 年与 2 年短期时效的请求权。我国《民法典》并未区分请求权的类型而设置不同的时效期间,但在第 190 条就"对法定代理人的请求权"与第 191 条就"未成年人遭受性侵害的请求权"的诉讼时效起算点作了特别规定。对于这两类请求权设置特殊的时效规则,亦为比较法上的通例,但在规范模式上,却并非都以推迟时效起算点的方式进行调整。

54　　比较法上大多对具有"亲密关系"的主体之间请求权的诉讼时效设

---

[101] 参见王泽鉴:《民法总则》,北京大学出版社 2009 年版,第 505 页。

置特殊规则,如《德国民法典》第 207 条、《日本民法典》第 158 条、第 159 条、《奥地利普通民法典》第 1495 条、《欧洲示范民法典草案》(DCFR)第 III-7:305 条、《瑞士债务法》第 134 条、《法国民法典》第 2235 条和第 2236 条以及我国台湾地区"民法"第 142 条和第 143 条等。对于"亲密关系"主体间的请求权,比较法上多采"时效中止或时效不完成"的规范模式:在瑞士与奥地利的民法中,亲密关系存续期间时效不开始,已开始的,停止进行;在日本、我国台湾地区与《欧洲示范民法草案》中,认为在亲密关系存续期间时效仍然进行,但在相应关系消灭后的一定时间内,诉讼时效不完成。此等规范方式的优点在于其可兼顾到在法定代理关系产生前即已产生的请求权。另外,比较法上所承认的"亲密关系"大多不限于法定代理,夫妻关系、同性伴侣亦属典型情形,瑞士法还将"受雇人对其共同生活的雇用人的债权"纳入其中。对于夫妻关系与同性伴侣关系,双方彼此间的请求权都适用上述规则(双向保护);对于行为能力欠缺者与其法定代理人或其他照管人,德国与奥地利采双向保护,而瑞士、日本与我国台湾地区则采单向保护模式。

对于未成年人遭受性侵害所产生请求权的诉讼时效,在比较法上有三种规范模式:第一,以法国为代表的延长时效模式。不同于一般人身损害赔偿请求权的诉讼时效期间为 10 年,法国对未成年人的特殊人身侵害规定了 20 年的时效期间。第二,以德国为代表的时效不完成模式。《德国民法典》第 208 条第 1 句规定"因侵害性自主权所生之请求权,于请求权人年满二十一岁前,时效不完成。"德国法未将成年(年满 18 周岁)作为年龄界限,而是延长至 21 周岁,以保证受害人有处理情感的可能性。[102] 第三,以荷兰为代表的将受性侵未成年人请求权的诉讼时效与刑法上的犯罪追诉时效挂钩模式。《荷兰民法典》第 3:310 条第 4 款规定:对不满 18 周岁的女性的性侵害犯罪行为,损害赔偿的诉讼时效在犯罪的追诉时效届满前不届满。

(二)诉讼时效的强制性

根据我国《民法典》第 197 条第 1 款规定,当事人就诉讼时效所作约定无效,即在我国法上诉讼时效属于强制性规范,这主要是出于法律安定

---

[102] Vgl. Münchener Kommentar zum BGB/Grothe, 6.Aufl., 2012, § 208, Rn. 2.

性的考虑。《瑞士债务法》第 129 条、《魁北克民法典》第 2884 条、《俄罗斯联邦民法典》第 198 条、《巴西新民法典》第 192 条以及《澳门民法典》第 293 条都有类似规定。但也有一些国家肯定当事人通过约定改变诉讼时效期间的做法，如根据《奥地利普通民法典》第 1502 条后半句的规定，当事人可以通过约定缩短诉讼时效期间，但不得通过约定延长。德国法允许当事人通过约定缩短或延长诉讼时效，但根据《德国民法典》第 202 条第 2 款，消灭时效以法律行为加重者，依法定时效起算，不得超过 30 年。《欧洲示范民法典草案》第Ⅲ-7:601 条亦承认当事人通过约定改变诉讼时效期间的效力，但时效不得缩短至开始起算后 1 年以下或者延长至 30 年以上。

(三) 诉讼时效中止与中断

在时效中止与中断的问题上，晚近的立法倾向于逐渐压缩诉讼时效中断事由，以时效延期届满或中止取而代之，这已经成为一种发展趋势。德国在债法改革以前，原《德国民法典》第 208 条至第 217 条设有大量关于时效中断的规则，修改后的《德国民法典》第 212 条仅将"债务人承认"与"债权人通过诉讼主张权利"作为中断事由。《瑞士债务法》第 135 条、《葡萄牙民法典》第 324 条至第 325 条、《魁北克民法典》第 2892 条、2893 条、2898 条、《俄罗斯联邦民法典》第 203 条，几乎只将债务人承认与债权人通过司法途径主张权利，作为诉讼时效中断事由。新修订的《日本民法典》第 152 条第 1 款、DCFR、《国际商事合同通则》更是仅将债务人承认作为诉讼时效中断的事由。我国重视诉讼时效中断的做法很大程度上是受到了我国台湾地区"民法"第 129 条的影响。对于诉讼时效中断的法效果，比较法上的规范方式没有差别。

对于时效中止，比较法上存在两种不同的规范模式：(1) 诉讼时效的中止或停止 (Hemmung; suspension)，即时效进行中，发生法定障碍事由 (一般是阻碍权利人行使权利的情事)，停止计算时效，待时效障碍事由消除后，继续计算余下的时效期间；[103] (2) 诉讼时效的不完成或时效的延期届满 (Ablaufhemmung; delay of completion of prescription)，即发生

---

[103] See Zimmermann, Comparative Foundations of a European Law of Set-Off and Prescription, Cambridge University Press, 2003, p. 124.

法定障碍事由时,时效期间继续计算,但是在特定额外的期间届满后,时效期间才能完成。[104] 从当前各国和各地区立法现状来看,后者占据主流。《瑞士债务法》第 134 条采取了"时效停止计算"模式。《俄罗斯联邦民法典》第 202 条、《荷兰民法典》第 3.320 条、《日本民法典》第 158 条至第 161 条、《澳门民法典》第 311 条至第 314 条、《欧洲示范民法典草案》第 Ⅲ-7:301 条至第 Ⅲ-7:306 条以及我国台湾地区"民法"第 139 条至第 143 条采取的是延期届满模式。《德国民法典》与《葡萄牙民法典》则兼采二者。

(四)诉讼时效届满的法律效果

对于时效届满的法效果,比较法上绝大多数国家或地区都采抗辩权发生主义,如《德国民法典》第 214 条、《葡萄牙民法典》第 304 条、我国台湾地区"民法"第 144 条、我国澳门特区《澳门民法典》第 197 条、DCFR 第 Ⅲ-7:501 条以及《国际商事合同通则 2010》第 10.9 条。在抗辩权发生主义模式下,诉讼时效经过后,权利人所享有的请求权不会消灭,而仅使请求权相对人取得抗辩权;抗辩权经义务人主张后始发生效力,法院不得主动适用;权利人受领义务人的给付,仍然具有法律上的原因,不会构成不当得利。少数国家采实体权利消灭说,如《日本民法典》第 166 条以下关于诉讼时效的规定均表述为"某种权利因时效而消灭"。[105] 我国民法学界有观点认为,《法国民法典》采用诉权消灭主义。[106] 但《法国民法典》第 2247 条明文规定"法官不得依职权(替代当事人)援用因时效产生的方法",很显然采用了抗辩权的模式。

---

[104] 参见[德]莱因哈德·齐默曼:《德国新债法:历史与比较的视角》,韩光明译,法律出版社 2012 年版,第 215 页。

[105] 不过,学理上强调不能简单地通过文义解释即认为日本民法采实体权利消灭主义。参见霍海红:《胜诉权消灭说的"名"与"实"》,《中外法学》2012 年第 2 期,第 352—353 页;陈英:《诉讼时效的客体与效力——兼谈民法典诉讼时效制度的设定》,《法学》2005 年第 4 期,第 83 页。

[106] 参见张驰:《论诉讼时效客体》,《法学》2001 年第 3 期,第 52 页;汪渊智:《论诉讼时效完成的效力》,《山西大学学报(哲学社会科学版)》2002 年第 3 期,第 49 页。

(五)表格：诉讼时效模式对比

表1 诉讼时效模式对比

基本问题	规范模式		代表性立法例的国家和地区
时效的起算标准	客观标准		瑞士、中国台湾地区
	主观短期时效+客观长期时效		中国、德国、日本
	客观短期时效+主观中止事由+客观中止时限		DCFR
"亲密关系"主体间请求权的时效	规范情形	双向保护	德国、奥地利
		单向保护	中国
		部分双向保护	瑞士、日本与中国台湾地区（夫妻与同性伴侣关系之间的请求权为双向保护）
	规范效力	停止计算	瑞士与奥地利
		延期届满	日本、中国台湾地区、DCFR
		时效不起算	中国
未成年遭受性侵害请求权的时效	延长时效期间		法国
	时效不完成		德国
	与犯罪追诉时效关联		荷兰
时效的强制性	禁止约定		中国、瑞士、魁北克、俄罗斯、巴西、中国澳门特区
	可约定缩短		奥地利
	可任意约定+上限与下限		德国、DCFR
时效的中止	停止计算		瑞士
	延期届满		中国、俄罗斯、荷兰、日本、中国澳门特区、DCFR、中国台湾地区
	兼采二者		德国、葡萄牙
时效届满的法效果	抗辩权发生主义		中国、德国、中国台湾地区、葡萄牙、DCFR、PICC
	权利消灭主义		日本（有争议）

参考文献

1. [德]迪特尔·梅迪库斯:《德国民法总论》,邵建东译,法律出版社 2000 年版。
2. [德]莱因哈德·齐默曼:《德国新债法:历史与比较的视角》,韩光明译,法律出版社 2012 年版。
3. [美]约翰·G. 斯普兰克林:《美国财产法精解(第二版)》,钟书峰译,北京大学出版社 2009 年版。
4. [苏联]诺维茨基:《法律行为·诉讼时效》,康宝田译,中国人民大学出版社 1956 年版。
5. [日]近江幸治:《民法讲义 II:物权法》,王茵译,北京大学出版社 2006 年版。
6. 奥地利宫廷汇编委员会编:《奥地利普通民法典》,周友军、杨垠红译,清华大学出版社 2013 年版。
7. 《拿破仑法典:法国民法典》,李浩培、吴伟颐、孙鸣岗译,商务印书馆 1979 年版。
8. 陈甦主编:《民法总则评注》(下册),法律出版社 2017 年版。
9. 陈英:《诉讼时效的客体与效力——兼谈民法典诉讼时效制度的设定》,《法学》2005 年第 4 期。
10. 戴永盛:《论债权之罹于时效与担保物权之存续》,《法律科学》2014 年第 3 期。
11. 耿林:《论除斥期间》,《中外法学》2016 年第 3 期。
12. 汉斯·多勒(Hans Dölle):《法学上之发现》,载王泽鉴:《民法学说与判例研究》(重排合订本),北京大学出版社 2015 年版。
13. 郝丽燕:《比较法视野下我国消灭时效制度构建的几个问题》,《河北法学》2015 年第 9 期。
14. 胡康生主编:《中华人民共和国物权法释义》,法律出版社 2007 年版。
15. 黄立:《民法总则》,中国政法大学出版社 2002 年版。
16. 霍海红:《胜诉权消灭说的"名"与"实"》,《中外法学》2012 年第 2 期。
17. 李由义主编:《民法学》,北京大学出版社 1988 年版。
18. 李宇:《民法总则要义:规范释论与判解集注》,法律出版社 2017 年版。
19. 梁慧星、陈华彬:《物权法》(第六版),法律出版社 2016 年版。
20. 龙卫球:《民法总论》(第二版),中国法制出版社 2002 年版。
21. 全国人大常委会法制工作委员会民法室编:《〈中华人民共和国物权

22. 冉克平:《物权法总论》,法律出版社2015年版。
23. 芮沐:《民法法律行为理论之全部》,中国政法大学出版社2003年版。
24. 申海恩:《私法中的权力:形成权理论之新展开》,北京大学出版社2011年版。
25. 史尚宽:《物权法论》,中国政法大学出版社2000年版。
26. 宋晓明、刘竹梅、张雪楳:《〈关于审理民事案件适用诉讼时效制度若干问题的规定〉的理解与适用》,《人民司法》2008年第21期。
27. 佟柔主编:《中国民法学·民法总则》,中国人民公安大学出版社1990年版。
28. 王利明、郭明瑞、方流芳编著:《民法新论》(上),中国政法大学出版社1988年版。
29. 王利明:《民法总论》(第二版),中国人民大学出版社2015年版。
30. 王轶:《物权请求权与诉讼时效制度的适用》,《当代法学》2006年第1期。
31. 王泽鉴:《民法物权》,北京大学出版社2009年版。
32. 王泽鉴:《民法总则》,北京大学出版社2009年版。
33. 汪渊智:《论诉讼时效完成的效力》,《山西大学学报(哲学社会科学版)》2002年第3期。
34. 王志雄:《时效制度存在理由——法律合法性路径考究》,《贵州社会科学》2013年第6期。
35. 吴香香:《〈物权法〉第245条评注》,《法学家》2016年第4期。
36. 谢怀栻:《时效》,载最高人民法院《民法通则》培训班:《民法通则讲座》,北京市文化局出版处1986年版。
37. 徐国栋:《反向占有、取得时效、占据空屋运动与所有权积极行使义务——兼论〈魏玛宪法〉第153条的历史根源》,《经贸法律评论》2020年第2期。
38. 徐洁:《担保物权与时效的关联性研究》,《法学研究》2012年第5期。
39. 张驰:《论诉讼时效客体》,《法学》2001年第3期。
40. 中央政法干部学校民法教研室编著:《中华人民共和国民法基本问题》,法律出版社1958年版。
41. 周枏:《罗马法原论》(上册),商务印书馆2014年版。
42. 朱虎:《返还原物请求权适用诉讼时效问题研究》,《法商研究》2012年第6期。
43. 朱庆育:《民法总论》(第二版),北京大学出版社2016年版。
44. 朱岩:《消灭时效制度中的基本问题——比较法上的分析—兼评我国时效立法》,《中外法学》2005年第2期。

45. Andreas von Tuhr, Der Allgemeine Teil des Deutschen Bürgerlichen Rechts, Bd. II, Hälfte. II, Duncker & Humblot 1918.

46. Basler Kommentar zum ZGB, 3. Aufl., 2007.

47. Gert Iro, Bürgerliches Recht Band IV: Sachenrecht, 4. Aufl., Springer 2010.

48. Historisch-kritischer Kommentar zum BGB, Band 1, Mohr Siebeck 2003.

49. Hübner, Allgemeiner Teil des Bürgerlichen Gesetzbuches, Walter de Gruyter 1985.

50. Ingo v. Münch, Die Zeit im Recht, NJW 2000.

51. Jan Dirk Harke, Römisches Recht, 2. Aufl., C. H. Beck 2016.

52. Kurzkommentar zum ABGB, 3. Aufl., 2010.

53. Kaser/ Knütel/ Lohsse, Römisches Privatrecht, 22. Aufl., C. H. Beck 2021.

54. Larenz/Wolf, Allgemeiner Teil des Bürgerlichen Rechts, 9. Aufl., C.H. Beck 2004.

55. Münchener Kommentar zum BGB, 6.Aufl., 2012.

56. Peter Bydlinski,Bürgerliches Recht Bd. I: Allgemeiner Teil, 4. Aufl., Springer 2007.

57. Reinhard Bork, Allgemeiner Teil des Bürgerlichen Gesetzbuchs, 4. Aufl., Mohr Siebeck, 2016.

58. Savigny, System des heutigen römischen Rechts Bd. V, Berlin 1841.

59. Staudinger Kommentar zum BGB, 2012.

60. Staudinger Kommentar zum BGB, 2009.

61. Zimmermann, Comparative Foundations of a European Law of Set-Off and Prescription, Cambridge University Press, 2002.

第一百八十八条 【诉讼时效的期间和起算】

向人民法院请求保护民事权利的诉讼时效期间为三年。法律另有规定的,依照其规定。

诉讼时效期间自权利人知道或者应当知道权利受到损害以及义务人之日起计算。法律另有规定的,依照其规定。但是,自权利受到损害之日起超过二十年的,人民法院不予保护,有特殊情况的,人民法院可以根据权利人的申请决定延长。

目 录

一、规范意旨 ··· 035
二、立法沿革和比较法例 ··· 036
　（一）立法沿革 ··· 036
　（二）比较法例 ··· 037
　　1.时效期间长短与起算标准之间的协同 ················ 038
　　2.诉讼时效的强制与自治 ································· 040
三、普通诉讼时效期间及其起算标准 ·························· 041
　（一）普通诉讼时效期间 ····································· 041
　（二）普通诉讼时效的起算标准 ···························· 042
　　1."知道或应当知道"的主体 ····························· 042
　　2."知道或应当知道"的判断标准 ······················· 045
　　3.权利受到损害 ··· 046
　　4.义务人 ·· 047
　　5.普通诉讼时效起算的具体情形 ························ 048
　　　（1）合同的请求权 ······································· 048
　　　（2）法律行为无效、被撤销或确定不生效力后的请求权 ··· 052
　　　（3）缔约过失损害赔偿请求权 ······················· 059
　　　（4）合同解除的恢复原状请求权 ···················· 060
　　　（5）原物返还请求权 ···································· 062
　　　（6）无因管理请求权 ···································· 063

- (7) 不当得利请求权 …… 064
- (8) 侵权请求权 …… 066
- (9) 商法上特殊的请求权 …… 068

四、特别诉讼时效期间及其起算标准 …… 069
- 1. 3 个月的时效期间 …… 069
- 2. 6 个月的时效期间 …… 069
- 3. 1 年的时效期间 …… 070
- 4. 2 年的时效期间 …… 070
- 5. 4 年的时效期间 …… 072
- 6. 5 年的时效期间 …… 072

五、最长诉讼时效期间 …… 072
- (一) 20 年期间的性质与功能 …… 072
- (二) 最长时效期间的起算 …… 074
- (三) 最长时效期间的延长 …… 075
  - 1. 延长诉讼时效适用的客体 …… 075
  - 2. 延长诉讼时效的前提条件 …… 076
    - (1) 权利人申请与法院决定 …… 076
    - (2) "特殊情况"的认定 …… 076
    - (3) 具体案型 …… 077
- (四) 最长时效期间经过的法律效果 …… 078

六、证明责任 …… 078

参考文献 …… 079

案例索引 …… 082

一、规范意旨

本条是关于诉讼时效的期间及其起算点的规定,分为两款,第 1 款规定普通诉讼时效期间是 3 年。第 2 款第 1 句是普通诉讼时效的起算点,即自权利人知道或者应当知道权利受到损害以及义务人之日起计算,起算点以权利人的主观状态为准,因此称为"主观起算"标准。第 2 款第 3 句规定最长诉讼时效期间是 20 年,且自权利受到损害之日起计算,该时效的起算点是以权利受到损害的事实为准,称为"客观起算"标准。最长诉讼时效期间是为了弥补普通诉讼时效的不足,因为权利人可能一直不知道权利受到损害从而诉讼时效总是不起算,权利的行使期间可能无限地延续,因此有必要从权利受到损害之日起算最长诉讼时效期间,以实现诉讼时效制度的规范价值。由此,我国《民法典》形成了普通诉讼期间+主观起算与最长诉讼时效期间+客观起算的"混合双轨制"起算模式。[1] 无论主观起算的普通时效,还是客观起算的最长时效,只要其中有一者启动并结束,都会导致请求权受到限制,义务人一方发生时效抗辩权。

除了普通诉讼时效和最长诉讼时效,在各个特别法上还有关于短期或长期诉讼时效期间及其起算点的特殊规定,因此本条第 2 款第 2 句表明法律另有规定的,依照其规定。根据特别法优先于一般法的原则,优先适用特别规定。[2]

二、立法沿革和比较法例

(一)立法沿革

依《民法通则》(已失效)第 135 条,原则上普通诉讼时效期间为 2 年,《民法典》将普通时效期间延长为 3 年。延长普通诉讼时效期间,是我国民法理论界和实务界多年来的普遍呼声。据称,自《民法通则》(已失效)施行以来,银行及金融系统因诉讼时效而损失超过 3000 亿元。[3] 在制定《民法总则》的过程中,延长普通诉讼时效期间也是各界共识。[4] 2015 年 8 月 28 日人大法工委民法室内部讨论的《民法总则室内稿》第 146 条第 1 款规定"诉讼时效期间为 5 年(另一方案:3 年)"。2016 年 6

---

[1] 参见朱晓喆:《诉讼时效制度的价值基础与规范表达——〈民法总则〉第九章评释》,《中外法学》2017 年第 3 期,第 709 页。

[2] 参见黄薇主编:《中华人民共和国民法典总则编释义》,法律出版社 2020 年版,第 502 页。

[3] 参见梁慧星:《民法总则立法的若干理论问题》,《暨南学报(哲学社会科学版)》2016 年第 1 期,第 36 页。

[4] 参见梁慧星:《民法总则立法的若干理论问题》,《暨南学报(哲学社会科学版)》2016 年第 1 期,第 37 页;崔建远:《关于制定〈民法总则〉的建议》,《财经法学》2015 年第 4 期,第 24 页;高圣平:《诉讼时效立法中的几个问题》,《法学论坛》2015 年第 2 期,第 35 页;房绍坤:《我国民法典编纂中时效立法的三个问题》,《法学杂志》2015 年第 9 期,第 11 页。

月初次审议的《民法总则草案一审稿》开始确定诉讼时效期间为 3 年。[5] 2016 年 10 月 11 日法律委员会审议稿第 167 条改为 5 年,但在《民法总则草案二审稿》中又改回为 3 年。《民法总则》(已失效)与《民法典》最终确定普通诉讼时效期间为 3 年。

依《民法通则》(已失效)第 137 条第 1 句,诉讼时效从知道或应当知道权利被侵害之日起计算。按照《民法典》第 188 条规定,诉讼时效的起算不仅要求知道或应当知道权利受到损害,还须知道或应当知道义务人。因为权利人仅知悉其权利受到损害,但并不知道或应当知道义务人为谁,则其根本无法主张自己的权利,若此时诉讼时效即开始起算,显然与"督促权利人行使权利"的价值追求相悖。自《民法总则室内稿》开始,其后《民法总则》历次草案均增加了"知道或应当知道义务人"的规定,《民法典》最终采纳这种规范模式。 4

《民法通则》(已失效)第 137 条第 2 句和第 3 句规定:"但是,从权利被侵害之日起超过二十年的,人民法院不予保护。有特殊情况的,人民法院可以延长诉讼时效期间。"相比于此,《民法典》第 188 条第 2 款有两点重要变化:第一,将《民法总则》(已失效)第 137 条第 2 句与第 3 句之间的句号改为逗号,借此明确延长期间只针对最长诉讼时效期间。[6] 第二,特殊情况下诉讼时效期间的延长以权利人申请为前提,法院可以根据权利人的申请决定延长。 5

(二)比较法例

有学者认为,从比较法观之,3 年普通诉讼时效期间过短,其他国家 6

---

[5] 《民法总则》审议过程中,梁慧星教授仍呼吁应将普通诉讼时效期间确定为 5 年。参见梁慧星:《〈中华人民共和国民法总则(草案)〉:解读、评论和修改建议》,《华东政法大学学报》2016 年第 5 期,第 22 页。比较法上看,近期流行的趋势也是将普通诉讼时效确定为 3 年,并以权利人知道或应知为起算点。See Zimmermann, Comparative Foundations of a European Law of Set-Off and Prescription, Cambridge University Press, 2003, p.96.

[6] 参见陈甦主编:《民法总则评注》(下册),法律出版社 2017 年版,第 1356 页(周江洪执笔)。应予指出,2017 年颁布的《民法总则》第 188 条第 2 款第 3 句之间用的是分号,而 2020 年《民法典》将此处的分号改为逗号,但意义没有改变。

和地区民法典中关于普通诉讼时效期间短者 5 年,长者达 15 年至 20 年。[7] 不过,仅从期间本身的长短来看待这一问题,所得结论可能片面。诉讼时效期间的长短一方面与诉讼时效的起算标准有关,另一方面与诉讼时效可否通过约定延长有关,下面分述之。

1. 时效期间长短与起算标准之间的协同

7 以我国台湾地区"民法"为例,其所规定的普通诉讼时效虽为 15 年,但根据其"民法"第 128 条第 1 句,消灭时效,自请求权可行使时起算。学理上认为,所谓请求权可行使时,指权利人于法律上并无障碍,而得行使请求权之状态而言,至于义务人实际上能否给付,请求权人主观上何时知悉其可行使,则非所问。[8] 可见,我国台湾地区"民法"所规定的普通时效期间虽为 15 年,但采取客观的起算标准。《瑞士债务法》所规定之债权的消灭时效原则上为 10 年,但根据该法第 130 条第 1 款,时效自债权的清偿期届至时开始,亦属于客观起算标准。我国《民法典》规定的 3 年时效期间采取主观的起算标准,若请求权人一直不知道或不应当知道其权利受侵害或义务人,则只要尚在 20 年之内,时效即不起算。在我国民法上,请求权从其产生到罹于时效所经过的实际时间,未必比瑞士、中国台湾地区等采较长时效期间立法例的国家或地区更短。

8 更能体现诉讼时效期间与起算标准之间关系的是德国法上诉讼时效的变化。《德国民法典》在 2002 年修订之前,采用 30 年的普通消灭时效期间,自请求权产生之日起客观地起算。但由于旧德国民法上同时存在大量的短期消灭时效,因此长期的普通时效期间被批评为缺乏实践意义,在构成要件上仅具有初始意义。[9] 2002 年德国债法现代化后,将普通消灭时效期间降为 3 年,并且把时效的起算点确定为"知道或应当知道请求权产生及其产生事由和债务人之年度结束之时"(《德国民法典》第 199 条第 1 款)。评论者指出,新债法缩短消灭时效期间为 3 年,结合主观起算标准考虑,这种缩短对于债权人利益之影响后果就显得没那么严

---

[7] 参见李宇:《民法总则要义:规范释论与判解集注》,法律出版社 2017 年版,第 887 页。

[8] 参见王泽鉴:《民法总则》,北京大学出版社 2009 年版,第 505 页。

[9] Vgl. Münchener Kommentar zum BGB/Grothe, 6.Aufl., 2012, § 195, Rn. 1.

重。[10] 与此同时，《德国民法典》第 199 条第 2 款至第 4 款规定 10 年或 30 年最长诉讼时效期间。其目的在于，如果债权人很晚才知道或应知道请求权已产生及对应的债务人，则会导致不合理的过长期间。为保护债务人，有利于法律上安定和平，规定自请求权发生之日客观起算的最长消灭时效期间。[11]《日本民法典》原来对于诉讼时效的规定为 10 年，并采客观标准。但依现行《日本民法典》第 166 条第 1 款规定，在下列两种情况下债权因时效而消灭：(1) 债权人自知道权利可行使之时起 5 年间不行使；(2) 自权利可行使之时起 10 年间不行使。可见，关于债权的消灭时效规则亦体现了时效期间长短与起算标准之间的互动。

《欧洲示范民法典草案》(DCFR) 第 III-7:201 条规定，普通时效期间为 3 年，依 DCFR 第 III-7:201 条第 1 款与第 2 款，普通时效期间自债务人应为履行时开始，或者就请求损害赔偿的债权，自产生该债权的行为时开始；就为或不为一定行为的持续性债务，普通时效期间自债务违反时开始。仅从这两条的规定来看，DCFR 的时效规则似乎过于偏重债务人保护。不过，根据 DCFR 第 III-7:301 条，债权人不知道或不可合理期待其知道：(1) 债务人；(2) 权利产生的事实时，则时效期间中止。据此，债权人在知道或应当知道权利之前，时效期间"自始"中止。由此照顾到因不知或不应知而不能行使权利的债权人，反映了"时效于无法行动者不得经过"的深邃思想。[12] 另依 DCFR 第 III-7:201 条，时效期间不得因中止或延期届满而超过 10 年，人身伤害请求损害赔偿的权利，不得超过 30 年，这与德国法以及我国法上的最长时效期间类似。规范方式虽有所不同，但最终所实现的法律效果，几无差异。

我国《民法总则》(已失效)第 188 条诉讼时效期间和起算点的设计与德国新债法的思路具有相似之处：普通诉讼期间+主观起算与最长诉讼时效期间+客观起算的"混合双轨制"。客观起算的最长诉讼时效是对于主观起算的普通诉讼时效的补充。[13] 这种立法模式与德国十分类

---

〔10〕 Vgl. Münchener Kommentar zum BGB/Grothe, 6.Aufl., 2012, § 199, Rn. 2.

〔11〕 Vgl. Münchener Kommentar zum BGB/Grothe, 6.Aufl., 2012, § 199, Rn. 44.

〔12〕 参见《欧洲示范民法典草案》第 III-7:301 条注释，欧洲民法典研究组、欧盟现行私法研究组编著：《欧洲私法的原则、定义与示范规则：欧洲示范民法典草案(全译本)：第 1 卷、第 2 卷、第 3 卷》，高圣平等译，法律出版社 2014 年版，第 1018 页。

〔13〕 Vgl. Staudinger Kommentar zum BGB/Peters/Jacoby, 2009, § 199, Rn. 91.

似,以较短的普通时效期间搭配主观的时效起算标准,同时配合依客观标准起算的最长时效期间。这显示出立法者一方面谨慎限制权利人之请求权,避免不知或不应知的债权人受诉讼时效制度的限制(主观起算);另一方面又考虑因债权人不知或不应知而未起算诉讼时效,导致权利不稳定的状况持续太久,从而采取最长诉讼时效期间的限制(客观起算)。

2. 诉讼时效的强制与自治

11 　　有学者指出,《德国民法典》关于时效规则的变化有其体系上的考虑,一方面,德国允许对诉讼时效特约延长,可延长的时效上限为 30 年;另一方面,《德国民法典》对于人身损害赔偿请求权等各类特殊请求权设有 10 年、30 年等长期时效。然而《民法典》既不允许约定变更时效,又未为特殊请求权设有较长时效期间,不可相提并论。[14] 我国不允许私人对诉讼时效期间、计算方法以及中止、中断的事由进行约定,这或许才是很多学者认为 3 年的时效期间过短的真正原因。

12 　　同样采 3 年短期消灭时效的 DCFR 亦认可当事人通过协议变更有关时效的要求,特别是时效期间的缩短或者延长(DCFR 第 III-7:601 条)。反对通过当事人之间的协议变更诉讼时效主要是出于保护公共利益的考量,但权利罹于时效主要服务于保护债务人利益,当债务人放弃保护时效时,意思自治应该优先于公共利益。[15] 在禁止通过协议使时效变得更加困难的国家,普通时效期间一般都比较长(10 年、20 年或者 30 年),以至于再延长期间确实是有问题的,至少比规定短的普通时效期间的国家更成问题,在时效例外地是短时效期间的场合,延长时效期间才广泛地得到特别认可。[16] 我国《民法典》所规定的 3 年时效期间显然是较短的,但却不允许通过约定延长。

13 　　尽管对于消灭时效采取"短期消灭时效+主观起算标准",有时权利

---

〔14〕 参见李宇:《民法总则要义:规范释论与判解集注》,法律出版社 2017 年版,第 887 页。

〔15〕 参见《欧洲示范民法典草案》第 III-7:601 条注释,欧洲民法典研究组、欧盟现行私法研究组编著:《欧洲私法的原则、定义与示范规则:欧洲示范民法典草案(全译本):第 1 卷、第 2 卷、第 3 卷》,高圣平等译,法律出版社 2014 年版,第 1052 页。

〔16〕 参见《欧洲示范民法典草案》第 III-7:601 条注释,欧洲民法典研究组、欧盟现行私法研究组编著:《欧洲私法的原则、定义与示范规则:欧洲示范民法典草案(全译本):第 1 卷、第 2 卷、第 3 卷》,高圣平等译,法律出版社 2014 年版,第 1052 页。

罹于时效的实际时间会长于"长期消灭时效+客观起算标准"所需的实际时间,但大多数债权请求权,尤其是违约损害赔偿请求权中,权利人不知道权利受到损害或义务人的场合非常少见。"主观起算标准"这一要件很少能够发挥"延长时效期间"的作用,更合理的做法还是应承认对于诉讼时效的意定变更。更详细的论述参见本书第 197 条评注。

三、普通诉讼时效期间及其起算标准

(一)普通诉讼时效期间

根据本条第 1 款第 1 句,普通诉讼时效期间为 3 年。《民法总则》草案说明指出,将普通诉讼时效延长为 3 年的理由是:"近年来,社会生活发生深刻变化,交易方式与类型也不断创新,权利义务关系更趋复杂,要求权利人在二年诉讼时效期间内行使权利显得过短,有必要适当延长。"这一判断是合理的。但学界对于将诉讼时效期间确定为 3 年是否足够,见仁见智。

认为 3 年时效期间仍然过短者,其主要理由在于:第一,不利于权利人的保护。3 年的时效期间,仍不利于保护人民和企业的合法权益,不利于信用环境的改善。[17] 比较复杂的法律关系的权利人没有办法切实保护自己的合法权益,不利于维护社会和谐稳定。[18] 第二,片面理解诉讼时效缩短化的趋势。国际上虽然一定程度上有诉讼时效短期化的趋势,但各国时效制度的改革均有体系化设计,如德国消灭时效从 30 年缩短到 3 年,但起算时间点改为主观起算,而且是"年末起算",这实际上产生 3 年至 4 年的"实际"效果。[19] 在规定 3 年普通诉讼时效的同时,有各种较长特别时效期间和时效制度任意化作为配套。[20] 第三,与我国传统

---

〔17〕 参见李宇:《民法总则要义:规范释论与判解集注》,法律出版社 2017 年版,第 887 页。

〔18〕 参见黄薇主编:《中华人民共和国民法典总则编释义》,法律出版社 2020 年版,第 500 页。

〔19〕 参见霍海红:《重思我国普通诉讼时效期间改革》,《法律科学》2020 年第 1 期,第 117 页。

〔20〕 参见李宇:《民法总则要义:规范释论与判解集注》,法律出版社 2017 年版,第 887 页。

社会观念悖离。过短的诉讼时效与我国"欠债还钱"这种"天经地义"的传统观念相悖,权利人未在法定时间内催还表明了权利人对义务人的情谊和宽容,因而在道德上不应成为"丧失"权利的理由。[21]

16　　赞同3年普通时效期间者的理由是,一方面,为了平衡债权人与债务人之间的利益,促进民事流转和交易的迅速展开,宜将普通诉讼时效期间规定为3年。[22] 另一方面,从新近的世界立法趋势来看,《德国民法典》第195条、《欧洲示范民法典草案》第Ⅲ-7:201条、《国际商事合同通则2010》第10.2条,均规定3年的普通时效期间并采主观主义的起算方式,因此,3年时效期间是较为合理的立法决策。[23] 此外,我国民法上的时效中断事由较多,采取3年时效期间在结果上可谓合理。[24] 无论如何,《民法典》已经明确将普通诉讼时效期间确定为3年,从法律适用的角度而言,应严守这一规定。

(二)普通诉讼时效的起算标准

17　　根据本条第2款第1句的规定,诉讼时效期间自权利人知道或者应当知道权利受到损害以及义务人之日起计算。该句确立了我国普通诉讼时效采取主观主义的起算标准。在具体适用本句时,应澄清以下四个问题:一是权利人是谁;二是"知道或应当知道"如何判断;三是"权利受到损害"如何判断;四是义务人是谁。下面分述之。

1."知道或应当知道"的主体

18　　有观点主张,此处的权利人,通常是指权利受到侵害的人。[25] 但以

---

[21] 参见霍海红:《重思我国普通诉讼时效期间改革》,《法律科学》2020年第1期,第118页。

[22] 参见高圣平:《诉讼时效立法中的几个问题》,《法学论坛》2015年第2期,第34—35页。

[23] 主张普通诉讼时效期间延长至3年符合时效立法发展趋势的观点,参见朱晓喆:《诉讼时效制度的立法评论》,《东方法学》2016年第5期,第139页;房绍坤:《论诉讼时效期间的起算》,《法学论坛》2017年第4期,第7页;高圣平:《诉讼时效立法中的几个问题》,《法学论坛》2015年第2期,第34页。

[24] 参见朱虎:《诉讼时效制度的现代更新——政治决断与规范技术》,《中国高校社会科学》2017年第5期,第91页。

[25] 参见陈甦主编:《民法总则评注》(下册),法律出版社2017年版,第1353页(周江洪执笔)。

【诉讼时效的期间和起算】

"权利受到侵害的人"作为权利人判断的一般标准并不准确。因为诉讼时效所针对的客体仅是请求权,所以这里的权利人应理解为请求权人。[26] 权利受到侵害的人与享有请求权的人有时未必相同,如根据《民法典》第1181条第1款第1句的规定,被侵权人死亡的,其近亲属有权请求侵权人承担侵权责任。这里的生命权受到侵害的人与请求权人就不是同一人,该请求权诉讼时效的起算显然取决于近亲属(请求权人),而非死者。[27]

如果权利人欠缺完全行为能力,是指权利人的法定代理人,但《民法典》第190条、191条的情形除外。[28] 比较法上亦认为,如果债权人属于无行为能力人或限制行为能力人,则对其知悉与否的判断取决于法定代理人。[29] 因为"知道或者应当知道"是一个主观认识问题,应当以具有辨识能力为前提,而被监护人显然在辨识能力上是存在欠缺的,无法认定其"知道或应当知道",因此应当以监护人是否知道或应当知道为判断标准。根据《民法典》第16条第1句的规定,涉及遗产继承、接受赠与等胎儿利益保护的,胎儿视为具有民事权利能力。据此,胎儿也可能成为请求权人,但不可能依据胎儿的主观状态来判断诉讼时效是否起算,此时诉讼时效的起算取决于其监护人是否"知道或应当知道"。[30]

在连带债权中,因为每个债权人均可对债务人主张债权,某一债权人"知道或应当知道"是否及于其他债权人,存在疑问。比较法上存在不同规范模式。《德国民法典》规定,对于时效问题,依每个债权人单独判断(第429条第3款)。[31] 根据《日本民法典》第535条之二,连带债权人所生之事由原则上不具有涉他效力,因此消灭时效依每个债权人单独判断。与之不同,我国台湾地区"民法"第288条第2款规定,"前项规定,于连

---

〔26〕 Vgl. Staudinger Kommentar zum BGB/Peters/Jacoby, 2009, § 199, Rn. 53.

〔27〕 类似观点,参见 Staudinger Kommentar zum BGB/Peters/Jacoby, 2009, § 199, Rn. 53。

〔28〕 参见陈甦主编:《民法总则评注》(下册),法律出版社2017年版,第1353页(周江洪执笔)。

〔29〕 Vgl. Münchener Kommentar zum BGB/Grothe, 6. Aufl., 2012, § 199, Rn. 33. Staudinger Kommentar zum BGB/Peters/Jacoby, 2009, § 199, Rn. 55.

〔30〕 参见房绍坤:《论诉讼时效期间的起算》,《法学论坛》2017年第4期,第8页。

〔31〕 Vgl. Staudinger Kommentar zum BGB/Peters/Jacoby, 2009, § 199, Rn. 54.

带债权人中之一人消灭时效已完成者准用之",即对于时效完成之债权人应享有之部分,发生绝对效力,债务人就该部分对其他债权人得拒绝给付。[32] 不过,这里所讲的是时效完成,而非起算。

21　　我国法律对此没有明文规定。《诉讼时效若干规定(2008)》第17条第1款规定,对连带债权人中的一人发生诉讼时效中断效力的事由,亦对其他债权人发生效力。但《民法典》没有将这一规则扩张。《民法典》第520条列举的连带债务中具有绝对效力的事由不包括诉讼时效,而根据《民法典》第521条第3款,连带债权参照适用。连带债权与连带债务本质上都是数个各自独立的债权债务,除非法律设有明文,对其中一个连带债权人或债务人所发生的事由原则上不及于其他人。试想某一连带债权人对于其权利受有损害及义务人全然不知,而另一连带债权人知悉相关情事却怠于主张权利,若就此认为不知情的连带债权人所享有的债权(部分)罹于诉讼时效,显然不妥。债务人本就有义务向任一请求其给付的债权人履行全部义务,无所谓减损其所受的时效利益。

22　　在利益第三人合同中,对债权人(受允诺人)的请求权与第三人的请求权消灭时效的起算亦应分别判断,因为这两项请求权自始就是对于每个权利人独立产生的。[33] 尽管债务人(允诺人)可以向第三人主张其针对受允诺人的消灭时效抗辩,但对于时效起算所要求的主观要件取决于作为独立请求权人的第三人。[34] 因此,在利益第三人合同中,第三人所享有的请求权是独立的。虽然出于保护债务人的考虑,允许债务人对第三人主张其对债权人所享有的时效抗辩权(《民法典》第522条第2款),但这两个请求权本质上独立,在时效起算上应依各请求权人的主观状态分别判断。

23　　就公益诉讼而言,根据《民事诉讼法》第58条第1款的规定,对污染

---

〔32〕 郑玉波教授认为其理由在于:连带债权中的各债权人本可异其时效,因而一债权人消灭时效之完成,亦不应影响其他债权人,然果如此,则债务人仍得对于其他债权人为全部给付,其所受时效完成之利益,未免减损。参见郑玉波:《民法债编总论》(修订二版),陈荣隆修订,中国政法大学出版社2004年版,第410页。

〔33〕 Vgl. Staudinger Kommentar zum BGB/Peters/Jacoby, 2009, § 199, Rn. 54. Palandt/Ellenberger, 72.Aufl., 2013, § 199, Rn. 24.

〔34〕 Vgl. Staudinger Kommentar zum BGB/Rainer Jagmann, 2009, § 334, Rn. 13.

环境、侵害众多消费者合法权益等损害社会公共利益的行为,法律规定的机关和有关组织可以向人民法院提起公益诉讼。我国法律对于公益诉讼是否适用诉讼时效并没有明确规定,但《环境保护法》第 66 条规定环境损害赔偿的诉讼时效为 3 年,《产品质量法》第 45 条规定产品缺陷造成的损害赔偿的诉讼时效为 2 年。理论界认为民事公益诉讼的诉讼时效应遵从相关法律的规定,[35]司法实践中也多有赞同的裁判观点。[36] 在公益诉讼适用诉讼时效的前提下,判断时效起算点的"知道或应当知道"的主体是依法有权提起公益诉讼的机关、组织。[37]

如果权利人是公司等法人或非法人组织,因为团体本身没有认识能力,所以"知道或应当知道"的主体应为法定代表人或负责人。[38]

2. "知道或应当知道"的判断标准

知道,是指权利人已了解权利受到损害以及义务人的主观状态。应当知道,是指一个理性人在同样情况下能够知道其权利受到损害及义务人的主观状态。[39] 采取客观理性人的标准意味着如果权利人因一般过失应知而未知,诉讼时效也会起算。最高人民法院在个案中也将"应当知道"界定为:基于客观情况及根据权利人的智识经验应尽的合理注意

---

[35] 参见杨解君、李俊宏:《公益诉讼试点的若干重大实践问题探讨》,《行政法学研究》2016 年第 4 期,第 113 页;赵吟:《检察民事公益诉讼的功能定位及实现路径》,《法治研究》2019 年第 5 期,第 93 页。

[36] 参见中国生物多样性保护与绿色发展基金会、江苏宝众达药业有限公司等与扬州市邗江腾达化工厂、张百锋等环境污染责任纠纷案,江苏省高级人民法院(2017)苏民终 365 号民事判决书;郑辉雄与公益诉讼人环境污染责任纠纷案,广东省高级人民法院(2017)粤民终 3092 号民事判决书。

[37] 参见陈甦主编:《民法总则评注》(下册),法律出版社 2017 年版,第 1353 页(周江洪执笔)。

[38] 参见葵花药业集团(贵州)宏奇有限公司、广厦建设集团有限责任公司贵州分公司不当得利纠纷案,贵州省高级人民法院(2017)黔民终 1083 号民事判决书。在本案中,法院认为田勇明当时是广厦集团贵州分公司的员工,还是广厦集团贵州公司的"贵州轻工学院工程项目"项目负责人,田勇明对转账支付给宏奇公司的事实是知道的。既然田勇明知道,那么基于其身份,就可以认定广厦集团贵州分公司是知道的。

[39] 参见陈甦主编:《民法总则评注》(下册),法律出版社 2017 年版,第 1353 页(周江洪执笔)。

义务,权利人应当知悉但因自身过失而未知情。[40] 相比德国民法以重大过失而不知才起算诉讼时效(《德国民法典》第 199 条第 1 款),我国以"知道或应当知道"的主体具有过失为标准,更容易起算诉讼时效期间。[41]

26 　　以上是关于"知道或应当知道"的一般界定,但具体判断标准需结合不同的"权利受到损害"的类型,即产生请求权的具体情形来判断时效起算,对此下文将进行详述。

3. 权利受到损害

27 　　《民法通则》(已失效)第 137 条第 1 句规定的是"权利被侵害",本条改为"权利受到损害"。对于这一变化,有学者认为"损害"一词较"侵害"含义不甚准确,损害是权利人非自愿的利益丧失,通常发生在侵权或违约的情形下,然而诉讼时效的适用对象并不限于"损害赔偿请求权",这里的"损害"不应被理解为损害赔偿请求权意义上的"损害",而应将其扩张解释为权利受到侵害或请求权产生之时。[42] 也有学者认为,尽管"权利受到损害"这一表述可能被误解为损害赔偿法意义上之"损害",但在不当得利、无因管理之债,并无权利被侵害情事,相较于《民法通则》(已失效),《民法典》的用语更精确。[43] 尽管对于这一表述的变更存在不同理解,但此处并不要求一定有权利被侵害,适用诉讼时效的对象也不限于损

---

[40] 参见樊迎朝与史三八不当得利纠纷案,最高人民法院(2019)最高法民再 34 号民事判决书。还有法院指出,"应当知道"是一种法律推定,应指基于客观之情事及一般民众根据其智识经验应尽的注意义务,权利人应当知悉其权利被侵害事实,但若因其自身过失而未知情,在该情形下,法律推定其知道权利受到侵害。参见刘伟与张海利买卖合同纠纷案,河南省高级人民法院(2015)豫法民提字第 00244 号民事裁定书。

[41] 但也有学者主张,考虑到诉讼时效本就是对请求权人不利的制度,适当提高起算要求可略作平衡,如此"应当知道"可作限缩解释,以重大过失为标准,参见朱庆育:《民法总论》(第二版),北京大学出版社 2016 年版,第 555 页。但时效法上已经有大量的规定在平衡权利人与义务人之间的利益,尤其《民法典》还将"知道或应当知道义务人"作为时效起算的前提条件,故以平衡请求权人利益保护为由作限缩解释,合理性存疑。

[42] 参见陈甦主编:《民法总则评注》(下册),法律出版社 2017 年版,第 1353 页(周江洪执笔)。

[43] 参见李宇:《民法总则要义:规范释论与判解集注》,法律出版社 2017 年版,第 891 页。

害赔偿请求权。重要的是如何判断各种请求权情形下,权利人对于请求权成立这一事实是否知道或应当知道。[44] 从法律适用的角度而言,不必过分纠结于"权利受到损害"的字面含义,权利人知道或应当知道的对象应指请求权成立并已届期这一情事。

4. 义务人

如果权利人知道或者应当知道权利受到损害或请求权成立,但不知义务人具体是谁,权利人仍无法主张权利,时效即不应起算。[45] 在合同之债,权利人知道或应当知道权利受损害之日,与知道或应当知道义务人之日同时,因为合同债务人于合同义务履行期限届满之日必然确定,权利人不可能不知道。[46] 但在法定之债,如无因管理、不当得利、侵权所生之请求权,权利人有时并不知道义务人是谁。因此,诉讼时效应自权利人知道或应当知道义务人时起算。根据《最高人民法院关于审理民事案件适用诉讼时效制度若干问题的规定》[以下简称《诉讼时效若干规定(2020)》]第6条、第7条的规定,基于不当得利的返还请求权,基于无因管理发生的必要管理费用、赔偿损失请求权,须在知道或者应当知道对方当事人时才起算。对于侵权行为的请求权,我国司法实践中也持同样观点。例如,在交通事故中,因为肇事车辆驾驶员及乘坐人员均死亡,在交通事故认定书送达之前,请求权人无法得知事故中是否存在侵权行为及谁是侵权责任人,因此诉讼时效应从交通事故认定书作出并送达当事人后起算。[47]

学理上认为,知道义务人是指知道义务人姓名或名称及必要联系方式,[48] 仅知其名,尚不足以行使权利,但义务人为依法登记的法人、非法人

---

〔44〕 《德国民法典》第199条第1款第2项的规定可以作为例证,其表述为"债权人知悉或若无重大过失即应知悉,请求权成立之情事及债务人"。

〔45〕 参见朱虎:《诉讼时效制度的现代更新——政治决断与规范技术》,《中国高校社会科学》2017年第5期,第93页。

〔46〕 参见李宇:《民法总则要义:规范释论与判解集注》,法律出版社2017年版,第891页。

〔47〕 参见王玉生、刘桂清与杨同来等道路交通事故损害赔偿纠纷案,山东省济南市中级人民法院(2014)济民再字第53号民事判决书。

〔48〕 比较法上亦采相同观点,参见 Münchener Kommentar zum BGB/Grothe, 6.Aufl., 2012, § 199, Rn. 27; Staudinger Kommentar zum BGB/Peters/Jacoby, 2009, § 199, Rn. 70。

组织时,仅知其名称即为知道义务人。[49]

30　　如果存在多个债务人,债权人对其知悉时间各不相同,则时效分别起算。[50]

5.普通诉讼时效起算的具体情形

(1)合同的请求权

①合同履行期与诉讼时效起算

31　　如果合同约定债务履行期限,期限届满之日,债务人不履行义务(包括履行不能、履行迟延、瑕疵履行),该日之次日即为债权人知道或应当知道权利受到损害之日。[51] 司法实践亦采相同见解,此无疑义。[52]

32　　如果债务人在履行期到来之前构成预期违约,根据《民法典》第578条的规定,债权人可以在履行期限届满前请求其承担违约责任。第578条本是给予债权人的一种期限上的优待,允许其提前主张权利,但不可加重其负担。如果以债权人知道或应当知道债务人预期违约(即债权人受到损害)开始起算诉讼时效,相当于过早敦促债权人行使权利,加重债权人负担,与第578条的规范目的不符。因此,即使债务人存在预期违约,债权人完全可以等到履行期到来后再主张权利,此时以约定的履行期限作为诉讼时效起算时点更为明确、妥当。

33　　在《诉讼时效若干规定》出台以前,对于没有约定履行期的合同之债的诉讼时效应自何时起算,学理上存在争议,大致有四种观点:从债权成立时起算;从债权人请求债务人履行(义务人拒绝)时起算;从债权人给予债务人的宽限期满开始计算;从债权人主张权利(义务人拒绝)时起算,但债权人给对方必要的准备时间的,从该期限届满之日的

---

[49] 参见李宇:《民法总则要义:规范释论与判解集注》,法律出版社2017年版,第891页。

[50] Vgl. Münchener Kommentar zum BGB/Grothe, 6.Aufl., 2012, § 199, Rn. 27. Staudinger Kommentar zum BGB/Peters/Jacoby, 2009, § 199, Rn. 70.

[51] 参见李宇:《民法总则要义:规范释论与判解集注》,法律出版社2017年,第891页;崔建远等编著:《民法总论》(第三版),清华大学出版社2019年版,第281页。

[52] 参见海南高速公路房地产开发公司与陈瀚华房屋买卖合同纠纷案,海南省海口市中级人民法院(2018)琼01民终295号民事判决书;顾兴文、范德琼房屋买卖合同纠纷案,河南省信阳市中级人民法院(2019)豫15民终2805号民事判决书。

次日开始计算。[53] 2008 年最高人民法院出台的《诉讼时效若干规定》第 6 条规定，未约定履行期限的合同，依照《合同法》（已失效）第 61 条、第 62 条的规定，可以确定履行期限的，诉讼时效期间从履行期限届满之日起计算；不能确定履行期限的，诉讼时效期间从债权人要求债务人履行义务的宽限期届满之日起计算，但债务人在债权人第一次向其主张权利之时明确表示不履行义务的，诉讼时效期间从债务人明确表示不履行义务之日起计算。这一规则具有合理性，因为根据《民法典》第 511 条第 4 项的规定，债权人要求债务人履行的，应给予对方必要的准备时间，在此期间经过以前，尚不能确定债权人的权利是否遭受损害，故不应起算诉讼时效；但若债务人明确表示拒绝，则不必考虑宽限期，应当起算诉讼时效。《诉讼时效若干规定(2020)》第 4 条承袭上述规则。

不过上述规则忽略了如下一种情况。根据《民法典》第 511 条第 4 项的规定，债务人可以随时履行，但应给对方必要的时间，如果债务人按照合同要求提出给付，但债权人不受领，则在必要的准备时间经过后，债权人陷于受领迟延。债权人受领迟延原则上并不会使债务人的给付义务消灭，仅会使债务人责任减轻、债权人责任加重。[54] 于此并非出现债权人的"权利受到损害"。但如前述，"权利受到损害"应作广义理解，实际上是指请求权产生。当债务人提出给付并且经过必要的准备时间后，债务履行期即届满，债权人可要求债务人履行债务，故诉讼时效应自此时起算。

以上讨论的是合同的原给付请求权。对于不履行合同义务或者履行合同义务不符合约定发生的次生给付请求权（《民法典》第 577 条），例如损害赔偿请求权，理论上认为当事人发生违约行为之时，债权人即知道或应当知道权利受到损害，由此起算诉讼时效。[55] 实践中，最高人民法院也采此观点。[56]

---

[53] 参见霍海红：《未定期债权时效起算——一个"中国式问题"的考察》，《吉林大学社会科学学报》2010 年第 6 期，第 138 页以下。

[54] Vgl. Medicus/Lorenz, Schuldrecht Ⅰ. Allgemeiner Teil, 19. Aufl., C. H. Beck München, 2010, Rn. 522 ff.

[55] 参见梁慧星：《民法总论》（第五版），法律出版社 2017 年版，第 262 页。

[56] 参见长春阔尔科技股份有限公司与河南天丰钢结构建设有限公司建设工程施工合同纠纷案，最高人民法院(2018)最高法民再 152 号民事判决书。相同司法观点参见张明与谭德云房屋买卖合同纠纷案，广东省韶关市中级人民法院(2019)粤 02 民终 1452 号民事判决书。

②违约金给付请求权诉讼时效的起算

36   关于违约金请求权(《民法典》第585条),若当事人明确约定违约金支付的期限,则诉讼时效自该期限届满之日起算。但若当事人没有约定,则对于违约金给付请求权的诉讼时效应自何时起算,存在争议。最高人民法院曾有判决认为,对于没有约定支付期限的违约金,债权人任何时候都可以主张,只有当债务人明确表示不履行时,才能认定债权人"知道或者应当知道权利受到侵害"。[57] 但学理上倾向认为违约金请求权从违约行为发生时起算,[58] 即使违约金未定履行期,也应如此。[59] 很多地方法院区分了约定的违约金是一次性支付的违约金还是累计的违约金,前者诉讼时效期间从合同约定的违约金期限届满之次日起算,后者对每一期的违约金请求权分别适用诉讼时效,一般自当事人提起诉讼之日起倒推两年。[60]

37   如果当事人约定的是按日(月)累积违约金,司法实践与学理上的争议更大。代表性的观点有两种,即"单个不定期债权说"和"多个单日定期债权说"。最高人民法院亦存在分别支持这两种学说的判决,如在"泛华工程有限公司西南公司与中国人寿保险(集团)公司商品房预售合同纠纷案"中,法院认为"累加计算"的违约金是当事人在合同中所确定的一个整

---

[57] 参见泛华工程有限公司西南公司与中国人寿保险(集团)公司商品房预售合同纠纷案,最高人民法院(2005)民一终字第85号民事判决书,《最高人民法院公报》2008年第2期。

[58] 参见梁慧星:《民法总论》(第五版),法律出版社2017年版,第262页。

[59] 姚明斌:《违约金论》,中国法制出版社2018年版,第253页。

[60] 如《北京市高级人民法院关于审理房屋买卖合同纠纷案件若干疑难问题的会议纪要》第23条规定:"房屋买卖合同中约定当事人违反合同义务应承担的违约金为数额确定的一次性违约金的,诉讼时效期间从合同约定的义务履行期限届满之次日起算;约定违约金为按日(月)计付的继续性违约金的,以每个个别的债权分别单独适用诉讼时效,当事人在诉讼中提出时效抗辩的,违约金保护范围为当事人起诉之日前两年。"《福建省高级人民法院关于审理商品房买卖合同纠纷案件疑难问题的解答》第21条规定:"商品房买卖合同对逾期交房、逾期办证违约金的支付日期有约定的,诉讼时效从约定之次日起算;无约定的,一次性支付的违约金的诉讼时效从合同约定的应交房之次日以及《商品房买卖合同司法解释》第十八条第一款规定的出卖人应承担逾期办证违约责任之日起算;按日计付的违约金的诉讼时效应当分别每一日单独计算。"

体的合同权利,而非按违约天数分割为若干分别计算诉讼时效的独立权利,将违约金请求权分割为若干独立的请求权,并以分别起算的诉讼时效予以限制,将改变当事人约定"累加计算"的本意,违背当事人意思自治的基本原则。[61] 在"重庆渝西半岛实业有限公司、四川蜀天建设工程总承包有限公司与重庆渝西半岛实业有限公司、四川蜀天建设工程总承包有限公司建设工程施工合同纠纷案"中,法院认为关于延期付款滞纳金的约定,应以每个个别债权分别适用诉讼时效,即以债权人主张之日倒推两年作为计付违约金或滞纳金的起算时间。[62] 司法实践中法院多持后一种观点。

在学理上,崔建远教授认为,违约金债权的诉讼时效应当分段计算,将一天的违约金作为一个"个别债权",单独地适用诉讼时效,起算点为次日;为避免麻烦,可以把一个月的违约金作为一个"个别债权",每个月的违约金债权单独地适用诉讼时效,时效期间的起算点为下个月的第一天。[63] 姚明斌教授也认为,将按日累计的违约金理解为当事人创设一个整体权利的意旨或许能更完整地填补迟延损害,但违约金制度本身尚有压力功能,当事人意思中的逐日施压以促使早日履约的意图,可以推论出对按日累计违约金分日把握、个别看待的正当性。[64] 相反,韩世远教授认为,按日累计违约金应作整体考察,否则就回避不了"复数债权、复数时效"的麻烦,这一结果与当事人的意思不合,按日累计的违约金没有确定的履行期,其诉讼时效的起算应适用未定履行期的合同债权的时效起算规则。[65] 此外,还有观点认为,持续递增之迟延履行违约金的诉讼时效,应当是自履行迟延终了、障碍消除之日起算,因为只有待障碍消除后,违约

---

[61] 参见泛华工程有限公司西南公司与中国人寿保险(集团)公司商品房预售合同纠纷案,最高人民法院(2005)民一终字第 85 号民事判决书,《最高人民法院公报》2008 年第 2 期。

[62] 参见重庆渝西半岛实业有限公司、四川蜀天建设工程总承包有限公司与重庆渝西半岛实业有限公司、四川蜀天建设工程总承包有限公司建设工程施工合同纠纷案,最高人民法院(2015)民申字第 3030 号民事裁定书。

[63] 参见崔建远:《继续性债权与诉讼时效》,《人民法院报》2003 年 6 月 27 日。相同观点,亦见程晓东、邢江孟:《持续增长迟延履行违约金诉讼时效的起算》,《人民法院报》2012 年 6 月 28 日。

[64] 参见姚明斌:《违约金论》,中国法制出版社 2018 年版,第 260—261 页。

[65] 参见韩世远:《合同法总论》(第四版),法律出版社 2018 年版,第 844—845 页。

金金额确定下来,权利人可以行使请求权时,诉讼时效才能起算。[66] 从发展趋势看,"多个单日定期债权说"逐渐为司法实践接受,[67]其更符合诉讼时效督促债权人及时行使权利之本旨,应值赞同。

(2)法律行为无效、被撤销或确定不生效力后的请求权

根据《民法典》第157条的规定,民事法律行为无效、被撤销或者确定不发生效力后,当事人之间发生返还财产、折价补偿以及损害赔偿请求权。上述请求权是独立的请求权,还是非独立的请求权,及其性质如何,理论上存在诸多争议。[68] 本评注此处关注的重点虽然不是请求权的性质,但诉讼时效问题与请求权直接相关,故此,笔者综合既往的研究成果和实证法律规定,总体上认为应具体分析《民法典》第157条所涉请求权的性质:首先,返还财产如果涉及的是有体物的原物返还或返还物权的登记,基于我国民法上物权变动采有因原则,作为物权变动原因的法律行为确定无效,物权自始不发生变动,请求权人可基于物权人的地位主张返还物之占有(《民法典》第235条)、排除妨碍(《民法典》第236条)或变更登记(《民法典》第220条),此类请求权根据《民法典》第196条第1项、第2项,根本不适用诉讼时效。其次,返还财产如果涉及的不是有体物,而是无形的权利,例如债权,同样基于有因原则,[69]此类权利并不发生变动,权利人的地位并未发生变化,并不涉及权利的返还问题,但如果涉及债权凭证的交付、债权的登记,可以参照物权返还或变更登记的规则处理,不适用诉讼时效。股权、信托受益权之类的财产权利与债权的转让规

---

[66] 参见郗伟明:《论迟延履行违约金诉讼时效的起算》,《环球法律评论》2010年第2期,第84页以下。

[67] 参见海南中晨房地产开发有限公司与胡爱霞商品房预售合同纠纷案,海南省高级人民法院(2019)琼民申1990号民事裁定书;郑县、郑爱多与浙江金鹭置业有限公司商品房预售合同纠纷案,浙江省嘉兴市中级人民法院(2016)浙04民终672号民事判决书。各地法院指导性文件中亦多持此种观点,除前引《北京市高级人民法院关于审理房屋买卖合同纠纷案件若干疑难问题的会议纪要》第23条、《福建省高级人民法院关于审理商品房买卖合同纠纷案件疑难问题的解答》第21条以外,尚有《宁波市中级人民法院关于审理商品房买卖合同纠纷案件疑难问题解答》第13条、《厦门市中级人民法院关于审理商品房买卖合同纠纷中逾期交房和逾期办证若干问题的指导意见》第11条。

[68] 参见叶名怡:《〈民法典〉第157条(法律行为无效之法律后果)评注》,《法学家》2022年第1期,第176—177页。

[69] 参见韩世远:《合同法总论》(第四版),法律出版社2018年版,第600页。

则类似。再次，如果行为人取得的财产是金钱，并且与自己的财产发生混同，则金钱返还请求权的性质为债权，应适用诉讼时效。[70] 复次，行为人取得的财产不能返还或不适宜返还，根据《民法典》第157条第1句后半句，给付人可以请求折价补偿，其性质为不当得利，属于债权请求权，应适用诉讼时效。[71] 最后，根据《民法典》第157条第2句，导致法律行为不生效力的当事人应承担损害赔偿的责任，其性质上属于债权请求权，亦应适用诉讼时效。综上，第157条涉及的债权性质的返还请求权、折价补偿请求权、损害赔偿请求权应适用诉讼时效。

根据《民法典总则编若干问题解释》第23条，民事法律行为不成立，当事人请求返还财产、折价补偿或者赔偿损失的，参照适用《民法典》第157条。据此，第157条实际上涉及无效、被撤销、确定不生效力、不成立四种法律行为效力瑕疵情形下的请求权，可统称为"瑕疵法律行为清算请求权"。鉴于其适用情形各不相同，清算请求权的诉讼时效起算点也应依具体情况区别对待。

就法律行为无效的清算请求权，特别是围绕合同无效，请求权的诉讼时效起算点主要存在"合同签订说""开始履行说""履行期限届满说""法院确认无效说""区分说"五种观点。

第一，"合同签订说"主张，无效合同当事人从签订合同之日起就应当知道合同无效，因此，知道或应当知道权利被侵害的时间应从合同签订之日起算。[72] 但这种观点的问题在于其假定每个当事人都如同法律专家一样能够确定合同的无效。然而事实并非如此，除某些显著违反强制规定或违背公序良俗的法律行为之外，法律行为是否无效，多有赖于法院或仲裁机构的事后判断，非当事人自始可知；若自始开始计算诉讼时效，至无效确认的判决或裁决生效之日，时效往往已经完成，对权利

---

[70] 参见叶名怡：《〈民法典〉第157条（法律行为无效之法律后果）评注》，《法学家》2022年第1期，第177页。

[71] 参见叶名怡：《折价补偿与不当得利》，《清华法学》2022年第3期，第53页。类似观点，参见最高人民法院民事审判第二庭编著：《最高人民法院关于民事案件诉讼时效司法解释理解与适用》，人民法院出版社2015年版，第144页。

[72] 相关观点介绍，参见杨少南：《论无效合同与诉讼时效的适用》，《现代法学》2005年第2期，第95页以下；陈吉生：《论无效合同债权请求权时效之起算——以请求权客体为视点的分析》，《暨南学报（哲学社会科学版）》2012年第9期，第37页。

人殊为不利。[73]

43　　第二,"开始履行说"主张,当事人在签订无效合同时虽然可推定为"明知",但是真正开始履行合同时,权利才受到侵害,因此,诉讼时效期间应从给付财产之日起算。[74] 但该说同样要求当事人能够准确判断法律行为是否有效,而且仅凭当事人履行合同、给付财产难以推导出当事人知道或应当知道其权利受到侵害。[75]

44　　第三,"履行期限届满说"认为,合同无效时,应以合同履行期限届满日作为相关请求权诉讼时效的起算点。在合同无效情形下,当事人可随时提起确认合同无效的诉讼,如果相关的请求权随时受到法院的保护,法律关系将长期处于不稳定的状态,这与诉讼时效制度的本旨背道而驰。[76] 合同当事人对合同约定权利的实现期限均有其明确、合理的预期,当事人一方未按约定期限履行合同义务之时,另一方基于其对合同有效的认识以及对方到期不履行义务的事实,自当意识到其合同权利已经受到侵害,即应关注并及时行使其权利。[77] 最高人民法院有判决持此种观点,[78] 地方高级人民法院司法指导意见中亦有采

---

〔73〕　参见李宇:《民法总则要义:规范释论与判解集注》,法律出版社 2017 年版,第 894—895 页。

〔74〕　相关观点介绍,参见杨少南:《论无效合同与诉讼时效的适用》,《现代法学》2005 年第 2 期,第 95 页以下;陈吉生:《论无效合同债权请求权时效之起算——以请求权客体为视点的分析》,《暨南学报(哲学社会科学版)》2012 年第 9 期,第 37 页;张斌、卢文道:《关于诉讼时效制度的几个问题》,《法学》1999 年第 2 期,第 27 页以下。

〔75〕　参见杨少南:《论无效合同与诉讼时效的适用》,《现代法学》2005 年第 2 期,第 96 页。

〔76〕　参见刘贵祥:《诉讼时效若干理论与实务问题研究》,《法律适用》2004 年第 2 期,第 28 页;陶恒河、胡四海:《无效合同诉讼时效起算点的确定》,《人民司法·案例》2014 年第 22 期,第 105 页。

〔77〕　参见陶恒河、胡四海:《无效合同诉讼时效起算点的确定》,《人民司法·案例》2014 年第 22 期,第 105 页。

〔78〕　"即使在合同应当或事后已经被确认无效的情况下,已经履行合同的一方当事人因对方不履行合同而要求返还财产或赔偿损失的,其行使该项请求权的诉讼时效期间亦应从合同约定的对方履行合同义务的期限届满之日起计算。"参见中国五金交电化工公司与中国光大银行合肥分行无效借款担保合同纠纷案,最高人民法院(2003)民二终字第 38 号。

此观点者。[79] 但这种观点与合同无效的法律效果相悖离,因为合同既然无效,其所定的履行期间并无约束力,而且合同无效后的返还财产、赔偿损失请求权,与合同履行期限无关。[80]

第四,目前学界主流观点是"法院确认无效说",即合同被确认无效,损害赔偿、返还财产请求权诉讼时效从确认合同无效的裁判生效之日起计算。[81] 最高人民法院也有判决认为,在合同被确认无效后,当事人才享有财产返还的请求权,诉讼时效应自此时起算。[82] 但也有学者对此提出质疑,认为这种做法可能使债权人在合同有效期间都已经罹于时效的请求权,竟然在无效判决后反而可以主张,失而复得,这对于债务人而言不公平。[83] 在合同当事人恶意违法的情况下,理应当时就知道其法律后果,根本没必要将"起算时间"延至裁决和判决生效日,否则是对违法行为过于"宽厚"。[84]

第五,部分学者根据法律行为无效的原因以及当事人是否履行义务,区分对待所涉请求权的诉讼时效起算。归纳而言,该说大致观点是:如果合同双方均明知合同违法仍订立和实际履行的,诉讼时效应从合同

---

[79]《黑龙江省高级人民法院关于规范民商审判若干问题的指导意见》第19条第4项第1句规定:"合同无效时,当事人请求合同相对人返还财产、赔偿损失的,诉讼时效期间自合同约定的履行期限届满次日起算。"

[80] 参见李宇:《民法总则要义:规范释论与判解集注》,法律出版社2017年版,第895页。类似观点,亦见张斌、卢文道:《关于诉讼时效制度的几个问题》,《法学》1999年第2期,第28页。

[81] 参见崔建远等编著:《民法总论》(第三版),清华大学出版社2019年版,第283页;李宇:《民法总则要义:规范释论与判解集注》,法律出版社2017年版,第895页。

[82] 参见广西北生集团有限责任公司与北海市威豪房地产开发公司、广西壮族自治区畜产进出口北海公司土地使用权转让合同纠纷案,最高人民法院(2005)民一终字第104号民事判决书,载《最高人民法院公报》2006年第9期。

[83] 参见陈吉生:《论无效合同债权请求权时效之起算——以请求权客体为视点的分析》,《暨南学报(哲学社会科学版)》2012年第9期,第36页;邹明宇:《诉讼时效制度在请求确认合同无效案件中的适用》,《人民司法·案例》2012年第24期,第91页。

[84] 参见杨少南:《论无效合同与诉讼时效的适用》,《现代法学》2005年第2期,第96页。

实际履行之日起算;[85]如果一方已经履行合同义务的,要求对方返还财产、赔偿损失,诉讼时效从合同约定的履行期届满之日起计算;双方均未履行或双方都已经履行义务,一方以违约为由主张权利的,合同被法院或仲裁机构确认无效,诉讼时效从确认合同无效之日起算。[86] "区分说"的思路有可取之处,但区分的具体标准和相应的后果,不够明晰、合理。

47　　笔者认为,把法律行为无效清算的请求权拆解开来,其中可适用诉讼时效的请求权就是不当得利与损害赔偿请求权,因此,原则上应遵循《民法典》第 188 条第 2 款第 1 句"知道或者应当知道权利受到损害以及义务人之日"作为诉讼时效起算点。此处"权利受到损害"就是指一方没有法律根据受有利益或因过错致对方损害的事实。其复杂性在于,一方面,不当得利或发生损害的事实往往与法律行为无效的事由相关联,因此"知道或者应当知道权利受到损害"一般就是知道或应当知道法律行为无效的事由之时;另一方面,也可能出现知道法律行为无效事由与知道权利受到损害发生不当得利或损害的时点不一致的情形,例如明知法律行为无效,但后续仍作出财产给付。因此,须辩证考虑当事人主观上对于"无效事由"和"权利受到损害"两个认识因素,下面逐一具体分析:

48　　第一,在通谋虚伪表示(《民法典》第 146 条)、恶意串通损害第三人利益(《民法典》第 154 条)、虚构租赁标的物订立融资租赁合同(《民法典》第 737 条)以及明显违反强制性法律规定或公序良俗(《民法典》第 153 条、第 1007 条)的情形下,在合同成立时,当事人即确切知道无效事由。如果合同成立时就出现权利受到损害(即不当得利或发生损害,下同)的情形,诉讼时效自应起算。但也可能当事人订立合同时尚未有权利受到损害,而后为了履行法律行为拟设定的义务作出给付或履行过程中出现损害,此时应以权利人知道或者应当知道法律行为无效事由以及实际上权利受到损害之日,作为诉讼时效的起算点。

49　　第二,法律行为是否无效不确定,或当事人对效力已经发生争议,尤其是否违反强制性法律规定或公序良俗本身在学理和司法上存在不同认

---

[85] 参见杨少南:《论无效合同与诉讼时效的适用》,《现代法学》2005 年第 2 期,第 96 页。

[86] 参见吴庆宝:《准确起算诉讼时效 维护当事人合法权益》,《法律适用》2008 年第 11 期,第 11 页。类似观点参见余冬爱:《无效合同诉讼时效问题探析》,《政治与法律》2009 年第 1 期,第 133 页以下。

识，缺少权威的定论。对此，在已经发生权利受到损害的前提下，应自确认此类法律行为无效的法院判决或仲裁裁决生效之日起算诉讼时效，因为此时权利人才确切知道或应当知道权利受到损害的事实。若未发生权利受到损害，自无诉讼时效可言。

第三，如果无效的事由存在于一方当事人，例如格式条款（《民法典》第497条）的提供方、免责条款（《民法典》第506条）的被免责方、违法原因存在于一方（如违法转贷），该方主张无效清算请求权的，其对于无效事由应属明知，如该方发生权利损害，请求权的诉讼时效应自其知道或应当知道受到损害之日起算；对方主张无效清算请求权的，因其对于无效未必明知，除非能够证明其知道或应当知道无效事由，否则应自确认法律行为无效的法院判决或仲裁裁决生效之日起算诉讼时效。

第四，无民事行为能力人实施的法律行为无效（《民法典》第144条），如果有行为能力的相对方主张无效清算请求权的，应自其知道或者应当知道无效事由以及权利受到损害之日起算诉讼时效；无行为能力一方主张请求权的，须以其法定代理人知道或者应当知道无效事由以及权利受到损害之日，作为诉讼时效的起算点。

第五，在担保合同因主债权合同无效而无效的情形下（《民法典》第388条、第682条），如果担保是由债务人提供的，则根据主合同无效的原因，债权人与债务人之间担保合同的无效清算请求权的诉讼时效适用上述相应起算规则。如果担保是由第三人提供的，债权人对担保人的清算请求权的诉讼时效，适用上述相应起算规则；担保人对债权人的清算请求权，在权利受到损害的前提下，因为第三人未必能够获知主债权合同无效及相应事由，所以其诉讼时效应自确认主债权合同或担保合同无效的法院判决或仲裁裁决生效之日起算。

第六，某种法律行为无效后的清算请求权，与有效情形下的请求权没有实质性差别。例如，无效的借款合同出借人主张返还本金和赔偿利息的请求权，与假定合同有效时的返还本金和支付利息请求权，仅仅是性质上、称谓上发生变化，内容没有区别。如果无效的借款合同明确约定履行期限，或有确定履行期限的其他方式，则诉讼时效应自履行期届满后起算。因为按照约定的还款期限，或经催告后到期（《民法典》第511条第4项），借款人不履行或拒绝履行义务时，出借人已经确切知道或应当知道权利受到损害，诉讼时效就应当起算，而不必等到司法机关确认无效后起算。当然，如果在约定的履行期到来之前,当事人已经通过司法方式确认合同无效,则诉讼时效应自确认合同无效的法院判决或仲裁裁决生效之日起算。

54　　关于可撤销法律行为被撤销后清算请求权的诉讼时效,《诉讼时效若干规定(2020)》第5条第2款明确规定,"合同被撤销,返还财产、赔偿损失请求权的诉讼时效期间从合同被撤销之日起计算"。其规范目的很清楚,法律行为在撤销之前仍属有效,只有被撤销后才失去约束力,当事人之间才发生返还财产与损害赔偿问题,而撤销权必须通过人民法院或仲裁机构行使(《民法典》第147条至第152条),因此以司法机关撤销之日起算诉讼时效清晰明了,易于实务操作。[87] 于此须补充说明,《诉讼时效若干规定(2020)》第5条第2款虽然是针对可撤销合同而设,但可类推适用于其他可撤销的单方、多方法律行为。

55　　关于法律行为确定不发生效力的诉讼时效,首先须明确"确定不发生效力"是指哪些情形。有学者认为包括:限制行为能力人缔结的效力待定的法律行为,最终未获其法定代理人追认或被善意相对人撤销(《民法典》第145条第1款、第2款);附生效条件的法律行为,最终条件未成就或不可能成就的情形(《民法典》第158条);未办理批准等手续而确定不生效的合同(《民法典》第502条第2款)等。[88] 可见"确定不发生效力"包含的情形复杂,涉及的清算请求权的诉讼时效也无法总结出特殊的、统一的规则。原则上,由此发生的清算请求权普通诉讼时效应依《民法典》第188条第2款第1句的标准起算。只不过,在各种确定不生效情形中,考虑权利人知道或应当知道的个别因素即可。例如,限制行为能力人(《民法典》第145条第1款、第2款)和无权代理人实施的法律行为(《民法典》第171条第1款、第2款)未被追认或被善意相对人撤销,未被追认或撤销一般都有明确的意思表示以及生效的时点,权利人此时就知道或应当知道"权利受到损害"。[89]

---

[87] 参见最高人民法院民事审判第二庭编著:《最高人民法院关于民事案件诉讼时效司法解释理解与适用》,人民法院出版社2015年版,第145页。

[88] 参见叶名怡:《〈民法典〉第157条(法律行为无效之法律后果)评注》,《法学家》2022年第1期,第176—174页。

[89] 司法实践中,有法院认为无权代理合同不生效时,发生的财产返还和赔偿请求权诉讼时效应自合同被法院确认无效时起算。参见润顺中药有限公司与成都市龙泉驿区同安街道办事处建设用地使用权出让合同纠纷案,四川省成都市中级人民法院(2011)成民初字第1002号民事判决书。如果案情复杂,是否构成无权代理的确存在较大争议,以司法机关最终确认无权代理无效而起算诉讼时效的做法也有一定的合理性。

【诉讼时效的期间和起算】

在附生效条件法律行为中,自权利人知道或应当知道所附条件不成就或不可能成就之日起算诉讼时效。[90] 须批准的合同,应自权利人知道或应当知道批准机关确定地作出不予批准的决定之日起算诉讼时效。[91]

此外,有学者主张"法律行为不成立"亦可纳入"确定不发生效力"之列,[92] 但由《民法典总则编若干问题解释》第 23 条可知,不成立是与确定不发生效力并列的范畴,对其应参照适用《民法典》第 157 条。在诉讼时效起算方面,不成立的事实比较清楚、简单,也无须司法机关确认,因此所涉清算请求权的普通诉讼时效适用《民法典》第 188 条第 2 款第 1 句的起算规则。

(3)缔约过失损害赔偿请求权

《民法典》第 500 条和第 501 条是关于缔约过失损害赔偿责任的规定。尽管缔约过失责任是否独立于侵权责任还存在理论争议,但从立法和司法实践上看,缔约过失在中国民法上构成一项独立的责任类型。[93] 需要指出的是,《民法典》第 157 条第 2 句规定的法律行为无效、被撤销、确定不生效的损害赔偿后果,与缔约过失损害赔偿责任存在竞合的可能,

---

[90] 此外,关于附生效条件或附生效期限的请求权,有学者认为从条件成就、期限届至时起算诉讼时效,参见梁慧星:《民法总论》(第五版),法律出版社 2017 年版,第 262 页。亦有学者认为,条件成就或附期限届至可能仅使法律行为生效但债务履行期尚未届至,此时诉讼时效并非自条件成就或期限届至起算,而应自债务履行期届满才起算。参见崔建远等编著:《民法总论》(第三版),清华大学出版社 2019 年版,第 282—283 页。笔者认为,附生效条件或附生效期限的法律行为,条件成就时,法律行为生效,具体请求权的诉讼时效按照或参照合同请求权的诉讼时效规则确定即可。

[91] 例如,在"重庆同心制药有限公司与攀钢集团重庆钛业股份有限公司股权转让纠纷案"中,重庆市高级人民法院指出,在中外合资经营企业对外转让其股权的情形中,如双方未在一审法庭辩论终结前办妥批准登记等手续,则转让合同未生效,双方负有使权利状态恢复到签订前状态的义务。受让方的该项请求权应自其知道出让方被吊销营业执照之日起(知道其权利受侵害以及义务人之时起)计算。参见重庆市高级人民法院(2009)渝高法民终字第 19 号民事判决书。

[92] 参见叶名怡:《〈民法典〉第 157 条(法律行为无效之法律后果)评注》,《法学家》2022 年第 1 期,第 174 页。

[93] 参见孙维飞:《〈合同法〉第 42 条(缔约过失责任)评注》,《法学家》2018 年第 1 期,第 181—182 页。

特别是当事人以欺诈手段成立法律行为的场合。[94] 但缔约过失损害赔偿请求权与瑕疵法律行为清算请求权还是存在一些重要区别:缔约过失责任适用于合同,而瑕疵法律行为不限于双方行为;缔约过失规范重点在于抑制不诚信的缔约行为,即使合同有效也会发生缔约过失责任,而第157条适用的前提是法律行为约束力解消;第157条适用于故意欺诈而撤销合同,而缔约过失责任不以故意为限,过失欺诈亦可成立责任。

58　　缔约过失损害赔偿请求权适用诉讼时效,起算点应依《民法典》第188条第2款第1句计算。于此,权利人知道或应当知道权利受到损害的事实,可借助第500条、第501条所列举的缔约过失行为及其造成的损害后果进行判断。至于知道或应当知道的义务人,既言缔约过失,则受害人于缔约之际即知道义务人是谁,此无疑义。

(4)合同解除的恢复原状请求权

59　　《民法典》第566条关于合同解除后的法律效果设有3款规定,其中第1款规定的终止履行不属于请求权;第1款的赔偿损失与第2款的违约责任,本质上均属于违约责任的请求权,其诉讼时效起算规则按合同请求权对待即可;第3款仅明确合同解除不影响担保责任,与诉讼时效没有直接关系。第1款规定的恢复原状和其他补救措施是解除后果中比较特殊的请求权,其诉讼时效的起算点有待明确。

60　　首先须指出,解除后的恢复原状效果,不同于无效、被撤销或确定不生效(《民法典》第157条),因为解除并不溯及地消灭合同关系,因而恢复原状的权利人对于已经给付的标的物享有的并非返还原物请求权,而是一种法定的债之关系。[95] 据此,恢复原状是给付受领人在可以返还的前提下,根

---

[94] 相关研究可参见刘勇:《缔约过失与欺诈的制度竞合——以欺诈的"故意"要件为中心》,《法学研究》2015年第5期,第55—70页。尚连杰:《缔约过失与欺诈的关系再造——以错误理论的功能介入为辅线》,《法学家》2017年第4期。再例如,待批准合同的当事人违反诚信原则而未办理批准手续,应承担缔约过失责任[孙维飞:《〈合同法〉第42条(缔约过失责任)评注》,《法学家》2018年第1期,第185—186页];未经批准的合同属于确定不生效的法律行为,也适用《民法典》第157条的损害赔偿后果,于此亦存在请求权竞合。

[95] 参见朱虎:《解除权的行使和行使效果》,《比较法研究》2020年第5期,第103页。在德国民法上,解除效果被称为一种"回复义务的债之关系"(Schuldverhältnis mit der Verpflichtung zur Rückgewähr)。Vgl. Brox/Walker, Allgemeines Schuldrecht, 33. Aufl., C. H. Beck 2009, § 18, Rn.17.

【诉讼时效的期间和起算】

据给付的性质和内容进行返还,这包括:物之受领人回复让与所有权,如占有标的物,则应返还标的物的控制支配;如受让债权等其他财产权,应各依其权利变动方式,以让与方式返还权利。如果给付按其性质不可回复或不适合返还的,则只能采取其他补救措施,尤其是偿还金钱价值。[96]

解除后恢复原状请求权诉讼时效起算与其届期的时间直接相关。恢复原状作为一种法定之债,《民法典》第 566 条并未明确请求权的履行期。对此有两种解释:其一,既然法律未规定履行期,恢复原状属于未定期限的债务,根据《诉讼时效若干规定(2020)》第 4 条,从债权人要求债务人履行义务的宽限期届满之日起算,或者债务人在债权人第一次向其主张权利之时明确表示不履行义务的,诉讼时效期间从债务人明确表示不履行义务之日起计算。其二,恢复原状的义务应于合同解除时届期。在约定解除情形下(《民法典》第 562 条),当事人可以约定解除后相关义务的履行期,自不待言。[97] 在法定解除(《民法典》第 563 条、第 566 条等)情形下,通常解除事由是合同履行发生障碍,特别是一方根本违约不能实现合同目的,且大多数情况下违约方存在可责难之处。因此,在解除权人主张解除后,责令其立即恢复原状具有正当性,因此不必解释为未定期的债务,给予宽限期。对于解除权人而言,既然主张解除,就己方所受领之给付,也应作好恢复原状的准备,因而也不必给予宽限期。据此,恢复原状请求权的诉讼时效应自合同解除时起算。笔者赞同后一种解释,最高人民法院和地方法院的司法实践中也多持后一种观点。[98]

---

〔96〕参见朱晓喆:《〈民法典〉合同法定解除权规则的体系重构》,《财经法学》2020 年第 5 期,第 32—33 页。

〔97〕如果当事人约定解除合同但未约定解除后义务的履行时间,对此司法实践中的做法是诉讼时效应自当事人协商解除合同之时开始起算。参见深圳市新安企业有限公司与珠海市江海电子股份有限公司股权转让纠纷案,最高人民法院(2020)最高法民申 3275 号民事裁定书;光彩置业有限公司与珠海市江海电子股份有限公司等股权转让纠纷案,广东省高级人民法院(2017)粤民终 1944 号民事判决书。

〔98〕参见惠阳惠兴实业有限公司、润杨集团(深圳)有限公司与润杨集团(深圳)有限公司、惠阳松涛实业有限公司股权转让纠纷案,最高人民法院(2015)民提字第 209 号民事判决书;广西玉林美日物业有限公司、梁绍海建设用地使用权转让合同纠纷案,广西壮族自治区高级人民法院(2020)桂民申 406 号民事裁定书;江苏溧阳城建集团有限公司南京分公司与商丘奥林匹克花园置业投资有限公司项目转让合同纠纷、合资、合作开发房地产合同纠纷案,河南省高级人民法院(2015)豫法民一终字第 199 号民事判决书。

62 　　根据《民法典》第 565 条,合同解除的生效时间分为通知解除和司法解除。据此,原则上自解除的通知到达相对方时合同即解除(《民法典》第 565 条第 1 款第 1 句前段),恢复原状请求权的诉讼时效也自通知到达之日开始起算;[99] 如果解除权人在通知中载明债务人在一定期限内不履行债务则合同自动解除,债务人在该期限内未履行债务的,合同自通知载明的期限届满时解除(《民法典》第 565 条第 1 款第 1 句后段),相应地,诉讼时效于该期限届满时起算。[100] 如果当事人直接以提起诉讼或者申请仲裁的方式主张解除合同,人民法院或者仲裁机构确认解除的,合同自起诉状副本或者仲裁申请书副本送达对方时解除(《民法典》第 565 条第 2 款),诉讼时效应自此时起算。

(5)原物返还请求权

63 　　根据《民法典》第 196 条第 2 项,不动产物权和登记的动产物权权利人请求返还财产的请求权不适用诉讼时效。依反面推论,未登记的动产物权人要求返还财产,适用诉讼时效。[101] 第一种观点认为,原物返还请求权的诉讼时效期间起算点应为无权占有成立、物权人请求无权占有人返还、无权占有人拒不返还的次日。[102] 第二种观点认为,物权人于其物被侵占之日,一般即为知道或者应当知道权利受到侵害之日。[103] 两种观点的本质区别在于是否以权利人主张作为请求权届期的前提。

64 　　《民法典》第 235 条规定:"无权占有不动产或者动产的,权利人可以请求返还原物。"理论上认为,该条规定原物返还请求权的最核心构成要

---

〔99〕 司法实务上支持的观点,参见金云峰、权正姬与高德吉房屋买卖合同纠纷案,吉林省通化市中级人民法院(2019)吉 05 民终 1229 号之一民事判决书;甘肃润元热能开发有限公司与张艺宝买卖合同纠纷案,山东省枣庄市中级人民法院(2015)枣民四商终字第 10 号民事判决书。

〔100〕 司法实务上支持的观点,参见雷州市附城镇山柑村民委员会与萧少平农村土地承包合同纠纷案,广东省湛江市中级人民法院(2019)粤 08 民终 1411 号民事判决书。

〔101〕 参见陈甦主编:《民法总则评注》(下册),法律出版社 2017 年版,第 1418 页(周江洪执笔)。关于《民法典》第 196 条第 2 项的解释,参见本书第 196 条的评注。

〔102〕 参见崔建远等编著:《民法总论》(第三版),清华大学出版社 2019 年版,第 283 页。

〔103〕 参见李宇:《民法总则要义:规范释论与判解集注》,法律出版社 2017 年版,第 894 页。类似观点,亦见梁慧星:《民法总论》(第五版),法律出版社 2017 年版,第 262 页。

件是物权的占有权能被篡越,即"侵占"。[104] 侵占是个中性概念,重点在于所有权(或物权)与占有的分离状态,不同于侵权法中的"侵害行为",后者须有侵权人的作为或不作为,而所有权与占有的分离有时并非由无权占有人造成(如第三人导致无权占有),甚至并非人的行为造成。因此,如果是以侵占发生之时起算原物返还请求权的诉讼时效,则权利人可能尚且未知请求权已经发生,时效即已起算,这对权利人不公平。此外,如果权利人明知或应知发生侵占,且侵占是无权占有人造成的,如果须给占有人履行返还义务以宽限期,请求权才算是届期,似乎对无权占有人过于宽容,特别是占有人有过错的情况下(虽然原物返还请求权不以过错为要件)。因此,原物返还请求权发生后,不宜类比未定期的债务,以债权人设定宽限期,或权利人主张后义务人拒绝作为请求权起算诉讼时效的前提(《诉讼时效若干规定(2020)》第4条)。换言之,原物返还请求权成立后,权利人可随时主张请求权,诉讼时效期间自权利人知道或应当知道请求权成立后即应起算。

动产质权人在债务受清偿后,应返还质物,对此《民法典》第436条第1款有明确规定。虽然《民法典》没有关于留置物返还的规定,但留置权与动产质权最为相近,应参照适用动产质物返还的规则。因此,自受担保债务获得清偿时起,质权人和留置权人有返还担保物的义务。该返还请求权的诉讼时效应自所担保债务受清偿之时起算。[105]

(6)无因管理请求权

关于无因管理之债的诉讼时效起算规则,《诉讼时效若干规定(2020)》第7条第1款规定,管理人因无因管理行为产生的给付必要管理费用、赔偿损失请求权的诉讼时效期间,从无因管理行为结束并且管理人知道或者应当知道本人之日起计算;本人因不当无因管理行为产生的赔偿损失请求权的诉讼时效期间,从其知道或者应当知道管理人及损害事实之日起计算。这一规则符合《民法典》第188条第1款的原理。

有观点认为,关于管理费用请求权的诉讼时效应自本人拒不偿付的

---

[104] 参见王洪亮:《物上请求权的功能与理论基础》,北京大学出版社2011年版,第57页。关于原物返还请求权构成要件的理论综述,参见丁宇翔:《返还原物请求权研究:一种失当物权关系矫正技术的阐释》,法律出版社2019年版,第115—119页。

[105] 参见梁慧星:《民法总论》(第五版),法律出版社2017年版,第262页。

次日起算。[106] 笔者认为,无因管理关系中,管理人本无管理义务,为管理事务所发生的费用,在管理行为完成时本人即应清偿,即费用请求权已届期,因此诉讼时效的起算无须以管理人请求、本人拒绝偿付为前提,《诉讼时效若干规定(2020)》第 7 条的规则是合理的。[107] 至于"管理行为结束"这一事实,须结合具体事实判断。例如,为破产企业垫付社会保险费,自法院指定的清算组接管破产企业之日,管理行为结束,费用偿还请求权的诉讼时效才起算;[108] 明知而代他人抚养子女,对其亲生父母的抚养费用偿还请求权,应自抚养行为终结之日起计算诉讼时效。[109] 但是,如果当事人对于是否构成无因管理本身就发生争议,则诉讼时效应自当事人明确知道构成无因管理之日起算。例如,为他人垫付医药费,管理人、本人、第三人(受害人,也是本人的债权人)之间就责任承担存在争议并发生诉讼的情形下,管理人的医药费偿还请求权自法院判令本人承担责任的判决生效之日起计算。[110]

(7)不当得利请求权

民法理论上关于不当得利的构成有"统一说"和"非统一说"的争论,前者认为一切不当得利的基础应有其统一的概念,所谓无法律上原因应有统一的意义,可对任何情形的不当得利作统一的说明。后者又称"区别说",即各种不当得利各有其理由基础,不能求其统一,对于不当得利的成立要件难为统一的说明,而应就各种不当得利分别判断。[111] 非统一说又将不当得利分为给付型与非给付型:前者受益是基于受损人的给

---

[106] 参见崔建远等编著:《民法总论》(第三版),清华大学出版社 2019 年版,第 283 页。

[107] 如果无因管理人对本人催告偿还必要费用,可构成诉讼时效中断并重新起算时效期间。参见东莞市广华房地产开发有限公司与东莞市莞城街道办事处无因管理纠纷案,广东省东莞市中级人民法院(2013)东中法民一终字第 1131 号民事判决书。

[108] 参见广东省广业轻化工业集团有限公司与广东省日用工业总公司普通破产债权确认纠纷案,广东省广州市中级人民法院(2021)粤 01 民终 16346 号民事判决书。

[109] 参见黄龙于、李玉平等与黄小兵等无因管理纠纷案,四川省武胜县人民法院(2021)川 1622 民初 216 号民事判决书。

[110] 参见保定市天冰制冷设备有限公司与张志亚无因管理纠纷案,河北省保定市中级人民法院(2015)保民二终字第 483 号民事判决书。

[111] 参见王泽鉴:《不当得利》,北京大学出版社 2009 年版,第 30—31 页。

【诉讼时效的期间和起算】

付但欠缺给付目的的不当得利,多存在于合同场合;而后者受益非基于受损人的给付进而发生不当得利,典型的如侵害权益型不当得利、节约费用型或求偿型不当得利。我国民法学理和司法实践中倾向于接受"非统一说"。[112]

"统一说"与"非统一说"的区别主要在构成要件和返还客体范围上具有意义,在诉讼时效的起算方面没有差别。《诉讼时效若干规定(2020)》第6条规定,从当事人一方知道或者应当知道不当得利事实及对方当事人之日起计算。这与《民法典》第188条第1款的一般规则也保持一致。所谓"不当得利事实"是指"没有法律根据取得不当利益"的事实(《民法典》第122条、第985条)。在给付型不当得利中,请求权人知道或应当知道给付没有法律根据及相对人时起算诉讼时效。例如,最高人民法院在"六盘水铁五建房地产开发有限公司与陕西北辰房地产开发有限公司不当得利纠纷案"中认为,当事人基于投资意向而向目标公司转款,如嗣后投资意向并未能够落实,自投资人当年年末编制财务会计报告之时即应知道投资是否存在,也即知道或者应当知道不当得利事实,此时应起算不当得利返还请求权的诉讼时效。[113] 如果给付人不确定自己的给付是否构成不当得利,因为不当得利的事实需要法律予以最终评判,当事人的认识可能存在偏差,则诉讼时效应自给付人明确其与受领人之间存在不当得利关系时起算,[114] 或法院裁判确定当事人之间权利最终归属,权利人才明确知道不当得利事实之日开始起算。[115]

---

[112] 理论界观点,参见王利明:《准合同与债法总则的设立》,《法学家》2018年第1期,第123页;崔建远:《不当得利规则的细化及其解释》,《现代法学》2020年第3期,第180—183页;王洪亮:《〈民法典〉中得利返还请求权基础的体系与适用》,《法学家》2021年第3期,第31页。实务界观点参见高治:《给付型不当得利"获利没有合法根据"的举证责任分配——何宝华诉李自信、赵秀荣不当得利纠纷案》,《法律适用》2012年第8期,第102—104页。

[113] 参见六盘水铁五建房地产开发有限公司与陕西北辰房地产开发有限公司不当得利纠纷案,最高人民法院(2021)最高法民申4009号民事判决书。

[114] 参见北京丰新绿港电子科技有限公司与北京中希遥电子科技有限公司不当得利纠纷案,北京市第二中级人民法院(2021)京02民终16802号民事判决书。

[115] 参见樊迎朝与史三八不当得利纠纷案,最高人民法院(2019)最高法民再34号民事判决书。

70　　至于非给付型不当得利,自请求权人知道或应当知道得利人没有法律根据取得利益的事实之日起算诉讼时效。例如,无权处分他人之物,权利人的不当得利返还请求权的诉讼时效自其知道无权处分事实之日起算。[116] 在求偿型不当得利中,例如职工因为公司日常运营而垫付费用,该不当得利请求权的诉讼时效自其知晓公司不同意报销后开始起算。[117]

71　　另外,有学者认为,不当得利返还请求权的诉讼时效应自受益人拒不返还不当得利的次日起算。[118] 笔者认为,这一前提条件并无必要。史尚宽先生认为不当得利返还之债的履行期在发生时即届至,自其时起,时效开始进行。[119] 这一观点以我国台湾地区"民法"上消灭时效自请求权可行使时起算(我国台湾地区"民法"第128条)为前提,但其指出不当得利发生时请求权即届期是合理的。

(8)侵权请求权

72　　因侵害他人权利发生的损害赔偿请求权,原则上损害发生之日即为权利人知道或者应当知道权利受到损害之日。[120] 司法实践中有法院进一步区分侵权行为的发生与损害结果的发生,基于二者可能存在时间间隔,认为侵权责任的诉讼时效应从权利人知道或者应当知道侵害结果发生之日起算。[121]

73　　关于侵害知识产权的诉讼时效,法律上有特别规定,依其规定。根据

---

[116] 参见龚亚丽与胡龙根不当得利纠纷案,浙江省慈溪市人民法院(2016)浙0282民初13404号民事判决书。

[117] 参见黄影秋与广西中电未来投资置业有限公司不当得利纠纷案,广西壮族自治区北海市中级人民法院(2017)桂05民终108号民事判决书。

[118] 参见崔建远等编著:《民法总论》(第三版),清华大学出版社2019年版,第283页。

[119] 参见史尚宽:《民法总论》,中国政法大学出版社2000年版,第639页。

[120] 参见李宇:《民法总则要义:规范释论与判解集注》,法律出版社2017年版,第893页。

[121] 参见江苏新时代造船有限公司与上海徽创国际物流有限公司、黄敬会、周口长虹集装箱水运有限公司等港口作业侵权纠纷案,上海市高级人民法院(2012)沪高民四(海)终字第77号民事判决书。

【诉讼时效的期间和起算】

《著作权解释》第 27 条、《专利规定》第 17 条[122]、《商标解释》第 18 条的规定,侵害著作权、专利权、商标权的诉讼时效原则上自权利人知道或者应当知道权利受到损害以及义务人之日起计算,这与《民法典》第 188 条第 2 款的起算规则保持一致。考虑到知识产权侵权存在持续侵害的情况,上述法律规定进一步明确权利人超过 3 年诉讼时效的,如果侵权行为在起诉时仍在持续,而且在该权利保护期内,人民法院应当判决被告停止侵权行为;侵权损害赔偿数额应当自权利人向人民法院起诉之日起向前推 3 年计算。换言之,基于持续性侵害知识产权发生的停止侵权请求权不适用诉讼时效(这也符合《民法典》第 196 条第 1 项),而损害赔偿请求权适用诉讼时效,因此距起诉时 3 年内发生的损害赔偿请求权应予保护。

与知识产权侵权类似,在因垄断行为导致的损害方面,根据《垄断行为规定》第 16 条第 1 款的规定,因垄断行为产生的损害赔偿请求权诉讼时效期间,从原告知道或者应当知道权益受到损害以及义务人之日起计算。如果起诉时被诉垄断行为仍然持续,损害赔偿应当自原告向人民法院起诉之日起向前推 3 年计算。 74

关于环境损害赔偿诉讼时效期间,《环境保护法》第 66 条规定为 3 年,从当事人知道或者应当知道其受到损害时计算。 75

关于侵害人身权益导致的损害赔偿请求权,若伤害明显,则从伤害之日起算;若伤害当时未发现,后经检查确诊并能证明是由侵害行为引起的,从伤势确诊之日起算;[123] 司法实践中,诉讼时效通常从医院对伤势确诊之日起算;[124] 如果伤情需要鉴定的,诉讼时效自专业的司法鉴定确 76

---

[122]《专利法》第 74 条第 2 款对侵犯专利权的诉讼时效起算有特殊规定:"发明专利申请公布后至专利权授予前使用该发明未支付适当使用费的,专利权人要求支付使用费的诉讼时效为三年,自专利权人知道或者应当知道他人使用其发明之日起计算,但是,专利权人于专利权授予之日前即已知道或者应当知道的,自专利权授予之日起计算。"

[123] 参见崔建远等编著:《民法总论》(第三版),清华大学出版社 2019 年版,第 284 页;李宇:《民法总则要义:规范释论与判解集注》,法律出版社 2017 年版,第 893 页。

[124] 参见刘伟乐与攸县人民医院医疗损害责任纠纷案,湖南省高级人民法院(2017)湘民申 1330 号民事裁定书。

认权利被侵害的状况时方为知道权利被侵害之日起算,[125]但如果伤害很明显,不要求必须存在鉴定结论。[126] 在交通事故发生后,由于起初交通事故责任不明,法院认为交通事故认定书作出并送达当事人后,受害人才确切知道权利受侵害,此时诉讼时效才应当起算。[127]

如果侵权行为具有持续性,则应自侵权行为结束之时开始起算。[128] 最高人民法院亦有裁判认为,对于持续性侵权行为,诉讼时效应当从侵权行为实施终了之日起算。[129]

(9)商法上特殊的请求权

我国商法上关于各种商事交易或商事侵权发生的请求权原则上适用3年的普通诉讼时效期间,但关于诉讼时效起算点有特别规定的,应优先适用。例如,根据最高人民法院《全国法院民商事审判工作会议纪要》(法〔2019〕254号)第16条,关于有限责任公司股东怠于履行清算义务造成债权人损失的,公司债权人以《公司法解释(二)》第18条第2款为依据,请求股东对公司债务承担连带清偿责任,诉讼时效期间自公司债权人知道或者应当知道公司无法进行清算之日起计算。根据最高人民法院的解释,在公司出现无法清算结果之前,债权人向公司股东主张连带清偿责任的请求权尚未成立,因此不能起算诉讼时效。实践中,通常是债权人先提起强制清算,人民法院的终结裁定中确认"公司主要财产、账册、重要

---

[125] 参见冯东东与中国平安财产保险股份有限公司天津分公司、天津金龙海化工有限公司等机动车交通事故责任纠纷案,北京市第一中级人民法院(2017)京01民初94号民事判决书,载《人民法院案例选》2018年第12辑(总第130辑),人民法院出版社2019年版;董甲与复旦大学附属华山医院医疗损害赔偿纠纷案,上海市高级人民法院(2014)沪高民一(民)再提字第9号民事裁定书;吉林省妇幼保健院与徐颖利医疗损害责任纠纷案,吉林省高级人民法院(2016)吉民申198号民事裁定书。

[126] 参见王巧珍与湖北省人民医院医疗损害责任纠纷案,湖北省高级人民法院(2017)鄂民申291号民事裁定书。

[127] 参见王玉生与刘桂清与杨同来等道路交通事故损害赔偿纠纷案,山东省济南市中级人民法院(2014)济民再字第53号民事判决书;卓木生与马明传机动车交通事故责任纠纷案,广东省肇庆市中级人民法院(2015)肇中法民三终字第361号民事判决书。

[128] 参见崔建远等编著:《民法总论》(第三版),清华大学出版社2019年版,第284页。

[129] 参见刘砖头、刘志新再审审查与审判监督行政裁定书,最高人民法院(2017)最高法行申3187号行政裁定书。

文件等灭失,无法进行清算"的事实,继而债权人再起诉股东。[130] 于此,诉讼时效应自强制清算终结裁定生效时起算。[131]

此外,《最高人民法院关于审理证券市场虚假陈述侵权民事赔偿案件的若干规定》第32条规定,证券虚假陈述造成的损失,以揭露日或更正日起算诉讼时效;揭露日与更正日不一致的,以在先的为准。[132]《保险法解释(二)》第16条第2款规定,保险人代位求偿权的诉讼时效期间应自其取得代位求偿权之日起算。

四、特别诉讼时效期间及其起算标准

根据《民法典》第188条第1款第2句和第2款第2句,如果法律对诉讼时效期间或诉讼时效起算标准另有规定,应按照其规定。这里的"法律"仅指狭义的法律,不包括行政法规以及部门规章等。[133] 以下对我国现行法上关于诉讼时效特殊期间及起算点的规定予以归纳。

1. 3个月的时效期间

《票据法》第17条第1款第4项规定,持票人对前手的再追索权,自清偿日或者被提起诉讼之日起3个月内不行使而消灭。

2. 6个月的时效期间

《票据法》第17条第1款第2项,持票人对支票出票人的权利,自出

---

[130] 参见最高人民法院民事审判第二庭编著:《〈全国法院民商事审判工作会议纪要〉理解与适用》,人民法院出版社2019年版,第175页、第177页。

[131] 参见石家庄金泉房地产开发有限公司、石家庄泉发房地产开发有限公司股东损害公司债权人利益责任纠纷案,最高人民法院(2017)最高法民申4782号民事裁定书;北京市天创房地产开发有限公司申请股东损害公司债权人利益责任纠纷申诉申请案,北京市高级人民法院(2016)京民申2810号民事裁定书。

[132] 2003年《最高人民法院关于审理证券市场因虚假陈述引发的民事赔偿案件的若干规定》规定,证券市场虚假陈述赔偿责任须有行政或刑事的前置程序,并且将行政处罚决定或生效刑事判决作出之日作为诉讼时效的起算点。2022年的司法解释废除前置程序的同时,也改变了诉讼时效的起算规则。参见最高人民法院《关于证券市场虚假陈述侵权民事赔偿案件诉讼时效衔接适用相关问题的通知》(法〔2022〕36号)。

[133] 参见陈甦主编:《民法总则评注》(下册),法律出版社2017年版,第1349页(周江洪执笔);李宇:《民法总则要义:规范释论与判解集注》,法律出版社2017年版,第896页。

票日起6个月内不行使而消灭;同款第3项规定,持票人对前手的追索权,自被拒绝承兑或者被拒绝付款之日起六个月内不行使而消灭。

3. 1年的时效期间

83　　《拍卖法》第61条第3款规定,因拍卖标的存在瑕疵未声明的,请求赔偿的诉讼时效期间为1年,自当事人知道或者应当知道权利受到损害之日起计算。

84　　我国《海商法》就海商海事纠纷发生请求权的诉讼时效多采取短期的1年诉讼时效期间。例如,《海商法》第257条规定,就海上货物运输向承运人要求赔偿的请求权,时效期间为1年,自承运人交付或者应当交付货物之日起计算;《海商法》第260条规定,有关海上拖航合同的请求权,时效期间为1年,自知道或者应当知道权利被侵害之日起计算;《海商法》第261条后半句结合第169条第3款规定,因船舶碰撞而对第三人承担连带赔偿责任的船舶,若其中一个船舶所承担之责任超过其所应负担之比例,进而对其他船舶享有追偿权的,该追偿权的时效期间为1年,自当事人连带支付损害赔偿之日起计算;《海商法》第263条规定,有关共同海损分摊的请求权,时效期间为1年,自理算结束之日起计算。

85　　《民法通则》(已失效)第136条还规定适用1年短期消灭时效的四种情形,但《民法典》第1260条规定,自本法施行之日起废止《民法通则》,因此《民法通则》(已失效)第136条的短期消灭时效规则不再适用。

4. 2年的时效期间

86　　《票据法》第17条第1款第1项规定,持票人对票据的出票人和承兑人的权利,自票据到期日起2年内不行使而消灭;见票即付的汇票、本票,自出票日起2年内不行使而消灭。

87　　《产品质量法》第45条规定,因产品存在缺陷造成损害要求赔偿的诉讼时效期间为2年,自当事人知道或者应当知道其权益受到损害时起计算。另外,根据本条第2款规定,因产品存在缺陷造成损害进而要求赔偿的请求权,在造成损害的缺陷产品交付最初消费者满十年后丧失;但是,尚未超过明示的安全使用期的除外。本条采取了主客观相结合的诉讼时效规范模式。

88　　《国家赔偿法》第39条第1款第1句规定,赔偿请求权人请求国家赔偿的时效为两年,自其知道或者应当知道国家机关及其工作人员行使职权时的行为侵犯其人身权、财产权之日起计算,但被羁押等限制人身自由

[诉讼时效的期间和起算]　　　　　　　　　　　　第 188 条

期间不计算在内。

《保险法》第 26 条第 1 款规定,人寿保险以外的其他保险的被保险人或者受益人,向保险人请求赔偿或者给付保险金的诉讼时效期间为 2 年,自其知道或者应当知道保险事故发生之日起计算。

《民用航空法》第 135 条规定,航空运输的诉讼时效期间为 2 年,自民用航空器到达目的地点、应当到达目的地点或者运输终止之日起计算。

《民用航空法》第 171 条规定,地面第三人损害赔偿的诉讼时效期间为 2 年,自损害发生之日起计算;但是,在任何情况下,时效期间不得超过自损害发生之日起 3 年。

《海商法》关于 2 年诉讼时效期间及其起算点有特别规定。根据《海商法》第 258 条,就海上旅客运输向承运人要求赔偿的请求权,时效期间为 2 年,分别依照下列规定计算:(1)有关旅客人身伤害的请求权,自旅客离船或者应当离船之日起计算;(2)有关旅客死亡的请求权,发生在运送期间的,自旅客应当离船之日起计算;因运送期间内的伤害而导致旅客离船后死亡的,自旅客死亡之日起计算,但是此期限自离船之日起不得超过 3 年;(3)有关行李灭失或者损坏的请求权,自旅客离船或者应当离船之日起计算。第 259 条,有关船舶租用合同的请求权,时效期间为 2 年,自知道或者应当知道权利被侵害之日起计算。第 261 条前半句,有关船舶碰撞的请求权,时效期间为 2 年,自碰撞事故发生之日起计算。第 262 条,有关海难救助的请求权,时效期间为 2 年,自救助作业终止之日起计算。第 264 条,根据海上保险合同向保险人要求保险赔偿的请求权,时效期间为 2 年,自保险事故发生之日起计算。

上述特别法均在《民法通则》生效之后颁布,其两年的诉讼时效期间规则是"对标"《民法通则》的规定。在《民法典》生效以后,《民法通则》被废止,这些两年的时效期间应根据《民法典》第 188 条作出修订。例如,原《专利法》第 68 条规定的诉讼时效期间为两年,从专利权人或者利害关系人得知或者应当得知侵权行为之日起计算。2020 年修订后的《专利法》第 74 条第 1 款规定,侵犯专利权的诉讼时效为 3 年,自专利权人或者利害关系人知道或者应当知道侵权行为以及侵权人之日起计算。因此,在今后的法律修订中,除了保留诉讼时效特别的起算点规则,普通的诉讼时效期间均应改为 3 年,或者干脆不作时效期间规定而默认适用《民法典》第 188 条第 1 款。[134]

5. 4 年的时效期间

94 《民法典》第 594 条规定,因国际货物买卖合同和技术进口合同争议提起诉讼或申请仲裁的时效期间为 4 年。这仅是对诉讼时效期间的特别规定,关于时效的起算仍应适用《民法典》第 188 条第 2 款第 1 句,即自权利人知道或应当知道权利受到损害以及义务人之日起算。[135]

6. 5 年的时效期间

95 《保险法》第 26 条第 2 款规定,人寿保险的被保险人或者受益人向保险人请求给付保险金的诉讼时效期间为 5 年,自其知道或者应当知道保险事故发生之日起计算。

五、最长诉讼时效期间

(一)20 年期间的性质与功能

96 《民法典》第 188 条第 2 款第 3 句延续《民法通则》(已失效)第 137 条第 2 句、第 3 句之规定。关于此处 20 年期间的性质,我国民法理论上一向存在争议,[136] 包括"除斥期间说"[137]、"最长权利保护期间说"[138]、"起

---

[134] 但《民法典》之后的立法有明确规定的除外。例如,2023 年最高人民法院发布《司法赔偿案件时效解释》,其中第 1 条第 1 款规定"赔偿请求人向赔偿义务机关提出赔偿请求的时效期间为两年,自其知道或者应当知道国家机关及其工作人员行使职权时的行为侵犯其人身权、财产权之日起计算"。

[135] 相同观点,参见朱广新、谢鸿飞主编:《民法典评注·合同编通则2》,中国法制出版社 2020 年版,第 502 页(郝丽燕执笔)。

[136] 以上学说评述参见霍海红:《"20 年期间"定性之争鸣与选择——以〈民法通则〉第 137 条为中心》,《华东政法大学学报》2010 年第 3 期,第 28—37 页。

[137] 参见佟柔主编:《中国民法学·民法总则》,中国人民公安大学出版社 1990 年版,第 321 页。

[138] 参见彭万林主编:《民法学》(第六版),中国政法大学出版社 2007 年版,第 134 页。黄薇主编:《中华人民共和国民法典总则编释义》,法律出版社 2020 年版,第 503—504 页。

算的最长期间限制说"[139]、"最长时效期间说"[140]等观点。笔者认为,20年期间为客观起算的最长诉讼时效期间。首先,从体系位置来看,该20年期间与普通诉讼时效期间同处于第188条,而且从第2款第3句的措辞"自权利受到损害之日起超过二十年的,人民法院不予保护"来看,其法律效果与第1款的普通诉讼时效相同,因此应将20年期间定性为诉讼时效。其次,《民法典》第199条关于除斥期间的适用对象与效果有不同于诉讼时效的明确规定,因此该20年期间显然不属于除斥期间。从比较法上看,《德国民法典》第199条中不考虑请求权人知悉与否而起算的10年与30年期间被称为"Verjährungshöchstfristen",直译即"最长消灭时效期间",而非所谓的"最长期间"或"最大期间"。[141] 因此,宜将此20年期间定性为"最长时效期间"。[142]

最长时效期间的功能在于弥补普通诉讼时效期间起算过晚的缺陷。因为普通诉讼时效期间采取主观起算标准,如此一来,就有可能因为权利人不知道权利受到损害及其义务人而诉讼时效根本不起算,进而导致法律关系长期处于不稳定状态,也会增加义务人保存相关清偿证据的成本,因此,有必要借助最长诉讼时效期间加以控制。[143]

此外,有学者指出,20年的最长时效期间是对3年普通时效期间因中止、中断而延长的限制,即时效期间因中止、中断而延长,但无论如何不

---

[139] 参见龙卫球:《民法总论》(第二版),中国法制出版社2002年版,第622页。

[140] 参见陈甦主编:《民法总则评注》(下册),法律出版社2017年版,第1355页以下(周江洪执笔);朱庆育:《民法总论》(第二版),北京大学出版社2016年版,第551页;梁慧星教授在其所著《民法总论》(第四版)中,将20年期间定性为"最长时效期间",但在第五版中,改称"长期时效期间(客观时效期间)",参见梁慧星:《民法总论》(第五版),法律出版社2017年版,第260页。

[141] 参见霍海红:《"20年期间"定性之争鸣与选择——以〈民法通则〉第137条为中心》,《华东政法大学学报》2010年第3期,第36页。

[142] 司法实践中法院多持此观点。参见邱美琴与温州市交通运输集团有限公司劳动争议纠纷案,浙江省高级人民法院(2016)浙民申1671号民事裁定书;任绍清与彭水苗族土家族自治县文化广播新闻出版局、彭水苗族土家族自治县图书馆合同纠纷案,重庆市高级人民法院(2015)渝高法民申字第00611号民事裁定书。

[143] 参见陈甦主编:《民法总则评注》(下册),法律出版社2017年版,第1358页(周江洪执笔);朱晓喆:《诉讼时效制度的价值基础与规范表达——〈民法总则〉第九章评释》,《中外法学》2017年第3期,第708页。

得超过从权利被侵害时起20年。[144]但笔者认为,普通诉讼时效的中止、中断是基于法定的障碍事由导致时效暂时停止或重新起算。就中止而言,并非权利人不愿意行使权利,而是各种主客观原因导致其不能行使权利;就中断而言,或是权利人主张权利或义务人承认义务,如果持续或重复出现上述事由导致超过20年期间并加以限制,并不符合诉讼时效督促权利人行使权利、避免债务人保存过久清偿证据的规范目的。根据《民法典总则编若干问题解释》第38条第1款,诉讼时效中断后,在新的诉讼时效期间内,再次出现中断事由,可以认定为诉讼时效再次中断。该规则是延续《民法通则若干意见》第173条。据此,既然允许普通诉讼时效多次中断,结果就有可能从权利受到损害之日起超过20年,故其不应受20年期间的限制。在时效中止的情形亦然,我国司法实践对此观点也予以支持。[145]

(二)最长时效期间的起算

99　　最长时效期间自权利受到损害之日起计算(第188条第2款第3句),此处"权利受到损害"判断标准与前述普通时效中的"权利受到损害"相同,广义上指请求权产生并且届期,只不过最长时效期间的起算不需要权利人"知道或应当知道",即客观起算。

100　　实践中出现一种当事人未约定借款债务的履行期而自借贷发生时已经过20年的情况,对此,如果按主观起算的普通诉讼时效,根据《诉讼时效若干规定(2020)》第4条,债权人的请求权并不罹于普通诉讼时效。但如果债务人以借款事实超过20年最长诉讼时效而抗辩,是否应予支持,存在疑问。笔者认为,最长诉讼时效期间与普通诉讼时效的起算点在"权利受到损害"认定上既然一致,那么未定期债务的时效起算点也应保持一致,即从债权人要求债务人履行义务的宽限期届满之日起算,或者在债权人第一次向债务人主张权利之时明确表示不履行义务,由此时开始起算。因此,当事人未约定还款期限,该债务的最长诉讼时效期间并非自借款发生时起算,请求权也未罹于诉讼时效。司法实践中的法院裁判

---

[144]参见梁慧星:《民法总论》(第五版),法律出版社2017年版,第260页。
[145]参见江西德广文化产业有限公司(原江西德广投资有限公司)与江西省生产资料总公司企业借贷纠纷案,江西省高级人民法院(2020)赣民终330号民事判决书。

也采取了这一观点。[146]

(三)最长时效期间的延长

最长时效期间本身已经是20年,没必要再考虑中止、中断的障碍,《民法典总则编若干问题解释》第35条对此有明确规定。但如果最长时效期间经过后,权利人仍不知权利受到损害,如果请求权因此受到限制显然是不公平的。因此《民法典》第188条第2款第3句规定:"有特殊情况的,人民法院可以根据权利人的申请决定延长。"

1. 延长诉讼时效适用的客体

《民法通则》(已失效)第137条规定"诉讼时效期间从知道或者应当知道权利被侵害时起计算。但是,从权利被侵害之日起超过二十年的,人民法院不予保护。有特殊情况的,人民法院可以延长诉讼时效期间。"从诉讼时效延长规则的体系位置来看,其紧接着20年期间,因此应仅适用于最长时效期间。但由于《民法通则》(已失效)第137条中"有特殊情况的,人民法院可以延长诉讼时效期间"与之前的内容用句号断开,是独立的一句话,因此导致解释上其也可能适用于普通诉讼时效期间,由此引发争议。[147]而《民法通则若干意见》(已失效)第175条第1款明确规定,普通诉讼时效期间亦适用时效延长的规定。《民法典》第188条第2款第3句将《民法通则》(已失效)第137条中的后两句合并为一句(分号前后为一句),根据立法机关的解释,时效延长的规则仅适用最长时效期间。[148]因为普通诉讼时效期间存在时效的中止和中断,足以对权利人的权利行使提供保障,没有必要再另行设置延长制度;但最长时效期间,不适用中止和中断规则,故设置延长制度以平衡时效法定主义的僵化。[149]

---

[146] 参见徐清素与王俊姣民间借贷纠纷案,河南省濮阳市中级人民法院(2021)豫09民终2170号民事判决书。

[147] 参见柳经纬、郭亮:《〈民法总则〉诉讼时效制度的得与失》,《东南学术》2018年第2期,第166页。

[148] 参见黄薇主编:《中华人民共和国民法典总则编释义》,法律出版社2020年版,第500页。

[149] 参见陈甦主编:《民法总则评注》(下册),法律出版社2017年版,第1358页(周江洪执笔)。对于诉讼时效延长规则的批判,参见霍海红:《诉讼时效延长规则之反省》,《法律科学》2012年第3期,第86页以下。

2. 延长诉讼时效的前提条件

(1) 权利人申请与法院决定

依《民法通则》(已失效)第137条第3句,诉讼时效期间的延长不以权利人申请为前提。根据《民法典》第188条第2款第3句,法院延长时效应以权利人申请为前提,这是对法官裁量权的限制,[150]且更符合私法自治。[151] 有评论者指出,依《民法典》第193条,最长诉讼时效期间的延长制度也属于诉讼时效的规定,法院不得主动适用。[152] 法院既然不得在义务人未提出时效抗辩权的情况下主动适用,自然亦不得在请求权人未申请延长时效的情况下主动延长。

在权利人提出延长申请后,法院并非必须延长诉讼时效期间。司法实践中也有法院裁判指出,即使认为构成"特殊情况",人民法院也"可以"延长,而非"应当"延长。[153] 可见,法院享有延长诉讼时效的裁量权。

(2) "特殊情况"的认定

《民法通则若干意见》(已失效)第169条规定,权利人由于客观的障碍在诉讼时效期间不能行使请求权的,属于"特殊情况"。有法院认为这里的"特殊情况"应指权利人在知道自己的权利受侵害后,因客观原因不能行使诉权,比如因"战争""地震""人身自由受到限制""长期因病"等情况,[154]而"家贫"、"没有法律知识"等不包括在内。[155] 从最长诉讼时效期间的制度目的来看,不知道权利受到损害及义务人,不应构成此处的特殊情况。[156] 最长诉讼

---

[150] 参见柳经纬、郭亮:《〈民法总则〉诉讼时效制度的得与失》,《东南学术》2018年第2期,第167页。

[151] 参见李宇:《民法总则要义:规范释论与判解集注》,法律出版社2017年版,第890页。

[152] 参见陈甦主编:《民法总则评注》(下册),法律出版社2017年版,第1359页(周江洪执笔)。

[153] 参见邓万柱、邓建军与宜都市第一人民医院医疗损害赔偿纠纷案,湖北省宜昌市中级人民法院(2021)鄂05民终2042号民事判决书。

[154] 参见孙芳德、杨在云等与乞隆等生命权、健康权、身体权纠纷案,湖北省襄阳市樊城区人民法院(2018)鄂0606民初5537号民事判决书。

[155] 参见王定冲、刘洪芬与四川省水利职业技术学院生命权、健康权、身体权纠纷案,四川省成都市中级人民法院(2015)成民终字第4449号民事判决书。

[156] 参见陈甦主编:《民法总则评注》(下册),法律出版社2017年版,第1359页(周江洪执笔)。不过实践中并未严格采纳这种观点,详见后述属于"特殊情况"的具体情形。

时效期间虽然不会发生中止或中断,但并不妨碍某些导致时效中止的事由构成这里的"特殊情况"。如有观点认为,因导致诉讼时效期间中止的事由持续存在,致使权利人未能在最长诉讼时效期间内行使请求权的,可以作为"特殊情况"对待。[157] 其意义在于,此时普通诉讼时效期间虽然因为中止而没有届满,但请求权客观起算已经罹于最长时效期间,但毕竟在此期间内权利人因中止事由而不能行使请求权,故将中止事由作为最长时效期间延长的"特殊情况",具有合理性。

总的来说,对于最长时效期间的延长,应当严格掌握,不允许滥用,对"特殊情况"应作严格解释。[158] 具体哪些情形属于"特殊情况",有赖今后司法实践的总结与发展。

(3) 具体案型

① 涉台案件

根据《最高人民法院关于人民法院处理涉台民事案件的几个法律问题》(1988年8月9日)关于诉讼时效问题的规定:"由于涉及去台人员和台湾同胞的案件,许多已经超过二十年了,因此,对去台人员和台湾同胞的诉讼时效期间问题,根据民法通则第一百三十七条的规定,人民法院可以作为特殊情况予以适当延长。"不过这一规则有其特定的历史背景,其已经随着时间的推移逐渐变得不再重要。

② 医院"串子"

司法实践中,有法院就因为医院过失导致抱错孩子("串子")所生之对医院的赔偿请求权决定延长诉讼时效,法院认为"不知受到侵害和不能主张权利的情形属于客观障碍,因此本案可延长诉讼时效期间。"[159]

---

[157] 参见陈甦主编:《民法总则评注》(下册),法律出版社2017年版,第1359页(周江洪执笔)。

[158] 参见梁慧星:《民法总论》(第五版),法律出版社2017年版,第266页;陈甦主编:《民法总则评注》(下册),法律出版社2017年版,第1359页(周江洪执笔)。

[159] 参见"孙华东夫妇诉通化市人民医院错给孩子致使其抚养他人孩子达20余年要求找回亲子和赔偿案",载《人民法院案例选》2003年第4辑(总第46辑),人民法院出版社2004年版,第93页以下;"赵盛强等诉通化市人民医院侵犯身份权赔偿案",载《人民法院案案例选·2004年民事专辑》(总第48辑),人民法院出版社2004年版,第80页以下。

③医疗过错侵害人身权益

109   在隐蔽的医疗过失行为中,例如,受害人因医院做手术纱布遗留在腹腔内,当时对此伤害不可能及时发现,事后患者经常腹痛。法院认为,原告在伤害事实未曾被发现的情况下,客观上无法及时主张权利,应属于可延长诉讼时效的特殊情况。[160] 类似案例如:原告因医院医疗错误手术导致双侧输精管断裂,该损害较为特殊,原告在成年结婚之前,客观上无法发现并行使赔偿请求权。原告婚后多年其妻未孕,20多年后才知晓其不育系双侧输精管被切断所致。法院对此认为原告行使赔偿请求权存在"客观障碍",属于可以延长20年诉讼时效的特殊情况。[161]

(四)最长时效期间经过的法律效果

110   最长诉讼时效只是客观起算的诉讼时效,因此20年期间经过的法律效果与普通诉讼时效期间无异,仅赋予义务人以抗辩权,法院不得主动适用。[162] 关于时效期间届满法律效果的详细分析,参见本书第192条的评注。

六、证明责任

111   关于普通诉讼时效,义务人作为因时效而受益之人,应负有证明诉讼时效届满的责任,即应证明权利人知道或应当知道权利受到损害以及义务人。当然,在各种请求权的具体情形,如合同无效、被撤销、解除所生的清算请求权,须结合请求权诉讼时效起算的特殊要件,具体认定义务人所要举证的事实。

112   关于特别法上规定的特殊诉讼时效期间,如有特别的时效起算要件的,义务人须按特别法的相应规定承担举证责任,例如《海商法》第257条规定,向海上货物运输承运人要求赔偿的请求权,时效期间为1年,自

---

[160] 参见代山贤、寿县寿春镇中心卫生院九龙分院医疗损害责任纠纷案,安徽省淮南市中级人民法院(2017)皖04民终646号民事判决书。

[161] 参见陈某与西充县人民医院医疗损害责任纠纷案,四川省西充县人民法院(2016)川1325民初2613号民事判决书;李水华与遂川县人民医院医疗损害责任纠纷案,江西省遂川县人民法院(2017)赣0827民初1455号民事判决书。

[162] 参见朱晓喆:《诉讼时效制度的价值基础与规范表达——〈民法总则〉第九章评释》,《中外法学》2017年第3期,第708页。

承运人交付或者应当交付货物之日起计算。据此,承运人如主张诉讼时效抗辩权,须举证承运人已经交付或应当交付货物的时间。

关于最长诉讼时效期间,义务人只需证明权利人之权利受到损害的时间。最长诉讼时效期间的延长以权利人申请为前提,权利人须证明存在可以延长时效的"特殊情况"。[163]

参考文献

1. 陈吉生:《论无效合同债权请求权时效之起算——以请求权客体为视点的分析》,《暨南学报(哲学社会科学版)》2012年第9期。
2. 陈甦主编:《民法总则评注》(下册),法律出版社2017年版。
3. 程晓东、邢江孟:《持续增长迟延履行违约金诉讼时效的起算》,《人民法院报》2012年6月28日。
4. 崔建远:《继续性债权与诉讼时效》,《人民法院报》2003年6月27日。
5. 崔建远:《关于制定〈民法总则〉的建议》,《财经法学》2015年第4期。
6. 崔建远等编著:《民法总论》(第三版),清华大学出版社2019年版。
7. 崔建远:《不当得利规则的细化及其解释》,《现代法学》2020年第3期。
8. 丁宇翔:《返还原物请求权研究:一种失当物权关系矫正技术的阐释》,法律出版社2019年版。
9. 房绍坤:《我国民法典编纂中时效立法的三个问题》,《法学杂志》2015年第9期。
10. 房绍坤:《论诉讼时效期间的起算》,《法学论坛》2017年第4期。
11. 高圣平:《诉讼时效立法中的几个问题》,《法学论坛》2015年第2期。
12. 高治:《给付型不当得利"获利没有合法根据"的举证责任分配——何宝华诉李自信、赵秀荣不当得利纠纷案》,《法律适用》2012年第8期。
13. 韩世远:《合同法总论》(第四版),法律出版社2018年版。
14. 黄薇主编:《中华人民共和国民法典总则编释义》,法律出版社2020年版。
15. 霍海红:《"20年期间"定性之争鸣与选择——以〈民法通则〉第137条为中心》,《华东政法大学学报》2010年第3期。
16. 霍海红:《未定期债权时效起算——一个"中国式问题"的考察》,《吉林大学社会科学学报》2010年第6期。

---

[163] 参见陈甦主编:《民法总则评注》(下册),法律出版社2017年版,第1360页(周江洪执笔)。

17. 霍海红:《诉讼时效延长规则之反省》,《法律科学》2012年第3期。
18. 霍海红:《重思我国普通诉讼时效期间改革》,《法律科学》2020年第1期。
19. 李宇:《民法总则要义:规范释论与判解集注》,法律出版社2017年版。
20. 梁慧星:《民法总则立法的若干理论问题》,《暨南学报(哲学社会科学版)》2016年第1期。
21. 梁慧星:《〈中华人民共和国民法总则(草案)〉:解读、评论和修改建议》,《华东政法大学学报》2016年第5期。
22. 梁慧星:《民法总论》(第五版),法律出版社2017年版。
23. 龙卫球:《民法总论》(第二版),中国法制出版社2002年版。
24. 刘贵祥:《诉讼时效若干理论与实务问题研究》,《法律适用》2004年第2期。
25. 刘勇:《缔约过失与欺诈的制度竞合——以欺诈的"故意"要件为中心》,《法学研究》2015年第5期。
26. 柳经纬、郭亮:《〈民法总则〉诉讼时效制度的得与失》,《东南学术》2018年第2期。
27. 欧洲民法典研究组、欧盟现行私法研究组编著:《欧洲私法的原则、定义与示范规则:欧洲示范民法典草案(全译本):第1卷、第2卷、第3卷》,高圣平等译,法律出版社2014年版。
28. 彭万林主编:《民法学》(第六版),中国政法大学出版社2007年版。
29. 尚连杰:《缔约过失与欺诈的关系再造——以错误理论的功能介入为辅线》,《法学家》2017年第4期。
30. 史尚宽:《民法总论》,中国政法大学出版社2000年版。
31. 孙维飞:《〈合同法〉第42条(缔约过失责任)评注》,《法学家》2018年第1期。
32. 陶恒河、胡四海:《无效合同诉讼时效起算点的确定》,《人民司法·案例》2014年第22期。
33. 佟柔主编:《中国民法学·民法总则》,中国人民公安大学出版社1990年版。
34. 王洪亮:《物上请求权的功能与理论基础》,北京大学出版社2011年版。
35. 王洪亮:《〈民法典〉中得利返还请求权基础的体系与适用》,《法学家》2021年第3期。
36. 王利明:《准合同与债法总则的设立》,《法学家》2018年第1期。
37. 王泽鉴:《不当得利》,北京大学出版社2009年版。
38. 王泽鉴:《民法总则》,北京大学出版社2009年版。
39. 吴庆宝:《准确起算诉讼时效 维护当事人合法权益》,《法律适用》2008年第 11 期。

40. 郗伟明：《论迟延履行违约金诉讼时效的起算》，《环球法律评论》2010 年第 2 期。

41. 杨解君、李俊宏：《公益诉讼试点的若干重大实践问题探讨》，《行政法学研究》2016 年第 4 期。

42. 杨少南：《论无效合同与诉讼时效的适用》，《现代法学》2005 年第 2 期。

43. 姚明斌：《违约金论》，中国法制出版社 2018 年版。

44. 叶名怡：《〈民法典〉第 157 条（法律行为无效之法律后果）评注》，《法学家》2022 年第 1 期。

45. 叶名怡：《折价补偿与不当得利》，《清华法学》2022 年第 3 期。

46. 余冬爱：《无效合同诉讼时效问题探析》，《政治与法律》2009 年第 1 期。

47. 张斌、卢文道：《关于诉讼时效制度的几个问题》，《法学》1999 年第 2 期。

48. 赵吟：《检察民事公益诉讼的功能定位及实现路径》，《法治研究》2019 年第 5 期。

49. 郑玉波：《民法债编总论》（修订二版），陈荣隆修订，中国政法大学出版社 2004 年版。

50. 朱广新、谢鸿飞主编：《民法典评注·合同编通则 2》，中国法制出版社 2020 年版。

51. 朱虎：《诉讼时效制度的现代更新——政治决断与规范技术》，《中国高校社会科学》2017 年第 5 期。

52. 朱虎：《解除权的行使和行使效果》，《比较法研究》2020 年第 5 期。

53. 朱庆育：《民法总论》（第二版），北京大学出版社 2016 年版。

54. 朱晓喆：《诉讼时效制度的立法评论》，《东方法学》2016 年第 5 期。

55. 朱晓喆：《诉讼时效制度的价值基础与规范表达——〈民法总则〉第九章评释》，《中外法学》2017 年第 3 期。

56. 朱晓喆：《〈民法典〉合同法定解除权规则的体系重构》，《财经法学》2020 年第 5 期。

57. 邹明宇：《诉讼时效制度在请求确认合同无效案件中的适用》，《人民司法·案例》2012 年第 24 期。

58. 最高人民法院民事审判第二庭编著：《最高人民法院关于民事案件诉讼时效司法解释理解与适用》，人民法院出版社 2015 年版。

59. 最高人民法院民事审判第二庭编著：《〈全国法院民商事审判工作会议纪要〉理解与适用》，人民法院出版社 2019 年版。

60. Brox/Walker, Allgemeines Schuldrecht, 33.Aufl., C. H. Beck, 2009.

61. Medicus/Lorenz, Schuldrecht I Allgemeiner Teil, 19. Aufl, C. H. Beck München, 2010.

62. Münchener Kommentar zum BGB, 6.Aufl., 2012.

63. Palandt/Ellenberger, 72.Aufl., 2013.

64. Staudinger Kommentar zum BGB, 2009.

65. Zimmermann, Comparative Foundations of a European Law of Set-Off and Prescription, Cambridge University Press, 2003.

案例索引

1. 安徽省淮南市中级人民法院(2017)皖 04 民终 646 号民事判决书,代山贤与寿县寿春镇中心卫生院九龙分院医疗损害责任纠纷案。

2. 北京市高级人民法院(2016)京民申 2810 号民事裁定书,北京市天创房地产开发有限公司申请股东损害公司债权人利益责任纠纷申诉申请案。

3. 北京市第一中级人民法院(2017)京 01 民初 94 号民事判决书,冯东东与中国平安财产保险股份有限公司天津分公司、天津金龙海化工有限公司等机动车交通事故责任纠纷案。

4. 北京市第二中级人民法院(2021)京 02 民终 16802 号民事判决书,北京丰新绿港电子科技有限公司与北京中希遥电子科技有限公司不当得利纠纷案。

5. 重庆市高级人民法院(2009)渝高法民终字第 19 号民事判决书,重庆同心制药有限公司与攀钢集团重庆钛业股份有限公司股权转让纠纷案。

6. 重庆市高级人民法院(2015)渝高法民申字第 00611 号民事裁定书,任绍清与彭水苗族土家族自治县文化广播新闻出版局、彭水苗族土家族自治县图书馆合同纠纷案。

7. 贵州省高级人民法院(2017)黔民终 1083 号民事判决书,葵花药业集团(贵州)宏奇有限公司与广厦建设集团有限责任公司贵州分公司不当得利纠纷案。

8. 广东省高级人民法院(2017)粤民终 1944 号民事判决书,光彩置业有限公司与珠海市江海电子股份有限公司等股权转让纠纷案。

9. 广东省高级人民法院(2017)粤民终 3092 号民事判决书,郑辉雄与公益诉讼人环境污染责任纠纷案。

10. 广西壮族自治区高级人民法院(2020)桂民申 406 号民事裁定书,广西玉林美日物业有限公司与梁绍海建设用地使用权转让合同纠纷案。

11. 广东省东莞市中级人民法院(2013)东中法民一终字第 1131 号民事判决书,东莞市广华房地产开发有限公司与东莞市莞城街道办事处无因管理纠纷案。

12. 广西壮族自治区北海市中级人民法院(2017)桂 05 民终 108 号民事判决书,黄影秋与广西中电未来投资置业有限公司不当得利纠纷案。

13. 广东省湛江市中级人民法院(2019)粤 08 民终 1411 号民事判决书,雷州

【诉讼时效的期间和起算】 第 188 条

市附城镇山柑村民委员会与萧少平农村土地承包合同纠纷案。

14. 广东省肇庆市中级人民法院(2015)肇中法民三终字第 361 号民事判决书,卓木生与马明传机动车交通事故责任纠纷案。

15. 广东省韶关市中级人民法院(2019)粤 02 民终 1452 号民事判决书,张明、谭德云房屋买卖合同纠纷案。

16. 广东省广州市中级人民法院(2021)粤 01 民终 16346 号民事判决书,广东省广业轻化工业集团有限公司与广东省日用工业总公司普通破产债权确认纠纷案。

17. 河南省高级人民法院(2015)豫法民一终字第 199 号民事判决书,江苏溧阳城建集团有限公司南京分公司与商丘奥林匹克花园置业投资有限公司项目转让合同纠纷、合资、合作开发房地产合同纠纷案。

18. 河南省高级人民法院(2015)豫法民提字第 00244 号民事裁定书,刘伟与张海利买卖合同纠纷案。

19. 湖北省高级人民法院(2017)鄂民申 291 号民事裁定书,王巧珍与湖北省人民医院医疗损害责任纠纷案。

20. 湖南省高级人民法院(2017)湘民申 1330 号民事裁定书,刘伟乐与攸县人民医院医疗损害责任纠纷案。

21. 海南省高级人民法院(2019)琼民申 1990 号民事裁定书,海南中晨房地产开发有限公司与胡爱霞商品房预售合同纠纷案。

22. 河北省保定市中级人民法院(2015)保民二终字第 483 号民事判决书,保定市天冰制冷设备有限公司与张志亚无因管理纠纷案。

23. 海南省海口市中级人民法院(2018)琼 01 民终 295 号民事判决书,海南高速公路房地产开发公司与陈瀚华房屋买卖合同纠纷案。

24. 河南省信阳市中级人民法院(2019)豫 15 民终 2805 号民事判决书,顾兴文与范德琼房屋买卖合同纠纷案。

25. 湖北省宜昌市中级人民法院(2021)鄂 05 民终 2042 号民事判决书,邓万柱、邓建军与宜都市第一人民医院医疗损害赔偿纠纷案。

26. 河南省濮阳市中级人民法院(2021)豫 09 民终 2170 号民事判决书,徐清素与王俊姣民间借贷纠纷案。

27. 湖北省襄阳市樊城区人民法院(2018)鄂 0606 民初 5537 号民事判决书,孙芳德、杨在云等与乞隆等生命权、健康权、身体权纠纷案。

28. 吉林省高级人民法院(2016)吉民申 198 号民事裁定书,吉林省妇幼保健院与徐颖利医疗损害责任纠纷案。

29. 江苏省高级人民法院(2017)苏民终 365 号民事判决书,中国生物多样性保护与绿色发展基金会、江苏宝众宝达药业有限公司等与扬州市邗江腾达化工厂、张百锋等环境污染责任纠纷案。

30. 江西省高级人民法院(2020)赣民终330号民事判决书,江西德广文化产业有限公司(原江西德广投资有限公司)与江西省生产资料总公司企业借贷纠纷案。

31. 吉林省通化市中级人民法院(2019)吉05民终1229号之一民事判决书,金云峰、权正姬与高德吉房屋买卖合同纠纷案。

32. 江西省遂川县人民法院(2017)赣0827民初1455号民事判决书,李水华与遂川县人民医院医疗损害责任纠纷案。

33. 上海市高级人民法院(2012)沪高民四(海)终字第77号民事判决书,江苏新时代造船有限公司与上海徽创国际物流有限公司、黄敬会、周口长虹集装箱水运有限公司等港口作业侵权纠纷案。

34. 上海市高级人民法院(2014)沪高民一(民)再提字第9号民事裁定书,董甲与复旦大学附属华山医院医疗损害赔偿纠纷案。

35. 四川省成都市中级人民法院(2011)成民初字第1002号民事判决书,润顺中药有限公司与成都市龙泉驿区同安街道办事处建设用地使用权出让合同纠纷案。

36. 山东省济南市中级人民法院(2014)济民再字第53号民事判决书,王玉生与刘桂清与杨同来等道路交通事故损害赔偿纠纷案。

37. 山东省枣庄市中级人民法院(2015)枣民四商终字第10号民事判决书,甘肃润元热能开发有限公司与张艺宝买卖合同纠纷案。

38. 四川省成都市中级人民法院(2015)成民终字第4449号民事判决书,王定冲、刘洪芬与四川省水利职业技术学院生命权、健康权、身体权纠纷案。

39. 四川省西充县人民法院(2016)川1325民初2613号民事判决书,陈某与西充县人民医院医疗损害责任纠纷案。

40. 四川省武胜县人民法院(2021)川1622民初216号民事判决书,黄龙于、李玉平等与黄小兵等无因管理纠纷案。

41. 最高人民法院(2003)民二终字第38号民事判决书,中国五金交电化工公司与中国光大银行合肥分行无效借款担保合同纠纷案。

42. 最高人民法院(2005)民一终字第104号民事判决书,广西北生集团有限责任公司与北海市威豪房地产开发公司、广西壮族自治区畜产进出口北海公司土地使用权转让合同纠纷案,载《最高人民法院公报》2006年第9期。

43. 最高人民法院(2005)民一终字第85号民事判决书,泛华工程有限公司西南公司与中国人寿保险(集团)公司商品房预售合同纠纷案,载《最高人民法院公报》2008年第2期。

44. 最高人民法院(2015)民申字第3030号民事裁定书,重庆渝西半岛实业有限公司、四川蜀天建设工程总承包有限公司与重庆渝西半岛实业有限公司、四川蜀天建设工程总承包有限公司建设工程施工合同纠纷案。

45. 最高人民法院(2015)民提字第 209 号民事判决书,惠阳惠兴实业有限公司、润杨集团(深圳)有限公司与润杨集团(深圳)有限公司、惠阳松涛实业有限公司股权转让纠纷案。

46. 最高人民法院(2017)最高法行申 3187 号行政裁定书,刘砖头、刘志新再审审查与审判监督行政裁定书。

47. 最高人民法院(2017)最高法民申 4782 号民事裁定书,石家庄金泉房地产开发有限公司与石家庄泉发房地产开发有限公司股东损害公司债权人利益责任纠纷案。

48. 最高人民法院(2018)最高法民再 152 号民事判决书,长春阔尔科技股份有限公司与河南天丰钢结构建设有限公司建设工程施工合同纠纷案。

49. 最高人民法院(2019)最高法民再 34 号民事判决书,樊迎朝与史三八不当得利纠纷案。

50. 最高人民法院(2020)最高法民申 3275 号民事裁定书,深圳市新安企业有限公司与珠海市江海电子股份有限公司股权转让纠纷案。

51. 最高人民法院(2021)最高法民申 4009 号民事判决书,六盘水铁五建房地产开发有限公司与陕西北辰房地产开发有限公司不当得利纠纷案。

52. 浙江省高级人民法院(2016)浙民申 1671 号民事裁定书,邱美琴与温州市交通运输集团有限公司劳动争议纠纷案。

53. 浙江省嘉兴市中级人民法院(2016)浙 04 民终 672 号民事判决书,郑县、郑爱多与浙江金鹭置业有限公司商品房预售合同纠纷案。

54. 浙江省慈溪市人民法院(2016)浙 0282 民初 13404 号民事判决书,龚亚丽与胡龙根不当得利纠纷案。

55. "孙华东夫妇诉通化市人民医院错给孩子致使其抚养他人孩子达 20 余年要求找回亲子和赔偿案",载《人民法院案例选》2003 年第 4 辑(总第 46 辑),人民法院出版社 2004 年版。

56. "赵盛强等诉通化市人民医院侵犯身份权赔偿案",载《人民法院案例选·2004 年民事专辑》(总第 48 辑),人民法院出版社 2004 年版。

第一百八十九条 【分期债务的诉讼时效起算】

当事人约定同一债务分期履行的,诉讼时效期间自最后一期履行期限届满之日起计算。

目 录

一、规范目的与立法沿革 ·· 086
　(一)规范目的 ··· 086
　(二)立法沿革 ··· 087
　(三)比较法例 ··· 088
二、诉讼时效起算规则 ·· 089
　(一)同一债务分期履行 ··· 089
　(二)定期重复给付债务 ··· 091
　(三)滚动支付合同 ··· 093
三、证明责任 ·· 094
参考文献 ··· 095
案例索引 ··· 095

一、规范目的与立法沿革

(一)规范目的

本条规定完全沿袭《诉讼时效若干规定(2008)》第 5 条。当时司法解释起草者提出同一债务分期履行时效起算规则的理由有如下几点:第一,同一债务的每一期请求权的诉讼时效期间从最后一期履行期限届满之日起算,这是同一笔债务具有唯一性和整体性的根本要求;第二,权利人未在每一期履行期限届满后即主张权利,并非其怠于行使权利,而系基于对同一债务具有整体性及不同期债务具有关联性的合理信赖;第三,有利于减少讼累、实现诉讼效率;第四,有利于解决举证困难,保护权利人的利益;第五,符合司法现实和民众的一般认识;第六,符合订约目的,有利于促进商业交易,增加社会财富。[1]《民法典》的立法机关也接纳了这些理由,[2]理论界对此也多表示赞同。[3]

(二)立法沿革

分期履行的同一债务诉讼时效自何时起算,在我国理论与实务上一直存在争议,主要有"自最后一期债务履行期限届满时起算"与"自每一期债务履行期限届满时起算"两种观点。在2000年《最高人民法院关于借款合同中约定借款分期偿还应如何计算诉讼时效期间的答复》中,最高人民法院认定:"在借款、买卖合同中,当事人约定分期履行合同债务的,诉讼时效应当从最后一笔债务履行期届满之次日开始计算。"[4]该答复系明确采取了第一种观点。但在此后由最高人民法院发布的三个答复中,即《最高人民法院关于珠海粤运交通发展公司与大连新镇企业集团公司借款合同纠纷一案的答复》([2003]民二他字第14号)、[5]《最高人民法院关于分期履行的合同中诉讼时效应如何计算问题的答复》(法函[2004]22号)、[6]针对河南省高级人民法院《关于分期履行的合同

---

[1] 最高人民法院民事审判第二庭编著:《最高人民法院关于民事案件诉讼时效司法解释理解与适用》,人民法院出版社2015年版,第104—105页。

[2] 黄薇主编的释义书提到了上述第一、二、三、六项理由,参见黄薇主编:《中华人民共和国民法典总则编释义》,法律出版社2020年版,第505—506页。

[3] 参见陈甦主编:《民法总则评注》(下册),法律出版社2017年版,第1363页(周江洪执笔);李宇:《民法总则要义:规范释论与判解集注》,法律出版社2017年版,第899页。

[4] 地方法院所发布的指导意见中,亦有采此种观点者,如《广东省高级人民法院关于民商事审判适用诉讼时效制度若干问题的指导意见》第4条、《江苏省高级人民法院关于民商事审判适用诉讼时效制度若干问题的讨论纪要》第4条。

[5] 该答复内容为:"尽管基于同一合同所约定的债务是一个整体,但是,在合同约定分期履行的情况下,实际是将整体债务分割为数额、履行期限及法律后果互不相同的、相对独立的数个个别债务,债务人应当在约定的各个个别债务的履行期限内履行义务,否则即构成对债权人该部分相对独立的合同权利的侵害,权利人亦由此取得就相应的个别债权要求债务人履行义务、承担相应责任的权利。根据民法通则有关诉讼时效期间自知道或应当知道权利被侵害时起计算的规定精神,在目前对该问题尚无其他规定的情况下,对上述分期履行的合同的诉讼时效,可以按每笔相对独立的债权到期之时分别起算。"

[6] 该答复内容为:"对分期履行合同的每一期债务发生争议的,诉讼时效期间自该期债务履行期届满之日的次日起算。"

中诉讼时效起算及保证期间应如何计算的请示》作出（法函〔2004〕23号）答复[7]，均采取后一种观点。但2004年以后，最高人民法院的判决又回到了前一种观点，如在"吉林省吉原石油天然气开发公司与中国光大银行长春分行借款合同案"[8]中，吉林省高级人民法院认为："双方在《借款合同》中虽约定了分期还款方式，但合同同时约定了终止期限，这就意味着分期还款的约定，并不影响合同整体权利义务的行使和承担……诉讼时效应自最后一期债务履行期限届满时起算。"最高人民法院维持了该判决。在"中国信达资产管理公司郑州办事处与河南省郸城县生物化工厂等借款担保合同纠纷诉案"中，最高人民法院指出："无论最高人民法院《关于借款合同中约定借款分期偿还应如何计算诉讼时效期间的答复》，还是2004年4月6日最高人民法院《关于分期履行合同诉讼时效期间及保证期间应如何计算问题的答复》，均是最高人民法院针对个别案件的不同情况所作出的个别答复，没有普遍适用的效力。在本案所涉担保合同中，担保人承诺'保证期限自主合同生效开始至主合同失效时止。'对本案债务期限作出了概括性承诺，因此，本案分期偿还的债务的保证期间应当从合同债务最后到期日开始起算。"[9]至2008年，最高人民法院颁布《诉讼时效若干规定》，其第5条规定："当事人约定同一债务分期履行的，诉讼时效期间从最后一期履行期限届满之日起计算。"这一规则为《民法总则室内稿》吸收，并且也得到理论界的认可。[10]

（三）比较法例

比较法上较少对分期履行同一债务单独设置时效的起算规则。或如

---

〔7〕 该答复内容为："对分期履行合同的每一期债务发生争议的，诉讼时效期间自该期债务履行期限届满之次日起算。分期履行合同设有保证的，保证期间按照当事人的约定起算；当事人没有约定的，自每一期债务履行期限届满之日的次日起算。"

〔8〕 吉林省吉原石油天然气开发公司、吉林省信托投资有限责任公司与中国光大银行长春分行借款合同案，最高人民法院（2004）民二终字第147号民事判决书。

〔9〕 中国信达资产管理公司郑州办事处与河南省郸城县生物化工厂、郸城金丹乳酸实业有限公司、郸城县技术改造资金开发中心、河南金丹乳酸有限公司、河南省郸城县化肥厂借款担保合同纠纷诉案，最高人民法院（2005）民二终字第185号民事判决书。

〔10〕 例如，王利明教授曾主张，分期履行的债务自各期价款给付履行期限届满之日起开始计算，参见王利明主编：《中国民法典学者建议稿及立法理由·总则编》，法律出版社2005年版，第438页。但其后来改采最后履行期间届满的观点，参见王利明主编：《民法总则研究》（第三版），中国人民大学出版社2018年版，第747页。

史尚宽先生所言:"普通之买卖价金,虽按月分期给付,仍属于普通债权,不过所定之清偿方法,稍有不同。"[11]因此,对于分期履行同一债务,直接适用普通诉讼时效规则即可,不必特设规则。如有规定者,反而是强调分期起算诉讼时效的规则,例如《国际货物买卖时效期限公约》第12条第2款第1句规定:"由于当事人一方违背分期交货或分期付款契约而引起的请求权的时效期限,就每一期来说,应自该项违约行为发生之日起算。"

与我国专门针对同一债务分期履行的规则不同,各国及地区的立法通常会专门规定定期重复给付(regelmäßig wiederkehrende Leistungen)的时效规则,如《德国民法典》第197条第2款规定,将来到期之有规律重复的请求权,按普通时效期间计算。定期重复的给付,是基于同一个法律理由(Rechtsgrund),定期地重复发生多个请求权,例如租金、利息、定期金等。[12]类似地,《瑞士债务法》第128条规定定期重复给付的债权适用短期的5年诉讼时效期间,且每一债权按其各自届期时起算时效。[13]《日本民法典》第168条第1款亦对定期金债权的诉讼时效设有特别规定。我国台湾地区"民法"第126条规定,利息、红利、租金、赡养费、退休金及其他1年或不及1年之定期重复给付债权,其各期给付请求权,因五年间不行使而消灭。[14]尽管上述立法例的规则各不相同,但均认为定期重复给付债务(或债权)的时效应单独计算,因为各期债权都是一项独立的债权(请求权)。

二、诉讼时效起算规则

(一)同一债务分期履行

依《民法典》第189条规定,当事人约定同一债务分期履行的,诉讼

---

[11] 史尚宽:《民法总论》,中国政法大学出版社2000年版,第642页。

[12] Vgl. Staudinger Kommentar zum BGB/Peters/Jacoby, 2009, § 197, Rn. 66 ff.

[13] Vgl. Eugen Bucher, Schweizerisches Obligationenrecht, Schulthess Polygraphischer Verlag 1988, S. 460.

[14] 我国台湾地区的民事法学理上明确区分定期重复给付债权和分期给付债权,前者是数个各自独立的债权,在一定期间内反复继续的发生而为给付;后者是一个独立的债权,分数期而为给付,分期付款的各期给付,或分期偿还债务的各期给付均非定期重复给付债权,不适用5年的短期时效。参见王泽鉴:《民法总则》,北京大学出版社2009年版,第501页。

时效期间自最后一期履行期限届满之日起计算。确定某一债务是否属于"同一债务分期履行"是本条适用的关键。最高人民法院在《诉讼时效若干规定》的释义书中提到,所谓同一债务,"是指该债务在合同订立之时即已经确定,债权的内容和范围不随着时间的经过而变化,受到时间因素影响的只是履行的方式"。[15] 司法实践完全接受这一观点,例如在"中远海运物流有限公司与保定天威保变电气股份有限公司合同纠纷案"中,最高人民法院认为:"《运保服务合同条款》所涉债务自合同订立之时即确定为7台变压器,该债务的内容和范围不随着时间的经过而变化,受到时间因素影响的只是履行的方式,该债务具有整体性。7台变压器分3批运输,但各批次之间的运输安排可调整,具有内在关联性和同一性。该债务属于同一债务分期履行的情况,《运保服务合同条款》项下各项诉讼请求的诉讼时效期间应自最后一批变压器运输期限届满之日起算。"[16] 学理上认为,《民法典》第189条所说同一债务分期履行的典型情况包括:分期还本借款合同的本金债务、分期(批)交货的买卖之债、分期付款买卖的价款债务、侵权损害赔偿协议约定加害人分期向受害人支付赔偿金。[17] 在司法实践中,应注意将同一债务分期履行与同一天签订的数笔债务区分开来。例如,当事人同一天签订三笔借款合同,但是从发生原因、内容、履行等情况看分别属于不同的借款关系,则不适用同一债务分期履行的诉讼时效规则。[18]

此外,有法院将分期履行的利息之债误作同一债务,例如最高人民法院有裁判认为,《抵押担保借款合同》约定利息按月结算,视为对贷款利息偿还的分期履行,可参照分期履行债务诉讼时效的规定,即借款利息的

---

〔15〕 最高人民法院民事审判第二庭编著:《最高人民法院关于民事案件诉讼时效司法解释理解与适用》,人民法院出版社2015年版,第105页。

〔16〕 中远海运物流有限公司与保定天威保变电气股份有限公司合同纠纷案,最高人民法院(2018)最高法民申3153号民事裁定书。

〔17〕 参见陈甦主编:《民法总则评注》(下册),法律出版社2017年版,第1364页(周江洪执笔);李宇:《民法总则要义:规范释论与判解集注》,法律出版社2017年版,第899页;黄薇主编:《中华人民共和国民法典总则编释义》,法律出版社2020年版,第505页。

〔18〕 参见中国农业银行股份有限公司阆中市支行与重庆怡和物资(集团)有限公司金融借款合同纠纷案,最高人民法院(2018)最高法民再109号民事判决书。

诉讼时效应从最后一笔利息到期之日起算。[19] 这种观点并不妥当,从"同一债务分期履行"的界定可知,其要求债权的内容总体上自始确定,不随时间经过而周期性的发生。按月结算的利息之债是典型的定期重复履行的债务。

(二)定期重复给付债务

定期重复给付债务系基于同一债权原因,经常重复发生给付之债务,每一期给付请求权又称"分支债权"。[20] 常见的情形有租金、利息、水电热力煤气费、物业费、保险费、股权分红等。比较法上对于定期重复给付债务诉讼时效的立法例前文已述,在此不赘。我国法上对此则存在争议。

在既往司法实践中,法院多认为定期重复给付债务的诉讼时效从最后一期履行期间届满之日起算。如在"秦皇岛华侨大酒店与秦皇岛市海港区工商行政管理局租赁合同纠纷案"中,最高人民法院认为:"如果租赁合同双方当事人约定分期支付租金的,那么各期租金的支付具备一定的独立性,但该独立性不足以否认租金债务的整体性。如果诉讼时效从每一期租金债务履行期限届满之日分别计算,将会割裂同一租赁合同的整体性,还将导致债权人频繁地主张权利,动摇双方之间的互信。因此,为充分保护债权人,维护双方之间的互信,存在长期房屋租赁合同关系的双方当事人因租金支付发生纠纷的,诉讼时效应从最后一期租金履行期限届满之日起开始计算。"[21] 类似地,最高人民法院还有判决认

---

〔19〕 陆大珍与凉山州农村信用联社股份有限公司等金融借款合同纠纷案,最高人民法院(2013)民申字第 2306 号民事裁定书。

〔20〕 参见史尚宽:《民法总论》,中国政法大学出版社 2000 年版,第 642 页。

〔21〕 最高人民法院(2011)民提字第 304 号民事判决书。类似裁判参见无锡新三洲特钢有限公司、河南中成机电集团有限公司与无锡新三洲特钢有限公司、河南中成机电集团有限公司建筑设备租赁合同纠纷案,最高人民法院(2014)民申字第 2179 号民事裁定书;武汉市硚口区文化体育局与王万祥房屋租赁合同纠纷案,最高人民法院(2017)最高法民申 4265 号民事裁定书;大连市物资回收总公司与大连市国土资源和房屋局土地租赁合同纠纷案,最高人民法院(2018)最高法民申 3959 号民事裁定书,关于本案的评释,参见周江洪:《定期履行租金债权诉讼时效期间的起算规则》,载周江洪、陆青、章程主编:《民法判例百选》,法律出版社 2020 年版,第 126 页以下。

为,当事人明确约定按月支付的投资收益款、[22]每年按照年销售收入7%支付的管理费,[23]诉讼时效都从最后一期债务届至时起算。

9   上述裁判观点都混淆了同一债务分期履行与定期重复给付债务之间的差别。但最高人民法院是有意为之。最高人民法院《诉讼时效若干规定》的释义书明确指出,未采纳定期债权从每一期履行期限届满之日起算诉讼时效的规则,主要基于以下理由:第一,在诉讼时效制度本身不利于保护债权人利益的情形下,作有利于债权人的理解能实现当事人之间的权利平衡。第二,尽管各期债务确因时间经过而逐渐产生,而非在合同签订时就已形成,但由于其系在同一合同项下对一定期间内基于同一原因而产生的继续性债权的统一约定,故其各期履行的债权实际具有整体性和关联性,分期履行不足以否定其整体性和关联性。第三,从司法角度考虑,有利于节约诉讼成本,提高诉讼效率。第四,有利于保护当事人的合理信赖利益,促进商业交易,增加社会财富。普通民众对于定期金债权往往不在违反某一期债务之时主张权利,而是等到最后履行期限届满之后一并主张权利,以维护双方的信任关系和交易关系。[24] 学理上亦有观点主张,定期重复给付债务与同一债务分期履行的性质不同,各分支债权诉讼时效应自每期债务履行期限届满之日起算,但考虑到《民法典》第189条之立法目的在于维护当事人之间的长期关系、避免频繁主张权利、减少讼累等,因此对于定期重复给付债务可参照适用本条,即自最后履行期限届满之日起算。[25]

10   但是,全国人大常委会法制工作委员会相关负责人编著的《民法典》释义书中,一方面采纳了最高人民法院关于第189条的规范理由,另一方面在定期重复给付的债务问题上又指出,定期履行债务的最大特点是存

---

[22] 高候拼与山西柳林兴无煤矿有限责任公司合同纠纷案,最高人民法院(2016)最高法民终306号民事判决书。

[23] 哈尔滨东安实业发展有限公司合同纠纷案,最高人民法院(2018)最高法民申5620号民事裁定书。

[24] 最高人民法院民事审判第二庭编著:《最高人民法院关于民事案件诉讼时效司法解释理解与适用》,人民法院出版社2015年版,第107页。

[25] 参见陈甦主编:《民法总则评注》(下册),法律出版社2017年版,第1366页(周江洪执笔);李宇:《民法总则要义:规范释论与判解集注》,法律出版社2017年版,第900页。

在多个债务,各个债务之间都是独立的,正是因为相互独立,每一个债务的诉讼时效期间应当自每一期履行期间届满之日分别起算。[26] 王利明教授也认为,对于定期重复给付的债务而言,每次给付都具有相对独立性,其诉讼时效应当分别单独计算,不应当适用《民法总则》(已失效)第189条,但租金债权例外。[27]

笔者认为,同一债务分期履行时效起算规则,具有强烈的保护债权人的立法政策倾向,但定期重复给付债务分别计算诉讼时效有充分的理由基础:第一,如果定期重复给付不受时效限制,则长期积累的给付数额对于债务人会构成沉重的负担。[28] 第二,债务人要证明多年间对这些重复给付请求权的履行状况也非常困难。[29] 第三,有些定期重复给付债权未必有最终履行期,如红利分配、赡养费、退休金、水电热力煤气费等请求权,因此无法以最终履行期作为诉讼时效起算点。第四,在分期履行的同一债务中,全部债务的终期都是确定或可确定的,因此当事人对于履行终期有预期与信赖,但在定期重复给付债权中,可能并没有明确的终期(如不定期租赁合同),当事人对于终期到来时结算以往的各期债务,并无合理的预期和信赖。因此,定期重复给付债权的诉讼时效应从债权人知道或应当知道每一期债务履行期届满之日起算。

(三)滚动支付合同

实践中还存在一种"滚动支付合同"形态,即当事人只约定总的履行期限或债务总额,而未对分期履行的期限及数额进行明确约定,在总的履行期限内随时供货、随时结账的合同关系。最高人民法院认为,滚动支付合同的债务是在合同履行过程中产生的,而非同一债务分期履行,不应直接适用其时效起算的规则,但基于当事人双方并未约定各期债务的期限和数额,而只约定总的履行期限或数额,该债务具有整体性和难以分割性

---

〔26〕 参见黄薇主编:《中华人民共和国民法典总则编释义》,法律出版社2020年版,第505页。

〔27〕 参见王利明:《民法总则研究》(第三版),中国人民大学出版社2018年版,第783—784页。另参见朱晓喆:《诉讼时效制度的价值基础与规范表达——〈民法总则〉第九章评释》,《中外法学》2017年第3期,第710—711页。

〔28〕 Vgl. Staudinger Kommentar zum BGB/Peters/Jacoby, 2009, §197, Rn. 63.

〔29〕 Vgl. Münchener Kommentar zum BGB/Grothe, 6.Aufl., 2012, §197, Rn. 4.

的特点,故从最后履行期限届满之日起算诉讼时效期间较为适宜。[30]

13 　　学理上也有观点认为,关于"滚动支付合同",如当事人之间存在结算期限的合意或默示合意,诉讼时效起算适用《民法典》第 188 条第 1 款第 1 句的规定,即应当从结算之日起计算;若无此合意,则属于框架合同范畴内分别订立的合同,并非"同一债务分期履行",应自每笔债务陷入履行迟延时起算。但《民法典》第 189 条主要考虑的是当事人之间的合理信赖、长期关系的友好维持以及民众的通常认识,因而对同一债务分期履行作特别规定,故可参照本条的精神,以最后履行期限届满之日起算诉讼时效期间。[31]

14 　　笔者认为,"滚动支付"是一个描述现象的概念,不是严格的法律概念,通常是指持续性框架合同的履行方式,不构成一种独立的债务给付形态。在框架合同下,随着当事人逐笔交易的展开,"随时供货、随时结账",发生各期债权债务关系。于此,首先应根据当事人的意思表示解释,判断是"同一笔债务分期履行",还是各笔债务"定期重复给付",从而分别适用不同的诉讼时效规则。如果通过意思表示解释无法判定,考虑到当事人在一个框架合同下约定总的履行期限或交易总额,因此对于约定期限或额度范围内的债务履行有合理的预期,可以参照适用《民法典》第 189 条的诉讼时效起算规则。

三、证明责任

15 　　就同一债务分期履行而言,债务人如欲主张诉讼时效抗辩权,须证明最后一期债务的履行时间,从而判定是否超过诉讼时效期间。如果债权人对此有异议的,应证明最后一期履行期限是其他时间。

16 　　就定期重复给付而言,债务人如欲主张诉讼时效抗辩权,须证明债权人各期分支债权的履行时间,从而判定是否超过了诉讼时效期间。

---

　　[30] 最高人民法院民事审判第二庭编著:《最高人民法院关于民事案件诉讼时效司法解释理解与适用》,人民法院出版社 2015 年版,第 108 页。司法裁判支持者,参见东莞市天仁混凝土有限公司与阳西县市政建设工程总公司买卖合同纠纷案,广东省东莞市中级人民法院(2015)东中法民二终字第 1614 号民事判决书。

　　[31] 参见陈甦主编:《民法总则评注》(下册),法律出版社 2017 年版,第 1364 页(周江洪执笔)。

参考文献

1. 陈甦主编:《民法总则评注》(下册),法律出版社 2017 年版。
2. 黄薇主编:《中华人民共和国民法典总则编释义》,法律出版社 2020 年版。
3. 李宇:《民法总则要义:规范释论与判解集要》,法律出版社 2017 年版。
4. 史尚宽:《民法总论》,中国政法大学出版社 2000 年版。
5. 王利明主编:《中国民法典学者建议稿及立法理由·总则编》,法律出版社 2005 年版。
6. 王利明主编:《民法总则研究》,中国人民大学出版社 2018 年版。
7. 王泽鉴:《民法总则》,北京大学出版社 2009 年版。
8. 周江洪:《定期履行租金债权诉讼时效期间的起算规则》,载周江洪、陆青、章程主编:《民法判例百选》,法律出版社 2020 年版。
9. 朱晓喆:《诉讼时效制度的价值基础与规范表达——〈民法总则〉第九章评释》,《中外法学》2017 年第 3 期。
10. 最高人民法院民事审判第二庭编著:《最高人民法院关于民事案件诉讼时效司法解释理解与适用》,人民法院出版社 2015 年版。
11. Eugen Bucher, Schweizerisches Obligationenrecht, Schulthess Polygraphischer Verlag 1988.
12. Münchener Kommentar zum BGB, 6.Aufl., 2012.
13. Staudinger Kommentar zum BGB, 2009.

案例索引

1. 广东省东莞市中级人民法院(2015)东中法民二终字第 1614 号民事判决书,东莞市天仁混凝土有限公司与阳西县市政建设工程总公司买卖合同纠纷案。
2. 最高人民法院(2004)民二终字第 147 号民事判决书,吉林省吉原石油天然气开发公司、吉林省信托投资有限责任公司与中国光大银行长春分行借款担保合同纠纷案。
3. 最高人民法院(2005)民二终字第 185 号民事判决书,中国信达资产管理公司郑州办事处与河南省郸城县生物化工厂、郸城金丹乳酸实业有限公司、郸城县技术改造资金开发中心、河南金丹乳酸有限公司、河南省郸城县化肥厂借款担保合同纠纷诉案。
4. 最高人民法院(2011)民提字第 304 号民事判决书,秦皇岛华侨大酒店与秦皇岛市海港区工商行政管理局租赁合同纠纷案。

5. 最高人民法院(2013)民申字第 2306 号民事裁定书,陆大珍与凉山州农村信用联社股份有限公司等金融借款合同纠纷案。

6. 最高人民法院(2014)民申字第 2179 号民事裁定书,无锡新三洲特钢有限公司、河南中成机电集团有限公司与无锡新三洲特钢有限公司、河南中成机电集团有限公司建筑设备租赁合同纠纷案。

7. 最高人民法院(2016)最高法民终 306 号民事判决书,高候拼与山西柳林兴无煤矿有限责任公司合同纠纷案。

8. 最高人民法院(2017)最高法民申 4265 号民事裁定书,武汉市硚口区文化体育局与王万祥房屋租赁合同纠纷案。

9. 最高人民法院(2018)最高法民再 109 号民事判决书,中国农业银行股份有限公司阆中市支行与重庆怡和物资(集团)有限公司金融借款合同纠纷案。

10. 最高人民法院(2018)最高法民申 3153 号民事裁定书,中远海运物流有限公司与保定天威保变电气股份有限公司合同纠纷案。

11. 最高人民法院(2018)最高法民申 3959 号民事裁定书,大连市物资回收总公司与大连市国土资源和房屋局土地租赁合同纠纷案。

12. 最高人民法院(2018)最高法民申 5620 号民事裁定书,哈尔滨东安实业发展有限公司合同纠纷案。

第一百九十条 【对法定代理人请求权的诉讼时效起算】

无民事行为能力人或者限制民事行为能力人对其法定代理人的请求权的诉讼时效期间,自该法定代理终止之日起计算。

目 录

一、规范目的 ·· 097
二、立法沿革与比较法例 ···································· 098
　（一）立法沿革 ··· 098
　（二）比较法例 ··· 100
三、诉讼时效起算规则 ······································· 101
　（一）本条适用的前提条件 ······························· 101
　　1. 行为能力欠缺者对法定代理人享有请求权 ······ 101
　　2. 请求权在法定代理关系存续期间产生 ············ 102
　　3. 请求权的类型 ·· 103
　（二）诉讼时效起算的时点 ······························· 103
　　1. 作为普通诉讼时效起算规则的补充 ··············· 103
　　2. 法定代理关系与最长诉讼时效期间 ··············· 104
　　3. "法定代理终止之日"的确定 ······················· 105
　　　（1）被代理人取得或者恢复完全民事行为能力 ··· 105
　　　（2）代理人丧失民事行为能力 ······················ 105
　　　（3）代理人或被代理人死亡 ························· 106
　（三）存在多个法定代理人时诉讼时效起算规则 ····· 106
四、证明责任 ·· 107
参考文献 ··· 107

一、规范目的

本条所调整的是无行为能力人或限制行为能力人对其法定代理人的请求权的诉讼时效期间起算规则。按照《民法典》第188条的规定,诉讼时效在权利人知道或应当知道权利受到损害及义务人时即起算,但本条将诉讼时效的起算点"推迟"到法定代理终止之日。之所以采取该规范方式,主要是基于以下几点理由:第一,通常法定代理人与被代理人之间存在近亲属关系,以诉讼方式主张请求权可能会妨害家庭团结以及当事人之间的信赖关系,导致法定代理人不认真履行代理职责,这对被代理人不利。[1] 第二,法定代理关系存续期间,被监护人欠缺行为能力,即使其知道权利受到损害及义务人,事实上也不能行使权利,如果诉讼时效轻易经过,无异于放纵法定代理人。[2] 第三,从诉讼方面来说,被监护人欠缺诉讼能力,无法自己进行诉讼,需要由法定代理人代为进行,而义务人恰恰也是法定代理人,其不可能对自己提起诉讼。[3]

二、立法沿革与比较法例

(一)立法沿革

在《民法总则》(已失效)颁布以前,我国民法上没有无行为能力人或限制行为能力人与其法定代理人之间请求权的诉讼时效特殊规则。《诉讼时效若干规定(2008)》第 20 条第 3 项规定,"权利人被义务人或者其他人控制无法主张权利"属于会导致时效中止的"其他障碍"。按照最高人民法院的解释,其包括义务人与权利人之间存在监护与被监护关系,因为在监护关系存续期间,权利人的意志被义务人控制,其无法主张权利,故应适用诉讼时效中止的规定。[4] 在民法典的各学者建议稿中,有观点主张在法定代理关系存续期间,无行为能力人或限制行为能力人与

---

[1] 参见黄薇主编:《中华人民共和国民法典总则编释义》,法律出版社 2020 年版,第 508 页。相关理由阐述,也可参见朱晓喆:《诉讼时效制度的价值基础与规范表达——〈民法总则〉第九章评释》,《中外法学》2017 年第 3 期,第 711 页。

[2] 参见李宇:《民法总则要义:规范释论与判解集注》,法律出版社 2017 年版,第 900 页。

[3] 参见黄薇主编:《中华人民共和国民法典总则编释义》,法律出版社 2020 年版,第 507 页。类似观点亦见姜海峰:《论〈民法总则〉中诉讼时效适用的例外》,《上海政法学院学报(法治论丛)》2017 年第 3 期,第 33 页。

[4] 参见最高人民法院民事审判第二庭编著:《最高人民法院关于民事案件诉讼时效司法解释理解与适用》,人民法院出版社 2015 年版,第 329 页。

其法定代理人之间的诉讼时效"不开始进行或停止进行"。[5]《民法典》最终没有采取中止模式,而是将之作为诉讼时效不起算的事由。

将法定代理关系规定为诉讼时效期间不起算,设想的原型是被代理人与代理人之间自始存在监护关系(如亲子),并且父母与未成年子女之间产生请求权。但如果父母之外的其他监护人与被监护人之间形成法定代理关系,则可能在法定代理关系产生之前,双方已经发生请求权(无论合同或非合同的请求权),如果权利人知道或应当知道请求权已经届期,就不能说诉讼时效不起算。[6]

《民法总则草案一审稿》第172条规定:"无民事行为能力人或者限制民事行为能力人与其法定代理人之间的请求权的诉讼时效,自该法定代理关系终止之日起计算。"此处的"与其"说明无行为能力人或者限制行为能力人与法定代理人相互之间都有可能发生请求权。但在《民法总则草案二审稿》中,该条修改为"无民事行为能力人或者限制民事行为能力人对其法定代理人的请求权的诉讼时效期间,自该法定代理终止之日起计算"。由此可见,立法者仅赋予无行为能力人或者限制行为能力人针对法定代理人的请求权以时效期间起算上的优待,而不考虑法定代理人也可能对被代理人发生请求权,可称为"单向保护模式"。与此相对,考虑到双方可能互相发生请求权,因此采取特别的诉讼时效规则,则可称为"双向保护模式"。从维系家庭和睦关系的价值考量出发,后者更为可取。[7] 但也有学者认为,法定代理人必为完全行为能力人,其对无行为能力人或限制行为能力人的请求权,不存在无法自行主张的障碍,法律无特别规定之必要。无行为能力人、限制行为能力人处于法定代理人监护之下,侵害法定代理人权益之事例,殊为罕见,即使有个案,法定代理

---

[5] 参见王利明主编:《中国民法典学者建议稿及立法理由·总则编》,法律出版社2005年版,第470页;梁慧星主编:《中国民法典草案建议稿附理由·总则编》,法律出版社2013年版,第422页。《民法总则》制定过程中,亦有学者持类似观点,参见房绍坤:《诉讼时效停止制度的立法选择》,《广东社会科学》2016年第1期,第215页以下。

[6] 参见朱晓喆:《诉讼时效制度的价值基础与规范表达——〈民法总则〉第九章评释》,《中外法学》2017年第3期,第711页。

[7] 参见朱晓喆:《诉讼时效制度的价值基础与规范表达——〈民法总则〉第九章评释》,《中外法学》2017年第3期,第712页。

人亦可通过提出请求之方式,使诉讼时效中断,并非以提起诉讼为唯一途径。[8]但现实生活中,确有无行为能力人或限制行为能力人侵害监护人的情形,监护人如果为免诉讼时效经过,每隔3年向被监护人主张一次请求权,则有悖于家庭关系和睦之考量。

(二)比较法例

5 比较法上大多对于具有"亲密关系"的民事主体之间请求权的诉讼时效设有特殊规则,如《德国民法典》第207条、《奥地利普通民法典》第1495条、《法国民法典》第2235条和第2236条、《欧洲示范民法典草案》(DCFR)第Ⅲ-7:305条、《瑞士债务法》第134条、《日本民法典》第158条和第159条以及我国台湾地区"民法"第142条和第143条等。通过对各国及地区法例的比较分析,可以归纳出以下共同特点:

6 第一,各国及地区大多采取"时效中止或时效不完成"的规范模式,其优点在于其可兼顾到在法定代理关系产生前即已产生的请求权。例如《瑞士债务法》第134条第1款规定:子女对父母债权,于子女受父母照护期间,时效不开始,已开始者,停止进行。据此,如果在法定代理关系存续期间请求权才发生,则时效根本不会起算;如果请求权在法定代理关系产生之前即存在,时效虽已起算,但停止进行。

7 第二,导致诉讼时效中止或不完成的"亲密关系",不限于法定代理关系,例如瑞士法上包括子女对父母的债权、无判断能力人对照护受任人的债权、夫妻相互间、登记的同性伴侣相互间、受雇人对其共同生活的雇佣人的债权;德国法上包括夫妻、同居人、子女与父母、监护人与被监护人、辅助人与被辅助人、襄佐人与被襄佐人相互之间的请求权;日本与我国台湾地区均规定无行为能力人或限制行为能力人对其法定代理人之权利、夫妻相互之间的权利。

8 第三,因"亲密关系"之存在而发生时效中止,是只适用于一方对另一方的请求权,还是彼此之间的请求权均可适用,各立法例亦有所不同。在德国与奥地利民法上,"亲密关系"主体相互之间发生的请求权诉讼时效均停止计算。在我国台湾地区"民法"和日本民法上,仅行为能力欠缺

---

[8] 参见李宇:《民法总则要义:规范释论与判解集注》,法律出版社2017年版,第901页。

者对其法定代理人的请求权停止计算时效(单向保护模式)。不过对于夫妻关系,则采取双向保护模式。

比较而言,我国《民法典》第 190 条还存在如下问题:其一,我国仅采取"时效不起算"模式在比较法上较为鲜见,而且未考虑请求权在法定代理关系产生之前就已存在并起算时效的可能性。换言之,时效中止的模式更具有包容性。其二,其他国家及地区对法定代理以外的"亲密关系"主体之间的请求权也设置特殊的时效规则,我国《民法典》仅规定无行为能力人或限制行为能力人对其法定代理人之请求权特别的时效规则,范围较为狭窄。

三、诉讼时效起算规则

(一)本条适用的前提条件

1.行为能力欠缺者对法定代理人享有请求权

主流观点认为,本条旨在解决未成年人及成年行为能力障碍者对其法定代理人的请求权的诉讼时效起算问题,只是单方地保护屈从于法定代理关系行为能力障碍者,本条不适用于法定代理人对行为能力障碍者的请求权。[9] 对于后一种情形,应适用诉讼时效的一般起算规则。[10] 反对观点认为,被代理人对其法定代理人的请求权与法定代理人对被代理人的请求权均系基于法定代理关系(监护关系)而产生的,这两种情形在诉讼时效的处理上应遵循相同的处理原则,法定代理人对被代理人享有的请求权的诉讼时效也应自法定代理终止之日起计算。[11] 从前述立法沿革的梳理可知,立法机关曾经在《民法总则室内稿》中采取"双向保护模式",但在《民法总则草案二审稿》以后改采"单向保护模式"。笔者认为这是一种立法决策上的失误,法定代理人对被代理人的请求权在诉讼

---

[9] 参见陈甦主编:《民法总则评注》(下册),法律出版社 2017 年版,第 1369 页(周江洪执笔)。

[10] 参见李宇:《民法总则要义:规范释论与判解集注》,法律出版社 2017 年版,第 901 页。

[11] 参见房绍坤:《论诉讼时效期间的起算》,《法学论坛》2017 年第 4 期,第 10 页。

时效方面有予以特殊处理的必要性,其解决路径或是将其解释为诉讼时效中止的事由(纳入《民法典》第 194 条第 1 款第 5 项),或是类推适用《民法典》第 190 条。

11　　本条对于配偶之间以及家庭成员之间的请求权没有作出规定,此类情形可否参照适用,存在疑义。有学者认为,本条仅适用于法定代理的情形,配偶之间以及家庭成员之间除非存在法定代理关系,否则他们之间的请求权不适用本条。[12] 通过规范目的可以看出,本条除考虑到维护家庭和睦以外,更重要的理由是无行为能力人与限制行为能力人无法对其法定代理人行使权利,而这种考量在其他家庭成员关系中并不存在,因此不能类推适用本条。学理上多认为应将其他家庭关系的存在导致构成权利行使障碍的,作为时效中止的事由(具体参见本书第 194 条的评注)。[13]

2. 请求权在法定代理关系存续期间产生

12　　本条所规范之请求权须在法定代理关系存续期间产生。[14] 通常是指监护人在履行职责的过程中,造成被监护人的损害而发生的请求权。如果是于法定代理关系产生之前即已存在的请求权,按文义不能适用本条。例如,甲欠乙 5 万块钱,逾期半年未还,乙后因病成为无行为能力人,甲恰又担任乙的监护人,于此情形,请求权的诉讼时效已经起算。学理上认为,上述情形应适用诉讼时效中止的规定。[15] 对此,或者适用《民法典》第 194 条第 1 款第 4 项"权利人被义务人或者其他人控制",即权利人丧失行为能力,并受义务人监护,存在权利人不能行使请求权的障碍[16];或者适用第 194 条第 1 款第 5 项"其他导致权利人不能行使请求权

---

〔12〕 参见陈甦主编:《民法总则评注》(下册),法律出版社 2017 年版,第 1372 页(周江洪执笔)。

〔13〕 参见杨巍:《民法时效制度的理论反思与案例研究》,北京大学出版社 2015 年版,第 359 页;陈甦主编:《民法总则评注》(下册),法律出版社 2017 年版,第 1372 页(周江洪执笔)。

〔14〕 参见李宇:《民法总则要义:规范释论与判解集注》,法律出版社 2017 年版,第 901 页;陈甦主编:《民法总则评注》(下册),法律出版社 2017 年版,第 1372 页(周江洪执笔);房绍坤:《论诉讼时效期间的起算》,《法学论坛》2017 年第 4 期,第 10 页。

〔15〕 参见房绍坤:《论诉讼时效期间的起算》,《法学论坛》2017 年第 4 期,第 10 页。

〔16〕 参见李宇:《民法总则要义:规范释论与判解集注》,法律出版社 2017 年版,第 901 页。

的障碍"[17]。笔者赞同后一种方案。但无论采取何种解释,其效果均为时效中止,而非不起算或重新起算。此外,还须注意,若请求权在法定代理关系产生之前即已存在,但尚未届期,而法定代理关系产生后才届期的,则仍应按照《民法典》第 190 条的规定处理。[18]

3. 请求权的类型

本条对于请求权的类型没有限制,原则上可适用于任何类型的请求权,包括基于合同或缔约过失、侵权[19]或不当得利发生的请求权。[20]

根据《民法典》第 196 条第 3 项,抚养费、赡养费或者扶养费请求权不适用诉讼时效。在法定代理人与被代理人之间可能存在此类请求权,因为这些请求权本身并不适用诉讼时效,也就无所谓诉讼时效的起算,所以不适用本法第 190 条。[21]

(二)诉讼时效起算的时点

1. 作为普通诉讼时效起算规则的补充

根据《民法典》第 190 条的规定,行为能力欠缺者对其法定代理人的请求权从法定代理终止之日起算。从文义来看,诉讼时效似乎一律从法定代理终止之日起算。但这种看法其实并不全面,因为假如在法定代理终止之日,权利人(被代理人)尚不知道且不应知道其权利遭受损害或义务人为谁,即使法定代理关系已经终止,权利人亦无法行使权利。本条的立法目的在于保护行为能力欠缺者不至于在其尚不具备完全行为能力、不能自行主张权利时即因时效期间经过而遭受不利,是对《民法典》第

---

[17] 参见陈甦主编:《民法总则评注》(下册),法律出版社 2017 年版,第 1370 页(周江洪执笔)。

[18] 参见房绍坤:《论诉讼时效期间的起算》,《法学论坛》2017 年第 4 期,第 10 页。

[19] 有学者认为本条所调整的请求权系由法定代理人的侵权产生的请求权。参见姜海峰:《论〈民法总则〉中诉讼时效适用的例外》,《上海政法学院学报(法治论丛)》2017 年第 3 期,第 33 页。但这种理解过于狭隘。

[20] 因监护人有管理被监护人人身和财产事务的法定职责,因此不会发生无因管理的关系,故此处不考虑无因管理请求权。

[21] 参见陈甦主编:《民法总则评注》(下册),法律出版社 2017 年版,第 1369 页(周江洪执笔)。

188条第2款普通时效起算一般规则的补充。在法律适用上，须在已经满足本条的前提下，同时适用《民法典》第188条第2款，即在法定代理关系终止后，尚须具体判断权利人是否知道或应当知道其权利受到损害以及义务人，如果权利人或其新的法定代理人不知道且不应当知道，则普通诉讼时效期间仍然不起算。

2. 法定代理关系与最长诉讼时效期间

16　　法定代理关系作为时效不起算的特别规则是否受制于最长诉讼时效期间（第188条第2款第3句），即从权利发生损害之日起，如果法定代理关系一直存续且超过20年之后才终止，是否此时请求权已经罹于20年的长期时效期间，抑或是代理关系终止时才起算普通诉讼时效期间？笔者认为，最长诉讼时效期间不应适用于法定代理关系期间发生的请求权。首先，第190条的规范目的是维护监护关系的和睦、避免行为能力欠缺者不能行使权利的困境，而最长时效期间的规范目的在于避免时效期间长时间不起算，导致法律关系长期不稳定，相比而言，前者的价值考量要比后者更具优先性。其次，如果自权利受到损害之日起计算长期诉讼时效，那么只要法定代理关系足够长，则超过20年以后，代理人即享有时效抗辩权，这无疑会扩大代理人侵害被代理人权益的道德风险，牺牲行为能力欠缺者的权益。最后，从比较法上看，各国立法上通常将法定代理关系作为诉讼时效中止的事由，而时效中止并不受最长诉讼时效期间的限制，即使超过20年，也可以在中止事由结束后的一段时间内继续主张权利。从立法决策上看，如果我国《民法典》将法定代理关系也作为中止事由而非时效起算的特别规则，则与最长诉讼时效根本没有关联，不受其制约。

17　　不过，法定代理关系终止后，权利人或新的法定代理人有可能不知道或不应当知道权利受到损害，则普通诉讼时效一直不起算，此时是否适用客观起算的最长诉讼时效期间呢？笔者认为，法定代理关系终止后，权利人具有完全行为能力或有新的法定代理人，影响行使权利的障碍已经消除，《民法典》第190条的规范情形已不存在，但避免普通诉讼时效期间一直不起算、法律关系长期不稳定的必要性仍然存在。因此，《民法典》第190条虽然没有表明适用对象，但基于文义解释和规范目的考量，其也应适用于最长诉讼时效期间。

3."法定代理终止之日"的确定

《民法典》第175条规定的代理权终止的情形包括：(1)被代理人取得或者恢复完全民事行为能力；(2)代理人丧失民事行为能力；(3)代理人或者被代理人死亡；(4)法律规定的其他情形。抽象地说，权利人的请求权似乎自这些情形发生之日即起算，但实际情况可能并非如此，必须结合诉讼时效起算的一般规则进行具体判断。

(1)被代理人取得或者恢复完全民事行为能力

被代理人取得完全民事行为能力主要是指未成年人成年；恢复完全民事行为能力主要是指不能辨认或者不能完全辨认自己行为的成年人恢复了辨识行为的能力，由此他们可以独立地主张权利。根据最高人民法院《民法典总则编若干问题解释》第37条，此时权利人的诉讼时效起算应适用《民法典》第188条第2款，普通诉讼时效自知道或应当知道权利受到损害及义务人之日起算。但最长诉讼时效应自法定代理关系结束之日起算。

(2)代理人丧失民事行为能力

代理人丧失民事行为能力，本身就无法独立地从事民事活动，故代理关系终止。但被代理人对丧失行为能力的法定代理人的请求权的诉讼时效却不宜自代理关系终止之日起算，因为此时权利人与义务人均是行为能力欠缺者。对此，理论上认为应自为被监护人另行确定监护人之日起算诉讼时效，因为只有为其确定监护人后，才有可能行使其对原法定代理人的请求权。[22] 这种观点值得赞同，但应补充两点：第一，准确地说，诉讼时效并非自被代理人的新代理人确定之日起计算，因为新的代理人可能并不知道被代理人对原代理人享有请求权，故应结合《民法典》第188条第2款，普通诉讼时效期间从新的代理人知道或应当知道被代理人的权利受到损害以及原代理人是义务人之日起算，最长时效期间可从新代理人确定之日起算。对此，最高人民法院《民法典总则编若干问题解释》第37条亦有明确规定。第二，此时义务人(即原法定代理人)亦不具备完全行为能力，在其法定代理人确定之前，也无法参加诉讼。因此，即使权利人的诉讼时效已经起算，但义务人一方在诉讼时效届满的最后6个

---

[22] 参见房绍坤：《论诉讼时效期间的起算》，《法学论坛》2017年第4期，第10页；李宇：《民法总则要义：规范释论与判解集注》，法律出版社2017年版，第902页。

月,未确定法定代理人的,应发生诉讼时效中止的效果(《民法典》第194条第2项)。

(3)代理人或被代理人死亡

21　　有学者主张,代理人死亡的情形与代理人丧失行为能力的情形相同。[23] 但代理人死亡与行为能力丧失最大的区别是,在代理人死亡的情形下会发生继承。如果被代理人就是代理人的继承人,如父母死亡后子女作为继承人,此时债权债务同归一人,被代理人(子女)的请求权会在相应的范围内消灭(《民法典》第576条),此时根本就不会有诉讼时效的问题。如果被代理人不是代理人的继承人,则有诉讼时效规则的适用,此时与代理人丧失行为能力情形的处理方式相同。

22　　在被代理人死亡后,若其继承人就是代理人,原被代理人的请求权亦会在代理人所继承的范围内消灭,因此没有诉讼时效适用的余地。若其继承人并非原代理人,则自继承人确定之后,按照《民法典》第188条确定诉讼时效的起算点。

(三)存在多个法定代理人时诉讼时效起算规则

23　　行为能力有缺陷者可能存在多个法定代理人,若其中一个法定代理人侵害其权益,其他法定代理人原则上可以代为提起诉讼,此时是否适用《民法典》第190条的时效起算规则,存在疑义。有观点认为,在法定代理关系存续期间,被代理人对某一法定代理人享有请求权的,其他法定代理人有权代理被代理人向义务人行使请求权。在行使请求权的情况下,应认定诉讼时效已经开始起算并发生时效中断;但在发生诉讼时效期间中断后,若被代理人的请求权没有得到实现的,已中断的诉讼时效期间不重新计算,应自法定代理终止之日起重新计算。这是由于其他法定代理人向义务人提出请求而中断时效后,可能不再过问此事,因此重新起算时效,可能损害被代理人的利益。[24] 笔者赞同前述观点。因为在权利人存在多个法定代理人的场合,虽可由其他法定代理人代其向某一法定代理人主张权利,但其权利主张可能未获实现,不能因此剥夺被代理人原本

---

[23] 参见李宇:《民法总则要义:规范释论与判解集注》,法律出版社2017年版,第902页。

[24] 参见房绍坤:《论诉讼时效期间的起算》,《法学论坛》2017年第4期,第11页。

享受的时效利益(即第190条的时效起算规则),所以于法定代理关系终止后,才应起算诉讼时效。

另须补充一点,被代理人有其他法定代理人,于该法定代理人知道被代理人权利受到损害以及另一法定代理人为义务人时,被代理人的请求权虽然已经可以行使,但由于法定代理人之间可能存在特殊亲密关系而不愿发生诉讼,如父母双方同为法定代理人,父亲侵害子女权益,母亲可能并不会提起诉讼,此时显然不宜认为诉讼时效已经起算。在此情形下,诉讼时效须待其他法定代理人实际主张被代理人之权利时,方才起算,否则仅仅是其他法定代理人知道或应当知道权利受到损害及义务人,并不导致诉讼时效起算,被代理人的请求权仍应自与义务人的法定代理终止之日才起算。

四、证明责任

《民法典》第190条将诉讼时效起算时间推迟至法定代理关系终止之日,目的是保护行为能力欠缺的权利人。如果义务人援引诉讼时效抗辩权,应举证证明诉讼时效已经起算,且经过时效期间。权利人若认为义务人的主张不成立,须证明与义务人之间有法定代理关系以及代理关系的终止之日,从而将诉讼时效的起算时点向后推算。

参考文献

1. 陈甦主编:《民法总则评注》(下册),法律出版社2017年版。
2. 李宇:《民法总则要义:规范释论与判解集注》,法律出版社2017年版。
3. 房绍坤:《诉讼时效停止制度的立法选择》,《广东社会科学》2016年第1期。
4. 房绍坤:《论诉讼时效期间的起算》,《法学论坛》2017年第4期。
5. 黄薇主编:《中华人民共和国民法典总则编释义》,法律出版社2020年版。
6. 姜海峰:《论〈民法总则〉中诉讼时效适用的例外》,《上海政法学院学报(法治论丛)》2017年第3期。
7. 梁慧星主编:《中国民法典草案建议稿附理由·总则编》,法律出版社2013年版。
8. 王利明主编:《中国民法典学者建议稿及立法理由·总则编》,法律出版社

2005年版。

9. 杨巍:《民法时效制度的理论反思与案例研究》,北京大学出版社2015年版。

10. 朱晓喆:《诉讼时效制度的价值基础与规范表达——〈民法总则〉第九章评释》,《中外法学》2017年第3期。

11. 最高人民法院民事审判第二庭编著:《最高人民法院关于民事案件诉讼时效司法解释理解与适用》,人民法院出版社2015年版。

第一百九十一条 【遭受性侵害的诉讼时效起算】

未成年人遭受性侵害的损害赔偿请求权的诉讼时效期间,自受害人年满十八周岁之日起计算。

目 录

- 一、规范目的 ········· 109
- 二、立法沿革与比较法例 ········· 110
  - (一)立法沿革 ········· 110
  - (二)比较法例 ········· 111
- 三、诉讼时效起算规则 ········· 112
  - (一)本条适用的前提条件 ········· 112
    1. 未成年人的范围 ········· 112
    2. 性侵害的认定 ········· 113
    3. 未成年人请求权的类型 ········· 113
  - (二)诉讼时效起算的时点 ········· 114
- 四、未成年人在成年以前主张请求权 ········· 115
- 五、侵权人为家庭成员时的特殊规则 ········· 116
  - (一)法定代理人实施性侵害 ········· 116
  - (二)法定代理人以外的家庭成员实施性侵害 ········· 117
- 六、证明责任 ········· 117
- 参考文献 ········· 117

一、规范目的

本条的规范目的在于保护遭受性侵害的未成年人的利益。2016年10月《全国人民代表大会法律委员会关于〈中华人民共和国民法总则(草案)〉修改情况的汇报》中指出:"受社会传统观念影响,不少遭受性侵害的未成年人及其监护人往往不愿、不敢公开寻求法律保护。受害人成年之后自己寻求法律救济,却往往已超过诉讼时效期间。为了更好地保护受性侵害的未成年人的利益,建议规定诉讼时效起算的特别规则。"《民法总则》草案说明(2017年3月8日在第十二届全国人民代表大会第五次会议上的说明)也提到:"增加了未成年人遭受性侵害后诉讼时效的特殊起算点,给受性侵害的未成年人成年后提供寻求法律救济的机会,保护未成年人利益。"

2　　由上可见,本条之所以将诉讼时效期间"推迟"至未成年人成年后,就是出于对未成年人的保护。这种立法政策值得肯定,但从理论上说,从年满18周岁起算3年的普通诉讼时效期间,给予受害人的保护力度仍然不够,因为性侵害的受害人可能因为精神上或心理上的原因,即使在成年后仍不愿或不敢寻求法律保护。[1] 从法律适用的角度而言,应在不违反法律文义的范围内,尽可能对本条作有利于保护未成年人的解释。

二、立法沿革与比较法例

(一)立法沿革

3　　在2016年6月初审的《民法总则室内稿》中,并未就未成年人遭受性侵害的损害赔偿请求权的诉讼时效设置特殊规则。在此期间,梁慧星教授极力呼吁应在立法上创设未成年人受性侵害损害赔偿请求权诉讼时效期间起算的特别规则,他指出:"考虑到中国社会传统观念,遭受性侵害未成年人的家庭、监护人(家长)往往不敢、不愿寻求法律保护,长期隐瞒子女受侵害的事实,有的甚至对受害未成年子女百般作践,将受害人推向绝路,造成更严重的悲剧……受害人成年之后,寻求法律保护,却因诉讼时效期间早已届满,被人民法院依据《民法通则》诉讼时效规则裁定驳回起诉或者判决败诉,造成终身遗恨!"[2]因而有必要在诉讼时效制度中创设特别保护规则。《民法总则草案二审稿》采纳了人大代表及各部门、各地方的意见,增设本条规定。

---

[1] 参见朱晓喆:《诉讼时效制度的价值基础与规范表达——〈民法总则〉第九章评释》,《中外法学》2017年第3期,第712页。
[2] 梁慧星:《〈中华人民共和国民法总则(草案)〉:解读、评论和修改建议》,《华东政法大学学报》2016年第5期,第24页。

(二)比较法例

比较法上对于未成年人遭受性侵害所生请求权设定特别时效期间者,不在少数,典型的规范模式有三种:

第一,以法国法为代表的长期诉讼时效期间模式。根据《法国民法典》第2226条的规定,人身损害赔偿请求权的诉讼时效期间为10年,为了对未成年人给予特别保护,对未成年人的暴力、性侵犯等造成的人身侵害请求权诉讼时效为20年。这种长期诉讼时效期间模式并非将时效起算与成年挂钩,而是使未成年人在成年后仍有较长时间可以决定是否提起诉讼,以实现对未成年人的保护。

第二,以德国法为代表的时效不完成或中止模式。《德国民法典》第208条规定,因侵害性自主权所生之请求权,于请求权人年满21岁前,时效不完成。请求权人于时效开始时,与被请求人共同生活者,至共同生活结束前,时效不完成。这是因为父母有可能在孩子未成年之际已经知道或应当知道加害行为从而起算请求权的消灭时效,但父母经常出于害怕孩子或加害人出丑(Skandal)的考虑,而放弃主张请求权。因此,采取时效不完成的方式,规定受害人年满21周岁(立法过程中曾以受害人满18周岁为界限)之前,消灭时效不完成,以便受害人有处理自己感情的可能性。[3] 第208条第2句所规定之情形,是受害人与加害人之间因家庭共同生活而存在亲近关系(Nähebeziehung),可能干扰受害人的决定自由,因此时效中止直至受害人结束这种家庭共同生活状态。[4] 类似地,DCFR采取时效中止的模式,根据第III-7:303条第4款,于诉讼时效最后6个月发生的心理障碍构成时效中止的事由,而这里的心理障碍,包括那些童年受到性侵或者其他虐待的受害者在很长一段时间内,在心理上对于虐待无法控诉或者作出反应的案件。[5]

第三,以荷兰为代表的将受性侵未成年人请求权的诉讼时效与刑法上的犯罪追诉时效挂钩模式。《荷兰民法典》第3:310条第4款规定:对

---

〔3〕 Vgl. Münchener Kommentar zum BGB/Grothe, 6.Aufl., 2012, § 208, Rn. 2.

〔4〕 Vgl. Münchener Kommentar zum BGB/Grothe, 6.Aufl., 2012, § 208, Rn. 3.

〔5〕 参见欧洲民法典研究组、欧盟现行私法研究组编著:《欧洲私法的原则、定义与示范规则:欧洲示范民法典草案(全译本):第1卷、第2卷、第3卷》,高圣平等译,法律出版社2014年版,第1028页。

不满18周岁的女性的性侵害犯罪,损害赔偿的诉讼时效在犯罪的追诉时效届满前不届满。

7 比较而言,我国民法采取诉讼时效推迟起算的模式,但从效果的力度上看,采取长期时效或时效中止的模式对未成年人更为有利。

三、诉讼时效起算规则

(一)本条适用的前提条件

1. 未成年人的范围

8 《民法典》第191条的规范目的在于保护未成年人,因此仅适用于未成年人遭受性侵害的情形。对于成年人,即使是限制行为能力人或无行为能力人,亦不适用本条。[6] 但本条对于16周岁以上、能够以自己的劳动收入为主要生活来源而被"视为完全民事行为能力人"的自然人,亦可适用。[7] 一方面,根据《民法典》第17条第2句,不满18周岁的自然人都是未成年人,而《民法典》第18条第2款规定的"视为完全民事行为能力人",只是法律拟制,其仍然属于未成年人;[8] 另一方面,第18条第2款的规范重点在于年满16周岁的自然人能以自己的劳动收入作为主要生活来源,其对于法律交易具有一定的辨识能力,能够以自己的财产承担责任,因此拟制为完全行为能力人。但是,在因遭受性侵害而受特别保护的问题上,是否以自己的劳动收入作为主要生活来源并不重要。因此,对其亦应纳入本条的范围。

9 《民法典》第191条规定的遭受性侵害的未成年人不限于女性,也包括男性。一方面,从文义解释上看,本条对遭受性侵害的未成年人并没有作任何限制,不应将男性排除在外;另一方面,基于平等原则,男性也应当

---

[6] 参见陈甦主编:《民法总则评注》(下册),法律出版社2017年版,第1374页(周江洪执笔)。

[7] 参见最高人民法院民法典贯彻实施工作领导小组主编:《中华人民共和国民法典总则编理解与适用》(下),人民法院出版社2020年版,第963、965页。

[8] 参见陈甦主编:《民法总则评注》(上册),法律出版社2017年版,第122页(朱广新执笔)。

享有与女性同等的性权利。[9] 实际上,男性遭受性侵害的情况并不少见,因此本条的适用范围不应限为女性。

2. 性侵害的认定

本条以未成年人遭受性侵害为前提。遭受性侵害是指对性自主决定权的侵害。[10] 这里的性侵害不以构成刑法上的犯罪为前提。[11] 例如,对已满 14 周岁未满 18 周岁的未成年人(包括男性)实施猥亵、强奸的,可能不构成猥亵儿童罪或强奸罪,但对于未成年人由此所生请求权,可适用本条。又如,《民法典》第 1010 条规定,"违背他人意愿,以言语、文字、图像、肢体行为等方式对他人实施性骚扰的",构成性自主权利的侵害,即使未达到犯罪的程度,亦可适用本条。

本条仅适用于未成年人遭受性侵害的情形。一方面,如果未成年人遭受性侵害以外的其他人身侵害,如交通事故等情况,不会出现"不愿或者不敢"主张权利的情形;[12]另一方面,对于未成年人遭受虐待、家庭暴力等情形,可以通过其他法律制度予以解决:第一,若侵害人为未成年人的监护人,即法定代理人,按照《民法典》第 190 条的规定,诉讼时效从法定代理终止之日起算,并可依照《民法典》第 36 条的规定,撤销监护人的资格。第二,若侵害人为监护人以外的人,监护人一般会代未成年人主张权利,如监护人怠于履行监护职责或无法履行监护职责,将被撤销监护人资格,由新监护人履行职责。

3. 未成年人请求权的类型

从文义上看,本条将其适用范围限定为未成年人遭受性侵害所产生的"损害赔偿请求权",这里的损害赔偿请求权包括狭义上的赔偿损失,此无疑义。有学者主张,未成年人因此而享有的赔礼道歉请求权亦应纳入本条的调整范围之内,理由是:"损害赔偿"包括广义上的以填补损

---

[9] 参见房绍坤:《论诉讼时效期间的起算》,《法学论坛》2017 年第 4 期,第 12 页。

[10] 参见陈甦主编:《民法总则评注》(下册),法律出版社 2017 年版,第 1375 页(周江洪执笔);陈华彬:《民法总则》,中国政法大学出版社 2017 年版,第 685 页。

[11] 参见李宇:《民法总则要义:规范释论与判解集注》,法律出版社 2017 年版,第 904 页。

[12] 参见黄薇主编:《中华人民共和国民法典总则编释义》,法律出版社 2020 年版,第 511 页。

害为目的的恢复原状的一种方式,赔礼道歉亦包括在内;且赔礼道歉请求权纳入本条调整范围符合本条旨在保护未成年人利益之立法目的。[13]但《民法典》颁布后,第995条第2句已明确规定,人格权受到侵害的,"受害人的停止侵害、排除妨碍、消除危险、消除影响、恢复名誉、赔礼道歉请求权,不适用诉讼时效的规定"。可见这些人格权请求权,已无诉讼时效限制的问题。

(二)诉讼时效起算的时点

13 根据《民法典》第191条,未成年人遭受性侵害的请求权的普通诉讼时效自受害人年满18周岁之日起计算。有观点认为,其具体的诉讼时效期间适用本法第188条3年的普通诉讼时效期间的规定,即从年满18周岁之日起计算3年。[14]但这种观点并不准确,本条并不排斥诉讼时效一般起算规则的适用,如果未成年人成年后,尚未得知侵害人,则诉讼时效并不起算,而应自权利人知道或应当知道义务人之日起算诉讼时效。[15]

14 20年最长诉讼时效期间是否也应从未成年人年满18周岁之日起算,存在疑问。首先须阐明确,是否适用最长诉讼时效期间。例如,未成年人在17岁时遭受性侵害,但不知侵权人是谁,从而使其损害赔偿请求权一直不起算普通诉讼时效。但是,自侵权事件发生,经过20年后,加害人是否取得最长诉讼时效的抗辩权呢?最高人民法院的观点是,这种情形下最长诉讼时效应从权利受到侵害之日起计算,但可作为延长最长诉讼时效期间的特殊情况。[16]笔者认为,为贯彻保护未成年人的目的,最长诉讼时效亦应适用《民法典》第191条,从未成年人年满18周岁之日起算,同时可以考虑适用本法第188条第2款第3句的特殊情况延长最长诉讼时效期间。

---

〔13〕 参见陈甦主编:《民法总则评注》(下册),法律出版社2017年版,第1377页(周江洪执笔)。

〔14〕 参见黄薇主编:《中华人民共和国民法典总则编释义》,法律出版社2020年版,第512页。

〔15〕 参见李宇:《民法总则要义:规范释论与判解集注》,法律出版社2017年版,第905页。

〔16〕 参见最高人民法院民法典贯彻实施工作领导小组主编:《中华人民共和国民法典总则编理解与适用》(下),人民法院出版社2020年版,第966页。

四、未成年人在成年以前主张请求权

本条不影响遭受性侵害的未成年人在成年以前行使其权利,此为通说。[17] 因为本条的规范目的在于保护未成年人,而非限制其行使权利,在其未满 18 周岁以前,如其监护人(法定代理人)积极主张权利,向加害人主张损害赔偿,并无不可。

如果法定代理人没有代未成年人主张权利,诉讼时效自然不会起算。但诉讼时效是否从法定代理人代未成年人主张权利时即开始起算,存在不同认识。一种观点认为,如果法定代理人代为向人民法院提起诉讼,人民法院依法作出的生效判决具有既判力,受害人在年满 18 周岁之后对于相关处理不满意要求再次审判的,应当认为判决符合《民事诉讼法》的规定。[18] 因此,未成年人成年后也不可再重复起诉。但如果年满 18 周岁之前,其法定代理人选择与侵害人"私了"解决纠纷,受害人在年满 18 周岁之后,可以依据本条的规定请求损害赔偿。[19] 另一种观点认为,法定代理人代为行使请求权的,应认定诉讼时效期间已经开始起算并发生诉讼时效中断的后果;在诉讼时效期间中断后,若受害人的请求权没有得到实现,已中断的诉讼时效期间不重新计算,应自受害人年满 18 周岁之日起重新计算。[20]

前述观点各有其合理内涵,但逻辑上须重新整理。笔者认为,关于代理人已经主张权利的情形,应具体细分如下情形:第一,如果代理人已经代为起诉,法院经审理实体法律关系而作出对当事人发生既判力的胜诉

---

[17] 参见黄薇主编:《中华人民共和国民法典总则编释义》,法律出版社 2020 年版,第 512 页;最高人民法院民法典贯彻实施工作领导小组主编:《中华人民共和国民法典总则编理解与适用》(下),人民法院出版社 2020 年版,第 965 页;李宇:《民法总则要义:规范释论与判解集注》,法律出版社 2017 年版,第 905 页;房绍坤:《论诉讼时效期间的起算》,《法学论坛》2017 年第 4 期,第 13 页。

[18] 参见黄薇主编:《中华人民共和国民法典总则编释义》,法律出版社 2020 年版,第 512 页。

[19] 参见黄薇主编:《中华人民共和国民法典总则编释义》,法律出版社 2020 年版,第 512 页。

[20] 参见房绍坤:《论诉讼时效期间的起算》,《法学论坛》2017 年第 4 期,第 13 页。

或败诉判决，未成年人即使成年后，也不可重复诉讼。第二，如果代理人已经代为起诉，法院以程序性事由裁定驳回起诉，则损害赔偿请求权的诉讼时效已经起算，但发生中断的效果（《民法典》第 195 条第 3 项）。考虑到中断后再次起算诉讼时效只有 3 年，代理人可能出于各种顾虑不愿再继续主张权利，而未成年人本人也无法主张权利，因此仍应回到《民法典》第 191 条，从未成年人成年时起算诉讼时效。第三，如果代理人仅仅是在诉讼外对加害人主张被代理人的权利，甚至"私了"，此时因为未成年人无法表达自己的意志和独立处分自己的权利，对于未满足或未完全满足受害人权利的部分，应按《民法典》第 191 条起算诉讼时效。

五、侵权人为家庭成员时的特殊规则

（一）法定代理人实施性侵害

18　　如果实施性侵行为的是未成年人的法定代理人，此时会发生本条与《民法典》第 190 条的竞合。根据本条，诉讼时效从未成年人年满 18 周岁之日起算，而按照第 190 条，欠缺行为能力者（包括未成年人）对其法定代理人的请求权自法定代理关系终止之日起算。虽然这两条所规定的期间在很大程度上可能重合，但也存在例外。如果遭受性侵害的受害人为以自己的劳动收入为主要生活来源的 16 周岁以上的未成年人，其诉讼时效期间的起算会存在如下差别：适用第 190 条，诉讼时效期间自该受害的未成年人取得完全民事行为能力、代理关系终止之日起算，即在年满 18 周岁之前就开始起算诉讼时效期间；而适用第 191 条，则诉讼时效期间自受害人年满 18 周岁起计算。两者相比，显然第 191 条对受害人更有利。[21] 但也不能就此得出《民法典》第 191 条一定优先于第 190 条适用的结论。[22] 因为二者所调整的情形毕竟存在差异。例如，未成年人遭受

---

[21] 参见陈甦主编：《民法总则评注》（下册），法律出版社 2017 年版，第 1375 页（周江洪执笔）。

[22] 如有观点认为，从这两条的规定来看，在未成年人的性利益保护问题上，应构成一般与特殊的关系，即第 190 条是一般规定，第 191 条是特殊规定，因此，在法律适用上，当未成年人遭受监护人的性侵害时，应优先适用第 191 条。参见房绍坤：《论诉讼时效期间的起算》，《法学论坛》2017 年第 4 期，第 13 页。

法定代理人的性侵害,但同时也存在精神障碍疾病,即使年满18周岁,也属于欠缺行为能力人,则其对法定代理人的请求权并非自年满18周岁之日起算,而应根据《民法典》第190条,自法定代理关系终止之日起算。

(二)法定代理人以外的家庭成员实施性侵害

如果性侵害是由法定代理人以外的家庭成员实施的,按照本条,受害人的请求权应自其年满18周岁之日起算。但问题是,如果未成年人成年后仍与加害人处于同一家庭生活关系中,其主张损害赔偿请求权的可能性非常小。如前所述,《德国民法典》第208条规定,受性侵害的请求权人于时效开始时,与被请求人共同生活者,至共同生活结束前,时效不完成。由此实现对受害人的充分保护。朱虎教授主张,基于这种价值考量,即使未成年人年满18周岁,损害赔偿请求权的诉讼时效开始起算,但解释上可结合《民法典》第194条第1款第4项所规定的权利人被义务人或者其他人控制而导致的时效中止,宽松认定此时义务人对权利人存在控制关系,从而中止时效。[23] 笔者同意采取时效中止的方式处理这种情况,但是,将同处一个家庭生活关系认定为"控制"并不妥当,其可以归入《民法典》第194条第1款第5项的其他障碍情形。

六、证明责任

本条将诉讼时效起算时间推迟至受害人年满18周岁之日。在民事诉讼中,当事人的证明责任安排如下:首先,请求权人主张请求权,义务人提出自权利人知道或应当知道权利受侵害之后已超过3年,从而主张诉讼时效抗辩权。其次,如果义务人对此完成举证证明,继而权利人主张适用本条,应证明侵害行为发生在其未成年时期,并且主张权利时未超过成年之后的3年。

参考文献

1. 陈华彬:《民法总则》,中国政法大学出版社2017年版。

---

[23] 参见朱虎:《诉讼时效制度的现代更新——政治决断与规范技术》,《中国高校社会科学》2017年第5期,第94页。

2. 陈甦主编:《民法总则评注》(上册),法律出版社 2017 年版。
3. 陈甦主编:《民法总则评注》(下册),法律出版社 2017 年版。
4. 房绍坤:《论诉讼时效期间的起算》,《法学论坛》2017 年第 4 期。
5. 黄薇主编:《中华人民共和国民法典总则编释义》,法律出版社 2020 年版。
6. 李宇:《民法总则要义:规范释论与判解集注》,法律出版社 2017 年版。
7. 梁慧星:《〈中华人民共和国民法总则(草案)〉:解读、评论和修改建议》,《华东政法大学学报》2016 年第 5 期。
8. 欧洲民法典研究组、欧盟现行私法研究组编著:《欧洲私法的原则、定义与示范规则:欧洲示范民法典草案(全译本):第 1 卷、第 2 卷、第 3 卷》,高圣平等译,法律出版社 2014 年版。
9. 朱虎:《诉讼时效制度的现代更新——政治决断与规范技术》,《中国高校社会科学》2017 年第 5 期。
10. 朱晓喆:《诉讼时效制度的价值基础与规范表达——〈民法总则〉第九章评释》,《中外法学》2017 年第 3 期。
11. 最高人民法院民法典贯彻实施工作领导小组主编:《中华人民共和国民法典总则编理解与适用》(下),人民法院出版社 2020 年版。
12. Münchener Kommentar zum BGB, 6.Aufl., 2012.

第一百九十二条 【诉讼时效的法律效果】

诉讼时效期间届满的,义务人可以提出不履行义务的抗辩。

诉讼时效期间届满后,义务人同意履行的,不得以诉讼时效期间届满为由抗辩;义务人已自愿履行的,不得请求返还。

目 录

- 一、规范目的 ······ 120
- 二、立法沿革与比较法例 ······ 121
  - (一)立法沿革与学说演变 ······ 121
    1. 胜诉权消灭说的继受 ······ 121
    2. 胜诉权消灭说的批判与抗辩权发生说的发展 ······ 122
    3.《民法典》采取抗辩权发生说 ······ 125
  - (二)比较法例 ······ 126
- 三、诉讼时效抗辩权的行使和效果(《民法典》第192条第1款) ······ 127
  - (一)诉讼时效抗辩权的内涵 ······ 127
  - (二)诉讼时效抗辩权的行使 ······ 128
    1. 诉讼时效抗辩权行使的一般要求 ······ 128
    2. 援引诉讼时效抗辩权的主体 ······ 129
    3. 行使诉讼时效抗辩权的对方当事人 ······ 133
    4. 违背诚信援引诉讼时效抗辩权 ······ 134
  - (三)行使诉讼时效抗辩权的法律效果 ······ 136
    1. 义务人得拒绝履行 ······ 136
    2. 实体权利、抵销权和抗辩权的存续 ······ 136
    3. 对利息等从给付请求权的效力 ······ 138
    4. 对担保权的效力 ······ 139
- 四、义务人同意履行(《民法典》第192条第2款第1分句) ······ 142
  - (一)同意履行的法律性质 ······ 142
  - (二)时效抗辩权抛弃的要件 ······ 143
    1.诉讼时效已经届满 ······ 143

2.抛弃时效抗辩权的意思表示 ································· 143
　　　(1)是否须义务人明知诉讼时效期间届满 ················· 143
　　　(2)"同意履行"意思表示的认定 ···························· 144
　　　(3)意思表示的形式与生效时间 ······························ 148
　　3.抛弃权利者享有处分权 ··· 149
　(三)抛弃时效抗辩权的法律效果 ·· 150
　　1.诉讼时效重新起算 ··· 150
　　2.时效抗辩权的部分抛弃 ··· 151
　　3.时效抗辩权抛弃的效力范围 ······································ 153
五、义务人自愿履行(《民法典》第192条第2款第2句) ········ 154
　(一)自愿履行的法律性质 ·· 154
　(二)自愿履行的构成要件 ·· 154
　　1.义务人具有行为能力 ·· 154
　　2.义务人实际履行、债权人受领给付 ····························· 155
　　3.履行系义务人自愿 ··· 155
　(三)自愿履行的法律效果 ·· 156
六、证明责任 ··· 157
参考文献 ·· 157
案例索引 ·· 160

一、规范目的

　　本条第1款规定了诉讼时效届满可使义务人取得时效抗辩权。时效届满之后权利人的请求权并非直接消灭,而是使义务人取得能够对抗权利人的诉讼时效抗辩权,义务人可以选择主张或不主张。按照立法机关的解释,诉讼时效后果采抗辩权发生主义基于下述考量:第一,以发生抗辩权作为诉讼时效届满的法律后果,理论严密、逻辑严谨。第二,符合诉讼时效制度的价值目标。因为诉讼时效制度并非为了追求限制权利人的权利或消灭权利,而是在于实现促进效率、督促行使权利、维护社会公共利益等多种价值。诉讼时效本身不是目的,只是达到目的的手段,是否行使该手段,应由义务人决定。第三,缓和法律与道德之间的紧张关系。时效届满,义务人取得抗辩权,可以提出不履行义务的抗辩,但基于商业诚信或良心,有的仍然自愿履行,权利人仍有权接受义务人的履行,从而在法律之外有道德调整人们行为的机会。第四,体现意思自治,平衡了权利

【诉讼时效的法律效果】　　　　　　　2-4　　第 192 条

人与义务人的利益。诉讼时效届满，义务人仅取得抗辩权，法院不予主动干涉，由义务人自己决定是否行使抗辩权，符合意思自治的理念。[1]

本条第 2 款第 1 分句规范义务人抛弃时效抗辩权。时效抗辩权作为一种权利，原则上可由权利人自由处分。根据本句，时效期间届满后，义务人表示同意履行，是一种事后抛弃抗辩权，既然抛弃，即不得再援引时效抗辩权。这同样体现了诉讼时效制度的私法自治理念。

本条第 2 款第 2 分句规范时效届满后义务人的自愿履行。时效届满仅使义务人取得抗辩权，并未使权利人所享有之实体权利消灭，因此时效届满后权利人受领义务所为之给付具有法律上的原因，不构成不当得利。这是抗辩权发生主义逻辑的自然延伸。

二、立法沿革与比较法例

（一）立法沿革与学说演变

1. 胜诉权消灭说的继受

20 世纪 50 年代以来，我国大规模移植苏联民法，并继受了苏联的诉讼时效理论。苏联的民法学说将诉权分为起诉权和胜诉权，前者是程序意义上的诉权，是指当事人请求法院审判民事案件的权利；后者是实质意义上的诉权，是指权利人能够对义务人强制实现其民事权利，即获得审判保护的权利。诉讼时效消灭的客体是胜诉权。[2] 在此基础上，我国民法理论形成了对诉讼时效法律效力的认识："诉讼时效是权利人经过一定期间不行使自己的权利，法律规定消灭其胜诉权的一种制度。胜诉权和起诉权是有区别的，前者是权利人请求法院通过诉讼程序获得强制保护的权利；后者是权利主体向法院起诉的权利。超过诉讼时效期间不向法院提起诉讼，并不是丧失了起诉权，法院不能以超过诉讼时效期间为

---

〔1〕　参见黄薇主编：《中华人民共和国民法典总则编释义》，法律出版社 2020 年版，第 515 页。

〔2〕　参见[苏联]M. A. 顾尔维奇：《诉权》，康宝田、沈其昌译，中国人民大学出版社 1958 年版，第 47 页、第 153—154 页；[苏联]诺维茨基：《法律行为·诉讼时效》，康宝田译，中国人民大学出版社 1956 年版，第 155 页。

由,对权利人提起的诉讼不予受理。"[3]苏联的学说在很长一段时间内支配着我国诉讼时效理论。

5　　1985年《继承法》(已失效)第8条规定:"继承权纠纷提起诉讼的期限为二年……但是,自继承开始之日起超过二十年的,不得再提起诉讼。"按照本条,诉讼时效完成的效力为"不得提起诉讼",尽管在理论上这可归为起诉权消灭说,但我国学界并未明确赞同该说。

6　　1986年颁布的《民法通则》(已失效)第135条规定,"向人民法院请求保护民事权利的诉讼时效……";第137条规定,"诉讼时效期间从……人民法院不予保护"。《民法通则》(已失效)颁布后的很长一段时期,我国民法学者一般以胜诉权消灭说阐释前述条文,一致认为第138条表明诉讼时效期间届满后,消灭的只是胜诉权,而当事人向法院提起诉讼的起诉权并没有消灭。[4] 最高人民法院于1992年发布的《关于适用〈中华人民共和国民事诉讼法〉若干问题的意见》(以下简称《意见》)明确体现了胜诉权消灭主义,该《意见》第153条规定:"当事人超过诉讼时效期间起诉的,人民法院应予受理。受理后查明无中止、中断、延长事由的,判决驳回其诉讼请求。"在早期司法实践中,最高人民法院均采胜诉权消灭说。[5] 近期实践中仍有部分法院认为权利人丧失的是胜诉权。[6]

2. 胜诉权消灭说的批判与抗辩权发生说的发展

7　　胜诉权消灭说在最高人民法院2008年颁布《诉讼时效若干规定》之

---

[3] 中央政法干部学校民法教研室编著:《中华人民共和国民法基本问题》,法律出版社1958年版,第103页。

[4] 参见江平、张佩林编著:《民法教程》,中国政法大学出版社1986年版,第144页;佟柔主编:《中华人民共和国民法通则简论》,中国政法大学出版社1987年版,第273页;梁慧星:《民法》,四川人民出版社1988年版,第177页;王利明、郭明瑞、方流芳编著:《民法新论》(上),中国政法大学出版社1988年版,第577页。

[5] 例如,中国农业银行哈尔滨市南岗支行与黑龙江省乡镇企业供销公司借款合同纠纷案,最高人民法院(1999)经终字第218号民事判决书;广东省阳江市人民政府与新疆金新信托投资股份有限公司借款合同纠纷案,最高人民法院(2000)经终字第36号民事判决书。

[6] 例如,郭威生命权、健康权、身体权纠纷案,北京市高级人民法院(2017)京民申2184号民事裁定书;谢玉华与徐州市中国矿业大学华洋公司企业借贷纠纷案,江苏省高级人民法院(2017)苏民申1133号民事裁定书。

【诉讼时效的法律效果】 第192条

前是我国理论界通说。[7]但我国的胜诉权消灭说包含着法院主动审查诉讼时效的意义[8],因而被认为违背私法自治[9]。胜诉权消灭说的弊端在于,首先,从实体法上说,时效抗辩权为一项民事权利,是否行使,应属当事人的自由;从程序法上说,当事人在诉讼中是否进行抗辩,也只应由自己决定。司法机关主动审查诉讼时效,既违背民法意思自治原则,又违背民事诉讼法的处分原则。

其次,胜诉权消灭说的兴起与我国诉权理论息息相关,因为其前提是起诉权与胜诉权区分的"二元诉权论"。根据这种理论,诉权被分为程序意义上的诉权和实体意义上的诉权;程序意义上的诉权在原告方面表现为提起诉讼的权利;在被告方面表现为应诉的权利或在程序上进行答辩的权利。实体意义上的诉权,在原告方面表现为期待胜诉的权利;在被告方面表现为对原告的诉讼请求进行实质性答辩,以反驳原告的诉讼请求,或提起反诉。前者又称起诉权,后者又称胜诉权。[10]但随着我国民事诉讼法学的发展,二元诉权论遭到批判,主要理由是:(1)诉权是一种启动司法裁判程序的程序性权利,与实体权利没有直接关系,如将实体诉权(即请求权)纳入诉权内涵之中,就会掩盖诉权的本质[11];实体权利是

---

[7] 参见佟柔主编:《中国民法学·民法总则》(修订版),人民法院出版社2008年版,第233页;魏振瀛主编:《民法》(第三版),北京大学出版社、高等教育出版社2007年版,第193页;江平主编:《民法学》,中国政法大学出版社2000年版,第241页;李开国:《民法总则研究》,法律出版社2003年版,第403页。

[8] 例如,有学者指出:"人民法院应该向当事人说明法律的有关规定,实事求是地解决问题,不能因为债务人不懂得时效规定,人民法院就可以满足债权人的请求,强制债务人履行义务。这也说明人民的法律和人民法院同资本主义的法律和法院有着本质的区别。"刘岐山主编:《民法通则读本》,中国人民公安大学出版社1987年版,第276页。

[9] 参见王利明:《民法总则研究》,中国人民大学出版社2003年版,第745页。关于胜诉权消灭说的全面批判,参见霍海红:《胜诉权消灭说的"名"与"实"》,《中外法学》2012年第2期,第350页以下。

[10] 参见常怡主编:《新中国民事诉讼法学研究综述:1949—1989》,长春出版社1991年版,第183页;刘家兴:《民事诉讼教程》,北京大学出版社1982年版,第122页;柴发邦主编:《民事诉讼法学》(修订本),法律出版社1987年版,第197页;周道鸾主编:《民事诉讼法教程》,法律出版社1988年版,第133页。

[11] 参见张卫平:《民事诉讼法》,法律出版社2005年版,第31页。

否能够得到法院的支持,并不影响诉权的存在[12]。(2)实体性诉权的基本含义是当事人的诉讼请求在实体法上具有依据,其内涵与实体请求权并无区别,因而没有独立存在的价值。[13] 综上,胜诉权在民事程序法中已无存在之必要,在民事实体法中更无运用之余地。

9　　由于胜诉权消灭说受到诸多质疑,并日益显示其不合理性。我国民法学界逐渐转向抗辩权发生说,其内涵包括如下三个层次:其一,在诉讼时效完成后,并非当然导致请求权消灭,义务人只是取得时效抗辩权,而且法院也不得依职权主动适用时效抗辩权;其二,如义务人主张时效抗辩权以对抗权利人之请求权,则请求权的执行受到限制;其三,如义务人未主张抗辩权或虽主张抗辩权,但又继续履行义务,权利人受领义务人之给付,不构成不当得利。

10　　抗辩权发生说逐渐为我国司法实务界所接受。在《诉讼时效若干规定》颁布之前,已有实务界专家根据《意见》第153条指出:只有当事人提出时效抗辩,法院才能予以审查时效情况,而不得主动援用诉讼时效进行裁判。[14] 最高人民法院于2008年颁布的《诉讼时效若干规定》第3条规定,"当事人未提出诉讼时效抗辩,人民法院不应对诉讼时效问题进行释明及主动适用诉讼时效的规定进行裁判",明确地采纳了抗辩权发生说。[15] 自此以后,学界大多主张采抗辩权发生说。[16] 2015年最高人民法

---

〔12〕 参见常怡主编:《民事诉讼法学》(第六版),中国政法大学出版社2008年版,第164页。

〔13〕 参见张卫平:《民事诉讼法》,法律出版社2005年版,第32页。

〔14〕 参见杨永清:《人民法院能否主动援用诉讼时效进行裁判》,载中华人民共和国最高人民法院民事审判第一庭编:《中国民事审判前沿》(第1集),法律出版社2005年版,第226—234页。相同观点参见宋晓明、张雪楳:《诉讼时效制度适用中的疑难问题》,载最高人民法院民事审判第二庭编:《民商事审判指导》2007年第1辑(总第11辑),人民法院出版社2007年版,第176—177页;王定、何志:《诉讼时效中的疑难问题研究》,载王利明主编:《判解研究》2007年第5辑(总第37辑),人民法院出版社2008年版,第56页。

〔15〕 参见最高人民法院民事审判第二庭编著:《最高人民法院关于民事案件诉讼时效司法解释理解与适用》,人民法院出版社2015年版,第74页。

〔16〕 参见朱庆育:《民法总论》(第二版),北京大学出版社2016年版,第542页;王利明:《民法总论》(第二版),中国人民大学出版社2015年版,第360页;杨巍:《诉讼时效效力模式之选择及立法完善》,《法学》2016年第6期,第42页。

院颁布的《民事诉讼法解释》第219条规定:"当事人超过诉讼时效期间起诉的,人民法院应予受理。受理后对方当事人提出诉讼时效抗辩,人民法院经审理认为抗辩事由成立的,判决驳回原告的诉讼请求。"显然司法解释采取抗辩权发生说。

3.《民法典》采取抗辩权发生说

《民法总则室内稿》第147条规定:"诉讼时效期间届满后,义务人自愿履行的,不受诉讼时效限制;义务人同意履行或者为履行提供担保的,不得以诉讼时效期间届满为由抗辩(第1款)。人民法院不得依职权适用诉讼时效(第2款)。"《民法总则草案一审稿》将其分成了两条,其中第169条规定:"诉讼时效期间届满的,义务人可以提出不履行义务的抗辩(第1款)。诉讼时效期间届满后,义务人自愿履行的,不受诉讼时效限制;义务人同意履行的,不得以诉讼时效期间届满为由抗辩(第2款)。"《民法总则草案二审稿》第185条删除了该条第2款后半句。《民法总则草案三审稿》第195条,将该条中的"不受诉讼时效限制"改为"不得请求返还"。《民法总则草案审议稿》第195条将该条第2款改为:"诉讼时效期间届满后,义务人同意履行的,不得以诉讼时效期间届满为由抗辩;义务人已自愿履行的,不得请求返还。"最终通过的《民法总则》(已失效)维持了这一表述。《民法典》第192条仅将《民法总则》(已失效)第192条中的"已"改为"已经",没有其他实质变化。2023年的《司法赔偿案件时效解释》第18条亦采相同的表述。

本条明确采取了抗辩权发生说,已成为通说。[17] 需要解释的是,本条第1款明确了时效届满的法律效果是"义务人可以提出不履行的抗辩",这里的"抗辩"实际上是指"抗辩权"。按民法原理,抗辩可以由法院直接援引,而抗辩权则必须由当事人主张。根据本条第2款后半句,义务人自愿履行义务,不得要求返还,这表明在诉讼时效届满后,实体权利仍然存在,权利人受领给付非属不当得利。

---

[17] 参见黄薇主编:《中华人民共和国民法典总则编释义》,法律出版社2020年版,第516页;陈甦主编:《民法总则评注》(下册),法律出版社2017年版,第1380页(周江洪执笔);李宇:《民法总则要义:规范释论与判解集注》,法律出版社2017年版,第907页;梁慧星:《民法总论》(第五版),法律出版社2017年版,第253页;崔建远等编著:《民法总论》(第三版),清华大学出版社2019年版,第272页。

(二)比较法例

13 比较法上,多数国家和地区都采取抗辩权发生主义,如《德国民法典》第214条规定:"时效完成后,债务人得拒绝给付(第1款)。请求权已罹于时效,义务人仍为履行之给付者,即使不知消灭时效而给付,亦不得请求返还。债务人以契约承认或提供担保者,亦同(第2款)。"《葡萄牙民法典》第304条、我国台湾地区"民法"第144条和我国澳门特区的《澳门民法典》第197条亦设有与德国法类似的规定。一些具有代表性的国际立法(草案),亦采抗辩权发生主义,如《国际商事合同通则2010》第10.9条规定:(1)时效期间届满不消灭权利;(2)经债务人作为抗辩提出,时效期间届满方产生效力;(3)即使对一项权利已提出时效期间届满的主张,仍可依赖该权利作为抗辩。DCFR第Ⅲ-7:501条规定:(1)时效期间届满的,债务人有权拒绝履行;(2)债务人为履行所为的支付或移转,不得仅以时效期间已经届满为由请求返还。

14 《日本民法典》表面上采取实体权利消灭说,关于诉讼时效的效果表述为债权"因时效而消灭",如第166条为"债权因时效而消灭"、第168条为"定期金债权因时效而消灭"。不过学理上认为,因时效而获得利益的人必须援用时效,才会发生因时效的完成而使权利消灭的效果。[18] 所以有学者指出,将日本法上消灭时效的效力理解为实体权利消灭,是对法典条文的字面理解和对其时效规则的断章取义。[19]

15 关于《法国民法典》,我国学界有观点认为其采用诉权消灭主义。[20]

---

〔18〕参见[日]山本敬三:《民法讲义Ⅰ:总则(第3版)》,解亘译,北京大学出版社2012年版,第430页。对于因时效而获得利益的人在援用时效以前,权利消灭的效果是否已经确定发生存在不同见解:一种观点认为,在时效完成时(援用之前)权利的取得或消灭的效果已经确定,因此称为确定效果说;另一种观点认为,要认定权利的取得或消灭这种实体法上的效果,在时效完成的同时还需要时效的援用,仅凭时效的完成这种效果还未确定发生,因此被称为不确定效果说。参见[日]山本敬三:《民法讲义Ⅰ:总则(第3版)》,解亘译,北京大学出版社2012年版,第476—477页。

〔19〕参见霍海红:《胜诉权消灭说的"名"与"实"》,《中外法学》2012年第2期,第352—353页。

〔20〕参见江平主编:《民法学》,中国政法大学出版社2007年版,第252页;王利明等:《民法学》(第三版),法律出版社2011年版,第157页;张驰:《论诉讼时效客体》,《法学》2001年第3期,第52页。

但是查阅《法国民法典》后不难发现，第2247条（原第2223条）明文规定"法官不得依职权（替代当事人）提出因时效产生的方法"，[21]很显然该法典采用了抗辩权的模式。根据第2249条规定，清偿已经罹于时效的债务，不得以时效经过为由而要求返还。可见，在法国民法上的诉讼时效效果须义务人主张，义务人清偿时效届满的债务，债权人所受领之给付亦非不当得利。

由上可知，尽管各国家或地区民法典中关于诉讼时效的规范表达不同，但系统考察其具体规范，可见其法律效果没有本质差别，其共性主要体现在：(1)诉讼时效届满后，须义务人援引时效抗辩权；(2)诉讼时效届满后，义务人自愿履行的，权利人不构成不当得利，义务人不得要求返还；(3)义务人向权利人作承认义务的意思表示，不得再行使时效抗辩权。

三、诉讼时效抗辩权的行使和效果（《民法典》第192条第1款）

（一）诉讼时效抗辩权的内涵

根据本条第1款，诉讼时效期间届满的效果是义务人可以提出不履行义务的抗辩。这里的"抗辩"应理解为"抗辩权"。

广义上的抗辩事由，有抗辩（Einwendung）与抗辩权（Einrede）之分，抗辩可以使请求权归于消灭，在诉讼进行中即使当事人未提出，法院亦应主动审查事实，如认为有抗辩事由存在，须依职权作出裁判；反之，抗辩权效力是对已存在的请求权，发生一种对抗的权利，义务人是否主张，有其自由。[22]从《民法典》第192条第1款并结合第193条关于法院不得主动适用诉讼时效的规定可知，诉讼时效期间经过的效果是产生抗辩权。

诉讼时效抗辩权是一种永久抗辩权（peremptorische Einrede），其不同于同时履行抗辩权等延期抗辩权（dilatorische Einrede），后者只能暂时阻止请求权之实现，前者则可持续阻止请求权之实现。[23]因此，只要义务

---

〔21〕参见《法国民法典》，罗结珍译，北京大学出版社2023年版，第941页。
〔22〕参见王泽鉴：《民法思维》，北京大学出版社2009年版，第135页。
〔23〕参见朱庆育：《民法总论》（第二版），北京大学出版社2016年版，第517页.

人主张时效抗辩权,即可导致权利人请求权消灭,权利人不可对义务人贯彻执行其权利。但另一方面,时效抗辩权仅阻却请求权的实现,对于实体权利本身并不产生任何影响,如义务人自愿履行义务的,权利人仍可受领并保有给付(《民法典》第192条第2款第2句)。

(二)诉讼时效抗辩权的行使

1. 诉讼时效抗辩权行使的一般要求

20　　理论上认为,时效抗辩权的主张是一种准法律行为,可以准用法律行为(意思表示与法律行为解释)的规则。[24] 义务人行使时效抗辩权时,不必表达诉讼时效已完成的字样,亦不必引用诉讼时效的法律条文,只要其表达请求权因时效经过而拒绝给付,即为行使诉讼时效抗辩权。[25]

21　　时效抗辩权得在诉讼上或诉讼外行使。[26] 但是在诉讼中,根据《诉讼时效若干规定(2020)》第3条规定:"当事人在一审期间未提出诉讼时效抗辩,在二审期间提出的,人民法院不予支持,但其基于新的证据能够证明对方当事人的请求权已过诉讼时效期间的情形除外(第1款)。当事人未按照前款规定提出诉讼时效抗辩,以诉讼时效期间届满为由申请再审或者提出再审抗辩的,人民法院不予支持(第2款)。"该规定承袭了《诉讼时效若干规定(2008)》第4条。对此,最高人民法院的解释是:(1)将时效抗辩权的主张限定在一审审理阶段,是为了在一审审理阶段固定诉争焦点,否则无法发挥一审事实审的功能,使审级制度的功能性设计流于形式,产生损害司法程序的安定性、司法裁判的权威性、社会秩序的稳定性等问题;(2)我国民事诉讼二审既是事实审,又是法律审,在二审期间,当事人如提出新证据,进一步陈述案件事实,法院可以对一审未尽事实和适用法律问题进行审理;(3)终审判决作出后,当事人之间的权利义务关系已经确定,尤其是在生效判决已被部分或全部执行完毕的情形下,社会交易秩序已经因生效判决的作出趋于确定,不宜支持义务人基于诉讼时效抗辩权申请再审,否则不利于司法程序的安定,也有违诉讼

---

[24] Vgl. Münchener Kommentar zum BGB/Grothe, 6.Aufl., 2012, § 214, Rn. 4.
[25] 参见陈甦主编:《民法总则评注》(下册),法律出版社2017年版,第1382页(周江洪执笔)。
[26] 参见王泽鉴:《民法总则》,北京大学出版社2009年版,第515页。

时效制度维护社会秩序稳定的立法目的。[27]

当事人在二审程序中提出的"新的证据",可能是证明权利人在更早时候已知道或应当知道权利受到损害以及义务人,因而诉讼时效已完成;也可能是推翻权利人关于诉讼时效中断的证据,因而诉讼时效并未中断而是已完成。[28] 新的证据包括:一审庭审结束后新发现的证据;当事人在一审举证期限届满前申请人民法院调取证据未获准许,二审经法院审查认为应当准许并依当事人申请调取的证据。[29]

关于义务人如果在原审中没有提出诉讼时效抗辩,在发回重审中是否可以提出,存在疑问。实践中有法院认为不得提出,理由是:发回重审虽然适用的是一审程序,但发回重审不是全新、独立的审判程序,而是原一审、二审的延续,因此义务人在发回重审期间也无权提出诉讼时效的抗辩。[30] 本评注认为,对此不可一概而论。如果发回重审的原因是遗漏当事人,而该当事人恰好享有时效抗辩权,则不妨碍其在重审过程中进行主张。此外,根据 2022 年《民事诉讼法解释》第 323 条第 3 项规定,发回重审的原因可能是"无诉讼行为能力人未经法定代理人代为诉讼的",如果享有时效抗辩权的是未成年人,在一审、二审中没有提出,在发回重审后其法定代理人提出时效抗辩权的,应予认可。根据《民事诉讼法解释》第 323 条第 4 项,发回重审的原因可能是"违法剥夺当事人辩论权利的",如果义务人本可提出时效抗辩权,但其辩论权利被违法剥夺,则应允许其在重审程序中提出。

2. 援引诉讼时效抗辩权的主体

根据本条第 1 款,可以提起诉讼时效抗辩权的是义务人。在立法过

---

〔27〕参见最高人民法院民事审判第二庭编著:《最高人民法院关于民事案件诉讼时效司法解释理解与适用》,人民法院出版社 2015 年版,第 12 页。

〔28〕参见李宇:《民法总则要义:规范释论与判解集注》,法律出版社 2017 年版,第 910 页。

〔29〕参见李宇:《民法总则要义:规范释论与判解集注》,法律出版社 2017 年版,第 910—911 页。

〔30〕参见中国航空港建设总公司辽宁蓝天工程部等与北京世恒信商贸有限责任公司建设工程合同案,北京市第一中级人民法院(2014)一中民终字第 5725 号民事判决书;袁春奎与孙永艳民间借贷纠纷案,黑龙江省大兴安岭地区中级人民法院(2019)黑 27 民终 313 号民事判决书。

程中,有学者建议将时效利益的援用人范围扩大为"有正当利益者",因为义务人以外的保证人、物上保证人等,对于时效的完成也享有正当利益,应当允许其独立地援用时效利益。[31]《民法典》的总则编虽未采纳这一见解,但在各分编中就义务人以外的其他人援引时效抗辩作了规定,具体有以下几种情形:

25　　(1)债务加入人援引原债务人的时效抗辩权。根据《民法典》第553条前段,债务人转移债务的,新债务人可以主张原债务人对债权人的抗辩。因为债务承担并未改变债的同一性,故附着于原债权的抗辩,即债权人与原债务人之间的法律关系所发生的抗辩,均得由新债务人向债权人主张。[32] 学理上认为,这一规则可以适用于免责的债务承担与并存的债务承担。[33]

26　　(2)代位权诉讼中,次债务人援引债务人对债权人的诉讼时效抗辩权。根据《民法典》第535条第3款规定,次债务人对债务人的抗辩可以向代位权人主张。因为债权人代位债务人行使其权利,没有理由将第三人置于相较债务人自己行使其权利时更不利的地位。[34] 不过这里仍是次债务人主张自己所享有的抗辩权,只是该抗辩权原来所针对的是债务人,而现在向其主张权利的是债务人的债权人。此外,次债务人还可以援引债务人对债权人的抗辩,因为若债权人越过债务人直接向次债务人行使代位权,就会对债权人受到的来自债务人的有利抗辩予以忽视或漠视,这既对债务人不公,也对次债务人不公。[35]

27　　(3)连带债务人援引其他债务人的时效抗辩权。我国《民法典》第520条规定了连带债务中具有绝对效力/涉他效力的事项,但对于诉讼时效抗辩权是否具有涉他效力,并不明确。有理论观点认为,连带债务是由多个债务组成,因此诉讼时效完成对其他连带债务人原则上不发生涉他

---

[31] 参见解亘:《〈民法总则(草案)〉中时效制度的不足》,《交大法学》2016年第4期,第57页。

[32] 参见韩世远:《合同法总论》(第四版),法律出版社2018年版,第631—632页。

[33] 参见朱广新、谢鸿飞主编:《民法典评注·合同编通则1》,中国法制出版社2020年版,第446页(刘承韪执笔)。

[34] 参见韩世远:《合同法总论》(第四版),法律出版社2018年版,第446页。

[35] 参见朱广新、谢鸿飞主编:《民法典评注·合同编通则2》,中国法制出版社2020年版,第19页(丁宇翔执笔)。相同观点,亦可参见陈甦主编:《民法总则评注》(下册),法律出版社2017年版,第1384页(周江洪执笔)。

效力,即一个债务人债务的诉讼时效完成,并不导致其他连带债务人的债务也发生相同的效果。[36] 据此,每个债务人的诉讼时效都是单独计算,连带债务人不能援引其他债务人的时效抗辩权。不过,根据我国《诉讼时效若干规定(2020)》第15条,对于连带债权人或连带债务人之一人发生的诉讼时效中断事由,效力及于其他债权人或债务人。可见,司法实践认可诉讼时效在中断方面的涉他效力。但上述规定仅限于诉讼时效的中断,不能扩大解释得出连带债务人可以援引其他债务人时效抗辩权的结论。而且,既然连带债务中债权人针对每个债务人的诉讼时效应分别起算,如果债权人在对某一债务人的请求权罹于时效后,方才知道另一债务人,从而起算诉讼时效,此时若该债务人可援引其他连带债务人的时效抗辩权,显然对债权人不公平。

(4)保证人援引债务人的时效抗辩权。根据《民法典》第701条第1句,保证人可以主张债务人对债权人的抗辩。这是保证从属性原则的延伸,就债权的实现而言,债权人不能对保证人取得比针对主债务人更有利的法律地位。[37]

(5)抵押人援引主债务人的时效抗辩权。根据《民法典》第419条[《物权法》(已失效)第202条],抵押人应当在主债权诉讼时效期间行使抵押权;未行使的,人民法院不予保护。[38] 如何解释该条的法律效果,存在不同认识,代表性观点主要有:①该条是抵押权消灭的特别原因,即被担保的债权的诉讼时效完成后,抵押权消灭。[39] 这是贯彻担保

---

[36] 参见朱广新、谢鸿飞主编:《民法典评注·合同编通则1》,中国法制出版社2020年版,第461页(张定军执笔)。主张连带债务仅有个别效力的观点,亦可参见王洪亮:《债法总论》,北京大学出版社2016年版,第497页。

[37] Vgl. Münchener Kommentar zum BGB/Habersack, 6.Aufl., 2012, § 768, Rn. 1.

[38] 从立法论的角度而言,这一规则并不具有合理性,详见朱晓喆:《诉讼时效制度的价值基础与规范表达——〈民法总则〉第九章评释》,《中外法学》2017年第3期,第731—732页。

[39] 参见王闯:《冲突与创新——以物权法与担保法及其解释的比较为中心而展开》,载梁慧星主编:《民商法论丛》(第40卷),法律出版社2008年版,第296页。最高人民法院有判决认为,抵押人在主债权诉讼时效期间未行使抵押将导致抵押权消灭,而非胜诉权的丧失,参见王军诉李睿抵押合同纠纷案,载《最高人民法院公报》2017年第7期,该案的评析参见程啸:《主债权诉讼时效期间届满抵押权是否消灭》,载周江洪、陆青、章程主编:《民法判例百选》,法律出版社2020年版,第226页以下。

物权从属于主债权的逻辑。[40] ②该条的效果是抵押权人丧失受人民法院保护的权利,抵押权本身并没有消灭,如果抵押人自愿履行担保义务的,抵押权人仍可以行使抵押权。[41] ③该条仅使抵押人得援引诉讼时效抗辩权。[42]

30　　笔者认为,一方面,诉讼时效只适用于请求权而不适用于物权(抵押权)乃是基本共识,《民法典》第 419 条并非抵押权诉讼时效的规则。抵押人作为担保物的提供人,对于主债权的诉讼时效抗辩权,存在自身利益,应当允许其行使该抗辩权。另一方面,主债权时效届满后,抵押人若不反对债权人对抵押物强制执行,应允许债权人继续行使抵押权,对抵押物进行拍卖、变卖以获得清偿。于此,法律自无必要干预,使抵押权直接消灭。《民法典担保制度解释》第 44 条第 1 款第 1 句也规定主债权诉讼时效期间届满后,人民法院不予保护抵押权,并未规定抵押权直接消灭。相较而言,上述第三种观点即抵押人可以援引主债权诉讼时效抗辩权的构造模式是一种合理的解释。[43]

31　　(6)关于后顺位抵押权人和担保物的受让人能否援引债务人对债权人的时效抗辩权。有观点认为,如果先顺位抵押权的被担保债权因债务人或抵押人援引时效抗辩权,则先顺位的抵押权人不得实现其抵押权,后顺位的抵押权人因此享有顺位上升的利益,因此,后顺位的抵押权人对于先顺位抵押权所担保的债权时效期间的届满,亦享有利益,应当允许其援引时效抗辩权。[44] 但这种观点并不妥当。因为债务人或抵押人是否主张时效抗辩权本为其自由,其出于自身信誉的考虑,不援引时效抗辩权,甚至放弃时效抗辩权,后顺位抵押权人没理由援引该时效抗辩权,并阻却先顺位抵押权人行使抵押权。如果债务人或抵押人主张了时效抗辩

---

[40] 参见朱庆育:《民法总论》(第二版),北京大学出版社 2016 年版,第 545 页。

[41] 参见黄薇主编:《中华人民共和国民法典物权编释义》,法律出版社 2020 年版,第 547 页。

[42] 参见陈甦主编:《民法总则评注》(下册),法律出版社 2017 年版,第 1382 页(周江洪执笔)。

[43] 相同观点,参见杨巍:《〈民法典〉第 192 条、第 193 条(诉讼时效届满效力、职权禁用规则)评注》,《法学家》2020 年第 6 期,第 180 页。

[44] 参见陈甦主编:《民法总则评注》(下册),法律出版社 2017 年版,第 1383—1384 页(周江洪执笔)。

权,则后顺位抵押权人自然无须再主张。

还有观点认为,抵押物的受让人对于诉讼时效期间届满亦有其利益(可阻止抵押权的实现),应当允许其援引时效抗辩权。[45] 这种观点值得商榷。一方面,债务人或抵押人可能不愿意援引诉讼时效抗辩权,甚至明确放弃抗辩权,抵押物受让人反而能够援引时效抗辩权阻却抵押权的行使,将与债务人或抵押人的行为发生矛盾。另一方面,通常抵押物受让人在受让抵押财产时抵押权已经登记,这意味着受让人知道或应当知道抵押权的存在,因而不影响抵押权的效力(《民法典》第406条第1款)。此时,抵押物转让的价格通常也是按照附有抵押负担的价值进行评估的,如果允许受让人援引主债权的时效抗辩权,实际上就是涤除抵押负担、获得抵押物全额价值,这显然有悖于抵押人(出让人)与受让人之间的交易安排及其可推知的意思。

3. 行使诉讼时效抗辩权的对方当事人

一般而言,时效抗辩权是义务人向请求权人主张,但在某些情况下请求权人可能会发生变化,因而原请求权人之外的其他人对义务人主张请求权时,应允许义务人对该人提出时效抗辩权。具体包括以下几种情形:

(1)连带债务人对追偿权人的抗辩。根据《民法典》第519条第2款第1句规定,实际承担债务超过自己份额的连带债务人就超出部分对其他连带债务人享有追偿权。根据该款第2句规定,其他债务人得向该债务人主张其对债权人的抗辩。于此,其他连带债务人所享有之抗辩本系针对债权人,但不能因为一个债务人因清偿而发生追偿,就使其他连带债务人的法律地位恶化,故法律允许其主张对原债权人所享有的抗辩,当然包括诉讼时效抗辩权。而且无论超额履行债务的连带债务人根据《民法典》第519条第2款第1句前段主张追偿权,还是根据本句后段"并相应地享有债权人的权利"主张法定转移过来的债权请求权,其他连带债务人对债权人的抗辩均可行使。[46]

---

[45] 参见陈甦主编:《民法总则评注》(下册),法律出版社2017年版,第1384页(周江洪执笔)。

[46] 参见朱广新、谢鸿飞主编:《民法典评注·合同编通则1》,中国法制出版社2020年版,第446页(张定军执笔)。

35　　（2）债务人在利益第三人合同中的抗辩。根据《民法典》第 522 条第 2 款后段规定，债务人可以向第三人主张其对债权人所享有的抗辩。因为第三人所取得的权利来源于债权人与债务人之间的合同，因而由该合同所发生的一切抗辩，债务人自得以之对抗受益的第三人。[47]

36　　（3）债务人对债权受让人的抗辩。根据《民法典》第 548 条规定，债权转让后，债务人可以向债权受让人主张其对原债权人所享有的抗辩。因为债务人的法律地位不能因为债权让与而变差。在法定债权让与的情形下，原理相同，债务人亦可向债权受让人主张其对原债权人所享有的抗辩。

37　　（4）委托人与第三人之间的抗辩。根据《民法典》第 926 条第 3 款规定，委托人行使受托人对第三人的权利的，第三人可以向委托人主张其对受托人的抗辩。第三人选定委托人作为其相对人的，委托人可以向第三人主张其对受托人的抗辩以及受托人对第三人的抗辩。

38　　（5）债权人的权利被他人管理，义务人可向该管理人抗辩。例如，失踪人的财产代管人（《民法典》第 42 条）、管理他人事务的无因管理人（《民法典》第 979 条）、继承开始后的遗产管理人（《民法典》第 1145 条）、破产企业的破产管理人（《企业破产法》第 22 条以下）、信托财产的受托人（《信托法》第 24 条以下）等，这些管理人对债务人主张债权时，如果已经超过诉讼时效，债务人可对其主张诉讼时效抗辩权。

4. 违背诚信援引诉讼时效抗辩权

39　　当事人之间在发生债权债务纠纷后，有时会先进行磋商谈判，权利人基于合作的考虑可能暂缓采取主张权利、诉讼等中断时效的方式。但随着时间流逝，权利人放松警惕，导致诉讼时效期间经过，义务人随即改变协商合作的态度，提出诉讼时效抗辩权。这本质上是一种违背诚信的行为。对此，全国人大立法部门在解释本条第 1 款的效力时提到，义务人行使时效抗辩权不得违反诚信原则，如在诉讼时效期间届满前，义务人通过与权利人协商，营造其将履行义务的假象，及至时效完成后，立即援引时效抗辩拒绝履行义务，该种行为违反诚实信用，构成时效抗辩权的滥

---

[47] 参见韩世远：《合同法总论》（第四版），法律出版社 2018 年版，第 374 页；崔建远：《论为第三人利益的合同》，《吉林大学社会科学学报》2022 年第 1 期，第 156 页。

用,不受保护。[48] 但有观点认为,义务人与权利人协商,其言行中必然含有同意履行的意思,已发生诉讼时效中断的效果,足以保护权利人,无须额外援用所谓的滥用抗辩权理论。[49] 其实,立法中如果能够将当事人之间的磋商谈判作为诉讼时效中止的事由,即可缓和上述问题。[50] 但在没有立法的前提下,义务人此类违背诚信援引时效抗辩权的行为值得探讨。

根据杨巍教授的总结,我国司法实践中义务人违背诚信援引诉讼时效抗辩权的行为,大致包括如下几类:[51]（1）债务人恶意逃避债务、拖延履行,导致债权人无法联系债务人,其后援引时效抗辩权;[52]（2）双方存在长期合作关系,权利人合理相信时效不会成为履行障碍,义务人其后却援引时效抗辩权;[53]（3）时效届满后,义务人要求进一步确认债务是否存

---

[48] 参见黄薇主编:《中华人民共和国民法典总则编释义》,法律出版社2020年版,第516页。

[49] 参见李宇:《民法总则要义:规范释论与判解集注》,法律出版社2017年版,第909页。

[50] 例如,《德国民法典》第203条、DCFR第Ⅲ—7:304条都将磋商谈判作为时效不完成或延期完成的事由。相关评论参见朱晓喆:《诉讼时效制度的价值基础与规范表达——〈民法总则〉第九章评释》,《中外法学》2017年第3期,第724页。

[51] 参见杨巍:《〈民法典〉第192条、第193条(诉讼时效届满效力、职权禁用规则)评注》,《法学家》2020年第6期,第182页以下;杨巍:《悖信援引时效抗辩权的法律规制》,《北方法学》2020年第2期,第16页以下。

[52] 例如,毛辉与曾淑桂民间借贷纠纷案,湖南省常德市中级人民法院(2017)湘07民终1916号民事判决书。在本案中,法院认为,债权人曾多次寻找债务人,希望与债务人协商解决债务事宜,但因无法找到债务人,导致其主张权利的意思表示不能到达债务人。而债务人变更住所,亦不主动联系债权人了结债务纠纷,其行为应当认定为恶意躲避债务,违背了民法的公平原则及诚实信用原则,故不宜以时效认定债权人怠于行使权利。

[53] 参见无锡市通用机械厂有限公司与东莞市红树林环保科技有限公司加工合同纠纷案,江苏省无锡市中级人民法院(2017)苏02民终584号民事判决书。该案一审法院指出:"本案中,双方之间存在持续不间断的履约行为,红树林公司在向通用公司付款时亦未指明付款用途,通用公司有理由相信双方之间债权债务存在延续性……故对红树林公司关于诉讼时效的抗辩意见不予支持。"

在、计算方法及具体数额,其后却援引时效抗辩权。[54] 对于义务人违背诚信地援引时效抗辩权的行为,应进行适当限制。事实上,上述问题本应由诉讼时效中止或中断规则予以处理,但我国法律上欠缺相关规定,例如前述示例中,义务人与权利人磋商谈判,本应成为时效中止或延期届满的事由。因此,法官于个案中在充分展开论证的前提下,可以适用诚信原则限制义务人援引时效抗辩权。

(三)行使诉讼时效抗辩权的法律效果

1. 义务人得拒绝履行

41　如请求权已罹于时效,无论权利人在诉讼外或诉讼中主张权利,义务人均可主张时效抗辩权,拒绝履行义务。从权利人的角度来看,请求权丧失可执行性(Durchsetzenbarkeit)。

2. 实体权利、抵销权和抗辩权的存续

42　在抗辩权发生模式下,义务人援引时效抗辩权只会阻却请求权的行使,对于产生请求权的原权利或实体权利(例如债权、物权、知识产权等)不产生任何影响。就动产物权而言,所有物返还请求权罹于时效后,并不会使原所有权人失去所有权,只不过无权占有人提出时效抗辩权后,所有权人无法取回所有物。当然,对于无权占有人而言,也没有法律依据取得标的物的所有权。由此发生所有权与占有永久分离的尴尬状态。对于债权而言,在基于债权的请求权罹于时效后,债权本身仍然存在。债权人仍可以将该债权让与,该债权仍可作为债权人受领并保有给付的法律原因。

43　我国司法实践中还经常发生诉讼时效完成后的债权是否可以作为主动债权用于抵销的疑难问题。由于我国民法上没有明确规定,学理上存在不同见解。有观点认为,超过诉讼时效的债权,不得作为主动债权而主张抵销,否则无异于强迫对方履行自然债务,损害对方当事人的时效利

---

[54] 参见袁军全与沈业玲债权转让合同纠纷案,浙江省宁波市海曙区人民法院(2013)甬海商初字第231号民事判决书。但在该案中法院并非以被告提出时效抗辩系违反诚实信用原则为由而否定其主张,而是认为被告在诉讼时效期间届满后作出同意履行义务的意思表示,构成抛弃时效利益,其后又进行抗辩,不应予以支持。

益;但其可以作为抵销的被动债权,此时可认为抵销人抛弃了时效利益。[55] 但主流观点认为,诉讼时效的完成(时效期间届满),不影响时效完成前已经适于抵销的债务相抵。[56] 从比较法上看,后者也是通行的观点。例如,《德国民法典》第215条规定:"请求权在首次可以抵销或可被拒绝给付之时,尚未罹于消灭时效,则消灭时效的完成并不排除抵销和主张留置抗辩权(Zurückbehaltungsrecht)。"[57]

作为主动抵销的债权,在诉讼时效完成之前已经与债务人的债权形成抵销适状,而诉讼时效经过后,不应影响其抵销权。但是,如果主动抵销的债权人在诉讼时效完成后,再对于债务人负担一笔债务,则不可抵销,否则,债务人的时效利益就会被变相地剥夺。我国司法实践也支持上述观点。例如,有法院裁判理由认为,诉讼时效期间届满的债权是否可行使法定抵销权,如果债权在诉讼时效期间届满前,已经可与相对债权进行抵销,则法定抵销权已经产生,并不因在行使时已经超过诉讼时效期间而不能抵销;反之,如其债权在诉讼时效期间届满后,才发生相对的债权,则不能产生法定抵销权。[58] 最高人民法院在2019年第4期公报案例中,明确肯定了这一观点,并阐述理由如下:"双方债务均已到期属于法定抵销权形成的积极条件之一。该条件不仅意味着双方

---

〔55〕 参见崔建远主编:《合同法》(第六版),法律出版社2016年版,第215页;王洪亮:《债法总论》,北京大学出版社2016年版,第176页;朱广新:《合同法总则研究》(下册),中国人民大学出版社2018年版,第534页。司法实践的支持观点,参见成都制药一厂、四川鼎鑫置业有限责任公司合资、合作开发房地产合同纠纷案,四川省高级人民法院(2016)川民终957号民事判决书;最高人民法院(2017)最高法民申854号民事裁定书。

〔56〕 参见梁慧星:《民法总论》(第五版),法律出版社2017年版,第255页;李宇:《民法总则要义:规范释论与判解集注》,法律出版社2017年版,第912页;杨巍:《〈民法典〉第192条、第193条(诉讼时效届满效力、职权禁用规则)评注》,《法学家》2020年第6期,第180页。

〔57〕 究其立法目的,如果债权人的请求权在其时效届满之前,本已构成抵销适状,则该债权的抵销可能性并不因时间之经过而被排除。Vgl. J. Schmidt-Räntsch, in: Erman BGB Kommentar, § 215, Rn. 1.

〔58〕 参见钟家元与成都农村商业银行股份有限公司合作支行储蓄存款合同纠纷案,四川省成都市高新技术产业开发区人民法院(2011)高新民初字第128号民事判决书。该案评析参见张媛媛:《诉讼时效期间届满的债权被抗辩时不可用于依法抵销》,《人民司法》2012年第22期,第74—77页。

债务均已届至履行期,同时还要求双方债务各自从履行期届至到诉讼时效期间届满的时间段,应当存在重合的部分。在上述时间段的重合部分,双方债权均处于没有时效等抗辩的可履行状态,'双方债务均已到期'之条件即为成就,即使此后抵销权行使之时主动债权已经超过诉讼时效,亦不影响该条件的成立……作为形成权,抵销权的行使不受诉讼时效的限制。我国法律并未对法定抵销权的行使设置除斥期间。在法定抵销权已经有效成立的情况下,如抵销权的行使不存在不合理迟延之情形,综合实体公平及抵销权的担保功能等因素,人民法院应认可抵销的效力。"[59]

45 与抵销权类似,诉讼时效完成之前,当事人之间已经发生的抗辩权,也不因时效期间届满而受影响。例如,甲、乙双方互负债务,并已形成相互抗辩状态,若甲之请求权已罹于诉讼时效,此时乙方向甲方主张请求权,甲方仍得以时效届满之前的抗辩权对抗乙方。其原理与诉讼时效完成后的抵销权的状况相同。

3. 对利息等从给付请求权的效力

46 原则上,从权利附属于主权利,不能独立存在,因而,主权利罹于时效,从权利同其命运。[60] 但是,"从权利"所指宽泛,与主债权诉讼时效的关系复杂,得具体分析。以下先分析从给付请求权,例如利息。

47 通常情形下,利息是按时间进展而发生重复给付,各期利息的诉讼时效分别起算,与主债权的诉讼时效并不完全一致。例如,2021 年 1 月 1 日,甲乙双方成立有偿借款合同,约定甲向乙出借 10 万元,利息为每月月底支付 1000 元,借期 1 年,即 2021 年 12 月 31 日归还本金,如超过时间未归还本金,迟延期间按合同约定的利息计算。甲的本金请求权届满诉讼时效时,利息请求权也较早地届满诉讼时效(除了最后一期利息请求权)。但是,如果债务人迟延归还本金发生迟延期间的利息,则迟延利息请求权的诉讼时效可能晚于本金的诉讼时效。如果本金请求权已罹于诉

---

[59] 厦门源昌房地产开发有限公司与海南悦信集团有限公司委托合同纠纷案,最高人民法院(2018)最高法民再 51 号民事判决书,载《最高人民法院公报》2019 年第 4 期(总第 270 期)。

[60] 参见朱庆育:《民法总论》(第二版),北京大学出版社 2016 年版,第 544 页;梁慧星:《民法总论》(第五版),法律出版社 2017 年版,第 255 页。

讼时效，迟延利息请求权仍保持效力，则诉讼时效制度尽快结束不稳定的法律关系、节约司法成本等目的，仍不能实现。从比较法上看，《德国民法典》第 217 条规定："依附于主请求权的从给付请求权，随前者的消灭时效完成而罹于消灭时效，即使该从给付请求权适用的特别消灭时效尚未完成，亦不例外。"其理由在于，即使利息请求权的时效将来才会届满，但为了消灭时效制度，了结当事人之间的关系，因而加速该请求权的时效届满。[61]

对此，我国《民法典》未有明确规定，但司法实践中有支持的观点，例如有法院指出："利息相对于主债权存在依附性，主债权已经超过诉讼时效，利息的诉讼时效期间一并届满，利息的诉讼时效期间不能脱离主债权单独计算……因此，本案主债权的诉讼时效期间已过，褚维权单独提起利息之诉，缺乏依据，不应支持。"[62]但也有法院认为，迟延利息属于独立的债权，应单独计算，与本金债权并不一同罹于诉讼时效。[63]笔者赞同迟延期间的利息应随主债权时效届满而届满的观点。

48

基于相同的原理，上述迟延利息请求权的时效规则，亦可适用于费用(Kosten)、使用利益(Nutzung)等从给付请求权。但不应适用于由违约所生的代替给付损害赔偿、代偿利益、违约金等请求权以及独立的定期给付请求权(例如租金)。[64]

49

4. 对担保权的效力

担保权属于主债权的从权利，其是否会因主债权诉讼时效届满而一并罹于时效，须区分不同情况。前文已述，主债权罹于诉讼时效对保

50

---

[61] Vgl. Staudinger Kommentar zum BGB/Peters/Jacoby, 2009, § 217, Rn. 4.

[62] 褚维权、哈尔滨盛世特种飞行器有限公司民间借贷纠纷案，黑龙江省哈尔滨市中级人民法院(2019)黑 01 民终 7741 号民事判决书。

[63] 参见深圳万骏房地产开发有限公司与骏业塑胶(深圳)有限公司借款合同纠纷案中，法院认为："利息是借款人没有及时还款时才产生的，属于对出借人损失的赔偿，来源于法律的规定，按照法律规定的标准计算，具有相对的独立性，独立于本金债权，其诉讼时效也与原本债权的诉讼时效不同，应单独计算。"参见广东省深圳市中级人民法院(2015)深中法商终字第 2778 号民事判决书。

[64] Vgl. Staudinger Kommentar zum BGB/Peters/Jacoby, 2009, § 217, Rn. 6 f. 德国民法解释上也有主张与损害赔偿并列的违约金适用上述规则。Vgl. Palandt/Ellenberg, § 217, 70. Aufl., 2011, Rn. 1.

证债权和抵押权都有影响,于此不赘。质权与留置权是否因主债权时效届满而受影响,争议很大。《民法典》生效之前,因为《物权法》(已失效)没有就质权和留置权的存续期间作出规定,所以有人认为应适用《担保法解释》(已失效)第12条第2款,即担保权人应在诉讼时效结束后的2年内行使担保物权。[65] 但这种观点随着《担保法解释》的废止而缺失了法律依据。目前关于该问题,主要存在两种对立的观点:(1)否定说认为,被担保的债权罹于时效,不影响担保该债权的质权和留置权的存续及效力。[66] 因为质权、留置权属于占有型担保物权,担保物在债权人占有之下,债权因诉讼时效届满而不能强制执行,并不妨碍债权人就其担保物取偿。[67] 司法实践中有法院认为,《物权法》(已失效)并没有限定占有担保物的质权人行使质权的期限,在质权人怠于行使质权的情况下,出质人可以通过向法院请求拍卖变卖质押财产,从而促使物权尽快消除担保负担,充分发挥物的效用,因此动产质权并不受主债权诉讼时效届满的影响。[68] (2)肯定说认为,质权与留置权应类推适用《物权法》(已失效)第202条的规定。[69] 本着同一事件作相同处理的原理,应对质权、留置权与抵押权作相同处理,即应受主债权诉讼时效的影响。[70] 司法实践中有法院认为,关于质权人行使质权的期间,参照《物权法》(已失

---

[65] 参见程啸:《论担保物权之存续期限》,《财经法学》2015年第1期,第78页;杨巍:《〈民法典〉第192条、第193条(诉讼时效届满效力、职权禁用规则)评注》,《法学家》2020年第6期,第180页。

[66] 参见戴永盛:《论债权之罹于时效与担保物权之存续》,《法律科学》2014年第3期,第73页。

[67] 参见梁慧星:《民法总论》(第五版),法律出版社2017年版,第256页。

[68] 参见夏文成与梁德财动产质权纠纷案,广东省高级人民法院(2019)粤民再32号民事判决书。类似观点,参见西安投资控股有限公司与西安炎兴科技软件有限公司与谭晓俊等与公司有关的纠纷案,陕西省西安市雁塔区人民法院(2016)陕0113民初2823号民事判决书。

[69] 参见张永:《抵押权法定存续期间效力及性质的二重性分析——以〈物权法〉第202条为中心》,《政治与法律》2014年第2期,第119页以下。亦见孙宪忠、朱广新主编:《民法典评注·物权编》,中国法制出版社2020年版,第256页(董学立执笔)。

[70] 参见高圣平:《担保物权的行使期间研究——以〈物权法〉第202条为分析对象》,《华东政法大学学报》2009年第1期,第18页以下。

效)第 202 条之规定。[71] 对于同样以登记作为公示方法的权利质权,其行使期限参照适用抵押权的规定。[72]

根据 2021 年 1 月 1 日生效的《民法典担保制度解释》第 44 条第 2 款规定,主债权诉讼时效期间届满后,财产被留置的债务人或者对留置财产享有所有权的第三人请求债权人返还留置财产的,人民法院不予支持;债务人或者第三人请求拍卖、变卖留置财产并以所得价款清偿债务的,人民法院应予支持。该款虽然没有直接表明主债权诉讼时效期间届满后留置权是否受到不利影响或消灭,但从不支持债务人或所有权人请求返还留置物,以及只能请求拍卖、变卖财产清偿债务的规定可知,留置权仍然保有其效力。再者,根据《民法典担保制度解释》第 44 条第 3 款规定,以登记作为公示方式的权利质权,参照适用《民法典担保制度解释》第 44 条第 1 款(抵押权)的规定,受主债权诉讼时效影响;但动产质权、以交付权利凭证作为公示方式的权利质权,参照适用《民法典担保制度解释》第 44 条第 2 款的规定。由此可见,司法解释有意区分以登记作为公示或对抗要件的担保物权和以交付和占有作为公示方式的担保物权。在前者,担保物权受主债权诉讼时效的不利影响;在后者则否。

总之,主债权的担保权利是否受到主债权罹于诉讼时效的不利影响,应区分对待:保证人和抵押人、登记质押的出质人可以援引诉讼时效抗辩权;交付或占有的担保物权的质物或留置物所有人则不可以援引。

---

[71] 参见袁世银与上海浦东发展银行股份有限公司成都通锦支行金融借款合同纠纷案,四川省高级人民法院(2019)川民终 1058 号民事判决书。有法院认为,在判决书中援引了《物权法》(已失效)第 202 条,并认为主债权未罹于时效,质权则未消灭,如浙江中国小商品城集团股份有限公司与贾厚文民间借贷纠纷案,浙江省金华市中级人民法院(2019)浙 07 民终 3244 号民事判决书;六安市汇金小额贷款有限公司与王晓飞、姜睿追偿权纠纷案,安徽省六安市裕安区人民法院(2019)皖 1503 民初 215 号民事判决书。

[72] 参见广东南方富达进出口有限公司与湖南畅达农贸有限公司与山东南方恒盛实业集团有限公司合同纠纷案,广东省广州市中级人民法院(2019)粤 01 民初 788 号民事判决书。2019 年 11 月最高人民法院发布的《全国法院民商事审判工作会议纪要》第 59 条第 2 款,亦采此种观点。

四、义务人同意履行(《民法典》第 192 条第 2 款第 1 分句)

(一)同意履行的法律性质

根据本条第 2 款第 1 分句,诉讼时效届满后义务人同意履行的,不得以诉讼时效期间届满为由抗辩。关于同意履行的法律性质,主流观点认为属于抗辩权的抛弃。[73] 时效抗辩权之抛弃,属于有相对人的意思表示,是一种法律行为。学理上认为,放弃抗辩权得以契约为之,亦得以单方行为为之。[74] 须明确的是,时效抗辩权的抛弃虽然可以契约的形式作出,但却不以对方(请求权人)同意为前提,其生效不取决于相对人的同意。

时效抗辩权的抛弃作为一种法律行为,适用意思表示的规则。如果债务人放弃时效抗辩权的表示系因欺诈或胁迫所致,可以撤销。[75] 如果意思表示发生错误,例如甲欲抛弃 A 笔债权的时效抗辩权,但错误地表示为 B 债权,亦可撤销。此外,弃权人应具备相应的行为能力,[76] 弃权不是纯获利的法律行为,故弃权人应具有完全行为能力;限制行为能力人抛

---

[73] 参见朱庆育:《民法总论》(第二版),北京大学出版社 2016 年版,第 543 页;李宇:《民法总则要义:规范释论与判解集注》,法律出版社 2017 年版,第 908 页;黄薇主编:《中华人民共和国民法典总则编释义》,法律出版社 2020 年版,第 517 页;最高人民法院民法典贯彻实施工作领导小组主编:《中华人民共和国民法典总则编理解与适用》(下),人民法院出版社 2020 年版,第 969 页;杨巍:《〈民法典〉第 192 条、193 条(诉讼时效届满效力、职权禁用规则)评注》,《法学家》2020 年第 6 期,第 183 页;朱晓喆:《诉讼时效完成后债权效力的体系重构——以最高人民法院〈诉讼时效若干规定〉第 22 条为切入点》,《中国法学》2010 年第 6 期,第 81 页。

[74] 参见朱庆育:《民法总论》(第二版),北京大学出版社 2016 年版,第 543 页;陈甦主编:《民法总则评注》(下册),法律出版社 2017 年版,第 1385 页(周江洪执笔);杨巍:《〈民法典〉第 192 条、193 条(诉讼时效届满效力、职权禁用规则)评注》,《法学家》2020 年第 6 期,第 183 页;Staudinger Kommentar zum BGB/Peters/Jacoby, 2009, § 214, Rn. 31。

[75] 参见朱庆育:《民法总论》(第二版),北京大学出版社 2016 年版,第 543 页;陈华彬:《民法总则》,中国政法大学出版社 2017 年版,第 692 页。

[76] 参见杨巍:《〈民法典〉第 192 条、193 条(诉讼时效届满效力、职权禁用规则)评注》,《法学家》2020 年第 6 期,第 184 页。

弃时效抗辩权的,须得法定代理人之同意,方为有效。

(二)时效抗辩权抛弃的要件

1. 诉讼时效已经届满

我国学界通说认为,诉讼时效抗辩权的抛弃以诉讼时效期间届满为前提,时效利益不得事先抛弃。[77] 在时效进行之前,对于时效抗辩的抛弃应禁止,抛弃行为无效(《民法典》第 197 条第 2 款),否则权利人容易利用其优势地位,在成立债权债务关系时,逼迫义务人放弃时效抗辩权,诉讼时效制度难免落空。此外,如果在诉讼时效进行中、届满前,抛弃已经经过的时效期间利益,可认为是"承认",发生时效中断之后果。[78] 对此,《民法典》第 195 条第 2 项明确规定"义务人同意履行义务"作为中断事由。

2. 抛弃时效抗辩权的意思表示

(1)是否须义务人明知诉讼时效期间届满

主流观点认为,抛弃时效利益须以义务人明知时效完成为前提,否则便不构成抛弃。[79] 若债务人因不知时效经过而作出愿意履行的表示,属于缺乏抛弃时效利益之效果意思,构成错误,债权人要求履行时,债务人得以此为由行使撤销权,进而主张时效抗辩,但应赔偿对方因此所生的信赖利益损害。[80] 不过也有相反观点认为,如果义务人作出同意履行义务的表示,即使不知时效届满的事实,也不发生以不知诉讼时效期间届满为

---

[77] 参见叶名怡:《论事前弃权的效力》,《中外法学》2018 年第 2 期,第 329 页;杨巍:《〈民法典〉第 192 条、第 193 条(诉讼时效届满效力、职权禁用规则)评注》,《法学家》2020 年第 6 期,第 183 页;秦伟、李功田:《论时效利益之归属与抛弃》,《法学论坛》2000 年第 6 期,第 79 页。

[78] 参见朱晓喆:《诉讼时效完成后债权效力的体系重构——以最高人民法院〈诉讼时效若干规定〉第 22 条为切入点》,《中国法学》2010 年第 6 期,第 81 页。

[79] 参见朱庆育:《民法总论》(第二版),北京大学出版社 2016 年版,第 543 页;杨巍:《〈民法典〉第 192 条、第 193 条(诉讼时效届满效力、职权禁用规则)评注》,《法学家》2020 年第 6 期,第 185 页;秦伟、李功田:《论时效利益之归属与抛弃》,《法学论坛》2000 年第 6 期,第 79 页。

[80] 参见朱庆育:《民法总论》(第二版),北京大学出版社 2016 年版,第 543 页。

由主张诉讼时效的效果。[81]

57　　笔者曾经赞同时效抗辩权之抛弃须以义务人明知或应知为条件,[82]因为从逻辑上说,如果债务人不知道其享有抗辩权,自然无所谓抛弃。但若搁置"抛弃"概念内涵不论,此处的实质问题在于,义务人在不知时效已经过的情况下作出同意履行的表示,究竟应产生怎样的法律效果。笔者认为,此时不应再允许义务人援引时效抗辩权。理由在于:第一,从文义来看,《民法典》第192条第2款并未以义务人知悉其享有时效抗辩权为前提。[83] 第二,设立诉讼时效制度的目的之一在于保护义务人免予长时间之后可能面临的债权人之请求。当义务人同意履行债务的情况下,并无必要再对其保护,即使其不知时效届满。第三,在诉讼时效进行中,义务人同意履行债务,产生时效中断的法律效果,而债务人是否知悉该效果并不重要;时效届满后,若义务人已经自愿履行,不得以时效届满为由请求返还,其是否知悉时效届满也不重要;那么,在时效届满后,义务人实际履行前,作出同意履行的表示为何需要在其知悉自己享有时效抗辩权时才有类似效果?第四,即使认为抛弃时效抗辩权须义务人明知享有时效抗辩权者,也认为如果义务人在不知时效届满的情形下作出同意履行的表示,其言行致使权利人合理地相信时效不再构成行使权利的障碍,义务人其后再援引时效抗辩权的行为有可能违反诚信原则,不应再被支持。[84] 综上所述,义务人作出同意履行义务的意思表示,不以明知时效抗辩权为必要,其后果是不允许再主张该抗辩权。

(2)"同意履行"意思表示的认定

58　　债务人放弃时效抗辩权的意思表示,不必明确以"放弃抗辩权"或"放弃时效利益"之方式表达,只要能解释得出债务人愿意对债务作出给付的结论即可。对于第192条第2款的义务人同意履行义务的形态,学理上可采取比较宽泛的解释,包括对债务作出承认、表示愿意履行、

---

[81] 参见梁慧星:《民法总论》(第五版),法律出版社2017年版,第255页。

[82] 参见朱晓喆:《诉讼时效完成后债权效力的体系重构——以最高人民法院〈诉讼时效若干规定〉第22条为切入点》,《中国法学》2010年第6期,第82页。

[83] 参见陈甦主编:《民法总则评注》(下册),法律出版社2017年版,第1385页(周江洪执笔)。

[84] 参见杨巍:《〈民法典〉第192条、第193条(诉讼时效届满效力、职权禁用规则)评注》,《法学家》2020年第6期,第185页。

义务人提供担保或同意第三人提供担保、请求缓期履行、提出分期履行计划等。[85]

我国司法实务中常见构成"同意履行"的情形如下：(1)出具文书表示同意履行，如出具新欠条[86]、出具欠款证明[87]、出具书面承诺同意还款[88]、出具还款计划书[89]、出具"押品拍卖请求函"[90]。(2)提供担保物[91]。(3)业务跟单员对债务进行对账确认[92]；在对账过程中，仅对履行款项金额存在争议，但不影响同意履行的表示[93]。(4)根据《诉讼时效若干规定(2020)》第19条第3款的规定，贷款人向借款人发出催收到期贷款通知单，借款人签字或者盖章，能够认定其同意履行诉讼时效已经届满的义务的，可认定为放弃诉讼时效抗辩权。但根据该款，债务人在通知单上签章，如有其他意思，不可直接推定有放弃时效抗辩权的意思。此

---

〔85〕 参见梁慧星：《民法总论》(第五版)，法律出版社2017年版，第255页；李宇：《民法总则要义：规范释论与判解集注》，法律出版社2017年版，第908页。

〔86〕 参见松潘县西部王朝大酒店有限责任公司与重庆市潼南第四建筑工程公司、陈德玖、同美建设工程施工合同纠纷案，四川省高级人民法院(2015)川民终字第539号民事判决书；李文东与罗阳与郑健船舶买卖合同纠纷案，广西壮族自治区高级人民法院(2016)桂民终59号民事判决书；

〔87〕 参见北京房建建筑股份有限公司第三分公司承揽合同纠纷案，北京市高级人民法院(2017)京民申3226号民事裁定书。

〔88〕 参见张书美与杨冬明民间借贷纠纷案，湖南省怀化市中级人民法院(2017)湘12民终66号民事判决书。

〔89〕 参见覃静琼与韦显兰、韦显妮、韦显霞、韦显萍船舶抵押合同纠纷案，广西壮族自治区高级人民法院(2011)桂民四终字第27号民事判决书。

〔90〕 上饶市大通贸易有限公司与江西全良液酒业有限公司金融不良债权追偿纠纷案，江西省高级人民法院(2018)赣民终449号民事判决书。

〔91〕 参见刘超群与徐光民间借贷纠纷案，江西省高级人民法院(2018)赣民终644号民事判决书。

〔92〕 参见江苏海贝纺织有限公司与徐建明买卖合同纠纷案，浙江省高级人民法院(2018)浙民申3339号民事裁定书。

〔93〕 参见林修金与大成工程建设有限公司建设工程施工合同纠纷案，福建省高级人民法院(2015)闽民终字第1324号民事判决书；重庆东信诺通实业(集团)有限公司与重庆高科集团有限公司房屋租赁合同纠纷案，重庆市高级人民法院(2018)渝民申1529号民事裁定书；胡德孝与陈洪枢民间借贷纠纷案，四川省高级人民法院(2019)川民申4365号民事裁定书。

外,在债权人出具的对账函、还款协议上签字也构成时效抗辩权的抛弃[94]。(5)债务人向债权人申请要求减免部分债务,并同时确认尚欠债权人若干债务[95]。(6)债务人发出企业询证函要求债权人确认其对债务人享有债权[96]。(7)同意将时效届满的债务与双方的其他债务一并处理[97]。(8)根据《诉讼时效若干规定(2020)》第19条第2款,当事人双方就原债务达成新的协议,可以认定为债务人抛弃时效抗辩权。此外,债务人与债权人达成调解协议,同意履行清偿义务,而后调解书因清偿债务的方式不符合法律规定被撤销,不影响债务人对所欠债务的认可及同意清偿[98]。(9)债务人签字确认价格及工程量[99]。(10)承诺以变卖的资产偿还债务等[100]。(11)其他可被认定为同意履行的表示。例如,债务人向债权人发短信"不好意思,希望早点把债还清"[101],债务人表示"想办法近

---

[94] 参见铜陵东市建设有限责任公司与铜陵华磊商品混凝土有限责任公司买卖合同纠纷案,安徽省高级人民法院(2016)皖民申581号民事裁定书;曾祥文、谭顺芬与广西柳工集团有限公司、重庆乔然建筑设备有限公司买卖合同纠纷案,江苏省高级人民法院(2018)苏民申5604号民事裁定书;曹二明与河间市农村信用合作联社金融借款合同纠纷案,河北省高级人民法院(2019)冀民申4565号民事裁定书。

[95] 参见云浮市益民投资建设有限公司与广东亨达利企业集团有限公司、广东亨达利水泥厂有限公司借款合同纠纷案,广东省高级人民法院(2015)粤高法民二终字第1049号民事判决书。

[96] 参见中国能源建设集团云南火电建设有限公司与中国华电科工集团有限公司建设工程施工合同纠纷案,云南省高级人民法院(2019)云民终1456号民事判决书。

[97] 参见赵添和与赵伟聪民间借贷纠纷案,广东省佛山市中级人民法院(2018)粤06民终5982号民事判决书。

[98] 参见曹德顺与齐齐哈尔市酿酒厂金融不良债权转让合同纠纷案,黑龙江省高级人民法院(2012)黑监民再字第129号民事判决书。

[99] 参见广西裕华建设集团有限公司与贵阳云岩新北新装饰建材经营部装饰装修合同纠纷案,贵州省高级人民法院(2017)黔民申2489号民事裁定书。类似观点,亦见广东金东海集团有限公司与上海自主钢结构服务有限公司船舶修理合同纠纷案,上海市高级人民法院(2012)沪高民四(海)终字第118号民事判决书。

[100] 参见都江堰市英华铝业有限责任公司与成都颖博投资有限公司担保追偿权纠纷案,最高人民法院(2012)民再申字第208号民事裁定书。

[101] 杨钦泉与黄晓波民间借贷纠纷案,广东省揭阳市中级人民法院(2019)粤52民终470号民事判决书。

期解决"[102],债务人表示"10万块钱我也不是不给"[103],法定代表人签署"致歉信"表示"交由公司财务人员处理,于增资后两月可归还"等[104]。

但是,如果债务人的表示只是对事实的陈述,或附有保留条件而非全然同意,法院一般不认为构成本条意义上的"同意履行"。例如:(1)债务人收到债权人发来的催款通知函后,在通知函上签署"派人核实,呈报负责人处理"[105]。(2)在债权人发送的《债权转让及催收通知书》的回执单的单位处注明"接收通知人XXX",表明其仅是接收该通知,并没有同意履行该债务的意思表示[106]。(3)医院同意进行医疗鉴定,并非表示就自身的医疗过错同意进行赔偿[107]。(4)债权人与债务人在法院组织下进行对账,债务人仅认可债务的存在[108]。(5)债务人催款函上签署"函件已收,数据有待核实"的意见并加盖公章[109]。(6)债务人同意给付货款但附条件,即债权人先更换货物,再付货款,而不是无条件

---

[102] 米丰静与绥芬河市农村信用合作联社借款合同纠纷案,黑龙江省高级人民法院(2011)黑监民再字第139号民事判决书。

[103] 冯长金与关海臣建设工程施工合同纠纷案,河南省高级人民法院(2017)豫民申1407号民事裁定书。

[104] 青海威德生物技术有限公司与北京美亚斯磷脂技术有限公司借款合同纠纷案,最高人民法院(2013)民申字第1561号民事裁定书。

[105] 刘正华与四川槽渔滩水电股份有限公司建设工程施工合同纠纷案,最高人民法院(2015)民申字第2450号民事裁定书。

[106] 参见贵港市荷城商务咨询有限公司与岑溪市建筑材料物资公司、岑溪市国土资源局金融行政管理纠纷案,广西壮族自治区高级人民法院(2015)桂民申字第1678号民事裁定书;江西省金融资产管理股份有限公司与江西省进出口公司金融不良债权追偿纠纷案,江西省高级人民法院(2020)赣民终101号民事判决书。

[107] 参见王巧珍与湖北省人民医院医疗损害责任纠纷案,湖北省高级人民法院(2017)鄂民申291号民事裁定书。

[108] 参见张庆国与中国石油大庆石油化工总厂借款合同纠纷案,黑龙江省高级人民法院(2016)黑民申851号民事裁定书。认为仅确认债务存在而没有作出同意履行意思表示非属放弃时效抗辩权的判决,参见赵歆与启东市第一建筑安装工程有限公司、沈志刚等债权转让合同纠纷案,江苏省高级人民法院(2016)苏民终766号民事判决书。

[109] 广西路桥工程集团有限公司与贵港市迅达房地产开发有限公司股权转让纠纷案,广西壮族自治区高级人民法院(2016)桂民申579号民事裁定书。

地同意履行债务[110]。

61 　　实践中,经常发生债务人在债权人发出的催款通知书上仅签名,未作出明确同意的意思表示,对此是否构成"同意履行债务",存在争议。[111]《最高人民法院关于超过诉讼时效期间借款人在催款通知单上签字或者盖章的法律效力问题的批复》(法释〔1999〕7号)中表示,债务人如果在债权人发出的催款通知单上签字或盖章,发生"对原债务的重新确认"的效果,即债务人抛弃时效抗辩权。虽然债务人签章仅是对事实的确认,未必同意履行,但基于诚信原则考虑,诉讼时效届满已经赋予债务人抗辩权,债务人完全可以对催款通知单进行抗辩或不予理睬,若此时对于债务的存在事实作出确认,应采补充解释原理,认定构成具有同意履行义务的意思表示。[112]

　　(3)意思表示的形式与生效时间

62 　　同意履行的意思表示无形式要求,口头表示亦可。[113] 义务人同意履行通常是以明示的方式作出,但不排除通过债务人的行为推定其同意履行的意思表示。[114]

63 　　单纯的沉默不构成放弃时效抗辩权的表示,即诉讼时效届满后,义务

---

〔110〕 参见丹东安泰电气设备有限公司与丹东畅通科技有限公司买卖合同纠纷案,辽宁省高级人民法院(2019)辽民申6524号民事裁定书。实践中还有法院认为,债务人要求债权人将所有系统安装调试正常后,才返还保证金的表示,非属自愿还款的表示,亦未达成还款的合意,参见北京起重运输机械设计研究院与中国人民解放军65112部队承揽合同纠纷案,辽宁省高级人民法院(2014)辽审一民申字第188号民事裁定书。

〔111〕 否定的观点,参见杭州大富房地产开发有限公司与上海宏仑物业管理有限公司借款合同纠纷案,浙江省高级人民法院(2009)浙商终字第291号民事判决书。肯定的观点,参见中国农业银行股份有限公司天津港保税区分行与天津万盛置业发展有限公司借款合同纠纷案,天津市高级人民法院(2014)津高民二终字第0001号民事判决书;乐山海天碱业有限公司因与中国农业银行股份有限公司乐山五通桥支行金融借款合同纠纷案,四川省高级人民法院(2014)川民终字第332号民事判决书。

〔112〕 参见朱晓喆:《诉讼时效完成后债权效力的体系重构——以最高人民法院〈诉讼时效若干规定〉第22条为切入点》,《中国法学》2010年第6期,第84页。

〔113〕 参见李福兰与江西金鼎典当有限公司民间借贷纠纷案,江西省高级人民法院(2020)赣民再26号民事判决书。

〔114〕 参见陈华彬:《民法总则》,中国政法大学出版社2017年版,第693页。

人仅消极地不主张诉讼时效抗辩(沉默),并不会丧失抗辩权。[115] 但也有观点认为,诉讼时效的抛弃可以是默示的,即在诉讼中不主张时效利益。[116] 笔者认为,按照《民法典》第140条第2款规定,单纯的沉默原则上不构成意思表示,因此,权利人不行使权利不构成放弃权利。至于《诉讼时效若干规定(2020)》第3条第1款规定"当事人在一审期间未提出诉讼时效抗辩,在二审期间提出的,人民法院不予支持",乃是司法解释强行限制抗辩权的行使阶段,并非因义务人放弃抗辩权所致。[117]

时效抗辩权的放弃属于须受领的意思表示,根据《民法典》第137条的规定,对话方式的放弃须相对人知道内容时生效;非对话方式的放弃,须到达相对人时生效。如果意思表示未向相对人作出,或未到达对方,则并不发生放弃的效果。例如,债务人在接受公安机关讯问时作出的偿还债务的表示,因为并非向债权人直接作出,因此不能认定为其作出承诺还款的意思表示。[118] 即使有债权人在场,若公安机关没有组织当事人协商,债务人所作出的表示也仅是回答公安机关的询问,而非向债权人作出同意履行的表示。[119] 尽管也有相反的实务观点,[120] 但并不符合有相对人意思表示生效的法律规定。

3. 抛弃权利者享有处分权

因为时效抗辩权的抛弃是一种处分行为,故以弃权人享有处分权为

---

[115] 参见李宇:《民法总则要义:规范释论与判解集注》,法律出版社2017年版,第909页;杨巍:《〈民法典〉第192条、第193条(诉讼时效届满效力、职权禁用规则)评注》,《法学家》2020年第6期,第185页。

[116] 参见陈华彬:《民法总则》,中国政法大学出版社2017年版,第693页。

[117] 参见李宇:《民法总则要义:规范释论与判解集注》,法律出版社2017年版,第909页。

[118] 李维刚与李春红金融借款合同纠纷案,山东省高级人民法院(2020)鲁民再167号民事判决书。

[119] 参见米丰静与绥芬河市农村信用合作联社借款合同纠纷案,黑龙江省高级人民法院(2011)黑监民再字第139号民事判决书。

[120] 有法院认为,公安局对债务人的询问属于履行职务的正当行为,若不存在刑讯逼供或其他非法行为而使债务人违背其真实意愿作出意思表示,即应认可债务人同意履行债务。参见覃静琼、韦显兰、韦显妮、韦显霞、韦显萍船舶抵押合同纠纷案,广西壮族自治区高级人民法院(2011)桂民四终字第27号民事判决书。

前提。[121] 实践中,当事人经常以还款协议的方式实施弃权行为。于此须注意,还款协议可能包含着继续履行原义务的"负担行为"以及抛弃时效抗辩权的"处分行为",具体须通过意思表示解释进行确定。

(三)抛弃时效抗辩权的法律效果

1. 诉讼时效重新起算

诉讼时效抗辩权一经抛弃,即归于消灭,义务人不得再以时效完成为由拒绝给付,即使其此后反悔,亦不得再提出时效届满之抗辩。[122] 但这并不意味着义务人今后再也不能主张时效抗辩权,而只是不得再援引"本次"时效经过所取得之抗辩权。债务人抛弃时效抗辩后,罹于诉讼时效的债权又恢复了请求力,得诉请法院强制履行。但债权人基于该恢复请求力之债权,仍受到诉讼时效期间的限制,即按照原债权的诉讼时效期间重新计算。[123]

有观点认为,诉讼时效届满后,权利人与义务人订立和解协议的,发

---

[121] 参见杨巍:《〈民法典〉第192条、第193条(诉讼时效届满效力、职权禁用规则)评注》,《法学家》2020年第6期,第185页。

[122] 参见李宇:《民法总则要义:规范释论与判解集注》,法律出版社2017年版,第908页;陈甦主编:《民法总则评注》(下册),法律出版社2017年版,第1385页(周江洪执笔);最高人民法院民事审判第二庭编著:《最高人民法院关于民事案件诉讼时效司法解释理解与适用》,人民法院出版社2015年版,第360页。司法实践中,有法院阐明了这一点,参见冯骏骅与贵州联升房地产开发有限公司民间借贷纠纷案,贵州省高级人民法院(2019)黔民终524号民事判决书。

[123] 参见陈甦主编:《民法总则评注》(下册),法律出版社2017年版,第1385页(周江洪执笔);朱晓喆:《诉讼时效完成后债权效力的体系重构——以最高人民法院〈诉讼时效若干规定〉第22条为切入点》,《中国法学》2010年第6期,第82页;杨巍:《〈民法典〉第192条、第193条(诉讼时效届满效力、职权禁用规则)评注》,《法学家》2020年第6期,第187页。司法实践大多持此种观点,参见郑玉林与如皋市金鼎置业有限公司股权转让纠纷案,最高人民法院(2018)最高法民申416号民事裁定书;哈尔滨市阿城区人民政府与被上诉人李锦生、黑龙江阿城东方石化有限责任公司、原审被告哈尔滨市阿城区人力资源和社会劳动保障局买卖合同纠纷案,辽宁省高级人民法院(2016)辽民终643号民事判决书;佛山市投资咨询公司与佛山市亨亚投资咨询有限公司金融不良债权追偿纠纷案,广东省高级人民法院(2017)粤民申5247号民事裁定书。

生新的债权债务关系,诉讼时效自该协议约定的履行期限届满之日起计算。[124] 因为根据《最高人民法院关于超过诉讼时效期间当事人达成的还款协议是否应当受法律保护问题的批复》(法复〔1997〕4号,已失效),超过诉讼时效期间,当事人双方就原债务达成的还款协议,属于新的债权、债务关系。诉讼时效届满后的还款协议,所约定的还款期限必定迟于原债务的履行期,债权人同意履行期延后,是一种让步;债务人同意履行诉讼时效已完成的债务,亦属让步,故还款协议系债权人与债务人互相让步所订立的合同,其性质为和解协议。[125] 另一种观点认为,虽然"法复〔1997〕4号"将时效届满后当事人达成还款协议的后果表述为"新的债权、债务关系",但应将其视为用语上的不严谨,其含义与《最高人民法院关于超过诉讼时效期间借款人在催款通知单上签字或者盖章的法律效力问题的批复》表述的"对原债务的重新确认"应采相同解释。[126] 笔者认为,这其实是个意思表示解释问题,如果当事人之间所达成的合意可以解释为和解协议,或者新债清偿合意,应将之认定为新的债权债务关系,根据该协议的履行期限确定诉讼时效的起算点。但如果仅是放弃原债权的时效抗辩权,则自债务人抛弃抗辩权之日的次日重新起算诉讼时效。

根据《民法典》第188条,有普通时效期间和最长时效期间之分,二者的起算点和期间不同,但法律效果是一样的,都是义务人取得时效抗辩权。司法实践中存在超过20年最长时效期间后,义务人作出同意履行义务的意思表示的情形,是否适用抛弃抗辩权的规则存在疑问。笔者认为,《民法典》第192条第2款第1分句并没有限制适用对象,最长时效期间届满后取得的抗辩权也存在因同意履行而抛弃的情形。

2. 时效抗辩权的部分抛弃

本条第2款第1分句仅言及"义务人同意履行的",并没有表明义务人是否须同意履行全部债务。学理上认为,义务人仅同意部分履行

---

〔124〕 参见李宇:《民法总则要义:规范释论与判解集注》,法律出版社2017年版,第909页。

〔125〕 参见李宇:《民法总则要义:规范释论与判解集注》,法律出版社2017年版,第909页,注释1546。

〔126〕 参见杨巍:《〈民法典〉第192条、第193条(诉讼时效届满效力、职权禁用规则)评注》,《法学家》2020年第6期,第187页。

的,仅就该部分债务不得主张诉讼时效抗辩,对其他部分债务是否同意履行保持沉默,不得认定其沉默构成同意。[127] 实践中法院有两种观点:其一,在诉讼时效期间内,部分履行行为能够产生全部债务诉讼时效中断之效果[《诉讼时效若干规定(2020)》第 14 条],从维护整个法律体系的完整性与统一性角度考虑,可以对诉讼时效届满后的部分履行理解为对全部债务抛弃时效抗辩权。[128] 其二,多数法院(包括最高人民法院)认为,债务人自愿支付部分欠款,并无同意履行剩余债务的意思表示。[129] 有法院在裁判理由中指出:"债务人部分履行罹于时效的债务,偿还拖欠利息,是其自愿偿还自然债务的意思表示,其行为并非当然地理解为是对剩余债务的重新确认……债务人偿还部分自然债务的行为不能认为是对剩余自然债务的重新确认,是否愿意偿还剩余自然债务是债务人的权利而并非义务,债务人对尚欠借款本息的清偿仍然享有诉讼时效利益。"[130]

笔者赞同上述第二种观点。因为诉讼时效经过后,债务人享有抗辩权,其是否愿意履行全部债务,完全系于个人意思;况且,债权债务本身即有争议,债务人履行部分债务,并不代表认可其余部分债务。所以,债务人只愿履行部分,没有理由推定债务人放弃其余部分的时效抗辩权。如若不然,债务人可能连部分债务都不愿意再履行,这样的规则导向后

---

[127] 参见李宇:《民法总则要义:规范释论与判解集注》,法律出版社 2017 年版,第 908—909 页。

[128] 参见南通四建集团有限公司与江西杰浩硬质合金工具有限公司企业借贷纠纷案,江西省宜春市中级人民法院(2016)赣 09 民初 56 号民事判决书。支持部分履行意味着就全部债务放弃时效抗辩权的判决,亦参见九江市青华实业有限公司门窗工程分公司与九江企业托管经营有限公司建设工程施工合同纠纷案,江西省高级人民法院(2019)赣民再 181 号民事判决书。

[129] 参见张帆与金色阳光(福建)投资发展有限公司民间借贷纠纷案,最高人民法院(2019)最高法民申 4337 号民事裁定书;成都熊猫万国商城有限公司与香港 DCA 戚务诚建筑师事务所建设工程设计合同纠纷案,最高人民法院(2017)最高法民再 63 号民事判决书;朱远吉与陈辉买卖合同纠纷案,广东省高级人民法院(2018)粤民申 1958 号民事裁定书;济南市市中九龙水泥厂与刘福春买卖合同纠纷案,山东省高级人民法院(2015)鲁民提字第 349 号民事判决书。

[130] 江西省鹰潭市红砂厂与中国长城资产管理股份有限公司江西省分公司债权转让合同纠纷案,江西省高级人民法院(2018)赣民终 467 号民事判决书。

果,反而会对债权人不利。

3. 时效抗辩权抛弃的效力范围

原则上,享有时效抗辩权者仅是义务人,其放弃时效抗辩权,仅对自己发生效力。但如前述,有些情形下义务人以外的人可以援引抗辩权,义务人放弃时效抗辩权的效力是否及于此类主体,应予澄清。

第一,根据《民法典》第701条第2句,债务人放弃抗辩的,保证人仍有权向债权人主张抗辩。这是因为保证人本可以援引主债权的时效抗辩权而得以解脱债务,如果因为债务人放弃时效抗辩,使其再度陷入保证责任,显然不妥。而且如果债务人的放弃行为对保证人发生效力,可能引发债权人与债务人合谋使保证人承担责任的道德风险。基于相同的利益考量,该规则可类推适用于第三人提供其他担保的情形。

第二,在连带之债情形下,根据《诉讼时效若干规定(2020)》第15条第2款,对于连带债务人中的一人发生诉讼时效中断效力的事由,及于其他连带债务人。最高人民法院在解释这一规则时强调,该规则本意在于解决诉讼时效中断事由的涉他性问题,[131]因此并不当然可适用于诉讼时效抗辩权的抛弃。而且,债权人与债务人的利益状况在时效抗辩权抛弃与时效中断方面也有很大差别。在诉讼时效期间经过的情形下,债务人享有时效抗辩权,系因债权人怠于行使权利所致,此时应更侧重于对债务人的保护,因此不宜认可时效抗辩权抛弃具有涉他效力。对此,最高人民法院有判决明确指出,连带债务人中的一人放弃诉讼时效抗辩权的,不能认定其他连带债务人亦放弃诉讼时效抗辩权。[132]

第三,在债务加入情形下,如果是免责的债务加入,原债务人随新债务人的加入而无须再履行债务,其是否放弃时效抗辩权,已不再重要。如果是并存的债务承担,根据《民法典》第552条,债务人与第三人

---

[131] 参见最高人民法院民事审判第二庭编著:《最高人民法院关于民事案件诉讼时效司法解释理解与适用》,人民法院出版社2015年版,第293页以下。

[132] 参见周卓彬与李志芳、罗忠祥合同纠纷案,最高人民法院(2017)最高法民申2048号民事裁定书。相同观点,参见覃静琼、韦显兰、韦显妮、韦显霞、韦显萍船舶抵押合同纠纷案,广西壮族自治区高级人民法院(2011)桂民四终字第27号民事判决书;阜新市第四粮库与中国信达资产管理公司沈阳办事处、阜新市粮油贸易公司、阜新市粮食局借款合同纠纷案,辽宁省高级人民法院(2009)辽民二终字第63号民事判决书。

承担连带责任,如前所述,连带债务人中一人放弃时效抗辩权不具有涉他效力。

第四,在行使代位权的情形下,次债务人之所以可对债权人提出债务人的时效抗辩权,是为了避免债权人直接对次债务人主张权利时,使债务人所享有的时效抗辩权落空,但如果债务人自己放弃时效抗辩权,则上述考量即不能成立。因此,债务人放弃对债权人的时效抗辩权,次债务人亦不得再主张。

五、义务人自愿履行(《民法典》第192条第2款第2句)

(一)自愿履行的法律性质

诉讼时效届满后,实体债权并未消灭,债务人的自愿履行,就是对债务进行清偿。自愿履行不须以义务人明知诉讼时效届满为前提。尽管有学者认为,义务人明知时效届满而自愿履行,可推定以行为默示放弃时效抗辩权;义务人不知时效届满而自愿履行,虽不构成弃权行为,但仍依据法律规定发生清偿效果。[133] 这种区分解释的意义不大,在债务人自愿履行情况下,债务已经清偿,没有必要再分析放弃时效抗辩权的这层效果。

(二)自愿履行的构成要件

1. 义务人具有行为能力

自愿履行属于债的清偿,关于清偿的法律性质,学理上存在契约说、限制的契约说、最终给付效果理论等各种不同的学说,但无论采取哪种理论,有效的清偿均以债务人具有行为能力为前提。[134] 对于履行期限届满

---

[133] 参见杨巍:《〈民法典〉第192条、第193条(诉讼时效届满效力、职权禁用规则)评注》,《法学家》2020年第6期,第188页。亦有学者仅以"时效利益抛弃"解释本条,参见陈华彬:《民法总则》,中国政法大学出版社2017年版,第692页。

[134] 关于各种学说的介绍,参见[德]迪尔克·罗歇尔德斯:《德国债法总论(第7版)》,沈小军、张金海译,中国人民大学出版社2014年版,第141—142页;Karl Larenz, Lehrbuch des Schuldrecht I, 14. Aufl., C. H. Beck München, 1987, S. 237 ff.。

的债务进行清偿,亦不例外。[135] 债务履行显然非属纯获利行为,清偿人若为限制行为能力人,则清偿行为须经法定代理人允许或追认。

2. 义务人实际履行、债权人受领给付

义务人自愿履行与义务人同意履行的根本差别在于,后者只要求义务人有同意履行的意思表示,而前者则要求义务人必须有实际履行的行为。如果义务人尚未实际履行,但其表示或通过行为可推知其愿意履行,属于"同意履行"的问题,由《民法典》第192条第2款第1分句调整。义务人的履行不必是按照债之关系的要求全部履行,部分履行亦可,义务人就该部分给付不得请求返还。

债务的履行是指向债权人或第三人(《民法典》第522条)提出所负担的给付。债务履行有时须义务人作出履行行为即可(行为给付),例如委托、保管、物业服务等,有时还须发生履行的结果(效果给付),例如买卖、租赁、承揽。《民法典》第192条第2款第2句所称履行,包括上述两种情形。除了按约定履行债务之外,债权人与债务人通过代物清偿或间接给付的方式完成债务的履行,以及抵销、提存等都构成此处的债务人履行。

从受领人的角度来看,债务人须向有受领权限之人履行,才能发生履行的效果。受领权人除了债权人自身,还包括特殊情形下失踪人的财产代管人、继承开始后的遗产管理人、破产企业的破产管理人以及债权人授权的第三人。[136] 此外,如果债务人虽然作出履行行为,但债权人未受领,不产生清偿效果而不能适用自愿履行规则,但有可能构成同意履行。[137]

3. 履行系义务人自愿

义务人的履行必须是自愿的。这意味着债务人所作出的履行行为必

---

[135] 参见杨巍:《〈民法典〉第192条、第193条(诉讼时效届满效力、职权禁用规则)评注》,《法学家》2020年第6期,第188页;最高人民法院民事审判第二庭编著:《最高人民法院关于民事案件诉讼时效若干规定理解与适用》,人民法院出版社2015年版,第357页。

[136] 参见王洪亮:《债法总论》,北京大学出版社2016年版,第159—160页。

[137] 参见杨巍:《〈民法典〉第192条、第193条(诉讼时效届满效力、职权禁用规则)评注》,《法学家》2020年第6期,第188页。

须是出于其自由且真实的意思。如果履行行为是在受欺诈、被胁迫、重大误解等违背真意的情形下作出,则不符合义务人自愿履行的构成要件。[138] 如果履行涉及权利处分,可以撤销该处分行为,返还财产;如果涉及其他具有财产价值的给付,例如劳务给付等,可以要求受领人返还相应的价值。

82　　通说认为,自愿履行不需要债务人知悉诉讼时效已经届满的事实,只要其出于自愿而履行义务,该履行行为即有效。[139] 因为诉讼时效届满后,实体权利本身并未消灭,权利人受领给付是基于该实体权利本身。履行的效力并非基于义务人放弃诉讼时效抗辩权,不以义务人具有放弃的意思为要件。[140]

(三) 自愿履行的法律效果

83　　根据本条第 2 款第 2 分句,义务人自愿履行的效果是"不得请求返还"。因为诉讼时效期间届满后,实体权利本身不消灭,可作为权利人受领给付的法律原因。换言之,权利人受领给付不构成不当得利,义务人不得请求返还。

84　　本条第 2 款第 2 分句并未提及诉讼时效届满后义务人或第三人提供担保的问题。诉讼时效届满后的债权虽然附有抗辩权,但仍不妨作为被担保的主债权。若义务人或第三人自愿提供担保,应发生担保的效力。于此,应类推适用《民法典》第 192 条第 2 款第 2 分句,义务人或第三人不得以诉讼时效期间届满为由请求废除该担保权利。此外,如前文所述,义

---

[138] 参见杨巍:《〈民法典〉第 193 条、第 193 条(诉讼时效届满效力、职权禁用规则)评注》,《法学家》2020 年第 6 期,第 188 页;最高人民法院民事审判第二庭编著:《最高人民法院关于民事案件诉讼时效若干规定理解与适用》,人民法院出版社 2015 年版,第 357 页。

[139] 参见陈甦主编:《民法总则评注》(下册),法律出版社 2017 年版,第 1386 页(周江洪执笔);最高人民法院民事审判第二庭编著:《最高人民法院关于民事案件诉讼时效司法解释理解与适用》,人民法院出版社 2015 年版,第 357 页;杨巍:《〈民法典〉第 192 条、第 193 条(诉讼时效届满效力、职权禁用规则)评注》,《法学家》2020 年第 6 期,第 188 页;朱晓喆:《诉讼时效完成后债权效力的体系重构——以最高人民法院〈诉讼时效若干规定〉第 22 条为切入点》,《中国法学》2010 年第 6 期,第 85 页。

[140] 参见最高人民法院民事审判第二庭编著:《最高人民法院关于民事案件诉讼时效司法解释理解与适用》,人民法院出版社 2015 年版,第 357 页。

务人提供担保或同意第三人提供担保,可以认为义务人抛弃时效抗辩权,因而债权回复请求权的效力,重新起算诉讼时效,此后担保的效力与其同命运。

六、证明责任

关于本条第 1 款,应由义务人举证证明诉讼时效期间已经届满。具体而言,义务人应证明权利人请求权诉讼时效的起算点、已经超过法律规定的诉讼时效期间。在义务人提出时效抗辩后,权利人可以举证证明其请求权未罹于时效,比如存在时效中断、中止或延长等情形。

关于本条第 2 款第 1 分句,权利人应举证证明义务人曾表示同意履行债务。若义务人认为并不存在同意履行的意思表示,应举证反驳。

关于本条第 2 款第 2 分句,权利人对于受领的给付无须证明合法性。如果义务人请求权利人返还其所作出的给付,应举证证明其履行行为并非出于自愿或欠缺其他要件。

参考文献

1. 柴发邦主编:《民事诉讼法学》(修订本),法律出版社 1987 年版。
2. 常怡主编:《新中国民事诉讼法学研究综述:1949—1989》,长春出版社 1991 年版。
3. 常怡主编:《民事诉讼法学》(第六版),中国政法大学出版社 2008 年版。
4. 陈华彬:《民法总则》,中国政法大学出版社 2017 年版。
5. 陈甦主编:《民法总则评注》(下册),法律出版社 2017 年版。
6. 程啸:《论担保物权之存续期限》,《财经法学》2015 年第 1 期。
7. 程啸:《主债权诉讼时效期间届满抵押权是否消灭》,载周江洪、陆青、章程主编:《民法判例百选》,法律出版社 2020 年版。
8. 崔建远等编著:《民法总论》(第三版),清华大学出版社 2019 年版。
9. 崔建远主编:《合同法》(第六版),法律出版社 2016 年版。
10. 崔建远:《论为第三人利益的合同》,《吉林大学社会科学学报》2022 年第 1 期。
11. 戴永盛:《论债权之罹于时效与担保物权之存续》,《法律科学》2014 年第 3 期。

12. 高圣平:《担保物权的行使期间研究——以〈物权法〉第 202 条为分析对象》,《华东政法大学学报》2009 年第 1 期。
13. 韩世远:《合同法总论》(第四版),法律出版社 2018 年版。
14. 黄薇主编:《中华人民共和国民法典总则编释义》,法律出版社 2020 年版。
15. 黄薇主编:《中华人民共和国民法典物权编释义》,法律出版社 2020 年版。
16. 霍海红:《胜诉权消灭说的"名"与"实"》,《中外法学》2012 年第 2 期。
17. 江平、张佩林编著:《民法教程》,中国政法大学出版社 1986 年版。
18. 江平主编:《民法学》,中国政法大学出版社 2000 年版。
19. 江平主编:《民法学》,中国政法大学出版社 2007 年版。
20. 李开国:《民法总则研究》,法律出版社 2003 年版。
21. 李宇:《民法总则要义:规范释论与判解集注》,法律出版社 2017 年版。
22. 梁慧星:《民法》,四川人民出版社 1988 年版。
23. 梁慧星:《民法总论》(第五版),法律出版社 2017 年版。
24. 刘家兴:《民事诉讼教程》,北京大学出版社 1982 年版。
25. 刘岐山主编:《民法通则读本》,中国人民公安大学出版社 1987 年版。
26.《法国民法典》,罗结珍译,北京大学出版社 2023 年版。
27. 秦伟、李功田:《论时效利益之归属与抛弃》,《法学论坛》2000 年第 6 期。
28. 宋晓明、张雪楳:《诉讼时效制度适用中的疑难问题》,载最高人民法院民事审判第二庭编:《民商事审判指导》2007 年第 1 辑(总第 11 辑),人民法院出版社 2007 年版。
29. 孙宪忠、朱广新主编:《民法典评注·物权编》,中国法制出版社 2020 年版。
30. 佟柔主编:《中华人民共和国民法通则简论》,中国政法大学出版社 1987 年版。
31. 佟柔主编:《中国民法学·民法总则》(修订版),人民法院出版社 2008 年版。
32. 王闯:《冲突与创新——以物权法与担保法及其解释的比较为中心而展开》,载梁慧星主编:《民商法论丛》(第 40 卷),法律出版社 2008 年版。
33. 王定、何志:《诉讼时效中的疑难问题研究》,载王利明主编:《判解研究》2007 年第 5 辑(总第 37 辑),人民法院出版社 2008 年版。
34. 王洪亮:《债法总论》,北京大学出版社 2016 年版。
35. 王利明、郭明瑞、方流芳编著:《民法新论》(上),中国政法大学出版社 1988 年版。
36. 王利明:《民法总则研究》,中国人民大学出版社 2003 年版。
37. 王利明等:《民法学》(第三版),法律出版社 2011 年版。

38. 王利明:《民法总论》(第二版),中国人民大学出版社 2015 年版。
39. 王泽鉴:《民法思维》,北京大学出版社 2009 年版。
40. 王泽鉴:《民法总则》,北京大学出版社 2009 年版。
41. 魏振瀛主编:《民法》(第三版),北京大学出版社、高等教育出版社 2007 年版。
42. 解亘:《〈民法总则(草案)〉中时效制度的不足》,《交大法学》2016 年第 4 期。
43. 杨巍:《诉讼时效效力模式之选择及立法完善》,《法学》2016 年第 6 期。
44. 杨巍:《悖信援引时效抗辩权的法律规制》,《北方法学》2020 年第 2 期。
45. 杨巍:《〈民法典〉第 192 条、第 193 条(诉讼时效届满效力、职权禁用规则)评注》,《法学家》2020 年第 6 期。
46. 杨永清:《人民法院能否主动援用诉讼时效进行裁判》,载中华人民共和国最高人民法院民事审判第一庭编:《中国民事审判前沿》(第 1 集),法律出版社 2005 年版。
47. 叶名怡:《论事前弃权的效力》,《中外法学》2018 年第 2 期。
48. 张驰:《论诉讼时效客体》,《法学》2001 年第 3 期。
49. 张卫平:《民事诉讼法》,法律出版社 2005 年版。
50. 张永:《抵押权法定存续期间效力及性质的二重性分析——以〈物权法〉第 202 条为中心》,《政治与法律》2014 年第 2 期。
51. 张媛媛:《诉讼时效期间届满的债权被抗辩时不可用于依法抵销》,《人民司法》2012 年第 22 期。
52. 中央政法干部学校民法教研室编著:《中华人民共和国民法基本问题》,法律出版社 1958 年版。
53. 周道鸾主编:《民事诉讼法教程》,法律出版社 1988 年版。
54. 朱广新:《合同法总则研究》(下册),中国人民大学出版社 2018 年版。
55. 朱广新、谢鸿飞主编:《民法典评注·合同编通则 1》,中国法制出版社 2020 年版。
56. 朱广新、谢鸿飞主编:《民法典评注·合同编通则 2》,中国法制出版社 2020 年版。
57. 朱庆育:《民法总论》(第二版),北京大学出版社 2016 年版。
58. 朱晓喆:《诉讼时效完成后债权效力的体系重构——以最高人民法院〈诉讼时效若干规定〉第 22 条为切入点》,《中国法学》2010 年第 6 期。
59. 朱晓喆:《诉讼时效制度的价值基础与规范表达——〈民法总则〉第九章评释》,《中外法学》2017 年第 3 期。
60. 最高人民法院民事审判第二庭编著:《最高人民法院关于民事案件诉讼时

效司法解释理解与适用》,人民法院出版社 2015 年版。

61. 最高人民法院民法典贯彻实施工作领导小组主编:《中华人民共和国民法典总则编理解与适用》(下),人民法院出版社 2020 年版。

62. [德]迪尔克·罗歇尔德斯:《德国债法总论(第 7 版)》,沈小军、张金海译,中国人民大学出版社 2014 年版。

63. [苏联]M. A. 顾尔维奇:《诉权》,康宝田、沈其昌译,中国人民大学出版社 1958 年版。

64. [苏联]诺维茨基:《法律行为·诉讼时效》,康宝田译,中国人民大学出版社 1956 年版。

65. [日]山本敬三:《民法讲义 I:总则(第 3 版)》,解亘译,北京大学出版社 2012 年版。

66. Karl Larenz, Lehrbuch des SchuldrechtI, 14. Aufl., C. H. Beck München, 1987.

67. Münchener Kommentar zum BGB, 6.Aufl., 2012.

68. Palandt/Ellenberg, 70. Aufl., 2011.

69. Staudinger Kommentar zum BGB, 2009.

案例索引

1. 安徽省高级人民法院(2016)皖民申 581 号民事裁定书,铜陵东市建设有限责任公司与铜陵华磊商品混凝土有限责任公司买卖合同纠纷案。

2. 安徽省六安市裕安区人民法院(2019)皖 1503 民初 215 号民事判决书,六安市汇金小额贷款有限公司与王晓飞、姜睿追偿权纠纷案。

3. 北京市高级人民法院(2017)京民申 2184 号民事裁定书,郭威生命权、健康权、身体权纠纷案。

4. 北京市高级人民法院(2017)京民申 3226 号民事裁定书,北京房建建筑股份有限公司第三分公司承揽合同纠纷案。

5. 北京市第一中级人民法院(2014)一中民终字第 5725 号民事判决书,中国航空港建设总公司辽宁蓝天工程部等与北京世恒信商贸有限责任公司建设工程合同案。

6. 重庆市高级人民法院(2018)渝民申 1529 号民事裁定书,重庆东信诺通实业(集团)有限公司与重庆高科集团有限公司房屋租赁合同纠纷案。

7. 福建省高级人民法院(2015)闽民终字第 1324 号民事判决书,林修金与大成工程建设有限公司建设工程施工合同纠纷案。

8. 广西壮族自治区高级人民法院(2011)桂民四终字第 27 号民事判决书,覃静琼、韦显兰、韦显妮、韦显霞、韦显萍船舶抵押合同纠纷案。

9. 广西壮族自治区高级人民法院(2015)桂民申字第 1678 号民事裁定书,贵港市荷城商务咨询有限公司与岑溪市建筑材料物资公司、岑溪市国土资源局金融行政管理纠纷案。

10. 广东省高级人民法院(2015)粤高法民二终字第 1049 号民事判决书,云浮市益民投资建设有限公司与广东亨达利企业集团有限公司、广东亨达利水泥厂有限公司借款合同纠纷案。

11. 广西壮族自治区高级人民法院(2016)桂民终 59 号民事判决书,李文东与罗阳、郑健船舶买卖合同纠纷案。

12. 广西壮族自治区高级人民法院(2016)桂民申 579 号民事裁定书,广西路桥工程集团有限公司与贵港市迅达房地产开发有限公司股权转让纠纷案。

13. 广东省高级人民法院(2017)粤民申 5247 号民事裁定书,佛山市投资咨询公司与佛山市亨亚投资咨询有限公司金融不良债权追偿纠纷案。

14. 贵州省高级人民法院(2017)黔民申 2489 号民事裁定书,广西裕华建设集团有限公司与贵阳云岩新北新装饰建材经营部装饰装修合同纠纷案。

15. 广东省高级人民法院(2018)粤民申 1958 号民事裁定书,朱远吉与陈辉买卖合同纠纷案。

16. 贵州省高级人民法院(2019)黔民终 524 号民事判决书,冯骏骅与贵州联升房地产开发有限公司民间借贷纠纷案。

17. 广东省高级人民法院(2019)粤民再 32 号民事判决书,夏文成与梁德财动产质权纠纷案。

18. 广东省深圳市中级人民法院(2015)深中法商终字第 2778 号民事判决书与深圳万骏房地产开发有限公司与骏业塑胶(深圳)有限公司借款合同纠纷案。

19. 广东省佛山市中级人民法院(2018)粤 06 民终 5982 号民事判决书,赵添和与赵伟聪民间借贷纠纷案。

20. 广东省广州市中级人民法院(2019)粤 01 民初 788 号民事判决书,广东南方富达进出口有限公司与湖南畅达农贸有限公司、山东南方恒盛实业集团有限公司合同纠纷案。

21. 广东省揭阳市中级人民法院(2019)粤 52 民终 470 号民事判决书,杨钦泉与黄晓波民间借贷纠纷案。

22. 黑龙江省高级人民法院(2011)黑监民再字第 139 号民事判决书,米丰静与绥芬河市农村信用合作联社借款合同纠纷案。

23. 黑龙江省高级人民法院(2012)黑监民再字第 129 号民事判决书,曹德顺与齐齐哈尔市酿酒厂金融不良债权转让合同纠纷案。

24. 黑龙江省高级人民法院(2016)黑民申 851 号民事裁定书,张庆国与中国石油大庆石油化工总厂借款合同纠纷案。

25. 河南省高级人民法院(2017)豫民申 1407 号民事裁定书,冯长金与关海臣建设工程施工合同纠纷案。

26. 湖北省高级人民法院(2017)鄂民申 291 号民事裁定书,王巧珍与湖北省人民医院医疗损害责任纠纷案。

27. 河北省高级人民法院(2019)冀民申 4565 号民事裁定书,曹二明与河间市农村信用合作联社金融借款合同纠纷案。

28. 湖南省常德市中级人民法院(2017)湘 07 民终 1916 号民事判决书,毛辉与曾淑桂民间借贷纠纷案。

29. 湖南省怀化市中级人民法院(2017)湘 12 民终 66 号民事判决书,张书美与杨冬明民间借贷纠纷案。

30. 黑龙江省大兴安岭地区中级人民法院(2019)黑 27 民终 313 号民事判决书,袁春奎与孙永艳民间借贷纠纷案。

31. 黑龙江省哈尔滨市中级人民法院(2019)黑 01 民终 7741 号民事判决书,褚维权与哈尔滨盛世特种飞行器有限公司民间借贷纠纷案。

32. 江苏省高级人民法院(2016)苏民终 766 号民事判决书,赵歆与启东市第一建筑安装工程有限公司、沈志刚等债权转让合同纠纷案。

33. 江苏省高级人民法院(2017)苏民申 1133 号民事裁定书,谢玉华与徐州市中国矿业大学华洋公司企业借贷纠纷案。

34. 江苏省高级人民法院(2018)苏民申 5604 号民事裁定书,曾祥文、谭顺芬与广西柳工集团有限公司、重庆乔然建筑设备有限公司买卖合同纠纷案。

35. 江西省高级人民法院(2018)赣民终 467 号民事判决书,江西省鹰潭市红砂厂与中国长城资产管理股份有限公司江西省分公司债权转让合同纠纷案。

36. 江西省高级人民法院(2018)赣民终 449 号民事判决书,上饶市大通贸易有限公司与江西全良液酒业有限公司金融不良债权追偿纠纷案。

37. 江西省高级人民法院(2018)赣民终 644 号民事判决书,刘超群与徐光民间借贷纠纷案。

38. 江西省高级人民法院(2019)赣民再 181 号民事判决书,九江市青华实业有限公司门窗工程分公司与九江企业托管经营有限公司建设工程施工合同纠纷案。

39. 江西省高级人民法院(2020)赣民终 101 号民事判决书,江西省金融资产管理股份有限公司与江西省进出口公司金融不良债权追偿纠纷案。

40. 江西省高级人民法院(2020)赣民再 26 号民事判决书,李福兰与江西金鼎典当有限公司民间借贷纠纷案。

41. 江西省宜春市中级人民法院(2016)赣 09 民初 56 号民事判决书,南通四建集团有限公司与江西杰浩硬质合金工具有限公司企业借贷纠纷案。

42. 江苏省无锡市中级人民法院(2017)苏02民终584号民事判决书,无锡市通用机械厂有限公司与东莞市红树林环保科技有限公司加工合同纠纷案。

43. 辽宁省高级人民法院(2009)辽民二终字第63号民事判决书,阜新市第四粮库与中国信达资产管理公司沈阳办事处、阜新市粮油贸易公司、阜新市粮食局借款合同纠纷案。

44. 辽宁省高级人民法院(2014)辽审一民申字第188号民事裁定书,北京起重运输机械设计研究院与中国人民解放军65112部队承揽合同纠纷案。

45. 辽宁省高级人民法院(2016)辽终643号民事判决书,哈尔滨市阿城区人民政府与被上诉人李锦生、黑龙江阿城东方石化有限责任公司、原审被告哈尔滨市阿城区人力资源和社会劳动保障局买卖合同纠纷案。

46. 辽宁省高级人民法院(2019)辽民申6524号民事裁定书,丹东安泰电气设备有限公司与丹东畅通科技有限公司买卖合同纠纷案。

47. 上海市高级人民法院(2012)沪高民四(海)终字第118号民事判决书,广东金东海集团有限公司与上海自主钢结构服务有限公司船舶修理合同纠纷案。

48. 四川省高级人民法院(2014)川民终字第332号民事判决书,乐山海天碱业有限公司因与中国农业银行股份有限公司乐山五通桥支行金融借款合同纠纷案。

49. 四川省高级人民法院(2015)川民终字第539号民事判决书,松潘县西部王朝大酒店有限责任公司与重庆市潼南第四建筑工程公司、陈德玖,同美建设工程施工合同纠纷案。

50. 山东省高级人民法院(2015)鲁民提字第349号民事判决书,济南市市中九龙水泥厂与刘福春买卖合同纠纷案。

51. 四川省高级人民法院(2016)川民终957号民事判决书;最高人民法院(2017)最高法民申854号民事裁定书,成都制药一厂与四川鼎鑫置业有限责任公司合资、合作开发房地产合同纠纷案。

52. 四川省高级人民法院(2019)川民终1058号民事判决书,袁世银与上海浦东发展银行股份有限公司成都通锦支行金融借款合同纠纷案。

53. 四川省高级人民法院(2019)川民申4365号民事裁定书,胡德孝与陈洪枢民间借贷纠纷案。

54. 山东省高级人民法院(2020)鲁民再167号民事判决书,李维刚与李春红金融借款合同纠纷案。

55. 四川省成都市高新技术产业开发区人民法院(2011)高新民初字第128号民事判决书,钟家元与成都农村商业银行股份有限公司合作支行储蓄存款合同纠纷案。

56. 陕西省西安市雁塔区人民法院(2016)陕0113民初2823号民事判决书,西安投资控股有限公司与西安炎兴科技软件有限公司、谭晓俊等与公司有关的纠纷案。

57. 天津市高级人民法院(2014)津高民二终字第0001号民事判决书,中国农业银行股份有限公司天津港保税区分行与天津万盛置业发展有限公司借款合同纠纷案。

58. 云南省高级人民法院(2019)云民终1456号民事判决书,中国能源建设集团云南火电建设有限公司与中国华电科工集团有限公司建设工程施工合同纠纷案。

59. 最高人民法院(1999)经终字第218号民事判决书,中国农业银行哈尔滨市南岗支行与黑龙江省乡镇企业供销公司借款合同纠纷上诉案。

60. 最高人民法院(2000)经终字第36号民事判决书,广东省阳江市人民政府与新疆金新信托投资股份有限公司等借款合同纠纷案。

61. 最高人民法院(2012)民再申字第208号民事裁定书,都江堰市英华铝业有限责任公司与成都颖博投资有限公司担保追偿权纠纷案。

62. 最高人民法院(2013)民申字第1561号民事裁定书,青海威德生物技术有限公司与北京美亚斯磷脂技术有限公司借款合同纠纷案。

63. 最高人民法院(2015)民申字第2450号民事裁定书,刘正华与四川槽渔滩水电股份有限公司建设工程施工合同纠纷案。

64. 最高人民法院(2017)最高法民申2048号民事裁定书,周卓彬与李志芳、罗忠祥合同纠纷案。

65. 最高人民法院(2017)最高法民再63号民事判决书,成都熊猫万国商城有限公司与香港DCA戚务诚建筑师事务所建设工程设计合同纠纷案。

66. 最高人民法院(2018)最高法民再51号民事判决书,厦门源昌房地产开发有限公司与海南悦信集团有限公司委托合同纠纷案,载《最高人民法院公报》2019年第4期(总第270期)。

67. 最高人民法院(2018)最高法民申416号民事裁定书,郑玉林与如皋市金鼎置业有限公司股权转让纠纷案。

68. 最高人民法院(2019)最高法民申4337号民事裁定书,张帆与金色阳光(福建)投资发展有限公司民间借贷纠纷案。

69. 浙江省高级人民法院(2009)浙商终字第291号民事判决书,杭州大富房地产开发有限公司与上海宏仑物业管理有限公司借贷纠纷案。

70. 浙江省高级人民法院(2018)浙民申3339号民事裁定书,江苏海贝纺织有限公司与徐建明买卖合同纠纷案。

71. 浙江省金华市中级人民法院(2019)浙07民终3244号民事判决书,浙江中国小商品城集团股份有限公司与贾厚文民间借贷纠纷案。

72. 浙江省宁波市海曙区人民法院(2013)甬海商初字第 231 号民事判决书,袁军全与沈业玲债权转让合同纠纷案。

73. 王军与李睿抵押合同纠纷案,载《最高人民法院公报》2017 年第 7 期。

第一百九十三条 【禁止主动援引诉讼时效裁判】

人民法院不得主动适用诉讼时效的规定。

目 录

一、规范目的 …………………………………………………… 166
二、立法沿革与比较法例 ……………………………………… 167
　（一）立法沿革 ……………………………………………… 167
　（二）比较法例 ……………………………………………… 167
三、"人民法院不得主动适用诉讼时效的规定"的含义 ……… 167
四、法院应否对诉讼时效主动释明 …………………………… 169
参考文献 ………………………………………………………… 170

一、规范目的

本条是关于诉讼时效援用的规定。[1] 根据本法第192条，诉讼时效期间届满的效果是义务人取得抗辩权。既然抗辩权是当事人的民事权利，法院不可主动援用。最高人民法院早在2008年的《诉讼时效若干规定》第3条即已对此规则明确，其理由主要是：(1)诉讼时效制度要对权利人与义务人的利益进行平衡，在义务人不提出诉讼时效抗辩权的情形下，法院不应主动援引，以保护权利人的合法权利；(2)根据诉讼时效制度的私法属性，在诉讼时效抗辩权的行使上应遵循意思自治原则，法院不应主动干预；(3)从民事诉讼的处分原则与当事人主义诉讼模式角度进行分析，法院不应主动援引诉讼时效的规定进行裁判。[2] 上述理由值得赞同。

---

〔1〕 参见黄薇主编：《中华人民共和国民法典总则编释义》，法律出版社2020年版，第517页。

〔2〕 参见最高人民法院民事审判第二庭编著：《最高人民法院关于民事案件诉讼时效司法解释理解与适用》，人民法院出版社2015年版，第68—72页。

二、立法沿革与比较法例

(一)立法沿革

受苏联民法学说的影响,我国早期民法理论对于诉讼时效采胜诉权消灭说,并认为法院可以主动适用诉讼时效。最高人民法院于1992年颁布的《关于适用〈中华人民共和国民事诉讼法〉若干问题的意见》(以下简称《意见》)第153条规定:"当事人超过诉讼时效期间起诉的,人民法院应予受理。受理后查明无中止、中断、延长事由的,判决驳回其诉讼请求。"这里的"受理后查明"被认为是法院主动查明。2008年最高人民法院颁布的《诉讼时效若干规定》第3条规定:"当事人未提出诉讼时效抗辩,人民法院不应对诉讼时效问题进行释明及主动适用诉讼时效的规定进行裁判。"由此明确确立了法院不得主动适用诉讼时效规则。2015年《民事诉讼法解释》第219条对《意见》第153条作出修改,规定"当事人超过诉讼时效期间起诉的,人民法院应予受理。受理后对方当事人提出诉讼时效抗辩,人民法院经审理认为抗辩事由成立的,判决驳回原告的诉讼请求。"据此,人民法院对诉讼时效抗辩事由进行审查的前提是当事人提出诉讼时效抗辩权。《民法总则》历次草案均吸纳了这一规定,最终将其纳入《民法典》。但相比于《诉讼时效若干规定(2008)》第3条,《民法典》第193条没有规定法院不应对诉讼时效问题进行释明,但《诉讼时效若干规定(2020)》第2条保留了这一规则。

(二)比较法例

比较法上,很多国家和地区的民法典均设有类似规则,规定法院(法官)不得依职权适用诉讼时效,如《法国民法典》第2247条(原第2223条)、《奥地利民法典》第1501条、《瑞士债务法》第142条、《荷兰民法典》第322条第1款、《魁北克民法典》第2878条第1款等。即使未设此等规定的,也大多承认诉讼时效仅在当事人提出抗辩时才发生效力。

三、"人民法院不得主动适用诉讼时效的规定"的含义

首先,法院不得主动适用诉讼时效的规定,意味着在民事诉讼的任何

阶段均不应当主动援引诉讼时效的规定进行裁判,无论是在一审、二审还是发回重审以及再审阶段均是如此。[3] 在案件受理阶段,法院亦不得主动适用诉讼时效,不管诉讼时效是否经过,均不影响法院受理案件。[4] 在缺席判决、审理公告通知开庭的案件中,法院也不得主动适用诉讼时效的规定。[5]

5　　其次,法院不得主动适用诉讼时效的规定,还意味着法院不应主动查明诉讼时效事实。[6] 在司法实践中,一审法院可能担心未查明诉讼时效期间是否已届满的事实,在二审审理过程中,当事人提出诉讼时效抗辩的,二审法院以诉讼时效事实不清而发回重审。因此,有的一审法院虽不主动适用诉讼时效的规定进行裁判,但对诉讼时效事实主动进行查明并在裁判文书中进行认定。这种做法与法院不应主动援用诉讼时效的规定相悖。[7]

6　　再次,法院不仅不得主动适用诉讼时效届满的规定,也包括时效中断、中止等相关规定。[8] 因为这些规定涉及当事人的时效期限利益,应与时效届满后的抗辩权同等对待。

7　　最后,按本条文义,虽仅为法院不得主动适用诉讼时效,但根据《民法典》第 198 条,法律对于仲裁时效没有特殊规定的,适用诉讼时效的规定。据此,仲裁机构亦不得主动适用诉讼时效的规定。[9] 此外,仲裁时效和劳动仲裁时效并非只用于仲裁和劳动仲裁程序之中,可能通过撤销

---

〔3〕 参见最高人民法院民事审判第二庭编著:《最高人民法院关于民事案件诉讼时效司法解释理解与适用》,人民法院出版社 2015 年版,第 78 页。

〔4〕 参见最高人民法院民事审判第二庭编著:《最高人民法院关于民事案件诉讼时效司法解释理解与适用》,人民法院出版社 2015 年版,第 77—78 页。

〔5〕 参见最高人民法院民事审判第二庭编著:《最高人民法院关于民事案件诉讼时效司法解释理解与适用》,人民法院出版社 2015 年版,第 78 页。

〔6〕 参见陈甦主编:《民法总则评注》(下册),法律出版社 2017 年版,第 1390 页(周江洪执笔)。

〔7〕 参见最高人民法院民事审判第二庭编著:《最高人民法院关于民事案件诉讼时效司法解释理解与适用》,人民法院出版社 2015 年版,第 74 页。

〔8〕 参见陈甦主编:《民法总则评注》(下册),法律出版社 2017 年版,第 1390 页(周江洪执笔)。

〔9〕 参见陈甦主编:《民法总则评注》(下册),法律出版社 2017 年版,第 1390 页(周江洪执笔)。

仲裁、提起诉讼等方式进入诉讼程序,在诉讼中,人民法院也不得主动适用仲裁和劳动仲裁时效。[10]

四、法院应否对诉讼时效主动释明

《诉讼时效若干规定(2008)》第3条还明确了法院不得主动释明诉讼时效。最高人民法院认为,释明权行使的前提条件有二:(1)双方当事人之间的诉讼结构可能失衡或双方当事人的诉讼能力均较弱;(2)法官如不行使释明权,当事人将遭受不应有的损害。在我国诉讼时效期间较短、民众诚实信用意识相对薄弱的背景下,司法更倾向于保护权利人的利益。义务人不行使诉讼时效抗辩权,并不会使当事人之间的诉讼结构失衡、义务人的诉讼能力也未因此而减弱,法官不行使释明权,义务人的利益也未受到实质损害,符合诚实信用的债务履行原则以及法院裁判中立的原则。[11] 但最高人民法院同时也认为,法官可以进行消极的释明,即对当事人已提出、但不够充分明了的问题进行释明。当事人已有提出诉讼时效抗辩权的意思,只是不够充分明确,因此,法官进行消极释明并不违反当事人意思自治原则和处分原则。[12] 这一观点也得到学界的支持。[13]

《民法典》对于法院应否释明诉讼时效没有规定。按照立法机关的解释:"鉴于该问题在实践中仍有较大争议,经过反复研究,《民法典》没有规定人民法院可否行使释明权,宜待理论界再作深入探讨、实践,进一步摸索成熟后进行规定。"[14]可见,《民法典》对此未明确表态。在《民法总则》生效以后,学理上还是赞同法院可以进行消极释明,而不能进行

---

〔10〕 参见最高人民法院民法典贯彻实施工作领导小组主编:《中华人民共和国民法典总则编理解与适用》(下),人民法院出版社2020年版,第975页。

〔11〕 参见最高人民法院民事审判第二庭编著:《最高人民法院关于民事案件诉讼时效司法解释理解与适用》,人民法院出版社2015年版,第76页。

〔12〕 参见最高人民法院民事审判第二庭编著:《最高人民法院关于民事案件诉讼时效司法解释理解与适用》,人民法院出版社2015年版,第75—76页。

〔13〕 参见熊跃敏:《民事诉讼中法院释明的实证分析——以释明范围为中心的考察》,《中国法学》2010年第5期;张海燕:《论法官对民事实体抗辩的释明》,《法律科学》2017年第3期,第186页。

〔14〕 黄薇主编:《中华人民共和国民法典总则编释义》,法律出版社2020年版,第519页。

积极释明。[15] 对此,有学者总结了以下四点理由:第一,法院对诉讼时效进行积极释明会有违民事诉讼的处分原则和法院的中立地位;第二,在当事人未援引时效抗辩权的场合下,如果允许法院对诉讼时效进行积极释明,依常理,义务人均会因此主张时效抗辩,这实际上变相地否定了职权禁用规则;第三,在现行3年诉讼时效期间本已偏短且市场信用状况不佳的现实背景下,时效规则的适用应侧重保护权利人已成为司法实践的共识,该解释符合共识;第四,如果当事人已经援引时效抗辩权,只是表述不够清晰准确或者所提供证据与诉讼请求不一致,法院提示当事人明确或变更诉讼请求(即消极释明),并不违反职权禁用规则和现行证据规则。[16] 以上理由,可资赞同。

2020年12月修订颁布的《诉讼时效若干规定》第2条再次明确,当事人未提出诉讼时效抗辩,人民法院不应对诉讼时效问题进行释明。其应与《诉讼时效若干规定(2008)》第3条做相同解释,即法院只能进行消极释明。

参考文献

1. 陈甦主编:《民法总则评注》(下册),法律出版社2017年版。
2. 黄薇主编:《中华人民共和国民法典总则编释义》,法律出版社2020年版。
3. 熊跃敏:《民事诉讼中法院释明的实证分析——以释明范围为中心的考察》,《中国法学》2010年第5期。
4. 杨巍:《论援引诉讼时效抗辩权的主体》,《法学》2018年第10期。
5. 余延满:《论时效抗辩权的行使》,《山东法官培训学院学报》2018年第2期。
6. 张海燕:《论法官对民事实体抗辩的释明》,《法律科学》2017年第3期。
7. 最高人民法院民事审判第二庭编著:《最高人民法院关于民事案件诉讼时效司法解释理解与适用》,人民法院出版社2015年版。
8. 最高人民法院民法典贯彻实施工作领导小组主编:《中华人民共和国民法典总则编理解与适用》(下),人民法院出版社2020年版。

---

[15] 参见余延满:《论时效抗辩权的行使》,《山东法官培训学院学报》2018年第2期,第10页。

[16] 参见杨巍:《论援引诉讼时效抗辩权的主体》,《法学》2018年第10期,第142页。

第一百九十四条 【诉讼时效期间的中止】

在诉讼时效期间的最后六个月内,因下列障碍,不能行使请求权的,诉讼时效中止:
(一)不可抗力;
(二)无民事行为能力人或者限制民事行为能力人没有法定代理人,或者法定代理人死亡、丧失民事行为能力、丧失代理权;
(三)继承开始后未确定继承人或者遗产管理人;
(四)权利人被义务人或者其他人控制;
(五)其他导致权利人不能行使请求权的障碍。
自中止时效的原因消除之日起满六个月,诉讼时效期间届满。

目 录

一、规范目的 …………………………………………………… 172
二、立法沿革与比较法例 …………………………………………… 172
　(一)立法沿革 ………………………………………………… 172
　(二)比较法例 ………………………………………………… 174
三、诉讼时效中止的前提条件(《民法典》第 194 条第 1 款) ……… 175
　(一)不能行使请求权的障碍事由 …………………………… 175
　　1. 不可抗力 ………………………………………………… 176
　　　(1)一般界定 …………………………………………… 176
　　　(2)具体情形 …………………………………………… 177
　　2. 欠缺法定代理人 ………………………………………… 179
　　　(1)调整范围 …………………………………………… 179
　　　(2)限制行为能力人可有效实施的法律行为 ………… 180
　　3. 继承人或遗产管理人未定 ……………………………… 182
　　4. 权利人被控制 …………………………………………… 183
　　　(1)一般界定 …………………………………………… 183
　　　(2)具体情形 …………………………………………… 183
　　5. 其他导致权利人不能行使请求权的障碍 ……………… 187
　　　(1)一般界定 …………………………………………… 187

　　　　（2）具体案型 …………………………………………………… 188
　　（二）障碍发生或存在于诉讼时效期间最后6个月内 ……………… 192
四、诉讼时效中止的法律效果 ……………………………………………… 193
　　（一）中止的适用对象：普通诉讼时效 ………………………………… 193
　　（二）诉讼时效中止的效力 ……………………………………………… 193
　　　1. 中止事由消除后补足6个月时效期间 …………………………… 193
　　　2. 中止事由消除的判断 ……………………………………………… 195
　　　3. 诉讼时效中止的效力范围 ………………………………………… 195
　　　　（1）时效中止的绝对性？ ………………………………………… 195
　　　　（2）按份之债 …………………………………………………… 196
　　　　（3）连带之债 …………………………………………………… 196
　　　　（4）保证债务 …………………………………………………… 197
五、本条与特别法上时效中止规则的衔接 ………………………………… 199
六、证明责任 ………………………………………………………………… 200
参考文献 …………………………………………………………………… 200
案例索引 …………………………………………………………………… 202

一、规范目的

1　　　诉讼时效期间中止制度与诉讼时效督促权利人及时行使权利的规范目的密切相关。在当事人主观上没有行使权利的怠慢，却受制于客观因素无法行使权利时，如果法律规定诉讼时效期间继续进行，会导致权利人因时效经过而受损，产生不公平的结果，也与诉讼时效制度目的相悖。[1]因此，诉讼时效进行过程中发生阻碍权利人行使请求权的障碍事由，应暂停时效的计算，待障碍的原因消除后，再计算时效期间。

二、立法沿革与比较法例

（一）立法沿革

2　　　本条源自《民法通则》（已失效）第139条的规定："在诉讼时效期间的

---

　〔1〕　参见黄薇主编：《中华人民共和国民法典总则编释义》，法律出版社2020年版，第520页。周江洪教授指出，因特定事由导致权利人不能行使请求权，如果继续计算诉讼时效，将无助于实现督促权利人及时行使权利的立法目的。参见陈甦主编：《民法总则评注》（下册），法律出版社2017年版，第1394页（周江洪执笔）。

【诉讼时效期间的中止】　　　　　　　　　　　3-4　　　第 194 条

最后六个月内,因不可抗力或者其他障碍不能行使请求权的,诉讼时效中止。从中止时效的原因消除之日起,诉讼时效期间继续计算。"《民法通则若干意见》(已失效)第 172 条进一步将权利被侵害的无民事行为能力人或者限制民事行为能力人没有法定代理人,或者法定代理人死亡、丧失代理权,或者法定代理人本人丧失行为能力规定为"其他障碍"不能行使请求权的情形,适用诉讼时效中止。《诉讼时效若干规定(2008)》第 20 条又进一步明确下列情形为"其他障碍":1.权利被侵害的无民事行为能力人、限制民事行为能力人没有法定代理人,或者法定代理人死亡、丧失代理权、丧失行为能力;2.继承开始后未确定继承人或者遗产管理人;3.权利人被义务人或者其他人控制无法主张权利;4.其他导致权利人不能主张权利的客观情形。上述司法解释成为本条的直接渊源。在导致诉讼时效中止的事由上,《民法总则》(已失效)各次审议稿吸收了《民法通则》(已失效)与《诉讼时效若干规定(2008)》的规则,仅在文字上有些许调整,最终形成本条的时效中止事由。

按照之前的规定,诉讼时效从中止时效的原因消灭之日起,继续计算余下的时效期间。而《民法总则》(已失效)以及《民法典》的最大变化是第 194 条第 2 款将诉讼时效中止的效果规定为:"自中止时效的原因消除之日起满六个月,诉讼时效期间届满。"这也被称为"延期届满"。经此改进后,凡是诉讼时效最后 6 个月内发生中止事由而剩余期间不足 6 个月的,一律补足为 6 个月的权利行使期间,这一规则显然更有利于权利人。

3

在《民法总则》颁布之前,学界主张应当延长时效中止后的期间。例如,佟柔教授认为,我国普通诉讼时效期间较短,从保护权利人、充分给予其机会行使权利的立场出发,应采用中止后延长 6 个月的立法模式。[2] 梁慧星教授也认为,应直接将《民法通则》(已失效)的时效中止规定解释为中止事由消除后延长 6 个月。[3] 在《民法总则》(已失效)制定过程中,学者建议草案大多支持采用延期届满的立法技术。例如,梁慧星教授组织起草的《中国民法典草案建议稿·总则编》第 211 条以下关于诉讼时效中止事项,大多采用延期 6 个月届满的模式。中国法学会和中国民法学研究会组织撰写的《中华人民共和国民法典·民法总则专家建议

4

---

〔2〕 参见佟柔主编:《中国民法学·民法总则》,中国人民公安大学出版社 1990 年版,第 324 页。

〔3〕 参见梁慧星:《民法总论》(第四版),法律出版社 2011 年版,第 258 页。

稿》第 187 条和第 188 条也采用延期 6 个月届满的模式。与此同时,学界也有支持的观点。[4] 2015 年 8 月《民法总则室内稿》第 148 条关于时效中止的一般规定仍沿用《民法通则》(已失效)第 139 条,但第 149 条规定欠缺法定代理人的,诉讼时效中止后延期 6 个月届满。自《民法总则草案一审稿》第 171 条开始,后续草案均延续采用延期 6 个月届满的模式。

(二)比较法例

5　　比较法上,关于发生权利人无法行使权利的障碍事由,应给予权利人时效上优待的立法模式主要有两种:第一,诉讼时效的中止或停止(Hemmung, suspension),即时效进行中,发生法定障碍事由,停止计算时效,待时效障碍事由消除后,继续计算余下的时效期间;[5]第二,诉讼时效的延期届满(Ablaufhemmung, delay of completion of prescription),即发生法定障碍事由时,时效期间继续计算,但是在特定额外的期间届满后,时效期间才完成。[6] 各个国家或地区有的采用一种规范模式,也有的兼采二者。

6　　采单轨制模式的法例,如《瑞士债务法》仅在第 134 条设有诉讼时效中止的规定,包括特殊亲密关系主体之间请求权在相应关系存续期间、债务人对债权人享有用益权期间,以及债权人不能向法院提起诉讼等事由。《俄罗斯联邦民法典》第 202 条、《荷兰民法典》第 3.320 条、《日本民法典》第 158—161 条、我国澳门特区《澳门民法典》第 311—314 条以及我国台湾

---

〔4〕 参见房绍坤:《诉讼时效停止制度的立法选择》,《广东社会科学》2016 年第 1 期,第 225 页。

〔5〕 See Zimmermann, Comparative Foundations of a European Law of Set-Off and Prescription, Cambridge University Press, 2003, p. 124.

〔6〕 参见[德]莱因哈德·齐默曼:《德国新债法:历史与比较的视角》,韩光明译,法律出版社 2012 年版,第 215 页。有的国家或地区的民法典中又称为"时效不完成"。例如,史尚宽指出:"时效不完成,则系于时效将完成之际,因有一定事由之发生,于其事由存在之期间及其事由消灭后一定之期间,阻止其完成。从而时效不完成事由并不停止时效之进行,然其期间虽满,非于其事由消灭后经过一定之期间,时效仍不完成。"参见史尚宽:《民法总论》,中国政法大学出版社 2000 年版,第 688 页。但"时效不完成"不能直观表达障碍事由消除后权利人仍得在一定期间内行使权利的含义,不如"延期届满"更为准确、直观。参见朱晓喆:《诉讼时效制度的价值基础与规范表达——〈民法总则〉第九章评释》,《中外法学》2017 年第 3 期,第 721 页。

地区"民法"第 139—143 条都采取延期届满模式。时效延期届满的事由主要包括不可抗力、行为能力欠缺、相关主体之间存在特殊亲密关系等。

德国兼采时效中止和延期届满双轨规范模式。《德国民法典》第 203 条至第 208 条规定因磋商谈判、法律追诉程序、发生给付拒绝权、不可抗力、家庭关系、侵害性自主权利等事由时,将导致消灭时效中止。第 209 条规定中止的效果是"消灭时效中止的时间,不计入消灭时效期间。"同时,第 210 条和第 211 条规定,非完全行为能力人所享有的请求权以及关于遗产的请求权时效的延期届满,在相关情事消灭后 6 个月,时效不完成,即延期到障碍事由消除后 6 个月届满。类似地,《国际商事合同通则》也采用此模式:第 10.5 条、第 10.6 条规定债权人在司法程序、破产程序、解散程序以及仲裁程序中主张权利而时效中止;第 10.8 条规定债权人因不可抗力、无行为能力未确定代理人、死亡未确定继承人而无法主张权利时,时效期间中止计算。同时规定补足 1 年,以使诉讼时效不会在相关障碍消失之后 1 年内届满。

从我国《民法典》第 194 条第 2 款关于诉讼时效中止的后果上看,名为"中止",实际上是障碍事由消除后 6 个月内延期届满,因此属于单轨制的时效延期届满立法模式。但我国立法和理论研究都已习惯采用"时效中止"的用语,且无害其构成要件和法律效果,因此不妨沿用这一表达。

三、诉讼时效中止的前提条件(《民法典》第 194 条第 1 款)

根据本条第 1 款,诉讼时效中止的前提条件必须是在时效期间届满之前的 6 个月内,出现导致权利人不能行使请求权的障碍,即法定中止事由。

(一)不能行使请求权的障碍事由

关于《民法典》第 194 条第 1 款中"不能行使请求权的",有解释者认为,不限于不能通过诉讼行使其权利,因法院停止办公不能起诉,而尚能向义务人请求的,或者虽然不能向义务人请求,但仍然得以向法院起诉的,都不构成不能行使请求权。[7] 根据《民法典》第 195 条第 1 项的规

---

[7] 参见陈甦主编:《民法总则评注》(下册),法律出版社 2017 年版,第 1397 页(周江洪执笔)。

定,权利人向义务人提出履行请求即可使诉讼时效中断。提出请求是意思通知,原则上可类推适用意思表示和法律行为的规定,权利人之请求原则上不要求采取任何形式。[8] 这就使权利人可以较容易地导致诉讼时效中断,并重新起算诉讼时效,相较于时效中止,对于权利人更有利。因此,如果权利人可以通过请求义务人履行而使诉讼时效中断,通常就没有必要适用诉讼时效中止的规定。[9] 例如,即使有不可抗力,权利人可能通过打电话、发邮件、发信息等方式请求义务人履行,此时便无须适用时效中止的规定。具体在何种情况下可以认定为"不能行使请求权",须结合每种法定障碍事由具体判断。

1. 不可抗力

(1) 一般界定

依《民法典》第 180 条第 2 款,不可抗力是指不能预见、不能避免且不能克服的客观情况。一般对于时效中止事由的"不可抗力"的界定也采纳这一法定定义。[10] 不可抗力不仅使权利人在客观上无法或不便在法律规定的时效期间内行使请求权,而且即使权利人主观上要求行使权利亦无济于事。[11] 如果虽然发生了不可抗力,但并不足以影响权利人行使权利的,诉讼时效不中止。[12] 有学者指出,不可抗力须使权利人无法中断时效,才构成中止的事由。[13] 因此,不可抗力中止诉讼时效的前提是请求权不能行使,这一点也可以理解为不可抗力致使权利人无法通过请求的方式中断诉讼时效(《民法典》第 195 条第 1 项)。

---

[8] 参见李宇:《民法总则要义:规范释论与判解集注》,法律出版社 2017 年版,第 927 页。

[9] 我国台湾地区"民法"第 139 条将天灾或其他不可避免之事变作为时效不完成事由的前提之一即为"致不能中断其时效者"。

[10] 参见黄薇主编:《中华人民共和国民法典总则编释义》,法律出版社 2020 年版,第 522 页。

[11] 参见段晓娟:《我国诉讼时效中止若干问题研究》,《法律适用》2008 年第 11 期,第 27 页。

[12] 参见黄薇主编:《中华人民共和国民法典总则编释义》,法律出版社 2020 年版,第 522 页。

[13] 参见梁慧星主编:《中国民法典草案建议稿附理由·总则编》,法律出版社 2013 年版,第 418 页;韩富鹏:《新冠肺炎疫情纠纷处理中不可抗力与情势变更的适用》,《政法学刊》2020 年第 5 期,第 50 页。

另外,根据《民法典》第 197 条第 1 款的规定,诉讼时效的期间、计算方法以及中止、中断的事由由法律规定,当事人约定无效。因此,法律有关诉讼时效中止事由的规定,属于不得约定排除其适用的强制性规定,无论是扩张型不可抗力约款,还是限缩型不可抗力约款,都不能改变《民法典》第 194 条第 1 款第 1 项的适用范围。[14] 也就是说,当事人不能通过约定将某种情事作为不可抗力,或者将某种本属于不可抗力的情形排除在外,而扩张或限缩本项的适用。否则属于变相地规避《民法典》第 197 条第 1 款。

(2)具体情形

①自然灾害

重大的自然灾害可构成不可抗力,并导致权利人无法行使权利。根据《最高人民法院关于处理涉及汶川地震相关案件适用法律问题的意见(一)》(法发〔2008〕21 号)第 7 条规定,人民法院对于《民法通则》(已失效)第 139 条规定的"中止时效的原因消除"之日的确定,要区别灾区不同情况,结合个案具体情况具体分析,并考虑以下因素:(1)人民法院恢复正常工作的情况;(2)当地恢复重建进展的情况;(3)失踪当事人重新出现、财产代管人经依法确定、被有关部门确定死亡或被人民法院宣告死亡明确继承人的情况;(4)作为法人或其他组织的当事人恢复经营能力或者已经确立权利义务承受人的情况。又如,《最高人民法院关于依法做好甘肃舟曲等地区抢险救援和恢复重建期间审判工作切实维护灾区社会稳定的通知》(法〔2010〕271 号)第 8 条第 1 句规定:"当事人因特大山洪泥石流灾害等不可抗力因素不能及时主张权利的,依照民法通则的规定诉讼时效应当中止,从中止时效的原因消除之日起,诉讼时效期间继续计算。"实践中还有法院认为,台风所带来的降雨强度大大超过预期,达历史极值,超出码头正常排水能力,避无可避,属于不可抗力,债权人请求超过诉讼时效期间系因不可抗力所致。[15]

---

〔14〕 参见李昊、刘磊:《〈民法典〉中不可抗力的体系构造》,《财经法学》2020 年第 5 期,第 67 页;王轶:《新冠肺炎疫情、不可抗力与情势变更》,《法学》2020 年第 3 期,第 47 页。

〔15〕 参见阳光财产保险股份有限公司航运保险运营中心与上海中谷物流股份有限公司海上货物运输合同纠纷案,上海市高级人民法院(2020)沪民终 45 号民事判决书。

②重大疫情

重大疫情可以作为"不可抗力"。尤其在疫情期间,出于管控的需求,企业被要求停产停业,个人被限制出行或隔离,均可能导致权利人无法主张权利。根据《最高人民法院关于在防治传染性非典型肺炎期间依法做好人民法院相关审判、执行工作的通知》(法〔2003〕72号,已失效)第6条规定,当事人因是"非典"患者、疑似"非典"患者或者被依法隔离人员,不能及时行使民事请求权的,适用《民法通则》(已失效)第139条关于诉讼时效中止的规定。根据《最高人民法院关于依法妥善审理涉新冠肺炎疫情民事案件若干问题的指导意见(一)》(法发〔2020〕12号)第6条规定,在诉讼时效期间的最后6个月内,因疫情或者疫情防控措施不能行使请求权,权利人依据《民法总则》(已失效)第194条第1款第1项规定主张诉讼时效中止的,人民法院应予支持。由上可见,"非典"与"新冠"疫情本身,以及由此带来的防控措施,均构成导致诉讼时效中止的不可抗力。[16]

③突发事件应对措施

根据《突发事件应对法》第13条规定,因采取突发事件应对措施,诉讼、行政复议、仲裁活动不能正常进行的,适用有关时效中止和程序中止的规定,但法律另有规定的除外。突发事件是指突然发生,造成或者可能造成严重社会危害,需要采取应急处置措施予以应对的自然灾害、事故灾害、公共卫生事件和社会事件。[17] 为应对突发事件,包括司法机关在内的各国家机关采取应急处置、救援、事后恢复与重建等措施,导致诉讼、仲裁活动不能正常进行的,构成诉讼时效中止事由。[18] 这里的突发事件与前述自然灾害、重大疫情在自然事实方面可能存在竞合,但更侧重的是"采取突发事件应对措施",而非事实本身导致权利人不能行使权利。

---

〔16〕 理论上的观点,参见韩富鹏:《新冠肺炎疫情纠纷处理中不可抗力与情势变更的适用》,《政法学刊》2020年第5期,第50页;杨巍:《民法时效制度的理论反思与案例研究》,北京大学出版社2015年版,第348页。司法实践的观点,参见刘勇劳争议纠纷案,江苏省南通市中级人民法院(2020)苏06民终1715号民事裁定书。

〔17〕 参见杨巍:《民法时效制度的理论反思与案例研究》,北京大学出版社2015年版,第348页。

〔18〕 参见杨巍:《民法时效制度的理论反思与案例研究》,北京大学出版社2015年版,第348页。

④国防动员

根据《国防动员法》第67条规定,因国家发布动员令,诉讼、行政复议、仲裁活动不能正常进行的,适用有关时效中止和程序中止的规定,但法律另有规定的除外。这里的国防动员可以作为不可抗力的一种类型。

2. 欠缺法定代理人

(1)调整范围

①双向保护主义

《诉讼时效若干规定(2008)》第20条第1项规定:"权利被侵害的无民事行为能力人、限制民事行为能力人没有法定代理人,或者法定代理人死亡、丧失代理权、丧失行为能力。"其所规范者,只是欠缺法定代理人的无行为能力人或限制行为能力人作为权利人提起诉讼或主张权利的情形,而没有考虑到欠缺行为能力人作为义务人被要求履行义务的情形。这实际上是一种从权利人出发,在诉讼时效中止上有利于权利人的单向保护主义。有观点认为,这种单向保护主义的立法模式是合理的,[19]但也有学者持相反意见。[20]

《民法典》改采双向保护主义,第194条第1款第2项删除了《诉讼时效若干规定(2008)》第20条第1项中"权利被侵害的"表述,解释上应认为行为能力欠缺者所享有的和针对行为能力欠缺者的请求权,在行为能力欠缺者没有法定代理人时,都会发生时效中止。[21] 如果行为能力欠缺者是义务人,其不具备诉讼能力,不能独立参加诉讼,也不能单独受领权利人主张权利的表示,因此在欠缺法定代理人的情况下,权利人对其所享有之请求权亦无法主张,因此诉讼时效应当中止。

②欠缺法定代理人

本条第1款第2项所规范的是行为能力欠缺者没有法定代理人,或者法定代理人死亡、丧失行为能力、丧失代理权的情形。其中"没有法定

---

[19] 参见冯恺:《诉讼时效制度研究》,山东人民出版社2007年版,第211页。转引自朱虎:《诉讼时效制度的现代更新——政治决断与规范技术》,《中国高校社会科学》2017年第5期,第96页。

[20] 参见朱虎:《诉讼时效制度的现代更新——政治决断与规范技术》,《中国高校社会科学》2017年第5期,第96页。

[21] 参见朱虎:《诉讼时效制度的现代更新——政治决断与规范技术》,《中国高校社会科学》2017年第5期,第96页。

代理人"是指自始欠缺法定代理人;"法定代理人死亡、丧失行为能力、丧失代理权"则属法定代理终止的情形,即嗣后没有法定代理人。[22] 因为无行为能力人或限制行为能力人不能独立实施法律行为,法定代理人缺位会对其行使权利造成客观障碍。[23]

20　　本条第1款第2项所规范者仅为行为能力欠缺者没有法定代理人的情形。李宇教授指出,若有法定代理人,即使法定代理人有其他不可代理行使权利的理由,如生病等,不适用该规则。[24] 笔者赞同该观点,但须进一步明确,如果行为能力欠缺者有法定代理人,而其法定代理人因为不可抗力、被义务人或其他人控制等原因不能行使请求权的,应适用本条第1款第1项、第4项或第5项的规则,而非适用本条。

(2)限制行为能力人可有效实施的法律行为

21　　《民法典》第22条后段规定,限制行为能力人可独立实施纯获利益的法律行为或者与其年龄、精神健康相适应的法律行为。有观点认为,对于限制行为能力人而言,根据法律独立实施的法律行为是有效的,这意味着其对这些行为具有相应的责任能力,关于此类法律行为,不适用诉讼时效中止的规定。[25] 但是,更准确地说,限制行为能力人能够独立实施的法律行为,仅表明他对该法律行为具有相应的行为能力,如果需要行使救济权的,限制民事行为能力人未必能够独立进行。[26] 换言之,产生请求权的法律行为与行使请求权的行为完全是两个问题。行使请求权,或为准法律行为(如催告),或为诉讼行为,并非纯获利益的民事法律行为或者与其智力、精神健康状况相适应的民事法律行为,是否发生诉讼时效中止的效果,须具体分析:

22　　第一,如果限制行为能力人通过诉讼行使权利,涉及较为复杂的实体

---

　　[22] 参见李宇:《民法总则要义:规范释论与判解集注》,法律出版社2017年版,第917页。

　　[23] 参见黄薇主编:《中华人民共和国民法典总则编释义》,法律出版社2020年版,第522页。

　　[24] 参见李宇:《民法总则要义:规范释论与判解集注》,法律出版社2017年版,第918页。

　　[25] 参见王利明主编:《中国民法典学者建议稿及立法理由·总则编》,法律出版社2005年版,第468页。

　　[26] 参见杨巍:《民法时效制度的理论反思与案例研究》,北京大学出版社2015年版,第352页。

【诉讼时效期间的中止】

法和程序法权利义务后果,限制行为能力人没有此类行为后果的认识和辨别能力,因此不能独立实施诉讼行为,而必须由法定代理人代理。相对人向限制行为能力人通过诉讼主张权利者,亦同。因此,欠缺法定代理人的限制行为能力人通过诉讼主张请求权,或者对其主张请求权,都应发生诉讼时效中止的效果。虽然从比较法上看,《德国民法典》第210条第2款规定,限制行为能力人在有诉讼能力时,不适用诉讼时效中止的规则。我国有学者对此借鉴,认为限制行为能力人具备诉讼能力时,可以不通过法定代理人行使请求权,不发生时效中止。[27] 但我国《民事诉讼法解释》第83条第1句规定"在诉讼中,无民事行为能力人、限制民事行为能力人的监护人是他的法定代理人",而且没有限制民事行为能力人可以独立实施诉讼行为的特别规定。因此,从现行法来看,即使限制行为能力人能够独立实施法律行为,但在诉讼中必须由法定代理人代理;如果欠缺法定代理人,应适用诉讼时效中止。

第二,如果限制行为能力人以诉讼外的方式,对义务人进行催告、请求行使权利,属于准法律行为,原则上也需要法定代理人代理。但是,催告、请求的后果使权利人纯获法律上利益,例如经催告后发生合同解除权(《民法典》第563条第1款第3项)、请求导致诉讼时效中断(《民法典》第195条第1项),因此限制行为能力人独立实施这种行为也有效力。限制行为能力人独立实施诉讼外的催告、请求行为,可导致诉讼时效中断。但这与欠缺法定代理人发生时效中止仍然是两个问题。如果在原诉讼时效进行中或经中断后重新起算的诉讼时效进行中,发生欠缺法定代理人的情况,仍应按诉讼时效中止处理。司法实践中也认为,如果因限制行为能力人可通过要求义务人履行义务而使诉讼时效中断,否认在其欠缺法定代理人时诉讼时效中止,显然与限制行为能力人之保护有悖。[28] 总之,限制行为能力人可以通过诉讼外的方式主张权利中断时效,但并不排斥诉讼时效的中止。

以上讨论的是限制行为能力人行使请求权的情形。此外,如果限制

---

〔27〕 参见陈甦主编:《民法总则评注》(下册),法律出版社2017年版,第1398页(周江洪执笔)。

〔28〕 段晓娟指出,要求无行为能力人或限制行为能力人自己行使权利或为中断时效行为,甚为困难,即便是限制行为能力人亦难以胜任。参见段晓娟:《我国诉讼时效中止若干问题研究》,《法律适用》2008年第11期,第27页。

行为能力人作为义务人,相对人向其主张请求权,此时,限制行为能力人作为意思表示的受领人,未必能够充分认识和判断后果,因此须由法定代理人代理。若欠缺法定代理人,同样适用诉讼时效中止。

3. 继承人或遗产管理人未定

25　　根据本条第1款第3项,继承开始后未确定继承人或者遗产管理人的,诉讼时效中止。这里既包括权利人死亡后,其继承人或遗产管理人未确定,也包括义务人死亡后,其继承人或遗产管理人未确定。若被继承人是权利人,因继承人或遗产管理人未确定,导致行使权利的主体尚未确定,自然无法行使权利,故诉讼时效应当中止;若被继承人是义务人,因继承人或遗产管理人未确定,债权人无法确定主张权利的对象,故诉讼时效亦应当中止。[29]

26　　未确定继承人可能是因为不确定是否有继承人、继承人是谁、有几个继承人等。如果被继承人有多个继承人,虽然知道继承人是谁,但是每个继承人应继承的份额尚不确定,此时无论被继承人是权利人还是义务人,请求权均无法行使,对于此种情形应类推适用本项,适用诉讼时效中止。

27　　根据《民法典》第1145条的规定,遗产管理人首先是遗嘱执行人;如果没有遗嘱执行人,应当及时推选遗产管理人;未推选的,由继承人共同担任遗产管理人;没有继承人或继承人放弃继承的,由被继承人生前住所地的民政部门或村民委员会担任遗产管理人。《民法典》第1146条还规定对遗产管理人有争议的,可以申请法院指定。由上可见,遗产管理人的确定需要一段时间,在此期间内,无论被继承人是权利人还是义务人,请求权都无法行使。因此,在遗产管理人确定前,诉讼时效中止。

28　　另须说明,在发生继承之情形,若被继承人死亡时不知且不应知义务人,则诉讼时效期间本来就没有开始计算,并不发生时效的中止及延期届满。[30]

---

〔29〕参见杨巍:《民法时效制度的理论反思与案例研究》,北京大学出版社2015年版,第352页。相同观点参见最高人民法院民法典贯彻实施工作领导小组主编:《中华人民共和国民法典总则编理解与适用》,人民法院出版社2020年版,第980页。

〔30〕参见陈甦主编:《民法总则评注》(下册),法律出版社2017年版,第1399页(周江洪执笔)。

4. 权利人被控制

(1) 一般界定

权利人被控制是指权利人被限制身体自由或精神自由、意思自由致其不能行使请求权的状态,包括合法控制和非法控制。[31] 控制的主体不限于义务人,也可能是其他人对权利人加以控制,使权利人无法行使请求权。如果权利人被义务人或其他人非法拘禁,不能主张权利,属于典型的身体自由被控制。如果义务人或其他人威胁权利人不许主张权利,权利人因恐惧而不敢主张权利,可以认为其精神自由受到控制。[32] 无论哪种情形,只要达到使权利人不能行使请求权的程度,均发生诉讼时效的中止。

(2) 具体情形

①义务人与权利人之间存在代表与被代表关系

若义务人是权利人的法定代表人,义务人为权利人的意思表示机关,权利人的意思被义务人控制,若义务人不代表权利人也不授权他人代理权利人主张权利的,权利人在客观上无法行使权利。[33] 对于这种权利人的意思被义务人控制的情形,诉讼时效应当中止。

实践中,还有权利人与义务人的法定代表人是同一自然人的情形。有法院认为这也属于权利人被义务人控制而无法主张权利,应适用诉讼时效中止的规定。[34] 但也存在相反观点,认为尽管债权人与债务人的法定代表人相同,但并不能据此认定债权人被债务人控制而丧失独立行使

---

[31] 参见李宇:《民法总则要义:规范释论与判解集注》,法律出版社 2017 年版,第 919 页。

[32] 但也有法院认为,债权人受到威胁而不敢主张权利,这种障碍仅为权利人的主观认知,并非必然发生的且为债权人无法克服的客观原因,因此非属诉讼时效中止事由。参见苏振印与宋凤鸣与刘红侠房屋租赁合同纠纷案,陕西省渭南市中级人民法院(2017)陕 05 民终 287 号民事判决书。本评注认为,如果威胁达到一定的严重程度,使债权人因主观原因不敢主张权利,应认为构成诉讼时效中止。

[33] 参见最高人民法院民事审判第二庭编著:《最高人民法院关于民事案件诉讼时效司法解释理解与适用》,人民法院出版社 2015 年版,第 329 页;黄薇主编:《中华人民共和国民法典总则编释义》,法律出版社 2020 年版,第 523—524 页。

[34] 参见英美景记国际有限公司等与上海杰美体育娱乐有限公司利益责任纠纷案,上海市第二中级人民法院(2015)沪二中民四(商)终字第 978 号民事判决书。

民事权利的能力,非属诉讼时效中止的情形。[35] 笔者认为,在义务人是权利人的法定代表人时,不能期待义务人会代表权利人向义务人自己主张权利;在义务人与权利人的法定代表人是同一人时,亦不能期待其代表权利人,向其同时所代表之义务人主张权利。后一种情形下的利益状况与前一种情形类似。因此,权利人与义务人的法定代表人是同一自然人,亦可认定为权利人的意思被义务人控制,适用本条关于诉讼时效中止的规定。

②义务人是权利人的实际控制人

权利人的意志被义务人或者其他人控制不能主张权利,并不限于义务人与权利人之间存在代表与被代表关系的情形,在虽无代表关系,但存在实际控制关系的情形下,导致权利人无法主张权利的,也应适用诉讼时效中止的规定。[36] 最高人民法院有判决认为,债务人(公司)是债权人(公司)的控股股东,并由债务人对债权人实行全面管理,致债权人无法行使请求权,符合诉讼时效中止情形。[37] 实践中还有法院认为,即使公司存在法定代表人,但若其并未参与经营管理,公司的公章、财务章、法人章、营业执照等相关证照被他人把持,亦属于权利人被控制的情形,诉讼时效应当中止。[38]

③权利人被羁押或服刑

权利人被羁押或正在服刑阶段,权利人请求权的诉讼时效是否会中止,实践中存在极大争议。[39] 首先要明确,权利人被羁押或服刑这一事

---

〔35〕参见宿迁市致富皮业有限公司与宿迁申华工业园发展有限公司破产债权确认纠纷案,江苏省宿迁市中级人民法院(2019)苏13民终4904号民事判决书。

〔36〕参见最高人民法院民事审判第二庭编著:《最高人民法院关于民事案件诉讼时效司法解释理解与适用》,人民法院出版社2015年版,第329页;杨巍:《民法时效制度的理论反思与案例研究》,北京大学出版社2015年版,第352页。

〔37〕参见南京徐工汽车制造有限公司与江苏春兰自动车有限公司、春兰(集团)公司损害公司利益责任纠纷案,最高人民法院(2013)民申字第2181号民事裁定书。类似判决中,也有法院指出,债务人作为债权人(公司)的股东和负责经营管理的实际控制人的,诉讼时效应当中止。参见陈文军与江菊元、常德市美丽房地产开发公司债务转移合同纠纷案,湖南省常德市中级人民法院(2015)常民再字第16号案件民事判决书。

〔38〕参见嘉兴市秀城区不锈钢设备总厂与徐朱房屋买卖合同纠纷案,浙江省嘉兴市中级人民法院(2013)浙嘉民终字第666号民事判决书。

〔39〕有观点将此种情形置于"其他导致权利人不能行使请求的障碍"之下讨论,但在这种情况下,权利人被公权力机关所控制,满足本条第1款第4项的情形,可以直接适用本项,无须诉诸兜底条款。

实并不属于不可抗力,[40]不能直接据此认为时效中止。

权利人被羁押或服刑是否构成不能行使权利的障碍,多数法院持肯定观点,认为诉讼时效应当中止。[41]但持否定观点者认为,债权人在被羁押和服刑期间仍可行使其民事权利,在此期间内债权人可以委托代理人主张权利,因此不满足诉讼时效中止的前提条件。[42]此外,还有一种区分对待的观点,认为权利人被采取刑事强制措施时,如果仍可依法委托代理人主张权利,不应认定诉讼时效中止;但如果被非法控制或者被非法剥夺委托权、自身也无法委托他人主张权利,则构成时效中止的事由。[43]

笔者赞同肯定说。除前述对于否定说的反对意见之外,根本的理由是处于监狱服刑期间的罪犯,人身自由受到限制,主张请求权存在客观的障碍。李宇教授也指出,虽然《监狱法》规定罪犯权利不受侵犯,但不等于能够行使权利;罪犯在监狱服刑期间,按照规定可以会见亲属、监护人,但无法会见律师,只能委托亲属转委托律师,不利于主张权利;权利人被羁押的,可以会见辩护律师,但民事纠纷的处理逾越刑事辩护的范围。[44]司法实践中,也有法院指出:"(罪犯)在服刑期间,固然可以委托

---

[40] 参见孔德斌与刘寿元民间借贷纠纷案,四川省高级人民法院(2014)川民申字第1960号民事裁定书。

[41] 参见吴俊柏与卓志兴侵权责任纠纷案,新疆维吾尔自治区高级人民法院(2014)新民二初字第12号民事判决书;甄伟朝与内蒙古对外贸易经济合作(集团)有限责任公司建设工程施工合同纠纷案,内蒙古自治区高级人民法院(2015)内民三终字第00011号民事判决书;俞圣家与俞林刚合同纠纷案,浙江省高级人民法院(2016)浙民再237号民事判决书;桂凤利与裴焕泉生命权、健康权、身体权纠纷案,北京市第二中级人民法院(2013)二中民终字第15846号民事判决书。

[42] 参见北川羌族自治县农村信用合作联社与魏福云借记卡纠纷案,四川省高级人民法院(2018)川民申4971号民事裁定书;大连澳光农化有限公司与大连唐家房富田农资经销处买卖合同纠纷案,辽宁省高级人民法院(2019)辽民申4803号民事裁定书;杨志俊与陈得荣不当得利纠纷案,甘肃省高级人民法院(2019)甘民申1834号民事裁定书。

[43] 参见杨巍:《民法时效制度的理论反思与案例研究》,北京大学出版社2015年版,第353页。这种观点出自最高人民法院,参见最高人民法院民事审判第二庭编著:《最高人民法院关于民事案件诉讼时效司法解释理解与适用》,人民法院出版社2015年版,第329页。明确采纳此观点的,参见重庆全发药业(集团)有限责任公司与久桓地产公司建设用地使用权合同纠纷案,重庆市高级人民法院(2018)渝民申1967号民事裁定书。

[44] 参见李宇:《民法总则要义:规范释论与判解集注》,法律出版社2017年版,第921页。

他人提起诉讼,但诉讼需要收集证据、与当事人沟通、与代理人沟通等。与普通人相比,其人身自由受到限制,与外界的沟通交流受阻,权利的行使在很大程度上受到限制,影响其胜诉权。在这种情况下,如果苛求其必须通过委托他人行使权利,无疑对其附加了过高的义务。"[45] "债权人的民事权利虽未被剥夺,也依法享有会见和通信的权利,但其主张本案债权的现实性却寄希望于他人的配合与支持,可以认为在此种情况下应发生诉讼时效中止的效力。"[46]

36 权利人的自由受到限制须达到不能行使的程度,才发生时效中止。对被判处管制、被宣告缓刑、假释、暂予监外执行的,此类人员的自由虽受一定限制,但尚未达到不能行使或委托他人行使民事权利的程度,不属于诉讼时效中止事由。[47] 被取保候审的人,亦不适用诉讼时效中止。[48] 但被监视居住者,欲离开执行监视居住的处所去法院起诉、会见他人(委托律师起诉)、通信(向义务人发送履行通知函)均须经执行机关批准,监视居住期间原则上应适用诉讼时效中止。[49]

④权利人与义务人之间存在监护与被监护关系

37 在《民法总则》生效以前,权利人与义务人之间存在监护与被监护关系,被认为是时效中止的事由。[50] 但根据《民法典》第 190 条的规定,权

---

[45] 高梅元与枣庄矿业(集团)有限责任公司、枣庄矿业(集团)有限责任公司机关事务管理处企业承包经营合同纠纷案,山东省高级人民法院(2016)鲁民再 128 号民事判决书。

[46] 李鸿雁与董刚民间借贷纠纷案,黑龙江省高级人民法院(2017)黑民再 464 号民事判决书。但如果权利人在服刑或羁押期间,确曾向义务人主张过权利,则其不得再以服刑或羁押期间不得行使权利为由,主张诉讼时效中止。参见胡巍与深圳三纬创新科技有限公司劳动合同纠纷案,广东省高级人民法院(2016)粤民申 8023 号民事裁定书。

[47] 参见李宇:《民法总则要义:规范释论与判解集注》,法律出版社 2017 年版,第 922 页。

[48] 参见李宇:《民法总则要义:规范释论与判解集注》,法律出版社 2017 年版,第 922 页。

[49] 参见李宇:《民法总则要义:规范释论与判解集注》,法律出版社 2017 年版,第 922 页。

[50] 参见最高人民法院民事审判第二庭编著:《最高人民法院关于民事案件诉讼时效司法解释理解与适用》,人民法院出版社 2015 年版,第 329 页。

利人为被监护人时,监护人是被监护人的法定代理人,此时权利人对其法定代理人的请求权自法定代理关系终止之日才起算,因此无须适用诉讼时效中止的规定。

如果权利人对于义务人享有请求权,开始起算诉讼时效之后,又发生义务人对权利人监护的关系,可适用本条的诉讼时效中止。

如果权利人为监护人,义务人为被监护人,此时不构成权利人被义务人控制。但因为此时权利人是义务人的法定代理人,其以权利人的身份同时作为义务人的代理人向义务人主张权利,存在利益悖反。于此,或者类推适用《民法典》第190条,因存在监护关系而诉讼时效不起算,或者类推适用《民法典》第194条第1款第2项法定代理人欠缺的规则,发生诉讼时效中止。

5. 其他导致权利人不能行使请求权的障碍

(1)一般界定

本项承袭了《民法通则》(已失效)第139条"其他障碍不能行使请求权的"规定,《诉讼时效若干规定(2008)》第20条第4项进一步将之限定为"其他导致权利人不能主张权利的客观情形"。某一情事究竟属于主观情形,抑或客观情形,有时可能并无清晰的界限,本项规则适用的核心在于判断相关情事是否足以导致权利人不能主张权利,同时又不属本条第1款前4项所规范之情形。

司法实践中,有观点主张:"对于'其他导致权利人不能主张权利的客观情形'的理解应当具有上述司法解释规定的严重程度,即构成权利人的主体资格丧失或不确定,以及客观上的不能。"[51]但这种观点并不准确,因为《民法典》第194条第1款前4项情形各不相同,并不限于"权利人的主体资格丧失或不确定",在诸如不可抗力等情形下,权利人的主体资格并未发生任何减损,而且导致请求权不能行使的原因亦可能存在于义务人一方。

《民法典》第194条第1款第5项作为诉讼时效中止事由的兜底性规

---

[51] 科朗曼化工(武汉)有限公司与云南澄江天辰磷肥有限公司建设工程施工合同纠纷案,最高人民法院(2015)民申字第537号民事裁定书;孙素清与沈阳高新人力资源服务有限公司、沈阳市浑南区城市管理和行政执法局劳务合同纠纷案,辽宁省沈阳市中级人民法院(2016)辽01民终13241号民事判决书。

定,可以弥补时效中止事由列举的不足。其重点在于判断所发生之情事是否导致权利人不能主张请求权。具体哪些情形属于导致权利人不能行使请求权的障碍,应就个案具体判断。

(2)具体案型

①受伤或生病住院

43　　司法实践中,法院多认可权利人生病住院治疗是不能行使请求权的障碍。[52] 这里的生病住院治疗一般要求是较严重的伤病,尤其是影响权利人精神意志的伤病,以及一些必须休养的伤病。如果权利人神志清醒,所进行的只是简单的外科手术,对其行使请求权没有影响,即使是权利人不便以诉讼方式主张权利,也可以通过电话催收等方式行使权利,因此不构成诉讼时效中止事由。[53] 如果权利人只是一直四处求医,也不应当认为诉讼时效中止。[54]

②重要权利凭证被公权力机关扣留

44　　如果权利人行使权利的重要凭证被公权力机关扣留,导致权利人无法行使请求权,诉讼时效应当中止。如实践中有法院认为:"在本案《借条》诉讼时效期间内,因巨大公司及其相关人员涉嫌合同诈骗罪和偷税罪被司法机关立案侦查及移送审判机关审判,涉案《借条》依法被公安机关查收和移送审判机关,致使巨大公司不能及时行使其请求权,该情形符合诉讼时效中止的情形。"[55] 公司的《会计凭证》《会计账簿》被公安局扣

---

[52] 参见向小洪与杨应学生命权、健康权、身体权纠纷案,贵州省高级人民法院(2017)黔民申1096号民事裁定书;余荣华与孔昌盛、黄凤彩、孔宪敬机动车交通事故责任纠纷案,广东省广州市中级人民法院(2016)粤01民终9712号民事裁定书;锦州建筑安装有限责任公司与柳和确认劳动关系纠纷案,辽宁省锦州市中级人民法院(2014)锦民一终字第00112号民事判决书。

[53] 参见孙素清与沈阳高新人力资源服务有限公司、沈阳市浑南区城市管理和行政执法局劳务合同纠纷案,辽宁省沈阳市中级人民法院(2016)辽01民终13241号民事判决书。

[54] 参见王长珍与正安县人民医院医疗损害责任纠纷案,贵州省遵义市中级人民法院(2017)黔03民终5584号民事判决书。

[55] 颜鲁国与资阳市国明有限公司与四川省巨大科技有限公司民间借贷纠纷案,四川省高级人民法院(2015)川民申字第557号民事裁定书。类似观点亦见赵淑广与莫庆剑民间借贷纠纷案,广东省清远市中级人民法院(2019)粤18民终200号民事判决书。

押,亦会使债权人不能行使请求权,诉讼时效应当中止。[56] 国家安全局扣押公司公章、财务章、税务登记证、增值税票等经营手续后,造成公司不能按要求开具增值税发票,进行正常结算,亦属于因客观原因导致不能主张权利,诉讼时效应当中止。[57]

建设工程的审计报告是权利人结算工程款的重要权利凭证。实践中有法院认为,权利人没有收到审计报告,构成不能行使请求权的障碍,因此发生诉讼时效中止。[58]

如果主债权所涉标的物被扣押,应否认其作为诉讼时效中止事由,因为即使标的物被扣押,亦不妨碍债权人向债务人主张权利。[59]

③债务人下落不明

债务人下落不明,导致债权人不能行使请求权,亦会使诉讼时效中止。[60] 但适用的前提是债权人知道或应当知道义务人,否则诉讼时效不起算,无所谓时效中止。[61]

除此以外,还有法院将债务人出国务工,致使债权人无法向其主张权利,认定为其他导致权利人不能主张权利的情形,诉讼时效从债务人出国时中止。[62]

---

〔56〕 参见重庆渝西半岛实业有限公司与重庆中奥实业有限公司项目转让合同纠纷案,重庆市高级人民法院(2015)渝高法民终字第00472号民事判决书。

〔57〕 参见武汉鹏宙废旧物资回收有限公司与山西太钢不锈钢股份有限公司买卖合同纠纷案,山西省高级人民法院(2014)晋民终字第236号民事判决书。

〔58〕 参见内蒙古中辉房地产开发有限责任公司与赤峰巨恒建筑工程有限责任公司建设工程施工合同纠纷案,内蒙古自治区高级人民法院(2017)内民申2061号民事裁定书。

〔59〕 参见张雪楳:《诉讼时效前沿问题审判实务》,中国法制出版社2014年版,第332页以下。

〔60〕 参见徐顺宝与黄少凡吉林上东投资管理有限责任公司民间借贷纠纷案,吉林省高级人民法院(2020)吉民申305号民事裁定书;郝蕊与苗春英民间借贷纠纷案,辽宁省铁岭市中级人民法院(2019)辽12民终475号民事判决书。

〔61〕 实践中有法院将债务人身份信息不明、地址不详认定为"其他导致权利人不能行使请求权的障碍",参见何弟直与蒋锡银机动车交通事故责任纠纷案,广西壮族自治区桂林市中级人民法院(2019)桂03民终1123号民事判决书。这种观点并不妥当,因为义务人的身份信息不明,属于权利人不知道且不应当知道义务人,应属诉讼时效不起算。

〔62〕 参见郑吉崇与赵长华民间借贷纠纷案,吉林省通化市中级人民法院(2015)通中民一终字第155号民事判决书。

④存在婚姻或其他家庭关系

49　　婚姻关系可否作为诉讼时效中止事由,对此存在争议。有法院认为,在双方处于婚姻关系存续期间,婚姻关系存续期间所得的收益依法属于夫妻共同财产,基于双方的特殊关系,一方难以向另一方主张债权,在双方婚姻关系存续期间应属于因其他障碍不能行使请求权,诉讼时效中止。[63] 但也有法院认为,虽然侵权行为发生于当事人婚姻存续期间,双方共同所有财产处于混同状态,但此属执行问题且不能认定债务人没有个人财产,不影响债权人行使请求权,因此不适用诉讼时效中止的规定。[64]

50　　我国民法学理通说认可婚姻关系作为诉讼时效中止事由。[65] 与司法实践不同,学理上所考虑的并非是双方当事人之间会发生财产混同,而更多是从家庭伦理的角度进行论证。夫妻关系和家庭关系是互敬互爱的亲情关系,允许诉讼时效在夫妻关系存续期间、在家庭成员共同生活关系存续期间发生效力,违背夫妻关系和家庭成员共同生活关系的本质。[66] 对夫妻之间的请求权而言,基于家庭关系的维护,为避免权利人担心时效届满而频繁主张权利并保存证据而对家庭关系造成破坏,该类请求权在夫妻关系终止前不起算或中止更为恰当。[67] 笔者赞同以上通说观点。

---

〔63〕 参见王芳与龙飞民间借贷纠纷案,贵州省六盘水市中级人民法院(2019)黔02民终266号民事判决书。

〔64〕 参见高玲与蘧玉鹏生命权纠纷案,山东省济南市中级人民法院(2014)济民四终字第715号民事判决书。本案一审法院认为:"本案侵害发生时,蘧玉鹏与高玲系夫妻,双方财产混同,客观上存在权利人蘧玉鹏不能主张权利的情形,致使蘧玉鹏在诉讼时效期间的最后6个月内,因此障碍不能行使请求权,诉讼时效中止。"但二审法院改判,采不适用时效中止的观点。

〔65〕 参见崔建远等编著:《民法总论》(第三版),清华大学出版社2019年版,第287页;李宇:《民法总则要义:规范释论与判解集注》,法律出版社2017年版,第923页;杨巍:《民法时效制度的理论反思与案例研究》,北京大学出版社2015年版,第359页;房绍坤:《诉讼时效停止制度的立法选择》,《广东社会科学》2016年第1期,第215页以下;张力、郑志峰:《中止抑或不完成:诉讼时效完成障碍之婚姻关系——由一个案例引发的思考》,《河北法学》2015年第5期,第31页以下;张驰:《诉讼时效中止事由范围及其效力》,《法学》1997年第6期,第27页。

〔66〕 参见梁慧星主编:《中国民法典草案建议稿附理由·总则编》,法律出版社2013年版,第424页。

〔67〕 朱虎:《诉讼时效制度的现代更新——政治决断与规范技术》,《中国高校社会科学》2017年第5期,第102页。

基于相同的理由,笔者认为,在家庭关系存续期间,家庭成员之间的请求权诉讼时效,亦应中止。[68] 对此,也有法官指出:"若允许诉讼时效在家庭成员共同生活关系存续期间发生效力,将违背家庭成员共同生活关系的本质……如果没有中止时效方面的规定而是提倡起诉的话,不仅会损害家庭成员之间的感情,导致家庭破裂,也会使判决难以执行。"[69]

⑤请求权的行使以另案审结为前提

如果请求权的行使须以其他案件的审理结果为依据,在相应案件尚未审结以前,权利人请求权的诉讼时效中止。[70]

⑥债权被错判为国家追缴的非法债权

如果涉案债权被错误地认定为非法债权而由国家追缴,致使权利人无法正常行使其借款债权,直至法院撤销相关刑事判决,债权人行使借款债权请求权的障碍才得以消除,因此适用诉讼时效中止规定。[71]

⑦共同原告不确定

作为权利人之一的原告,下落不明或不能确定,致使应当共同行使的权利无法行使(必要共同诉讼),诉讼时效应当中止。例如,最高人民法院有判决认为:"吴瑞娜配偶黄跃南生死不明,索赔吴瑞娜死亡损害赔偿的适格主体(共同原告)无法确定,存在不能行使请求权的障碍,有关诉讼时效应中止。"[72]

⑧债权人被接管

权利人被有关机构或组织接管,诉讼时效应当中止。例如,权利人被中国人民银行济南分行派出的专案组接管,因其正常业务工作被接管,不

---

[68] 相同观点,参见梁慧星主编:《中国民法典草案建议稿附理由·总则编》,法律出版社2013年版,第424页;陈甦主编:《民法总则评注》(下册),法律出版社2017年版,第1372页(周江洪执笔);房绍坤:《诉讼时效停止制度的立法选择》,《广东社会科学》2016年第1期,第215页以下。

[69] 郭峰:《子女请求父母履行赠与约定应受诉讼时效约束》,《人民司法·案例》2015年第12期,第74页。

[70] 参见刘伟与张海利买卖合同纠纷案,河南省高级人民法院(2015)豫法民提字第00244号民事裁定书。

[71] 参见姜久光与湖南江鸿置业有限公司、株洲市中诚房地产开发有限责任公司民间借贷纠纷案,湖南省株洲市中级人民法院(2018)湘02民初108号民事判决书。

[72] 陈金奖与吴流氓海上、通海水域人身损害责任纠纷案,最高人民法院(2018)最高法民申2386号民事裁定书。

能提起诉讼,属于不能行使请求权的其他障碍,诉讼时效中止。[73]

⑨磋商谈判

56 　　从比较法上看,《德国民法典》第 203 条、《欧洲示范民法典草案》第 III-7:304 条均将磋商谈判作为一种重要的时效中止事由。在商业交往中,磋商谈判是交易者常见的争取自身权益、但又避免诉讼伤及感情的手段。而且,法律不能让协商谈判成为债权人(权利罹于时效)的陷阱。[74] 我国民法理论上也有观点认可磋商是诉讼时效中止的事由。[75] 但相反观点认为,权利人与义务人进行磋商,或就减免义务进行磋商,则诉讼时效因权利人提出履行请求或义务人同意履行义务而中断,没有必要再将磋商作为诉讼时效中止事由。[76] 笔者认为,在磋商谈判中,有可能权利人没有涉及请求或义务人也没有表示同意履行,或者权利人无法举证证明。因此,磋商谈判本身应作为诉讼时效中止事由。

(二)障碍发生或存在于诉讼时效期间最后 6 个月内

57 　　根据本条第 1 款,诉讼时效中止的前提条件是导致权利人无法行使请求权的障碍发生或存在于诉讼时效期间的最后 6 个月内。这既可以是在诉讼时效期间的最后 6 个月内才发生的障碍,也可以是在此之前已经发生,但持续到诉讼时效期间的最后 6 个月的障碍。在诉讼时效最后 6 个月之前发生,并且已消灭的事由,不会使诉讼时效中止。

58 　　之所以限于时效届满前 6 个月,是因为此时请求权的行使已相当急迫。相反,在此之前,即便出现权利行使障碍,至少尚有 6 个月的时间可

---

[73] 河南省融资公司与河南省证券有限责任公司资金拆借合同纠纷案,参见最高人民法院民事审判第二庭编著:《最高人民法院关于民事案件诉讼时效司法解释理解与适用》,人民法院出版社 2015 年版,第 331 页以下;杨巍:《民法时效制度的理论反思与案例研究》,北京大学出版社 2015 年版,第 354—355 页。

[74] 参见[德]莱因哈德·齐默曼:《德国新债法:历史与比较的视角》,韩光明译,法律出版社 2012 年版,第 213 页。

[75] 参见李永军:《民法总则》,中国法制出版社 2018 年版,第 873 页;朱晓喆:《诉讼时效制度的价值基础与规范表达——〈民法总则〉第九章评释》,《中外法学》2017 年第 3 期,第 724 页。

[76] 参见李宇:《民法总则要义:规范释论与判解集注》,法律出版社 2017 年版,第 924 页。

供回旋,无中止之必要。[77] 因此,没有必要规定在时效开始后的任何阶段都适用时效中止。[78]

四、诉讼时效中止的法律效果

(一)中止的适用对象:普通诉讼时效

从本条的字面含义来看,它既可能调整普通的诉讼时效,也可能调整最长诉讼时效。但学理上认为,本条所称的诉讼时效并不包括最长诉讼时效,而仅指普通诉讼时效期间和特殊时效期间,因为最长诉讼时效期间在特殊情况下存在延长制度,已足以平衡当事人之间的利益,无须再设置中止、中断的规则。[79] 此外,《民法通则若干意见》(已失效)第175条第2款明确规定了20年诉讼时效期间不适用中止、中断的规则。2021年12月最高人民法院颁布《民法典总则编若干问题解释》,其中第35条第2句继受上述规则。

特殊的诉讼时效期间是否适用中止、中断,存在疑问。我国民法上的特殊诉讼时效期间一般较普通时效的期间较短,而且有些请求权采取客观的起算标准(如《海商法》第258条、第261条、第262条),在发生请求权行使障碍后,如不适用时效中止的规则,权利人很容易错过行使权利的时间。因此,本条对于特殊诉讼时效期间亦可适用。至于比普通诉讼时效期间较长的特殊时效,例如《民法典》第594条涉外合同的请求权、《保险法》第26条第2款的保险金请求权,即使采取主观主义的起算标准,该类请求权本身即有延长权利保护期间的目的,因此时效中止与其在法律价值判断上保持一致,应予适用。

(二)诉讼时效中止的效力

1. 中止事由消除后补足6个月时效期间

本条相比于《民法通则》(已失效)第139条最大的变化在于,诉讼时

---

[77] 参见朱庆育:《民法总论》(第二版),北京大学出版社2016年版,第558页。
[78] 参见张驰:《诉讼时效中止事由范围及其效力》,《法学》1997年第6期,第28页。
[79] 参见陈甦主编:《民法总则评注》(下册),法律出版社2017年版,第1396页(周江洪执笔)。

效并非自中止事由消除后继续计算,而是"自中止时效的原因消除之日起满六个月,诉讼时效期间届满"。依照《民法通则》(已失效)的规定,如果诉讼时效中止事由发生在诉讼时效届满的前一天,相应情事消除后,时效期间就只剩一天。根据立法机关的解释,诉讼时效中止制度设立的目的是将客观因素导致权利人无法行使权利的时间刨除在时效期间以外,从而保证权利人有足够的时间行使权利。如果因为剩余时效期间过短而无法行使权利,则要么会使诉讼时效制度空置,要么使该制度的效果大打折扣。[80]依本条,发生导致权利人不能行使请求权的障碍,诉讼时效期间应暂停计算,待中止的事由消除之后6个月,诉讼时效期间才届满,[81]也即诉讼时效自中止事由消除后,延长6个月期间。

62 如果诉讼时效期间本就短于6个月的话(如《票据法》第17条第1款第4项规定的3个月诉讼时效期间),按照本条第2款文义,诉讼时效也自中止事由消除之日起6个月届满。但这并不妥当,因为时效中止制度的目的是使时效停止计算,不能因为中止而为权利人创设长于原时效期间的时效。因此,根据短期诉讼时效的目的可推知,时效中止事由消除后,补足的期间不应是6个月,而是该短期时效期间(即3个月)。

63 如果在中止事由消除后,又发生本条所规定的中止事由,诉讼时效是否再次发生中止? 有观点认为,中止原因事由消除后的6个月内,若在原诉讼时效期间内又发生本条规定的各种事由,符合本条规定的"在诉讼时效期间的最后6个月内"之要件,仍然得以适用本条的规定,待该事由消除后6个月时效才届满;但若新发生的中止事由,并非在原诉讼时效期间内发生,不符合本条规定的要件,不发生再次延期届满。[82] 本评注并不赞同该观点。首先,从本条第2款的文义来看,"满六个月,诉讼时效期间届满"所指的应该是通常情况下(即不再发生中止事由),自中止事由消除之日起满6个月诉讼时效期间届满,其并没有明确排除在这6个月内再次延期的可能性。其次,本条的效果是诉讼时效期间延期届满,那么

---

[80] 参见黄薇主编:《中华人民共和国民法典总则编释义》,法律出版社2020年版,第521页。

[81] 参见陈甦主编:《民法总则评注》(下册),法律出版社2017年版,第1395页(周江洪执笔)。

[82] 参见陈甦主编:《民法总则评注》(下册),法律出版社2017年版,第1396页(周江洪执笔)。

【诉讼时效期间的中止】

延长的期间与延长之前的期间不应存在实质差别,文义上均属于本条第1款所说的"诉讼时效期间"。如再次发生权利人不能行使权利的障碍,其利益状况与一般时效期间进行中的障碍没有差别,不应区别对待。因此,即使诉讼时效已经中止过一次或多次,只要满足本条第1款的前提条件,诉讼时效均中止,并在中止事由消除后经过6个月诉讼时效才届满。

2. 中止事由消除的判断

根据本条第2款,6个月的时效期间从中止事由消除之日起计算。所谓中止事由消除之日,即权利人行使请求权的障碍消除之日,例如疫情结束、管制措施解除等。如果导致时效中止的事由的障碍程度显著降低,不会妨碍权利人行使请求权,亦应认为中止事由已经消除。

此外,应注意以下两种特殊情况:第一,如果是行为能力欠缺者没有法定代理人,通常为其重新选定法定代理人之日是障碍消除之日,但如果在为其选定法定代理人之前,其已经具备完全行为能力,可以独立行使请求权,应认定为诉讼时效中止事由已经消除。第二,在因夫妻关系或家庭关系而导致诉讼时效中止的情形中,通常这种关系的结束之日为诉讼时效中止事由消除之日,但如果权利人已经实际向义务人主张请求权,则说明家庭或婚姻关系不构成其行使权利的障碍,无须适用诉讼时效中止规则。

3. 诉讼时效中止的效力范围

(1)时效中止的绝对性?

有观点认为,由于诉讼时效中止的事由并非基于权利人的个人关系,而系有窒碍难行的事实,因此诉讼时效中止对任何人都有效力,具有绝对性。[83] 笔者不赞同这种观点。诉讼时效中止事由虽然多属于客观事实,但称其"对任何人都有效力""具有绝对性"并不妥当。诉讼时效中止的效果是使诉讼时效期间得以延期届满。按照《民法典》第193条的规定,法院不得主动适用诉讼时效的规则,因此若非义务人援引时效抗辩权,并不发生时效中止的适用,只有义务人援引时效抗辩权,权利人为了

---

[83] 参见施启扬:《民法总则》(修订第八版),中国法制出版社2010年版,第354页;赞同此种观点者,参见陈华彬:《民法总则》,中国政法大学出版社2017年版,第684页。

对抗,才需要援引时效中止的规则。[84] 如果权利人并不援引时效中止事由,其他人无权越俎代庖。因此,时效中止规则只在特定的请求权人与被请求人之间发生效力。

(2) 按份之债

《民法典》第 517 条第 1 款规定:"债权人为二人以上,标的可分,按照份额各自享有债权的,为按份债权;债务人为二人以上,标的可分,按照份额各自负担债务的,为按份债务。"根据立法机关的释义,该条包含按份之债的内外部效力,即各债权人之间对内按照份额分享权利,对外按照各自份额行使权利;各债务人之间对内按照份额分担债务,对外按照各自份额履行债务。[85] 据此,各按份债权人可分别主张权利,各按份债务人分别履行债务,对其中一人所生之诉讼时效中止事由,不应及于其他的债权人或债务人。[86]

(3) 连带之债

《民法典》第 520 条、第 521 条关于连带之债对外的涉他效力作出列举性规定,其中并不包括诉讼时效障碍事由。根据《诉讼时效若干规定(2020)》第 15 条规定,在连带债权与连带债务中,诉讼时效中断具有涉他效力,但未规定时效中止是否具有涉他效力。学理上认为,诉讼时效中止为相对效力事项,连带债权人一人存在不能行使请求权的障碍时,其他连带债权人的诉讼时效并不因此中止;债权人对连带债务人中一人存在不能行使请求权的障碍的,对其他连带债务人的诉讼时效不因此中止。[87] 在连带债权中,每个连带债权人均可独立地向债务人主张权利,即权利的主张不必共同为之,其中一个连带债权人遇有不能主张权利的障碍,并不会妨碍其他债权人主张权利;相应地,连带债务中,债权人可

---

[84] 参见陈甦主编:《民法总则评注》(下册),法律出版社 2017 年版,第 1397 页(周江洪执笔)。

[85] 参见黄薇主编:《中华人民共和国民法典合同编释义》,法律出版社 2020 年版,第 122 页。

[86] 按份债权人或按份债务人在对外效力上具有关联性主要体现在同时履行抗辩、解除等方面。参见王洪亮:《债法总论》,北京大学出版社 2016 年版,第 487 页、第 493 页。

[87] 参见李宇:《民法总则要义:规范释论与判解集注》,法律出版社 2017 年版,第 924 页。

对每个连带债务人主张权利,债权人针对其中一个连带债务人的权利无法主张,并不妨碍向其他债务人主张权利。因此,笔者赞同诉讼时效中止的效力不及于其他连带债权人或连带债务人。

(4)保证债务

①主债务诉讼时效中止效力是否及于保证债务

《担保法解释》(已失效)第36条第2款规定:"一般保证和连带责任保证中,主债务诉讼时效中止的,保证债务的诉讼时效同时中止。"之所以作此规定,主要是考虑到诉讼时效的中止,是因非当事人所能控制的客观原因而产生,如因不可抗力或者其他障碍不能行使请求权。这些情况往往对主合同当事人或对保证合同当事人,都同样产生影响。因此,无论对于主债务还是保证债务均应一律对待,主债务诉讼时效中止,保证债务的诉讼时效也应当同时中止。《民法典》并未明确吸收上述规则,有学者主张(肯定说),该规则体现了保证债务从属性的要求,在《民法典》施行后仍应作此解释。[88] 但反对的观点(否定说)认为,尽管债权人对债务人主张权利时遭遇不可抗力、法定代理人未确定等事由而使时效中止,但保证人与债务人不可能是同一个人,未必发生同样的障碍。因此,保证债务诉讼时效是否构成中止,应当独立判断。[89]《民法典》颁布之后,也有学者认为,《民法典》删除了上述错误的司法解释规则是"拨乱反正",肯定说错误地扩大了保证债务从属性原理的适用范围。[90]

笔者原则上赞同否定说,并主张应区分不同情况分别对待。在连带保证中,根据《民法典》第688条第2款的规定,在债务人不履行到期债务时,债权人可以选择向债务人或连带保证人主张权利。可见,债务人与连带保证人之间形成一种连带债务关系。根据上文所述连带债务的诉讼时效障碍规则,时效中止事由不具有涉他效力,因此,债权人对债务人与对连带保证人的请求权诉讼时效中止事由,应分别判断。与此同时,还须注意如下特殊情况:其一,如果导致请求权不能行使的事由存在于权利人

---

[88] 参见杨巍:《保证债务与主债务的诉讼时效关联》,《法学》2020年第6期,第26页。

[89] 参见张鹏:《我国保证债务诉讼时效问题研究》,《中外法学》2011年第3期,第556—557页。

[90] 参见石冠彬:《论保证债务诉讼时效与主债务诉讼时效的关联性》,《浙江社会科学》2020年第12期,第62—64页。

一方,如权利人为限制行为能力人且没有法定代理人,则无论对于债务人还是连带保证人的请求权都无法行使,因此债权人对于债务人与保证人的请求权诉讼时效均中止;其二,如果导致请求权不能行使的事由存在于义务人一方,如债务人死亡,其继承人或遗产管理人尚未确定,则债权人对债务人的诉讼时效中止,但这并不妨碍其对连带保证人主张权利,债权人对连带保证人的请求权的诉讼时效不发生中止。[91]

71　　在一般保证中,根据《民法典》第 694 条第 1 款规定,保证债务诉讼时效的起算须满足以下要件:其一,债权人在保证期间届满前对债务人提起诉讼或申请仲裁;其二,保证人拒绝承担保证责任的权利消灭。既然一般保证诉讼时效的起算前提是债权人已经对主债务人提起诉讼,并且依据生效判决申请强制执行,那么如果债权人因时效中止事由无法对债务人主张权利、提起诉讼,则保证债务的诉讼时效根本不起算。因此,便不存在主债权的诉讼时效中止,是否及于保证债务诉讼时效的问题。

72　　此外,根据《民法典担保制度解释》第 28 条第 2 款规定,一般保证的债权人在保证期间届满前对债务人提起诉讼或者申请仲裁,债权人举证证明存在《民法典》第 687 条第 2 款但书规定情形的,保证债务的诉讼时效自债权人知道或者应当知道该情形之日起开始计算。可见,即使在保证人不享有先诉抗辩权的情况下,保证债务诉讼时效的起算亦以债权人向法院提起诉讼或申请仲裁为前提。换言之,债权人对债务人提起诉讼或申请仲裁时,已无适用诉讼时效中止的必要,并有可能起算保证债务的诉讼时效。因此,此时无所谓保证债务诉讼时效是否随主债务诉讼时效的中止而中止。[92]

②保证债务诉讼时效中止效力是否及于主债务

73　　有观点认为,对于保证债务时效中止对主债务时效中止的影响,应贯彻保证债务从属性的单向性,即保证债务时效中止原则上不导致主债务时效中止,但法律有特殊规定的除外。具体而言,一般保证债务时效中止的,主债务时效不中止;连带责任保证债务时效中止的,主债务时效中止

---

[91] 相同观点,参见谢鸿飞、朱广新主编:《民法典评注·合同编·典型合同与准合同 2》,中国法制出版社 2020 年版,第 94 页(夏昊晗执笔)。

[92] 相同观点,参见石冠彬:《论保证债务诉讼时效与主债务诉讼时效的关联性》,《浙江社会科学》2020 年第 12 期,第 64 页。

【诉讼时效期间的中止】

(类推适用《诉讼时效若干规定(2008)》第17条第2款)。[93] 这种观点并不妥当。无论连带保证还是一般保证,债权人对保证人主张请求权出现不能行使权利的障碍,均不会影响其向主债务人主张请求权,因此保证债务诉讼时效中止,不影响债权人对主债务人所享有之请求权的诉讼时效。而且,一般保证债务诉讼时效只有当保证人先索抗辩权消灭之日起才开始起算(《民法典》第694条),此时关于主债务纠纷的裁判通常已经执行终结,并不存在主债务诉讼时效的问题。因此,一般保证债务诉讼时效的中断或者中止,不可能引起主债务诉讼时效的中断或中止,两者根本不在同一"时空"内。[94]

五、本条与特别法上时效中止规则的衔接

特别法上亦有关于诉讼时效中止的规定,如《国家赔偿法》第39条第2款规定:"赔偿请求人在赔偿请求时效的最后六个月内,因不可抗力或者其他障碍不能行使请求权的,时效中止。从中止时效的原因消除之日起,赔偿请求时效期间继续计算。"《海商法》第266条规定:"在时效期间的最后六个月内,因不可抗力或者其他障碍不能行使请求权的,时效中止。自中止时效的原因消除之日起,时效期间继续计算。"《民航行政机关行政赔偿办法》第50条第2款规定:"赔偿请求人在赔偿请求时效的最后六个月内,因不可抗力或者其他障碍不能行使请求权的,时效中止。从中止时效的原因消除之日起,赔偿请求时效期间继续计算。"《劳动争议调解仲裁法》第27条第3款规定:"因不可抗力或者有其他正当理由,当事人不能在本条第一款规定的仲裁时效期间申请仲裁的,仲裁时效中止。从中止时效的原因消除之日起,仲裁时效期间继续计算。"从其行文来看,这些规定均照搬了《民法通则》(已失效)第139条的规定,在《民法典》施行以后,《民法通则》(已失效)即不再适用。而且《民法典》第194条对权利人提供更优待的保护,其立法目的应统一贯彻于所有时效中止

---

[93] 参见杨巍:《保证债务与主债务的诉讼时效关联》,《法学》2020年第6期,第26页。

[94] 参见石冠彬:《论保证债务诉讼时效与主债务诉讼时效的关联性》,《浙江社会科学》2020年第12期,第64页。

的规定之中。[95]

75　　值得注意的是,根据《执行程序解释(2020)》第 19 条:"在申请执行时效期间的最后 6 个月内,因不可抗力或者其他障碍不能行使请求权的,申请执行时效中止。从中止时效的原因消除之日起,申请执行时效期间继续计算。"作为《民法典》施行以后新修订的司法解释,其关于执行时效中止问题所采取的仍是《民法通则》(已失效)中的规范模式,这与《民法典》第 194 条的精神存在矛盾,应予以修改。

六、证明责任

76　　在民事诉讼中,义务人若主张请求权已经过诉讼时效期间,并提出时效抗辩权,权利人主张诉讼时效中止因而未超过诉讼时效,则应当举证证明存在本条所规定的诉讼时效中止事由以及中止事由消除的时间。义务人对此有异议的,可以提供相反的证据,证明相关情事不足以影响或阻碍权利人主张权利,或者在权利人主张权利的 6 个月以前,导致时效中止的障碍就已经消除。

参考文献

1. 陈华彬:《民法总则》,中国政法大学出版社 2017 年版。
2. 陈甦主编:《民法总则评注》(下册),法律出版社 2017 年版。
3. 崔建远等编著:《民法总论》(第三版),清华大学出版社 2019 年版。
4. 段晓娟:《我国诉讼时效中止若干问题研究》,《法律适用》2008 年第 11 期。
5. 房绍坤:《诉讼时效停止制度的立法选择》,《广东社会科学》2016 年第 1 期。
6. 冯恺:《诉讼时效制度研究》,山东人民出版社 2007 年版。
7. 郭峰:《子女请求父母履行赠与约定应受诉讼时效约束》,《人民司法·案例》2015 年第 12 期。
8. 韩富鹏:《新冠肺炎疫情纠纷处理中不可抗力与情势变更的适用》,《政法学刊》2020 年第 5 期。

---

[95] 参见李宇:《民法总则要义:规范释论与判解集注》,法律出版社 2017 年版,第 925 页。

9. 黄薇主编:《中华人民共和国民法典总则编释义》,法律出版社 2020 年版。
10. 黄薇主编:《中华人民共和国民法典合同编释义》,法律出版社 2020 年版。
11. 李昊、刘磊:《〈民法典〉中不可抗力的体系构造》,《财经法学》2020 年第 5 期。
12. 李永军:《民法总则》,中国法制出版社 2018 年版。
13. 李宇:《民法总则要义:规范释论与判解集注》,法律出版社 2017 年版。
14. 梁慧星:《民法总论》(第四版),法律出版社 2011 年版。
15. 梁慧星主编:《中国民法典草案建议稿附理由·总则编》,法律出版社 2013 年版。
16. 石冠彬:《论保证债务诉讼时效与主债务诉讼时效的关联性》,《浙江社会科学》2020 年第 12 期。
17. 施启扬:《民法总则》(修订第八版),中国法制出版社 2010 年版。
18. 史尚宽:《民法总论》,中国政法大学出版社 2000 年版。
19. 佟柔主编:《中国民法学·民法总则》,中国人民公安大学出版社 1990 年版。
20. 王洪亮:《债法总论》,北京大学出版社 2016 年版。
21. 王利明主编:《中国民法典学者建议稿及立法理由·总则编》,法律出版社 2005 年版。
22. 王轶:《新冠肺炎疫情、不可抗力与情势变更》,《法学》2020 年第 3 期。
23. 谢鸿飞、朱广新主编:《民法典评注·合同编·典型合同与准合同 2》,中国法制出版社 2020 年版。
24. 杨巍:《民法时效制度的理论反思与案例研究》,北京大学出版社 2015 年版。
25. 杨巍:《保证债务与主债务的诉讼时效关联》,《法学》2020 年第 6 期。
26. 张驰:《诉讼时效中止事由范围及其效力》,《法学》1997 年第 6 期。
27. 张力、郑志峰《中止抑或不完成:诉讼时效完成障碍之婚姻关系——由一个案例引发的思考》,《河北法学》2015 年第 5 期。
28. 张鹏:《我国保证债务诉讼时效问题研究》,《中外法学》2011 年第 3 期。
29. 张雪楳:《诉讼时效前沿问题审判实务》,中国法制出版社 2014 年版。
30. 朱虎:《诉讼时效制度的现代更新——政治决断与规范技术》,《中国高校社会科学》2017 年第 5 期。
31. 朱庆育:《民法总论》(第二版),北京大学出版社 2016 年版。
32. 朱晓喆:《诉讼时效制度的价值基础与规范表达——〈民法总则〉第九章评释》,《中外法学》2017 年第 3 期。
33. 最高人民法院民事审判第二庭编著:《最高人民法院关于民事案件诉讼时

效司法解释理解与适用》，人民法院出版社 2015 年版。

34. 最高人民法院民法典贯彻实施工作领导小组主编:《中华人民共和国民法典总则编理解与适用》，人民法院出版社 2020 年版。

35. ［德］莱因哈德·齐默曼:《德国新债法:历史与比较的视角》，韩光明译，法律出版社 2012 年版。

36. Zimmermann, Comparative Foundations of a European Law of Set-Off and Prescription, Cambridge University Press, 2003.

案例索引

1. 北京市第二中级人民法院(2013)二中民终字第 15846 号民事判决书，桂凤利与裴焕泉生命权、健康权、身体权纠纷案。

2. 重庆市高级人民法院(2015)渝高法民终字第 00472 号民事判决书，重庆渝西半岛实业有限公司与重庆中奥实业有限公司项目转让合同纠纷案。

3. 重庆市高级人民法院(2018)渝民申 1967 号民事裁定书，重庆全发药业(集团)有限责任公司与久桓地产公司建设用地使用权合同纠纷案。

4. 广东省高级人民法院(2016)粤民申 8023 号民事裁定书，胡巍与深圳三纬创新科技有限公司劳动合同纠纷案。

5. 贵州省高级人民法院(2017)黔民申 1096 号民事裁定书，向小洪与杨应学生命权、健康权、身体权纠纷案。

6. 甘肃省高级人民法院(2019)甘民申 1834 号民事裁定书，杨志俊与陈得荣不当得利纠纷案。

7. 广东省广州市中级人民法院(2016)粤 01 民终 9712 号民事裁定书，余荣华与孔昌盛、黄凤彩、孔宪敬机动车交通事故责任纠纷案。

8. 贵州省遵义市中级人民法院(2017)黔 03 民终 5584 号民事判决书，王长珍与正安县人民医院医疗损害责任纠纷案。

9. 广西壮族自治区桂林市中级人民法院(2019)桂 03 民终 1123 号民事判决书，何弟首与蒋锡银机动车交通事故责任纠纷案。

10. 广东省清远市中级人民法院(2019)粤 18 民终 200 号民事判决书，赵淑广与莫庆剑民间借贷纠纷案。

11. 贵州省六盘水市中级人民法院(2019)黔 02 民终 266 号民事判决书，王芳与龙飞民间借贷纠纷案。

12. 河南省高级人民法院(2015)豫法民提字第 00244 号民事裁定书，刘伟与张海利买卖合同纠纷案。

13. 黑龙江省高级人民法院(2017)黑民再 464 号民事判决书，李鸿雁与董刚

【诉讼时效期间的中止】 第 194 条

民间借贷纠纷案。

14. 湖南省常德市中级人民法院(2015)常民再字第 16 号案件民事判决书,陈文军与江菊元、常德市美丽房地产开发公司债务转移合同纠纷案。

15. 湖南省株洲市中级人民法院(2018)湘 02 民初 108 号民事判决书,姜久光与湖南江鸿置业有限公司、株洲市中诚房地产开发有限责任公司民间借贷纠纷案。

16. 吉林省高级人民法院(2020)吉民申 305 号民事裁定书,徐顺宝与黄少凡吉林上东投资管理有限责任公司民间借贷纠纷案。

17. 吉林省通化市中级人民法院(2015)通中民一终字第 155 号民事判决书,郑吉崇与赵长华民间借贷纠纷案。

18. 江苏省宿迁市中级人民法院(2019)苏 13 民终 4904 号民事判决书,宿迁市致富皮业有限公司与宿迁申华工业园发展有限公司破产债权确认纠纷案。

19. 江苏省南通市中级人民法院(2020)苏 06 民终 1715 号民事裁定书,刘勇劳动争议纠纷案。

20. 辽宁省高级人民法院(2019)辽民申 4803 号民事裁定书,大连澳光农化有限公司与大连唐家房富田农资经销处买卖合同纠纷案。

21. 辽宁省锦州市中级人民法院(2014)锦民一终字第 00112 号民事判决书,锦州建筑安装有限责任公司与柳和确认劳动关系纠纷案。

22. 辽宁省沈阳市中级人民法院(2016)辽 01 民终 13241 号民事判决书,孙素清与沈阳高新人力资源服务有限公司、沈阳市浑南区城市管理和行政执法局劳务合同纠纷案。

23. 辽宁省铁岭市中级人民法院(2019)辽 12 民终 475 号民事判决书,郝蕊与苗春英民间借贷纠纷案。

24. 内蒙古自治区高级人民法院(2015)内民三终字第 00011 号民事判决书,甄伟朝与内蒙古对外贸易经济合作(集团)有限责任公司建设工程施工合同纠纷案。

25. 内蒙古自治区高级人民法院(2017)内民申 2061 号民事裁定书,内蒙古中辉房地产开发有限责任公司与赤峰巨恒建筑工程有限责任公司建设工程施工合同纠纷案。

26. 山西省高级人民法院(2014)晋民终字第 236 号民事判决书,武汉鹏宙废旧物资回收有限公司与山西太钢不锈钢股份有限公司买卖合同纠纷案。

27. 四川省高级人民法院(2014)川民申字第 1960 号民事裁定书,孔德斌与刘寿元民间借贷纠纷案。

28. 四川省高级人民法院(2015)川民申字第 557 号民事裁定书,颜鲁国、资阳市国明有限公司与四川省巨大科技有限公司民间借贷纠纷案。

29. 山东省高级人民法院(2016)鲁民再 128 号民事判决书,高梅元与枣庄矿业(集团)有限责任公司、枣庄矿业(集团)有限责任公司机关事务管理处企业承包经营合同纠纷案。

30. 四川省高级人民法院(2018)川民申 4971 号民事裁定书,北川羌族自治县农村信用合作联社与魏福云借记卡纠纷案。

31. 上海市高级人民法院(2020)沪民终 45 号民事判决书,阳光财产保险股份有限公司航运保险运营中心与上海中谷物流股份有限公司海上货物运输合同纠纷案。

32. 上海市第二中级人民法院(2015)沪二中民四(商)终字第 978 号民事判决书,英美景记国际有限公司等与上海杰美体育娱乐有限公司利益责任纠纷案。

33. 山东省济南市中级人民法院(2014)济民四终字第 715 号民事判决书,高玲与蓬玉鹏生命权纠纷案。

34. 陕西省渭南市中级人民法院(2017)陕 05 民终 287 号民事判决书,苏建印与宋凤鸣、刘红侠房屋租赁合同纠纷案。

35. 新疆维吾尔自治区高级人民法院(2014)新民二初字第 12 号民事判决书,吴俊柏与卓志兴侵权责任纠纷案。

36. 最高人民法院(2013)民申字第 2181 号民事裁定书,南京徐工汽车制造有限公司与江苏春兰自动车有限公司、春兰(集团)公司损害公司利益责任纠纷案。

37. 最高人民法院(2015)民申字第 537 号民事裁定书,科朗曼化工(武汉)有限公司与云南澄江天辰磷肥有限公司建设工程施工合同纠纷案。

38. 最高人民法院(2018)最高法民申 2386 号民事裁定书,陈金奖与吴流氓海上、通海水域人身损害责任纠纷案。

39. 浙江省高级人民法院(2016)浙民再 237 号民事判决书,俞圣家、俞林刚合同纠纷案。

40. 浙江省嘉兴市中级人民法院(2013)浙嘉民终字第 666 号民事判决书,嘉兴市秀城区不锈钢设备总厂与徐朱房屋买卖合同纠纷案。

41. 河南省融资公司与河南省证券有限责任公司资金拆借合同纠纷案,法宝引证码:CLI.C.330361。

第一百九十五条 【诉讼时效的中断】

有下列情形之一的,诉讼时效中断,从中断、有关程序终结时起,诉讼时效期间重新计算:
（一）权利人向义务人提出履行请求;
（二）义务人同意履行义务;
（三）权利人提起诉讼或者申请仲裁;
（四）与提起诉讼或者申请仲裁具有同等效力的其他情形。

目 录

一、规范目的 …………………………………………………… 207
二、立法沿革与比较法例 ………………………………………… 208
　（一）立法沿革 …………………………………………… 208
　（二）比较法例 …………………………………………… 209
三、诉讼时效中断的适用前提 …………………………………… 211
四、诉讼时效的法定中断事由及重新起算时点 ………………… 212
　（一）权利人向义务人提出履行请求（《民法典》第 195 条第 1 项） …… 212
　　1. 诉讼外请求的法律性质 ………………………………… 212
　　2. 诉讼外请求的构成要件 ………………………………… 212
　　　（1）提出履行请求的权利人 …………………………… 212
　　　（2）具有受领权限的义务人 …………………………… 214
　　　（3）提出履行义务的请求 ……………………………… 216
　　3. 诉讼外请求到达义务人 ………………………………… 223
　　　（1）一般规则 ………………………………………… 223
　　　（2）具体情形（《诉讼时效若干规定（2020）》第 8 条）…… 224
　　4. 诉讼时效中断及重新计算的时点 ……………………… 230
　（二）义务人同意履行义务（《民法典》第 195 条第 2 项） …… 230
　　1. 义务人同意履行的法律性质 …………………………… 230
　　2. 义务人同意履行的构成要件 …………………………… 231
　　　（1）义务人及享有处分权限的人 ……………………… 231

(2)同意履行义务 ……………………………………………… 231
　　(3)义务人同意履行的表示到达权利人 ………………… 238
　3.诉讼时效中断及重新计算的时点 ………………………… 238
(三)权利人提起诉讼或申请仲裁(《民法典》第 195 条第 3 项) ……… 239
　1.提起诉讼 …………………………………………………… 239
　　(1)诉讼的类型 …………………………………………… 239
　　(2)符合起诉的一般要件 ………………………………… 241
　　(3)撤诉是否影响诉讼时效中断 ………………………… 244
　　(4)债权人提起代位权诉讼 ……………………………… 246
　2.申请仲裁 …………………………………………………… 247
　3.诉讼时效中断及重新计算的时点 ………………………… 248
　　(1)一般标准 ……………………………………………… 248
　　(2)原告胜诉 ……………………………………………… 248
　　(3)原告败诉 ……………………………………………… 251
(四)与提起诉讼或申请仲裁具有同等效力的其他情形
(《民法典》第 195 条第 4 项) ……………………………… 251
　1.申请支付令 ………………………………………………… 252
　2.申请破产、申报破产债权 ………………………………… 253
　　(1)债权人对破产的债务人所享有之债权 ……………… 253
　　(2)破产的债务人对外所享有之债权 …………………… 256
　3.为主张权利而申请宣告义务人失踪或死亡 ……………… 257
　4.申请诉前财产保全、诉前临时禁令等诉前措施 ………… 258
　5.申请强制执行 ……………………………………………… 259
　6.申请追加当事人或者被通知参加诉讼 …………………… 260
　7.在诉讼中主张抵销 ………………………………………… 261
　8.其他与提起诉讼具有同等诉讼时效中断效力的事项 …… 262
　9.向有权解决民事纠纷的社会组织提出保护民事权利的请求 ……… 263
　　(1)诉讼时效中断的前提条件 …………………………… 263
　　(2)诉讼时效中断及重新计算的时点 …………………… 265
　10.权利人向公检法报案或控告 …………………………… 265
　　(1)诉讼时效中断的前提条件 …………………………… 266
　　(2)诉讼时效中断及重新计算的时点 …………………… 266
五、诉讼时效中断的法律效力 ………………………………………… 267
(一)诉讼时效期间重新计算 ……………………………………… 267
(二)诉讼时效中断的效力范围 …………………………………… 268

1.原则:相对效力 …………………………………………… 268
　　　2.例外:涉他效力 …………………………………………… 269
　　　　(1)连带之债时效中断的涉他效力 ……………………… 269
　　　　(2)主债务与保证债务的时效中断 ……………………… 270
　　　　(3)主债务时效中断是否及于物上担保 ………………… 272
　　　　(4)利息等其他从权利 …………………………………… 273
六、证明责任 ……………………………………………………… 273
参考文献 …………………………………………………………… 274
案例索引 …………………………………………………………… 276

一、规范目的

　　本条是关于诉讼时效中断的基础规范。所谓诉讼时效中断,是指已经经过的时效期间因特定情事的发生而全部忽略,时效期间重新计算。诉讼时效中断与诉讼时效制度的制度价值密切相关。根据立法机关的解释,如果在诉讼时效期间内出现了与"权利人不行使权利"相反的事实,就应使经过的时效期间归于无效,否则就背离了诉讼时效制度的设立宗旨。[1] 学界也认为,诉讼时效制度原本在于使权利上睡眠之人承受不利益,并保护义务人。若权利人已积极行使权利,则无减损其权利效力之正当性;若义务人同意履行义务,权利人有理由等待义务人履行,不能反而因此构成怠于行使权利,且义务人既自愿同意履行,亦无强加保护之必要。[2]

　　诉讼时效中断制度的价值也可以从澄清权利义务关系的角度得到论证:时效是将人们从维持清晰事实关系的负担和危险中解放出来的制度,那么时效障碍就是防止事实关系暧昧化,如果事实关系或当事人之间的权利义务关系得到了澄清,则不妨使诉讼时效重新开始计算。[3] 换言之,通过权利人的主张或义务人的承认,原本模糊的事实关系得到再次确

---

〔1〕 参见黄薇主编:《中华人民共和国民法典总则编释义》,法律出版社2020年版,第524页。
〔2〕 参见李宇:《民法总则要义:规范释论与判解集注》,法律出版社2017年版,第926页;相同观点,亦见崔建远等编著:《民法总论》(第三版),清华大学出版社2019年版,第288页;李永军:《民法总则》,中国法制出版社2018年版,第866页。
〔3〕 参见解亘:《〈民法总则(草案)〉中时效制度的不足》,《交大法学》2016年第4期,第56页。

认,则诉讼时效应重新开始计算。

3 　　本条规定四种时效中断事由,可分为两类:(1)权利行使型中断事由;(2)债务承认型中断事由。[4] 前者包括权利人向义务人提出履行请求权、权利人提起诉讼或者申请仲裁、与提起诉讼或者申请仲裁具有同等效力的其他情形。在此类情形中,因为权利人没有怠于主张权利,而是积极行使自己的请求权,特别是权利人以诉讼方式主张自己的权利,故而双方势必开始收集、保存证据,事实关系的进一步暧昧由此得到遏制。[5] 此类情形使诉讼时效中断,正契合诉讼时效的价值目的。在后者情形中,债务人的承认一方面使权利义务关系得到澄清,[6] 另一方面造成了债权人对债务人会正常履行的信赖,基于诚实信用原则应对债务人主张时效抗辩进行限制。[7] 因此,即使权利人没有积极行使权利,也可使诉讼时效中断。

二、立法沿革与比较法例

(一)立法沿革

4 　　本条源自《民法通则》(已失效)第 140 条,该条规定:"诉讼时效因提起诉讼、当事人一方提出要求或者同意履行义务而中断。从中断时起,诉讼时效期间重新计算。"《民法通则若干意见》(已失效)第 173 条第 1 款规定了诉讼时效中断后可以再次中断,第 2 款规定了向保证人、债务人的代理人或财产管理人主张权利,亦可使诉讼时效中断。《民法通则若干意见》(已失效)第 174 条将向人民调解委员会或者有关单位提出保护权利的请求也作为诉讼时效中断的事由。《诉讼时效若干规定(2008)》第

---

[4] 参见冯洁语:《诉讼时效正当理由和中断事由的重构》,《法律科学》2018 年第 4 期,第 133 页。

[5] 参见解亘:《〈民法总则(草案)〉中时效制度的不足》,《交大法学》2016 年第 4 期,第 56 页。

[6] 参见解亘:《〈民法总则(草案)〉中时效制度的不足》,《交大法学》2016 年第 4 期,第 56 页。

[7] 参见[日]松久三四彦:《時効制度の構造と解釈》,有斐阁 2011 年版,第 70 页。转引自冯洁语:《诉讼时效正当理由和中断事由的重构》,《法律科学》2018 年第 4 期,第 135 页。

【诉讼时效的中断】　　　　　　　　　　　5-6　　第 195 条

10 条至第 19 条对诉讼时效中断的事由、诉讼时效中断的效力等作出更详细的规定，尤其是第 13 条扩充了时效中断的事由，将申请仲裁、申请支付令、申请追加当事人等规定为与提起诉讼具有同等诉讼时效中断效力的事由；第 15 条将权利人向公安机关、检察院、法院报案或者控告亦作为诉讼时效中断事由；第 19 条将债权转让通知也规定为诉讼时效中断事由。

本条吸收了《诉讼时效若干规定（2008）》中的部分规定，将"申请仲裁"和"与提起诉讼或者申请仲裁具有同等效力的其他情形"规定为诉讼时效中断的事由，并且明确了诉讼时效期间是从中断或有关程序终结时起算，相比于《民法通则》（已失效）仅规定从中断时起算，更为精确严谨。

(二)比较法例

从晚近各国及地区的立法趋势来看，压缩诉讼时效中断的事由，以时效延期届满或中止取代中断，成为一种发展趋势，如德国在债法改革以前，原《德国民法典》第 208—217 条设有大量关于时效中断的规则，但根据现行《德国民法典》第 212 条，仅将以下两种情况规定为诉讼时效重新开始的事由：(1)债务人对权利人之请求权，为部分清偿、支付利息、提供担保或者以其他方法承认请求权；(2)采取或申请法院或机关之执行行为。日本也借鉴了德国的这种做法。原《日本民法典》第 147—157 条设有大量诉讼时效中断的法定事由，但在平成二十九年法律第四十四号修正案中，绝大多数诉讼时效中断事由被改为时效不完成事由，如裁判上之请求、催告、财产保全等。[8] 按照新修订的《日本民法典》，仅第 152 条第 1 款规定，存在权利承认之时，时效重新进行。《欧洲示范民法典草案》与《国际商事合同通则》也仅将债务人承认作为诉讼时效中断的事由。此外，《瑞士债务法》(第 135 条)、《魁北克民法典》(第 2892 条、第 2893 条、第 2898 条)、《俄罗斯联邦民法典》(第 203 条)几乎只将债务人承认与债权人通过司法途径主张权利，作为诉讼时效中断事由。我国也有学者建议，《民法典》应减少诉讼时效中断事由，[9] 但《民法

5

6

――――――――

〔8〕　参见王融擎编译：《日本民法：条文与判例》，法律出版社 2018 年版，第 121—126 页。

〔9〕　有学者建议仅将债务人承认债权和要求强制执行作为时效中断事由，参见朱岩：《消灭时效制度中的基本问题——比较法上的分析——兼评我国时效立法》，《中外法学》2005 年第 2 期，第 175—177 页。解亘：《〈民法总则(草案)〉中时效制度的不足》，《交大法学》2016 年第 4 期，第 56 页。

典》未采纳此类建议。

7　我国《民法典》关于时效中断的规则，在很大程度上借鉴了我国台湾地区"民法"，其中第 129 条将请求、承认、起诉以及与起诉具有同一效力的事项规定为诉讼时效中断事由。其特色在于，将债权人诉讼外的请求作为时效中断事由。有学者指出："将诉讼外的请求作为诉讼时效中断事由，源自日本民法，是日本的民法三杰之一的梅谦次郎博士率先提出来的。在日本民法的立法过程中，梅谦博士充分考虑到日本法律文化受到中国儒家法律文化的影响，日本人不愿意打官司，只规定权利人起诉导致时效中断，不符合日本国民性格，所以梅谦提出，应承认诉讼外的请求也可以中断诉讼时效。这个做法，通过日本人又传到了韩国和我国台湾地区。"[10] 但无论是日本还是我国台湾地区，对于诉讼外请求导致时效中断均设有限制期间，即权利人于请求后 6 个月内不起诉，诉讼时效视为不中断。史尚宽先生谓："若债务人否认债权人的请求权或无诚意履行，如请求权人经过相当时间并不起诉，则可认为无行使权利之决心，故应视为不中断。"[11] 可见，时效中断的核心要求仍在权利人是否起诉。我国从《民法通则》（已失效）到《民法典》都将诉讼外请求作为时效中断事由，但却未接受诉讼外请求导致诉讼时效中断的限制期间规则。[12]

8　《荷兰民法典》亦认可诉讼外请求可导致时效中断，其中第 3：317 条规定："1.债务履行请求权，其诉讼时效因债权人作出明确表示保留其履行请求权的书面催告或书面通知而中断。2.其他请求权的诉讼时效因书面催告而中断，但在该书面催告作出后 6 个月内必须作出前条规定的中断诉讼时效的行为。"可见其区分了债务履行请求权和其他请求权，并且债务履行请求权可因书面通知而中断时效。

9　此外，关于诉讼时效中断的效力范围，各国民法大多对于连带之债的时效中断是否具有涉他效力设有专门规定。否定涉他效力的，例如《德

---

〔10〕 张谷：《民法典合同编若干问题漫谈》，《法治研究》2019 年第 1 期，第 71 页。

〔11〕 史尚宽：《民法总论》，中国政法大学出版社 2000 年版，第 653 页。

〔12〕 《民法通则》（已失效）的参与制定者佟柔教授认为："（诉讼外）请求作为中断事由，以请求后 6 个月内起诉为条件。这些做法，从时效制度的宗旨来看，似乎并不合理。"参见佟柔主编：《中国民法学·民法总则》（修订版），人民法院出版社 2008 年版，第 238 页。

国民法典》第 425 条规定,对连带债务人之一的时效中断事项,对其他债务人不生效力。肯定涉他效力的,例如根据《瑞士债务法》第 136 条,诉讼时效中断在连带债务、保证债务中具有涉他效力;《魁北克民法典》区分了连带之债与可分之债,在前者,时效中断具有涉他效力(第 2900 条);在后者,时效中断仅有相对效力(第 2901 条)。我国最高人民法院在司法解释中亦有相关规定。

三、诉讼时效中断的适用前提

诉讼时效中断须具备如下的前提条件:

第一,存在法定的时效中断事由。诉讼时效中断的事由应由法律规定,包括《民法典》以及其他法律或司法解释的规定。根据《民法典》第 197 条第 1 款规定,当事人之间关于时效中断事由的约定无效,因此当事人不可通过约定扩张或限缩诉讼时效中断事由。

第二,诉讼时效已起算但未届满。诉讼时效中断的前提条件是诉讼时效必须已经开始起算,并且尚未届满。[13] 在诉讼时效开始起算前,因为权利人尚不知道自己的权利被侵害或义务人是谁,因此其无法主张权利。这里所说的时效尚未届满,不仅是指未超过普通诉讼时效或特殊诉讼时效期间,而且也指未超过最长诉讼时效 20 年。如果诉讼时效已经起算,且超过诉讼时效期间,义务人获得时效抗辩权,没有发生中断的必要。如果此时义务人表示同意履行义务,则属于诉讼时效抗辩权抛弃的问题,与诉讼时效中断无关。

第三,权利人提出时效中断的主张。依《民法典》第 193 条法院不得主动适用时效的规定,诉讼时效的中断同样应遵循当事人主义,当义务人援引时效抗辩权时,权利人为了对抗此等抗辩而援引时效中断的规定。[14]

---

〔13〕 参见黄薇主编:《中华人民共和国民法典总则编释义》,法律出版社 2020 年版,第 524 页。

〔14〕 参见陈甦主编:《民法总则评注》(下册),法律出版社 2017 年版,第 1405 页(周江洪执笔)。

四、诉讼时效的法定中断事由及重新起算时点

(一)权利人向义务人提出履行请求(《民法典》第 195 条第 1 项)

1. 诉讼外请求的法律性质

《民法典》第 195 条第 1 项规定的"权利人向义务人提出履行请求",又称诉讼外请求。关于其法律性质,学界存在不同认识。一种观点认为属于意思通知,即权利人向义务人行使请求权的意思通知。[15] 另一种观点认为属于意思表示,即权利人于诉讼外作出行使权利的意思表示,这种请求属于有相对人的意思表示,应当向债务人表示。[16] 意思通知的法律效果系于法律的直接规定,而权利人诉讼外请求导致时效中断的后果正是由法律规定,而非基于权利人的意思,即使权利人可能没有中断的意思,但依法仍会发生中断效果。[17] 因此,将权利人的诉讼外请求定性为意思通知更为合理。不过,这一区别的意义不大,因为意思通知原则上亦应类推适用意思表示和法律行为的规则。

2. 诉讼外请求的构成要件

(1)提出履行请求的权利人

根据本条第 1 项规定,诉讼外请求须由权利人提出。如前所述,请求

---

〔15〕 参见史尚宽:《民法总论》,中国政法大学出版社 2000 年版,第 650 页;施启扬:《民法总则》(修订第八版),中国法制出版社 2010 年版,第 340 页;李宇:《民法总则要义:规范释论与判解集注》,法律出版社 2017 年版,第 926 页;王利明主编:《中国民法典学者建议稿及立法理由·总则编》,法律出版社 2005 年版,第 429 页。司法实践中,亦有法院明确认为权利人的诉讼外请求属于意思通知,参见陈兴春与邵东华买卖合同纠纷案,山东省菏泽市中级人民法院(2016)鲁 17 民终 2579 号民事判决书。

〔16〕 参见龙卫球:《民法总论》,中国法制出版社 2001 年版,第 713 页;黄立:《民法总则》,中国政法大学出版社 2002 年版,第 479 页;黄薇主编:《中华人民共和国民法典总则编释义》,法律出版社 2020 年版,第 525 页;陈华彬:《民法总则》,中国政法大学出版社 2017 年版,第 686 页。

〔17〕 如史尚宽先生所言:"债权人之行为应视为请求与否,以其有无请求履行之意思之通知以为断。其具有中断时效之效力意思与否,在所不问。"史尚宽:《民法总论》,中国政法大学出版社 2000 年版,第 650 页。

【诉讼时效的中断】

属于准法律行为,权利人行使请求权的行为应类推适用行为能力制度的相关规则。这就要求请求权人原则上应为完全行为能力人,如其欠缺行为能力,应由法定代理人代理行使请求权。但根据《民法典》第 22 条之但书,限制行为能力人可以独立实施纯获利的法律行为,权利人行使请求权会使诉讼时效中断,为限制行为能力人带来法律上的利益,不会带来任何法律上的不利。因此,《民法典》第 22 条之但书可类推适用,纵使权利人为限制行为能力人,亦可独立提出行使权利的请求,发生诉讼时效中断的后果。

这里的权利人不仅包括权利人本人,亦包括其他有权代权利人行使权利的主体,包括权利人委托的律师等代理人,或财产代管人、破产管理人、遗产管理人等。司法实践中,法院认可没有领取营业执照的公司派出机构可以代公司(债权人)主张债权,[18]银行分行(债权人)的支行(分支机构)可以代银行主张债权,使诉讼时效中断。[19] 如果政府行政机关未直接参与民商事活动,但实质上是系争权利的所有者或管理者,其以作出政府文件方式向义务人主张权利,应认定为权利人主张权利,具有诉讼时效中断的效力;但如果政府机关仅作为管理部门,行使管理职权,作出管理、协调等行为,则不能认定为主张权利或同意履行义务的行为。[20] 债权让与中,在对债务人通知以前,受让人虽然已经成为新的债权人,但债权让与对债务人尚未发生效力,原债权人向债务人发出催收公告,亦对债务人发生诉讼时效中断的效力。[21]

根据《民法典》第 536 条规定,债务人对次债务人的债权诉讼时效即将届满,影响债权人的债权实现的,债权人可以代位向债务人的相对

---

[18] 参见中色(宁夏)东方集团有限公司与中国信达资产管理股份有限公司陕西省分公司保证合同纠纷案,最高人民法院(2011)民二终字第 27 号民事判决书。

[19] 参见中国东方资产管理公司武汉办事处与平安信托投资有限责任公司、中国平安人寿保险股份有限公司、武汉农村商业银行股份有限公司、北京王府井百货商业物业管理有限公司和陆氏实业(武汉)有限公司借款担保合同纠纷案,最高人民法院(2011)民二终字第 28 号民事判决书。

[20] 参见张雪楳:《诉讼时效前沿问题审判实务》,中国法制出版社 2014 年版,第 232—234 页。

[21] 参见河北辛集化工集团有限责任公司与浙江亚商投资管理有限公司与河北辛集化工集团有限责任公司保证合同纠纷案,最高人民法院(2014)民提字第 220 号民事判决书。

人请求其向债务人履行。这种代位权期前行使行为的目的是保存债务人的债权,可称此为"保存行为"。[22] 该行为不必像正常行使代位权那样,以诉讼方式为之,债权人诉讼外的主张即可认定为其已经代位向次债务人主张了权利,可以中断时效,保存债务人的债权。[23] 但须注意,根据本条,债权人之主张仅可使债务人对次债务人之债权的诉讼时效中断,其本身不会导致债权人对债务人之债权请求权的诉讼时效中断,这是因为,一方面,债权人向次债务人所提出之请求,其目的仅在于保存其享有之债权,而非对于债务人本身主张请求权;另一方面,债权人行使权利的催告须向债务人或其他具有受领权限的义务人作出,次债务人并无此等权限。而且,《诉讼时效若干规定(2020)》第 16 条[24]不能适用,因为债权人提起代位权诉讼引起对债务人的债权诉讼时效中断的理由在于,尽管起诉的被告不是债务人,但根据《合同法解释(一)》(已失效)规定,债务人应为第三人参加诉讼,债权人寻求司法救济,表明其不放弃债权的意思,[25] 而在代位权期前行使的场合,债务人并未参与其中。

(2)具有受领权限的义务人

17 根据本条第 1 项,诉讼外请求须向义务人提出。权利人向义务人提出履行请求即可使诉讼时效中断,虽然无须义务人同意履行或作出其他任何表示,但义务人须具有受领表示的权限。如果义务人是无行为能力人或限制行为能力人,必须向其法定代理人提出履行的请求。

18 学理上认为,受领的义务人不限于义务人本人,也包括其代理人、财产代管人、清算组织。[26] 这些主体都具有代为受领履行请求表示的权限,权利人对其主张权利,可对义务人发生效力。有学者认为,无权代

---

〔22〕 参见黄薇主编:《中华人民共和国民法典合同编释义》,法律出版社 2020 年版,第 169 页。

〔23〕 参见朱广新、谢鸿飞主编:《民法典评注·合同编通则2》,中国法制出版社 2020 年版,第 26 页(丁宇翔执笔)。

〔24〕 该条规定:"债权人提起代位权诉讼的,应当认定对债权人的债权和债务人的债权均发生诉讼时效中断的效力。"

〔25〕 参见最高人民法院民事审判第二庭编著:《最高人民法院关于民事案件诉讼时效司法解释理解与适用》,人民法院出版社 2015 年版,第 306 页。

〔26〕 参见陈甦主编:《民法总则评注》(下册),法律出版社 2017 年版,第 1406 页(周江洪执笔)。

理而代为受领请求(代收函件),如具有代理权之外观,权利人有理由相信代收人有代理权,仍发生诉讼时效中断的效力(类推适用《民法典》第172条)。[27] 最高人民法院亦有判决持此种观点。[28] 尤其是在义务人的法定代表人已经变更,但权利人对此并不知晓而且亦无过错的情况下,对债务人原法定代表人要求履行义务,仍可对义务人产生诉讼时效中断的效力。[29] 但是,如果权利人应当知道第三人没有代理权,则对第三人主张权利,不会使债权人对债务人所享有之债权请求权的诉讼时效中断。[30]

司法实践对于义务人的范围作了进一步扩张。最高人民法院有判决认为,在债务人(公司)已被吊销营业执照,债权人之请求权的诉讼时效期间即将届满的情况下,债权人向债务人的法定代表人、控股股东发送催款通知,表明其积极行使权利,债务人具有关联关系的公司签收该催款通知,可视为该催款通知已到达债务人。[31] 与之类似,债权人(农村信用社)在债务人(乡镇煤矿)政策性关闭,无法直接送达的情况下,向债务人工商登记的开办方(村委会)送达催收通知书,产生诉讼时效中断的效力。[32] 但如果债务人公司尚在正常经营,债权人可将催款函送至债务人住所地,而仅将之送往债务人控股股东住所地,则不发生权利人向义务人

---

〔27〕 参见李宇:《民法总则要义:规范释论与判解集注》,法律出版社2017年版,第927页。

〔28〕 参见河南华安建设集团有限公司与陈红租赁合同纠纷案,最高人民法院(2016)最高法民申1018号民事裁定书。

〔29〕 参见张雪楳:《诉讼时效前沿问题审判实务》,中国法制出版社2014年版,第229页。相关司法裁判,参见四川鼎鑫置业有限责任公司、成都制药一厂与成都制药一厂、承德市双滦区凯立德机电销售有限公司买卖合同纠纷案,最高人民法院(2014)民提字第67号民事判决书。

〔30〕 参见成都熊猫万国商城有限公司与香港DCA戚务诚建筑师事务所建设工程设计合同纠纷案,最高人民法院(2017)最高法民再63号民事判决书。

〔31〕 本案中,签收催款通知公司的控股股东及法定代表人是债务人的控股股东的配偶,并且债务人的控股股东也是该公司的控股股东。参见北京宏宇祥贸易有限责任公司与大同市宏安国际酒店有限责任公司合同、无因管理、不当得利纠纷案,最高人民法院(2016)最高法民终819号民事判决书。

〔32〕 参见沁源县韩洪乡野虎沟煤矿与沁源县农村商业银行股份有限公司借款合同纠纷案,山西省高级人民法院(2018)晋民申2433号民事裁定书。

提出履行请求的效力,诉讼时效不中断。[33]

20　　此外,有一种观点认为,请求也包括通过保证人间接向债务人提出的请求。[34]《民法通则若干意见》(已失效)第173条曾规定,权利人向义务人的保证人主张权利可使诉讼时效中断。但《民法典》没有吸收这一规定,而且该规定并不合理(详细参见后文有关诉讼时效中断效力范围的论述),前述观点不值赞同。

（3）提出履行义务的请求

①具体认定

21　　根据本项规定,诉讼时效的中断须权利人向义务人提出履行义务的请求。这里应对请求作广义解释,只要权利人表达出(要求义务人)履行义务的意思,无论是书面的或口头的,都可使时效中断。[35] 但也有学者主张,对于权利行使型中断事由应当严格解释,债权人应当限于以诉讼相当的方式主张权利。[36] 本条明确区分了权利人向义务人提出履行请求和权利人提起诉讼或申请仲裁等方式,因此将权利人主张权利限缩为以诉讼相当的方式,在解释论上难以成立。请求可以采用书面形式、口头形式或其他形式。[37] 所应履行的法律行为即使是要式行为,请求也不必依一定方式为之。[38] 请求的形式不可类推适用《民法典》第135条后段的规定,即不得约定请求必须采特定形式,因为根据《民法典》第197条之规定,改变中断事由的约定应属无效。[39]

---

〔33〕参见杭州和利时自动化有限公司与扬州高立达科技产业有限公司买卖合同纠纷案,江苏省扬州市中级人民法院(2020)苏10民终2242号民事判决书。

〔34〕参见陈华彬:《民法总则》,中国政法大学出版社2017年版,第686页。

〔35〕参见佟柔主编:《中国民法学·民法总则》(修订版),人民法院出版社2008年版,第238页;陈甦主编:《民法总则评注》(下册),法律出版社2017年版,第1406页(周江洪执笔)。

〔36〕参见冯洁语:《诉讼时效正当理由和中断事由的重构》,《法律科学》2018年第4期,第134页。

〔37〕参见陈兴春与邵东华买卖合同纠纷案,山东省菏泽市中级人民法院(2016)鲁17民终2579号民事判决书。

〔38〕参见施启扬:《民法总则》(修订第八版),中国法制出版社2010年版,第340页。

〔39〕参见李宇:《民法总则要义:规范释论与判解集注》,法律出版社2017年版,第927页。

【诉讼时效的中断】

提出履行义务的请求通常就是权利人通知义务人履行义务(催告)。其不以义务人同意为前提。权利人向义务人主张权利既可以采取明示的方式,也可以采取默示的方式。[40] 如果债权人对债务人享有数笔债权,须通过意思表示的解释确定债权人所主张的是哪一笔债权。

我国司法实践及学理上构建出履行义务请求的一些特殊情形,具体包括以下情形:

第一,典型的情形是债权人发送催收债权的通知。例如,《银行卡纠纷若干规定》第3条第2项规定,发卡行以向持卡人预留的电话号码、通讯地址、电子邮箱发送手机短信、书面信件、电子邮件等方式催收债权,导致诉讼时效中断。

第二,主张抵销。债权人向债务人主张抵销,无论是否具备抵销的要件,也不论是部分抵销还是全部抵销,均属于权利人主张自己的债权,诉讼时效中断。[41] 根据《诉讼时效若干规定(2020)》第8条第1款第3项之规定,当事人一方为金融机构,依照法律规定或者当事人约定从对方当事人账户中扣收欠款本息,亦属于权利人向义务人提出履行的请求。《银行卡纠纷若干规定》第3条第1项亦有相似规定。就具体效果而言,对于已经抵销的债权,债权已经消灭,自无所谓诉讼时效中断的问题;对于未抵销的部分,可发生诉讼时效的中断。[42]

第三,拒绝返还留置物或质押物。债务人或物上担保人请求债权人返还留置物或质押物时,债权人基于留置权或质押权而拒绝返还,属于主张自己的债权。[43]

第四,债权人对享有选择权的选择之债进行选择、对享有指定权的特

---

〔40〕 参见张雪楳:《诉讼时效前沿问题审判实务》,中国法制出版社2014年版,第182页。

〔41〕 参见史尚宽:《民法总论》,中国政法大学出版社2000年版,第651页;王利明主编:《中国民法典学者建议稿及立法理由·总则编》,法律出版社2005年版,第450页;李宇:《民法总则要义:规范释论与判解集注》,法律出版社2017年版,第928页。相关司法裁判,参见陈明俊与荆门市安洁物业服务有限公司民间借贷纠纷案,湖北省荆门市中级人民法院(2016)鄂08民终729号民事判决书。

〔42〕 参见张雪楳:《诉讼时效前沿问题审判实务》,中国法制出版社2014年版,第220页。

〔43〕 参见史尚宽:《民法总论》,中国政法大学出版社2000年版,第652页;王利明主编:《中国民法典学者建议稿及立法理由·总则编》,法律出版社2005年版,第450页。

27　　第五，行使同时履行抗辩权。在对方未履行时拒绝对方的履行请求，本质上属于向对方主张自己的债权，因而可以导致时效中断。[45] 最高人民法院有判决认为，在双务合同中，如果一方当事人以对方未履行相应义务为由而不履行合同相关义务，虽然其未直接主张相应权利，但通过不履行合同义务的方式进行抗辩，实际是对其权利的主张，诉讼时效应当中断。[46]

28　　第六，债权人向债务人发送对账单，属于请求的一种情形。债权人和债务人进行对账的，既含有债权人请求的意思，又含有债务人同意履行的意思，构成诉讼时效中断事由。[47] 根据《最高人民法院关于哈尔滨市商业银行银祥支行与哈尔滨金事达实业（集团）公司借款合同纠纷一案如何处理问题的答复》（法民二〔2001〕016号），债权人向债务人发出询证函，债务人在询证函上对尚欠贷款额予以确认并加盖公证，可以表明该询证函既有债权人追索债权的意思表示，又体现债务人对债务的确认，诉讼时效中断。但如果询证函明确载明作为复核账目之用，并未表明有催款结算之意，是否构成时效中断，存在不同认识。有法院认为并非属于请求履行之表示，不构成时效中断事由。[48] 但最高人民法院有判决指出："虽

---

[44] 参见史尚宽：《民法总论》，中国政法大学出版社2000年版，第652页；王利明主编：《中国民法典学者建议稿及立法理由·总则编》，法律出版社2005年版，第450页。

[45] 参见史尚宽：《民法总论》，中国政法大学出版社2000年版，第651页；黄薇主编：《中华人民共和国民法典总则编释义》，法律出版社2020年版，第526页；王利明主编：《中国民法典学者建议稿及立法理由·总则编》，法律出版社2005年版，第450页。

[46] 参见厦门福康经济发展有限公司与龙海市国土资源局建用地使用权出让合同纠纷案，最高人民法院（2017）最高法民终888号民事判决书。

[47] 参见李宇：《民法总则要义：规范释论与判解集注》，法律出版社2017年版，第928页；山西省经济建设投资集团有限公司与首钢长治钢铁有限公司等企业借贷纠纷案，最高人民法院（2017）最高法民申165号民事判决书；湖南金垣电力公司重庆乌江电力公司与花垣县供电公司供用电合同纠纷案，重庆市高级人民法院（2019）渝民终198号民事判决书。

[48] 参见山西能源产业集团煤炭营销有限公司与山西煤炭运销集团吕梁柳林有限公司、柳林县浩森煤炭购销有限责任公司买卖合同纠纷案，山西省高级人民法院（2019）晋民申1438号民事裁定书；武汉钢铁（集团）公司与武汉市青山区物资总公司买卖合同纠纷案，湖北省高级人民法院（2014）鄂民二终字第00135号民事判决书。

然债权人在询证函中注明该函仅作复核账目之用,并非催账结算之凭证,但由此仍能看出是双方对债权债务的重新确认。所谓复核账目,就是对账目的重新核对,并加以确认,如果没有确认的含义,复核将没有任何意义。而该询证函从形式到内容都充分体现了债权人要求债务人对债务加以确认的意思表示……应当认定询证函是双方当事人对债权债务的重新确认,双方当事人之间形成了新的债权债务关系,直接导致诉讼时效的重新计算。"[49] 上述最高人民法院的裁判观点应值赞同。

第七,政府作出文件。如果政府行政机构是争议权利的所有者或者管理者,其以作出政府文件的方式向相关义务人作出的主张权利的意思表示,应认定是权利人主张权利的方式,也具有诉讼时效中断的效力。[50]

第八,债权转让通知。根据《诉讼时效若干规定(2020)》第17条第1款规定,债权转让的,应当认定诉讼时效从债权转让通知到达债务人之日起中断。对此有学者提出批评意见,认为债权让与通知性质上属于准法律行为,效果上是创设债务人知悉债权让与的事实,与权利行使并无关系,最高人民法院在其审判实践中过于强调对债权人的保护,忽视了时效制度对债务人利益的衡量,背离了时效制度的正当性。[51] 实际上,最高人民法院也认识到了这一点,其指出:"仅告知债务人债权转让的事实而无主张权利的意思表示,一概认定其具有诉讼时效中断的效力,恐显绝对……债权转让通知具有诉讼时效中断效力的,应是在构成'当事人一方提出要求'的情形之下。或言之,应能够从债权人向债务人发出债权转让的事实中推出权利人有主张权利的意思表示这一要件……义务人在通知上签字或者盖章的,应认定义务人承认债务,构成义务人承认债务这一诉讼时效中断要件,也应具有诉讼时效中断的效力。"[52] 因此,在适用《诉讼时效若干规定(2020)》第17条第1款时,不能仅以债务人作出

---

[49] 河南省融资中心与河南省证券有限责任公司资金拆借合同纠纷案,法宝引证码:CLI.C.330361。

[50] 参见张雪楳:《诉讼时效前沿问题审判实务》,中国法制出版社2014年版,第233页。

[51] 参见冯洁语:《诉讼时效正当理由和中断事由的重构》,《法律科学》2018年第4期,第134页。

[52] 最高人民法院民事审判第二庭编著:《最高人民法院关于民事案件诉讼时效司法解释理解与适用》,人民法院出版社2015年版,第320页。

债权让与的通知即认定诉讼时效中断,还须具体判断债权人是否有主张债权的意思,或义务人是否有同意履行的意思。实践中,债权转让通知通常也包含催收的意思。

31　　第九,债权转让和催收的公告。根据《最高人民法院关于审理涉及金融资产管理公司收购、管理、处置国有银行不良贷款形成的资产的案件适用法律若干问题的规定》(法释〔2001〕12号,已失效)第10条第2句:"原债权银行在全国或者省级有影响的报纸上发布的债权转让公告或通知中,有催收债务内容的,该公告或通知可以作为诉讼时效中断证据。"另外,根据《最高人民法院对〈关于贯彻执行最高人民法院"十二条"司法解释有关问题的函〉的答复》(法函〔2002〕3号),金融资产管理公司可以在全国或省级有影响的报纸上发布有催收内容的债权转让公告或通知,由此使诉讼时效中断。根据《关于审理涉及金融不良债权转让案件工作座谈会纪要》(法发〔2009〕19号)第11条,国有银行或者金融资产管理公司,在全国或省级有影响的报纸上发布有催收内容的债权转让通知或公告的,该公告或通知之日应为诉讼时效的实际中断日,新的诉讼时效应自此起算。[53] 实践中还有法院进一步认为,公告催收债务的适用主体不限于国有银行和金融资产管理公司。[54] 此外,根据《诉讼时效若干规定(2020)》第8条第1款第4项的规定,"当事人一方下落不明,对方当事人在国家级或者下落不明的当事人一方住所地的省级有影响的媒体上刊登具有主张权利内容的公告的",也是催收公告导致诉讼时效中断的情形。[55]

②部分请求效力及于全部债权

32　　根据《诉讼时效若干规定(2020)》第9条的规定,权利人对同一债权中的部分债权主张权利,诉讼时效中断的效力及于剩余债权,但权利人明确表示放弃剩余债权的情形除外。按最高人民法院的解释,诉讼时效中断制

---

〔53〕 参见福建邦辉集团有限公司与厦门汇洋投资有限公司、福州邦辉大酒店有限公司借款合同纠纷案,福建省高级人民法院(2013)闽民终字第1313号民事判决书。

〔54〕 参见江西德广文化产业有限公司(原江西德广投资有限公司)与江西省生产资料总公司企业借贷纠纷案,江西省高级人民法院(2020)赣民终330号民事判决书。

〔55〕 这里的金融资产管理公司不限于四大资产公司,参见最高人民法院民事审判第二庭编著:《最高人民法院关于民事案件诉讼时效司法解释理解与适用》,人民法院出版社2015年版,第183—185页。

度是以保护债权人权利作为价值目标的,因此,在相关制度设计上,应作有利于债权人的理解。[56] 理论上支持者,例如史尚宽先生认为,从时效是关于证据的制度之立场,一部之请求,不妨使其成为全部债权的中断事由。[57]

债权的部分请求,效力是否及于全部债权,更多的是请求之意思解释的问题。[58] 只不过本条推定权利人对部分债权的请求及于剩余债权,除非其明确表示放弃。权利人在主张部分债权时,如果同时表示对于其余部分债权可以延期履行,可以理解为变更履行时间的意思表示,如果义务人同意,或者从其行为中推断出同意,这不是诉讼中断的问题,而是债的变更。另外,本条不仅适用于权利人于诉讼外主张权利,对于权利人通过诉讼或类似方式主张权利,亦可适用。[59]

本条适用的前提是权利人必须对"同一债权"中的"部分债权"主张权利。所谓同一债权,是指债权债务主体唯一、债权债务唯一的单一之债。[60] 司法实践中,以下情形对"部分债权"主张权利构成同一债权的诉讼时效中断:其一,利息债权与本金债权构成同一债权,仅主张本金债权或利息债权,亦可使另一债权的诉讼时效中断,[61] 这里的利息也包括迟

---

〔56〕 参见最高人民法院民事审判第二庭编著:《最高人民法院关于民事案件诉讼时效司法解释理解与适用》,人民法院出版社 2015 年版,第 219 页。

〔57〕 参见史尚宽:《民法总论》,中国政法大学出版社 2000 年版,第 652 页。

〔58〕 参见史尚宽:《民法总论》,中国政法大学出版社 2000 年版,第 652 页。

〔59〕 参见中国农业银行股份有限公司黑龙江省分行直属支行与黑龙江北方企业集团有限责任公司、佳木斯北方煤化工有限责任公司金融借款合同纠纷案,最高人民法院(2012)民二终字第 96 号民事判决书;辽宁省对外贸易总公司等与沈阳瑞阳投资管理有限公司等金融不良债权追偿纠纷案,最高人民法院(2015)民二终字第 53 号民事判决书。

〔60〕 参见最高人民法院民事审判第二庭编著:《最高人民法院关于民事案件诉讼时效司法解释理解与适用》,人民法院出版社 2015 年版,第 219 页。

〔61〕 参见中国农业银行股份有限公司黑龙江省分行直属支行与黑龙江北方企业集团有限责任公司、佳木斯北方煤化工有限责任公司金融借款合同纠纷案,最高人民法院(2012)民二终字第 96 号民事判决书;张家口中惠房地产开发有限公司与河北广立房地产开发集团股份有限公司委托合同纠纷案,最高人民法院(2015)民申字第 2793 号民事裁定书;方大炭素新材料科技股份有限公司、三门峡惠能热电有限责任公司与中国农业银行股份有限公司陕县支行金融借款合同纠纷案,最高人民法院(2014)民二终字第 147 号民事判决书。相同观点,亦见杨婷:《诉讼请求变更的认定与处理》,《人民司法·案例》2016 年第 35 期,第 40 页。

延利息。[62] 其二,因同一合同所生的支付货款与违约金的请求权,债权人就货款债权主张权利,诉讼时效中断的效力亦及于违约金债权。[63] 其三,债权人主张贷款债权中的一定比例的债权。[64] 其四,当事人将分次买卖转化为统一的欠款关系,债权人对欠款中一部分主张权利,对于其余部分欠款的诉讼时效一并中断。[65] 其五,因债务人的违约行为(货物损害)造成汇率损失、利息损失与货物损失,债权人就货物损失主张权利,其关于汇率损失与利息损失的赔偿请求权诉讼时效亦中断。[66] 其六,融资租赁合同解除后因未实际收回融资租赁物而产生的损失为一整体,债权人主张其中一部分,可以使其他部分的债权诉讼时效中断。[67] 其七,同一建设施工合同项下的工程款、返还履约保证金和支付补偿款均为该建设工程施工合同债权的部分债权,工程款的诉请未超过诉讼时效,返还履约保证金和支付补偿款的诉讼请求即未超过诉讼时效。[68]

以上规则在法律适用中,还须注意如下两个问题:一是在不可分给付

---

[62] 参见山西省肿瘤医院与中国建筑工程总公司合同纠纷案,最高人民法院(2017)最高法民申4844号民事裁定书。但也有法院认为,逾期利息债权因与原本金债权分离而独立存在,其与原本金债权的诉讼时效应当分别计算,债权人只主张偿还本金的权利,时效中断的效力不会及于未来对于逾期利息权利的时效计算。参见深圳万骏房地产开发有限公司与骏业塑胶(深圳)有限公司借款合同纠纷案,广东省深圳市中级人民法院(2015)深中法商终字第2778号民事判决书。笔者不支持该裁判的观点。

[63] 参见海南楚湘建设工程有限公司、陈国灿与海口云顺利贸易有限公司买卖合同纠纷案,海南省高级人民法院(2016)琼民申440号民事裁定书。

[64] 参见重庆倍嘉实业有限公司与福建三元达通讯股份有限公司买卖合同纠纷案,最高人民法院(2016)最高法民再320号民事判决书。

[65] 参见全洲药业集团有限公司与华北制药集团销售有限公司买卖合同纠纷案,最高人民法院(2015)民申字第1127号民事裁定书。

[66] 参见东方海外货柜航运有限公司与福清朝辉水产食品贸易有限公司海上货物运输合同纠纷案,福建省高级人民法院(2009)闽民终字第616号民事判决书。

[67] 参见新疆庆安建设工程有限公司、詹克志等与卡特彼勒(中国)融资租赁有限公司融资租赁合同纠纷案,新疆维吾尔自治区高级人民法院(2020)新民终35号民事判决书。

[68] 参见福建省连江县恒利房地产开发有限公司、福建省晓沃建设工程有限公司、福建连江县兰庭房地产有限公司等建设工程合同纠纷案,福建省高级人民法院(2019)闽民终1138号民事判决书。

中,由于给付标的不可分割,不存在债权人主张部分债权的情况,不会发生主张部分债权而产生的诉讼时效中断效力的问题。[69] 二是对部分债权主张权利,其中断时效效力及于剩余债权,前提是权利人没有明确放弃剩余权利,如果债务人主张债权人具有放弃剩余部分债权的意思,应由债务人证明。[70]

3. 诉讼外请求到达义务人

(1)一般规则

履行义务的请求必须到达义务人,才能对义务人发生效力。对此,原则上应类推适用《民法典》第137条的规定,若请求以对话方式作出,须相对人知道其内容;若以非对话方式作出,须到达相对人。以非对话方式作出的数据电文形式的请求,相对人指定特定系统接收数据电文的,须数据电文进入该特定系统;未指定特定系统的,须相对人知道或应当知道该数据电文进入其系统。

这里的到达不限于"实际到达",即主张权利的意思确已到达相对人的支配范围之内,处于相对人的了解状态;而且亦包括"应当到达",即权利人主张权利的意思并未真正到达相对人,但依法律规定或当事人约定的合理方式,在通常情形下,该意思表示应该能够到达债务人。[71]

司法实践对于"应当到达"的认定较为宽松。[72] 如债务人提供邮寄地址之后,未将地址变更的事实及时告知权利人,权利人不知道且不应当

---

[69] 参见最高人民法院民事审判第二庭编著:《最高人民法院关于民事案件诉讼时效司法解释理解与适用》,人民法院出版社2015年版,第220页。

[70] 参见中国农业银行股份有限公司黑龙江省分行直属支行与黑龙江北方企业集团有限责任公司、佳木斯北方煤化工有限责任公司金融借款合同纠纷案,最高人民法院(2012)民二终字第96号民事判决书。

[71] 参见最高人民法院民事审判第二庭编著:《最高人民法院关于民事案件诉讼时效司法解释理解与适用》,人民法院出版社2015年版,第171—172页;陈甦主编:《民法总则评注》(下册),法律出版社2017年版,第1407页(周江洪执笔)。

[72] 如有法院指出:"诉讼时效制度设立的目的是督促权利人及时行使权利,只要权利人在法定期间恪尽一定注意义务,向义务人提示权利,应认定为已向义务人提出了履行要求,产生诉讼时效中断之效果。本案中卢光耀提供的快递单及其载明事项达到了民事证据高度盖然性的要求,足以认定该《律师催款函》'到达或者应当到达对方当事人'。"参见林水源与卢光耀民间借贷纠纷案,最高人民法院(2015)民申字第1051号民事裁定书。

知道邮寄地址错误的,即使权利人主张权利的表示没有到达义务人,亦可视为已经到达义务人。[73] 债权人通过公证机构对债务人催收行为进行了公证,可以认为主张权利的意思到达了债务人。[74]

(2)具体情形(《诉讼时效若干规定(2020)》第 8 条)

①直接送交主张权利文书

39　　根据《诉讼时效若干规定(2020)》第 8 条第 1 款第 1 项规定,当事人一方直接向对方当事人送交主张权利文书,对方当事人在文书上签名、盖章、按指印或者虽未签名、盖章、按指印但能够以其他方式证明该文书到达对方当事人的,可以认定为"权利人向义务人提出履行请求"。这里的主张权利文书可以是任何承载着权利人要求义务人履行义务的文书,如对账单、征询函等。本项重要的意义是确定了以"直接送交主张权利文书"方式进行请求的到达时间。

40　　根据最高人民法院的解释,本项所调整的是权利人本人或其代理人直接将主张权利的文书送交义务人的情形,以区别于第 2 项所规范的通过邮寄、发送数据电文等间接方式送交主张权利文书。[75] 从第 1 项与第 2 项的文义来看,二者区分的意义在于,对于前者,主张权利的文书须到达对方当事人;对于后者,信件到达或应当到达对方当事人,增加了"应当到达"。但这种区分没有道理,一则从基本原理上说,主张权利的请求到达或应当到达应具有同等效力;二则通过发送信件主张权利并不比直接送交主张权利文书更加明确、更加保险,何以在后者给予权利人优待? 因此,对于本条第 1 项应作扩张解释,即包括主张权利的文书"应当到达"义务人。

41　　根据本项规定,权利人所发出之主张权利文书是否生效,首先可依对方当事人是否在文书上签名、盖章、捺指印进行判断。根据本条第 2 款前

---

〔73〕 参见秦东风与中国农业银行股份有限公司北京朝阳支行、北京聚艺苑贸易有限公司借款合同纠纷案,北京市第二中级人民法院(2011)二中民终字第 11945 号民事判决书,载张雪楳:《诉讼时效前沿问题审判实务》,中国法制出版社 2014 年版,第 184—187 页。

〔74〕 参见中国工商银行股份有限公司沈阳和平支行、沈阳市建设投资有限公司与沈阳和光集团股份有限公司、沈阳建设投资资产经营有限公司金融借款、担保合同纠纷案,最高人民法院(2010)民二终字第 11 号民事判决书,载张雪楳:《诉讼时效前沿问题审判实务》,中国法制出版社 2014 年版,第 189—194 页。

〔75〕 参见最高人民法院民事审判第二庭编著:《最高人民法院关于民事案件诉讼时效司法解释理解与适用》,人民法院出版社 2015 年版,第 174 页。

段,对方当事人为法人或者其他组织的,签收人可以是其法定代表人、主要负责人、负责收发信件的部门或者其他被授权主体。法定代表人具有代表法人对外从事法律行为的权限,因此可以代为签收,自不待言。被授权的主体可以理解为受领代理人,代理行为(消极代理)之效果直接归属于本人(被代理人),故意思表示到达受领代理人,即到达本人。[76] 当然,被授权的主体也可能仅仅是被授予接受意思表示之权限,本身并不具有代理权,其应被理解为受领传达人。受领传达人相当于受领人的信箱,因此,意思表示交于传达人或向传达人说出、在通常情形能够期待其传达于受领人时,即视为到达受领人。[77] 受领意思表示的权限除得由相对人明示或默示授予,还应依交易习惯、诚实信用原则加以认定。[78] 这里所说的主要负责人、负责收发信件的部门可将其理解为依交易习惯所认定之受领传达人。此外,债务人委托第三人处理合同相关事宜,后该第三人以债务人代表的身份签收相关函件,也可将其认定为"被授权人员"。[79]

本项导致诉讼时效中断的重点在于权利人主张权利,而非义务人同意。因此,实践中,如果公司董事长在收到的债权人主张权利的文书上签字,并未表示同意,而只是注明报公司某部门审核处理,也导致诉讼时效中断。[80] 因为权利人主张权利的表示已到达义务人,无须义务人对此表示同意。又如,债权人发出对账函,债务人在回函中称"经核查,我公司不欠贵公司货款"。[81] 于此,债务人虽不同意债权人的权利主张,但债权人的请求已经到达债务人,发生诉讼时效中断的效力。

根据本条第 2 款后段,对方当事人为自然人的,签收人可以是自然人本人、同住的具有完全行为能力的亲属或者被授权主体。如果自然人是

---

[76] 参见朱庆育:《民法总论》(第二版),北京大学出版社 2016 年版,第 206 页。
[77] 参见朱庆育:《民法总论》(第二版),北京大学出版社 2016 年版,第 206 页。
[78] 参见王泽鉴:《民法总则》,北京大学出版社 2009 年版,第 329 页。
[79] 参见重庆赵李房地产开发有限公司与四川省岳池送变电工程公司建设工程施工合同纠纷案,重庆市高级人民法院(2016)渝民再 19 号民事判决书。
[80] 参见刘正华与四川槽渔滩水电股份有限公司建设工程施工合同纠纷案,最高人民法院(2015)民申字第 2450 号民事裁定书;郴州化工集团有限公司与胡铁武合同纠纷案,湖南省高级人民法院(2015)湘高法民一终字第 70 号民事判决书。
[81] 任丘市华北石油冀东石化销售有限公司与沈阳石蜡化工有限公司买卖合同纠纷案,辽宁省高级人民法院(2016)辽民终 940 号民事判决书。

无行为能力人或限制行为能力人,因为权利人主张权利的表示会使诉讼时效中断,这对于义务人而言非属纯获法律上利益,亦不在其判断能力范围之内,因此应类推适用意思表示到达无行为能力或限制行为能力人的规则,即必须由法定代理人代为受领,以到达法定代理人时生效,或者限制行为能力人在法定代理人的同意下受领而生效。[82]

与义务人同住的具有完全行为能力的亲属作为签收人,可以被理解为依交易习惯所认定之受领传达人。实践中,配偶一般被认为属于同住的具有完全行为能力的亲属,可以代为收取相关文书。[83] 至于已结婚出嫁并将户口迁至随夫居住的女儿,法院认为并非其父母的"同住的具有完全行为能力的亲属",其在催收回单上签字不能产生诉讼时效中断的法律效力。[84] 但上述案件的认定过于严苛。首先,在受领传达人的情形下,通常能够期待"传达人"将之转达于受领人即可。[85] 如前述案例所示,虽然女儿已经出嫁并迁居,但是其代父母受领债权人的催收通知书,可以期待女儿将这一意思传达于父母,不必要求女儿须长期与父母居住。其次,学理上认为代理人不能是无行为能力人(可以是限制行为能力人),而使者可以是无行为能力人。[86] 在传达人之传达或受领权限是经由本人授予时,因为传达人本身并不须作独立的意思表示,所以不必要求其一定是完全行为能力人。但仍须在具体情形下考虑"传达人"是否具有将债权人之表示转达于相对人之认识能力。例如,权利人将行使权利的主张告知义务人4岁的子女,显然不能期待他将该表示转达于义务人,但如果告知义务人的已是高中生的未成年子女,可以期待其转达于义务人。总之,司法解释虽然规定"同住的具有完全行为能力的亲属"可以作为受领传达人,但并不排除非同住或不具备完全行为能力的人作为受

---

[82] 参见朱庆育:《民法总论》(第二版),北京大学出版社2016年版,第209页。

[83] 参见洪鼎辉与福州大昌盛饲料有限公司买卖合同纠纷案,福建省高级人民法院(2016)闽民申149号民事裁定书;阳城县金园苗木中心与阳城县扶贫基金会工作委员会与张金柱借款合同纠纷案,山西省高级人民法院(2015)晋民申字第1155号民事裁定书。

[84] 参见湖南双峰农村商业银行股份有限公司与张定宇、朱倩梨金融借款合同纠纷案,湖南省高级人民法院(2016)湘民再278号民事判决书。

[85] 参见朱庆育:《民法总论》(第二版),北京大学出版社2016年版,第206页。

[86] 参见王泽鉴:《民法总则》,北京大学出版社2009年版,第416页。

【诉讼时效的中断】

领传达人的可能。

根据本条第 1 款第 1 项规定,权利人主张权利文书到达相对人的判定并不要求对方当事人或其他具有受领权限的人实际签收,只要能够证明该文书到达对方当事人,即可认为"权利人向义务人提出履行请求",产生诉讼时效中断的效力。[87]

②以发送信件或者数据电文方式主张权利

根据《诉讼时效若干规定(2020)》第 8 条第 1 款第 2 项规定,当事人一方以发送信件或者数据电文方式主张权利,信件或者数据电文到达或者应当到达对方当事人的,可以认定为"权利人向义务人提出履行请求"。这里的关键仍然是意思表示到达的问题。如果当事人是发送信件,对于到达的判断应参照《民法典》第 137 条第 2 款第 1 句的规则,即意思表示须已进入相对人的支配范围,置于相对人随时可了解意思表示内容的客观状态。[88] 司法实践中亦认可"应当到达",例如,债务人未提交证据证实其实际经营地与注册地不一致的情形下,债权人向注册地邮寄文书,法院认定债权人邮寄的文书应当到达债务人,诉讼时效中断。[89]

如果当事人是以数据电文方式主张权利,对于到达或应当到达的判断应根据《民法典》第 137 条第 2 款第 2 句的规则,若相对人指定了特定系统接收数据电文,数据电文进入该特定系统时生效;若未指定,于相对人知道或应当知道该数据电文进入其系统时生效。当事人可对数据电文意思表示生效的时间另作约定。

③金融机构依法从对方当事人账户扣收欠款本息

根据《诉讼时效若干规定(2020)》第 8 条第 1 款第 3 项规定,金融机

---

[87] 司法实践观点可参见庆阳市王强汽车服务有限公司、王强与中国农业银行股份有限公司庆阳西峰支行、杨庆林借款合同纠纷案,甘肃省高级人民法院(2013)甘民二终字第 235 号民事判决书。

[88] 参见李宇:《民法总则要义:规范释论与判解集注》,法律出版社 2017 年版,第 461 页;陈甦主编:《民法总则评注》(下册),法律出版社 2017 年版,第 991 页(朱晓喆执笔)。

[89] 参见深圳齐物财富管理有限公司与曹县邵庄供销合作社金融借款合同纠纷案,山东省高级人民法院(2019)鲁民再 747 号民事判决书;发盈集团有限公司与长沙三兆实业开发有限公司合同纠纷案,湖南省高级人民法院(2019)湘民终 208 号民事判决书;南京鸿裕升投资管理有限公司与江苏淮安外贸包装公司金融借款合同纠纷案,江苏省高级人民法院(2011)苏商终字第 0031 号民事判决书。

构作为债权人,依照法律规定或者当事人约定从对方当事人账户中扣收欠款本息的,应认定为"提出履行请求"中断诉讼时效。扣收欠款本息本质上属于抵销行为(关于抵销中断诉讼时效的内容,请参见前文)。而且,从体系上说,抵销不涉及请求的表示到达的问题,此处不再赘述。

④在媒体上刊登具有主张权利内容的公告

根据《诉讼时效若干规定(2020)》第 8 条第 1 款第 4 项规定,当事人一方下落不明,对方当事人在国家级或者下落不明的当事人一方住所地的省级有影响的媒体上刊登具有主张权利内容的公告的,可以认定为"权利人向义务人提出履行请求",但法律和司法解释另有特别规定的,适用其规定。根据《民法典》第 139 条规定,以公告作出的意思表示,公告发布时生效。《民法典》第 139 条并未对哪些情形得以公告的方式作出意思表示进行规定。意思表示并非当然得以公告方式作出,须有法律规定或当事人约定,方可使用公告方式。[90] 但也有观点认为,若相对人下落不明或表意人不知确切的相对人,可以通过公告送达代替意思表示的到达。[91]《诉讼时效若干规定(2020)》第 8 条第 1 款第 4 项可视为《民法典》第 139 条的具体化规定。权利人以公告方式向义务人主张权利的前提是义务人下落不明,而且公告必须在国家级或下落不明一方住所地的省级有影响力的媒体上刊登。债权人所发之公告必须指向特定的债务人,在报纸上向不特定债务人发出的催收公告不能引起案涉债权的时效中断,[92] 除非法律有特别规定。[93]

司法实践对于"义务人下落不明"这一要件的认定较为宽松。例如,债务人已经注销,未通知债权人,可以构成"义务人下落不明",债权

---

[90] 参见李宇:《民法总则要义:规范释论与判解集注》,法律出版社 2017 年版,第 466 页。

[91] 参见陈甦主编:《民法总则评注》(下册),法律出版社 2017 年版,第 999 页(朱晓喆执笔)。类似观点,亦见黄薇主编:《中华人民共和国民法典总则编释义》,法律出版社 2020 年版,第 367 页。

[92] 参见罗书美与辽宁金钢重型锻造有限公司买卖合同纠纷案,辽宁省大连市中级人民法院(2020)辽 02 民终 8302 号民事判决书。

[93] 例如最高人民法院《关于审理涉及金融不良债权转让案件工作座谈会纪要》第 11 条。

人通过公告催收债权,诉讼时效中断。[94] 债权人受让债权后,用 EMS 向债务人寄送催收函被退回,随即在债务人所在地有影响力的省级报刊上刊发债权催收公告,表明债权人已使用合理且尽可能使债务人知晓的方式主张权利,应当认定诉讼时效中断。[95] 债权人向债务人邮寄了催收通知,在未收到对方回复信息的情形下,又采用公告形式发出催收通知,符合《诉讼时效若干规定(2020)》第 8 条第 1 款第 4 项规定的公告通知的情形。[96]

这里的"媒体"不限于报纸,也包括电视等。[97] 但其必须是国家级或者义务人住所地省级以上有影响力的媒体。"有影响"的判断,可通过其是否为公开发行、是否具有较强的专业性、受众面是否广泛、义务人是否属于特殊行业等因素进行综合考量。[98] 例如,《新华日报》[99]《南方日报》[100]《金融时报》[101]以及各省级日报、省级法制报均满足

---

[94] 参见中国农业银行股份有限公司溧阳市支行与江苏耀德资产管理有限公司、溧阳市供销合作总社、溧阳众诚会计师事务所有限公司借款合同纠纷案,最高人民法院(2010)民提字第 136 号民事判决书。

[95] 参见江西德广文化产业有限公司(原江西德广投资有限公司)与江西省生产资料总公司企业借贷纠纷案,江西省高级人民法院(2020)赣民终 330 号民事判决书。

[96] 参见江西德广投资有限公司与江西省物资再生利用总公司企业借贷纠纷案,江西省高级人民法院(2019)赣民终 413 号民事裁定书。

[97] 参见张雪楳:《诉讼时效前沿问题审判实务》,中国法制出版社 2014 年版,第 199 页;最高人民法院民事审判第二庭编著:《最高人民法院关于民事案件诉讼时效司法解释理解与适用》,人民法院出版社 2015 年版,第 185 页。

[98] 参见张雪楳:《诉讼时效前沿问题审判实务》,中国法制出版社 2014 年版,第 200 页;最高人民法院民事审判第二庭编著:《最高人民法院关于民事案件诉讼时效司法解释理解与适用》,人民法院出版社 2015 年版,第 185 页。

[99] 参见中国农业银行股份有限公司溧阳市支行与江苏耀德资产管理有限公司、溧阳市供销合作总社、溧阳众诚会计师事务所有限公司借款合同纠纷案,最高人民法院(2010)民提字第 136 号民事判决书。

[100] 参见钟志锋等与韶关市浈江区乐园镇新村村民委员会金融不良债权追偿纠纷案,广东省高级人民法院(2014)粤高法民二申字第 962 号民事裁定书。

[101] 参见浙江文华控股有限公司与北京信利源担保服务有限公司借款合同纠纷案,北京市高级人民法院(2017)京民再 47 号民事判决书。

要求。[102]

4.诉讼时效中断及重新计算的时点

在诉讼时效因请求而中断的情形,原则上自履行请求到达义务人或其他具有受领权限的人时,发生诉讼时效中断的效力,[103]时效自次日起重新计算。[104] 根据《民法典》第139条规定,规定以公告方式作出的意思表示,公告发布时生效。因此,债权人通过公告的方式主张权利的,则自公告之日起,诉讼时效中断。比较特殊的是,根据《最高人民法院对〈关于贯彻执行最高人民法院"十二条"司法解释有关问题的函〉的答复》(法函〔2002〕3号),金融资产管理公司在全国或者省级有影响的报纸上发布的债权转让公告或通知构成诉讼时效中断,溯及至金融资产管理公司受让原债权银行债权之日。此外,如果权利人给予债务人一定履行宽限期,则自相应期限届满之日,重新计算诉讼时效。

(二)义务人同意履行义务(《民法典》第195条第2项)

1.义务人同意履行的法律性质

根据本项规定,义务人同意履行义务也会使诉讼时效中断。义务人同意履行使当事人之间的权利义务重新明确、稳定下来,以此引起权利人的信赖,权利人往往会给义务人必要的时间准备履行义务。[105]

---

〔102〕 参见江西德广文化产业有限公司(原江西德广投资有限公司)与江西省生产资料总公司企业借贷纠纷案,江西省高级人民法院(2020)赣民终330号民事判决书;中国华融资产管理股份有限公司深圳市分公司与青海水泥厂、青海水泥股份有限公司等金融借款合同纠纷案,最高人民法院(2015)民二终字第244号民事判决书;中国农业银行股份有限公司溧阳市支行与江苏耀德资产管理有限公司、溧阳市供销合作总社、溧阳众诚会计师事务所有限公司借款合同纠纷案,最高人民法院(2010)民提字第136号民事判决书。

〔103〕 参见黄薇主编:《中华人民共和国民法典总则编释义》,法律出版社2020年版,第528页。

〔104〕 参见陈甦主编:《民法总则评注》(下册),法律出版社2017年版,第1407页(周江洪执笔)。

〔105〕 参见黄薇主编:《中华人民共和国民法典总则编释义》,法律出版社2020年版,第526页。最高人民法院民事审判第二庭编著:《最高人民法院关于民事案件诉讼时效司法解释理解与适用》,人民法院出版社2015年版,第274页。

同意履行义务,性质为意思通知,虽然不是意思表示,但系准法律行为,可类推适用意思表示的一般规则。同意履行义务属于单方行为,无须与权利人达成合意。同意履行如系受欺诈、胁迫或因重大误解而作出的,可以撤销。[106] 同意履行的形式,无特别要求。[107] 至于当事人约定同意须为特定形式,则违反诉讼时效规定的强制性,应属无效。[108]

2. 义务人同意履行的构成要件

(1) 义务人及享有处分权限的人

义务人同意履行导致诉讼时效重新计算,虽不同于时效届满后时效抗辩权的抛弃,但也是义务人失去已经取得的时效期限利益,因此作出同意履行表示之人,必须具有相应的处分权限。通常来说,义务人本身可以有效地作出同意履行义务的表示。但如果义务人是无行为能力人,则只能由法定代理人代为作出表示。如果义务人是限制行为能力人,因为同意履行的表示并非属于纯获法律上利益或与其智力、精神状况相当的行为,所以或者由法定代理人代理,或者经法定代理人允许或追认,才能发生诉讼时效中断的效力。

义务人可以授权他人代为作出同意履行的表示。学理上认为,若无权代理人代为同意履行,权利人有理由相信其有代理权,该同意发生诉讼时效中断的效力。[109] 除此以外,义务人的财产代管人、破产管理人、遗产管理人等也可作出同意履行的表示,而发生诉讼时效中断。

(2) 同意履行义务

① 通常情形

同意履行义务通常是指义务人表示愿意履行,但尚未实际履行义务。严格地说,同意履行义务不包括义务人仅仅单纯"承认"义务的情形。如果权利人仅证明义务人承认义务,但不能证明义务人有同意履行的意

---

[106] 参见李宇:《民法总则要义:规范释论与判解集注》,法律出版社2017年版,第930页。

[107] 参见陈兴春与邵东华买卖合同纠纷案,山东省菏泽市中级人民法院(2016)鲁17民终2579号民事判决书。

[108] 参见李宇:《民法总则要义:规范释论与判解集注》,法律出版社2017年版,第930页。

[109] 参见李宇:《民法总则要义:规范释论与判解集注》,法律出版社2017年版,第930页。

思，原则上不满足诉讼时效中断的要求。但理论上对"同意履行义务"倾向于作扩张解释，将义务人承认亦纳入其中。[110] 甚至有学者认为，只要债务人承认，权利义务关系便得到了澄清，即使债务人仅仅承认但表述不愿意履行，也不妨碍时效的重新计算。[111] 但是，如果义务人在承认义务的同时明确表示拒绝履行，此时承认不能构成时效中断的事由。[112] 因为债务人承认的同时明确表示拒绝履行债务，双方的法律关系并未明确，债权人仍有必要主张请求权。[113]

同意履行的表示，可以通过明示或默示（以行为推断）的方式作出。通过明示的方式表示同意履行的，例如债权人与债务人通过签订《执行和解书》表示同意履行债务；[114] 债务人在债权人发送的对账回执中对欠款予以确认及近期内支付；[115] 债务人出具《借款本息说明》认同借款事实并承诺同意履行还款义务；[116] 债权人与债务人签署债务结算清单明确债务人欠款金额及偿还日期。[117] 债务人默示的方式，例如债务人与债权人

---

〔110〕参见陈甦主编：《民法总则评注》（下册），法律出版社2017年版，第1407页（周江洪执笔）；佟柔主编：《中国民法学·民法总则》（修订版），人民法院出版社2008年版，第239页；朱晓喆：《诉讼时效完成后债权效力的体系重构——以最高人民法院〈诉讼时效若干规定〉第22条为切入点》，《中国法学》2010年第6期，第84页。

〔111〕参见解亘：《〈民法总则（草案）〉中时效制度的不足》，《交大法学》2016年第4期，第56页。

〔112〕参见陈甦主编：《民法总则评注》（下册），法律出版社2017年版，第1408页（周江洪执笔）。

〔113〕参见尹田：《民法典总则之理论与立法研究》（第2版），法律出版社2018年版，第755页。

〔114〕参见南京华证投资管理有限公司与淮安市宏泰贸易有限公司等借款合同纠纷案，最高人民法院（2016）最高法民再355号民事判决书。

〔115〕参见中交一航局第一工程有限公司与江苏鸿基水源科技股份有限公司船务、码头建造合同纠纷案，上海市高级人民法院（2018）沪民终528号民事判决书。

〔116〕参见吉林省天鼎旅游产业发展股份有限公司、陈培文与于新华徐贵明（释超玄）、释明宽、吉林省安图县泰安寺民间借贷纠纷案，吉林省高级人民法院（2018）吉民终678号民事判决书。

〔117〕参见云县晨光产业开发有限责任公司与茅粮酒业集团有限公司企业借贷纠纷案，云南省高级人民法院（2020）云民终703号民事判决书。

核对债务金额的行为,[118]可推断其同意履行义务。

《诉讼时效若干规定(2020)》第14条和第17条第2款对义务人同意履行作了具体规定,下面分别予以阐述。

②《诉讼时效若干规定(2020)》第14条

根据《诉讼时效若干规定(2020)》第14条,义务人作出分期履行、部分履行、提供担保、请求延期履行、制定清偿债务计划等承诺或者行为的,应当认定为《民法典》第195条规定的"义务人同意履行义务"。在这些情形中,均可从义务人的言语或行为中得出具有同意履行义务的意思。

A.分期履行

义务人作出分期履行的行为或分期履行的承诺,均可认定为《民法典》第195条意义上的"义务人同意履行义务"。但实际上,将分期履行规定为一种独立的类型并没有太大意义。因为如果义务人已作出分期履行的行为,构成部分履行,导致时效中断;如果义务人作出分期履行的承诺,如制定还款计划,可以直接认定为同意履行义务。司法实践中,很少有法院单独将债务人的某一行为认定为分期履行,而往往结合部分履行、作出承诺等一体判断。

分期履行会涉及各期债务的不同履行时点,中断后的时效起算点须特别考虑。例如,债务人在一定期间内陆续向债权人付款,则诉讼时效在付款期间内陆续中断,时效从债务人最后付款之日起算;[119]如债务人每年都交纳部分租金,诉讼时效应从每次交纳租金时中断。[120]

B.部分履行

义务人作出部分履行是较为常见的时效中断事由。对于义务人部分履行债务行为是否对全部债务产生诉讼时效中断的效力,存在两种不同观点:一种观点认为,应作有利于权利人的理解,义务人同意履行部分义

---

[118] 参见滁州城市职业学院与天长市汉涧建筑安装装潢有限公司建设工程施工合同纠纷案,安徽省高级人民法院(2020)皖民申4735号民事裁定书。

[119] 参见湖北兴龙房地产开发有限公司与宜昌市柑桔科学研究所城乡建设行政管理—房屋拆迁管理纠纷案,湖北省高级人民法院(2015)鄂民申字第00025号民事裁定书;张珍珠与洪美沓民间借贷纠纷案,福建省高级人民法院(2014)闽民终字第130号民事判决书。

[120] 参见北京市怀柔区红螺镇水库管理处与北京红螺旅游开发有限责任公司租赁合同纠纷案,北京市高级人民法院(2017)京民再6号民事判决书。

务应视同其承认全部债务,应具有诉讼时效中断的效力;另一种观点认为,根据意思自治原则,如果义务人只同意履行部分债务,只就该部分债务具有诉讼时效中断的效力,对其余债务不具有诉讼时效中断的效力。[121] 最高人民法院认为,在义务人部分承认或者履行债务的情形下,应推定其认可全部债务,诉讼时效中断的效力应及于剩余债务,否则,苛刻地要求债权人不间断地向债务人主张全部债权,不仅加大了债权人的成本,而且也不利于诚信原则之维护。[122] 此外,司法实践还有观点认为,债权人对债务人享有多笔债权,债务人的部分履行没有指定某一特定债权,应视为对多笔债务履行的概括同意。[123] 笔者赞同有利于债权人的解释。

通常在以下情形,可以认为构成"部分履行":一是债务人归还部分借款。[124] 二是债务人交付机器设备后,陆续交付部分技术资料,债权人请求交付剩余材料的请求权诉讼时效自每次交付技术资料之日重新计算。[125] 三是债务人支付部分本金,导致本金债权中断,利息债权的诉讼时效亦中断。[126] 债务人支付利息的行为亦可表示其承认债权人本金债权的存在,诉讼时效中断的效力亦及于本金债权。[127] 四是债务人偿还同

---

[121] 参见杨巍:《民法时效制度的理论反思与案例研究》,北京大学出版社2015年版,第405页。

[122] 最高人民法院民事审判第二庭编著:《最高人民法院关于民事案件诉讼时效司法解释理解与适用》,人民法院出版社2015年版,第276页。

[123] 参见蔡静宜等与邵夫定等民间借贷纠纷案,浙江省高级人民法院(2016)浙民申46号民事裁定书。

[124] 参见陈林娥与湖州盛兴建材有限公司、张建新民间借贷纠纷案,浙江省高级人民法院(2016)浙民再240号民事判决书;婺源县万寿山陵园有限公司与董光明民间借贷纠纷案,江西省高级人民法院(2016)赣民终110号民事判决书。

[125] 参见江苏星瑞化工工程科技有限公司与四川瑞能硅材料有限公司买卖合同纠纷案,四川省高级人民法院(2018)川民再675号民事判决书。

[126] 参见重庆力帆奥体物业管理有限公司与保利建设集团有限公司等建设工程施工合同纠纷案,重庆市高级人民法院(2016)渝民终211号民事判决书;王朝辉:《保证人在保证期间内支付利息视为债权人主张保证责任》,《人民司法·案例》2018年第14期,第48页;王艳彪与付常春、辽宁省科尔沁区农村信用合作联社双泡子信用社金融借款合同纠纷案,内蒙古自治区通辽市中级人民法院(2018)内05民终1400号民事判决书。

[127] 参见光大兴陇信托有限责任公司与甘肃瑞鑫联邦投资有限公司、甘肃瑞鑫投资集团有限公司等借款合同纠纷案,甘肃省高级人民法院(2018)甘民初8号民事判决书。

一债权之下数项费用中的一项。[128] 五是债务人履行附随义务或从给付义务,使得主给付义务的诉讼时效中断。[129]

C. 提供担保

在"提供担保"的情形下,应区分由义务人本人提供担保与由第三人提供担保。理论上认为,如果是义务人本人提供担保,可认为属于默示的承认;[130] 如果是第三人提供担保,则仅在债务人同意该第三人提供担保的情形下,才构成承认。[131] 最高人民法院指出,在第三人提供担保的情形,应有证据证明债务人同意由第三人为其提供担保,才导致时效中断;否则,有可能存在债权人与第三人串通,由第三人提供虚假担保,诈害债务人的情形。[132]

由债务人提供担保,通常是抵押、质押等典型的担保物权,但也不限于此,让与担保等非典型担保也可纳入其中。债务人以外的第三人还可以提供保证。但无论第三人以何种方式担保,均以债务人同意第三人提供担保为前提,才发生诉讼时效的中断。

D. 请求延期履行

义务人请求延期履行,表明其愿意履行,只不过希望履行期延后。义务人请求延期履行,会同时构成变更债务履行期的要约。若权利人对此表示同意,则可认为当事人达成了变更合同履行期的合意,诉讼时效自变更后的履行期间届满之日起算。若权利人没有表示同意,但义务人请求延期履行,包含着同意履行的意思,从而导致诉讼时效中断。司法实践中,债务人承诺延长至某个时间点偿还债务[133]、债务人承诺房屋租赁期

---

[128] 参见河北兴安民用爆破器材有限公司与承德滨达运输有限公司运输合同纠纷案,河北省高级人民法院(2020)冀民终277号民事判决书。

[129] 参见黔西南久丰矿业(集团)有限公司晴隆县大厂镇全力煤矿与贵州创力煤矿机械成套装备有限公司买卖合同纠纷案,贵州省高级人民法院(2018)黔民终715号民事判决书。

[130] 参见史尚宽:《民法总论》,中国政法大学出版社2000年版,第672页;施启扬:《民法总则》(修订第八版),中国法制出版社2010年版,第342页。

[131] 参见史尚宽:《民法总论》,中国政法大学出版社2000年版,第672页。

[132] 参见最高人民法院民事审判第二庭编著:《最高人民法院关于民事案件诉讼时效司法解释理解与适用》,人民法院出版社2015年版,第277页。

[133] 参见佟桂珍、邓明栋与李杏荣民间借贷纠纷案,辽宁省高级人民法院(2009)辽立三民申字第2045号民事裁定书。

限届满时给付款项,[134]债权人与债务人签订"补充协议"约定借款展期,[135]均可构成请求延期履行,导致诉讼时效中断。

E. 制定清偿债务计划

67　　清偿债务的计划可以由义务人单方制定,也可以与权利人合意制定,无论哪种情形,均可表明义务人愿意履行义务。司法实践中,通常是债务人出具"还款计划书"确认欠款,并承诺按计划归还;[136]或者债务人提出以物抵债的建议[137],这些都构成提出清偿债务的计划。

③《诉讼时效若干规定(2020)》第17条第2款

68　　根据《诉讼时效若干规定(2020)》第17条第2款规定,在债务承担的情形下,构成原债务人对债务承认的,应当认定诉讼时效从债务承担意思表示到达债权人之日起中断。这里不要求原债务人有同意履行的意思,只要求其承认债务的存在。但如果原债务人对债务否认的,债务承担的意思表示对原债务人不产生诉讼时效中断的法律后果。[138] 如果第三人承担的是部分债务,第三人虽然只须偿还部分债务,但也构成导致时效中断的"原债务人对债务的承认"[139]。

69　　在免责的债务承担中,债务承担的合意在债务人与第三人之间达

---

[134] 参见王东宁与秦靖智合同纠纷案,黑龙江省高级人民法院(2019)黑民终392号民事判决书。

[135] 参见花福祥与曹钰琦企业借贷纠纷案,河南省高级人民法院(2018)豫民再1186号民事判决书。

[136] 参见大连心悦大酒店有限公司与中国农业银行股份有限公司大连分行营业部金融借款合同纠纷案,辽宁省高级人民法院(2014)辽民二终字第00077号民事判决书;北青航媒科技传播有限公司与中金数据系统有限公司等合同纠纷案,北京市高级人民法院(2020)京民终48号民事判决书;姚安县雪峰皮件厂与中国农业银行股份有限公司姚安县支行金融借款合同纠纷案,云南省高级人民法院(2013)云高民二终字第22号民事判决书。

[137] 参见武汉钢铁(集团)公司与武汉市青山区物资总公司买卖合同纠纷案,湖北省高级人民法院(2014)鄂民二终字第00135号民事判决书;大连宏孚企业集团有限公司与大连银行股份有限公司金融借款合同纠纷案,辽宁省高级人民法院(2018)辽民终79号民事判决书。

[138] 参见辽源农村商业银行有限责任公司与佟桂琴等民间借贷纠纷案,吉林省高级人民法院(2017)吉民申2848号民事裁定书。

[139] 叶宏滨与如皋市金鼎置业有限公司民间借贷纠纷案,福建省高级人民法院(2018)闽民终281号民事判决书。

成,并且经过债权人同意,方可生效。此时当然发生原债务人对债务的承认,否则债务承担没有意义。而且债务承担须经债权人同意,债务承认的意思应已到达债权人,因此诉讼时效中断。[140] 若债权人对免责的债务承担表示同意,则债务发生移转,债权人对原债务人不再享有请求权。若债权人对免责的债务承担并不同意,尽管如此,诉讼时效亦可中断,因为这里只要求债务人对债务表示承认。总之,若债权人同意债务承担,则债权人只能向新债务人主张权利,并且诉讼时效从债务承担意思表示到达债权人的次日开始计算;若债权人不同意债务承担,则债权人只能向原债务人主张权利,此时诉讼时效应从债务承担意思表示到达债权人的次日开始计算。

在并存的债务承担(债务加入)中,根据《民法典》第552条规定,可以是通过第三人与债务人约定债务加入并通知债权人,也可以是第三人向债权人表示愿意加入债务来实现。在前一种情形下,债务人既然与第三人达成了债务加入的合意,并已经通知债权人,显然原债务人已经对债务表示承认,而且债务承担的意思也已经到达债权人,诉讼时效中断。在后一种情形下,债务加入效果的发生与债务人的意志完全无关,债务人可能根本不知道债务加入的存在,因此不能一般性地得出原债务人对债务的承认。[141] 于此,债务加入人不能代替原债务人放弃诉讼时效利益,在原债务人不知债务加入或未承认原债务的情况下,债务加入并不导致诉讼时效中断。[142] 否则,可能会出现债权人与债务加入人串通,使原债务的诉讼时效期间因债务加入而中断,进而损害原债务人的诉讼时效利益的情况。[143]

---

[140] 相同观点参见杨巍:《民法时效制度的理论反思与案例研究》,北京大学出版社2015年版,第416页;最高人民法院民事审判第二庭编著:《最高人民法院关于民事案件诉讼时效司法解释理解与适用》,人民法院出版社2015年版,第321页。

[141] 参见杨巍:《民法时效制度的理论反思与案例研究》,北京大学出版社2015年版,第416页。

[142] 参见最高人民法院民事审判第二庭编著:《最高人民法院关于民事案件诉讼时效司法解释理解与适用》,人民法院出版社2015年版,第321页;深圳市东菱电气有限公司与深圳市成武电气实业有限公司等买卖合同纠纷案,广东省高级人民法院(2016)粤民申7592号民事裁定书。

[143] 参见最高人民法院民事审判第二庭编著:《最高人民法院关于民事案件诉讼时效司法解释理解与适用》,人民法院出版社2015年版,第321页。

(3) 义务人同意履行的表示到达权利人

义务人同意履行义务是有相对人的表示行为,故向权利人作出且到达权利人才发生效力。同意履行的表示,其生效时间因对话、非对话方式而异,类推适用意思表示生效的规定。[144]

3. 诉讼时效中断及重新计算的时点

在义务人同意履行义务的情形中,诉讼时效自义务人同意履行的意思到达权利人时中断,即对于诉讼时效中断时间点的判断采"到达主义"。[145] 但也有观点认为,溯及于发送时发生中断的效力,[146] 诉讼时效期间从义务人作出同意履行义务的通知时起重新计算。[147] 笔者认为,从规范目的来看,债务人承认可使当事人之间的权利义务关系得以明确、稳定,[148] 而且在债务承认型中断中,债务人的行为造成了债权人对债务人会正常履行的信赖。[149] 在义务人同意履行的表示到达权利人之前,不会产生这样的效果,因此不宜认为债务承认中断诉讼时效的溯及力。《诉讼时效若干规定(2020)》第17条第2款也明确规定债务承担的表示到达时诉讼时效中断。再者,《最高人民法院关于债务人在约定的期限届满后未履行债务而出具没有还款日期的欠款条诉讼时效期间应从何时开始计算问题的批复》(法释〔2020〕17号)规定:"如果供方在诉讼时效中断后一直未主张权利,诉讼时效期间则应从供方收到需方所写欠款条之日起重新计算。"可见,最高人民法院采取到达主义。

---

〔144〕 参见李宇:《民法总则要义:规范释论与判解集注》,法律出版社2017年版,第930页。

〔145〕 参见陈甦主编:《民法总则评注》(下册),法律出版社2017年版,第1408页(周江洪执笔)。相同观点,亦见施启扬:《民法总则》(修订第八版),中国法制出版社2010年版,第342页。

〔146〕 参见史尚宽:《民法总论》,中国政法大学出版社2000年版,第674页。

〔147〕 参见梁展欣主编:《诉讼时效司法实务精义》,人民法院出版社2010年版,第120页。

〔148〕 参见崔建远等编著:《民法总论》(第三版),清华大学出版社2019年版,第289页;解亘:《〈民法总则(草案)〉中时效制度的不足》,《交大法学》2016年第4期,第56页。

〔149〕 参见冯洁语:《诉讼时效正当理由和中断事由的重构》,《法律科学》2018年第4期,第135页。

【诉讼时效的中断】

(三)权利人提起诉讼或申请仲裁(《民法典》第195条第3项)

权利人提起诉讼或申请仲裁,与向义务人请求履行一样,表明权利人已积极行使其请求权,应发生诉讼时效期间中断。[150] 根据《诉讼时效若干规定(2020)》第10条规定,当事人一方向人民法院提交起诉状或者口头起诉的,诉讼时效从提交起诉状或者口头起诉之日起中断。

1. 提起诉讼

(1)诉讼的类型

我国学界通说认为,这里的诉讼可以是单纯的民事诉讼,也可以是刑事附带民事诉讼,或于提起行政诉讼时申请一并解决民事争议。[151] 而且如果权利人为保护民事权利提起行政诉讼,即使提起的行政诉讼不被受理,如果其对案件性质认识错误,但主张的对象、事实理由均无错误,也应认定提起行政诉讼具有诉讼时效中断的效力。[152] 无论本诉,抑或反诉,均可使诉讼时效中断。

此处的诉讼首先是指给付之诉,对此没有争议。在给付之诉中,权利人本于其所享有之请求权,以诉讼方式要求义务人为或不为一定行为,权利人具有明确的主张权利的意思与行为,因此诉讼时效应中断。但是否包括确认之诉与形成之诉,存在不同意见。多数学者认为,确认之诉或形成之诉均发生诉讼时效中断的效力(肯定说)。[153] 少数学者认为,导致时

---

[150] 参见陈甦主编:《民法总则评注》(下册),法律出版社2017年版,第1409页(周江洪执笔)。

[151] 参见李宇:《民法总则要义:规范释论与判解集注》,法律出版社2017年版,第931页;王利明主编:《中国民法典学者建议稿及立法理由·总则编》,法律出版社2005年版,第450页;最高人民法院民事审判第二庭编著:《最高人民法院关于民事案件诉讼时效司法解释理解与适用》,人民法院出版社2015年版,第230页;杨巍:《民法时效制度的理论反思与案例研究》,北京大学出版社2015年版,第388页。

[152] 参见最高人民法院民事审判第二庭编著:《最高人民法院关于民事案件诉讼时效司法解释理解与适用》,人民法院出版社2015年版,第230页。

[153] 参见陈甦主编:《民法总则评注》(下册),法律出版社2017年版,第1409页(周江洪执笔);最高人民法院民事审判第二庭编著:《最高人民法院关于民事案件诉讼时效司法解释理解与适用》,人民法院出版社2015年版,第230页;王利明主编:《中国民法典学者建议稿及立法理由·总则编》,法律出版社2005年版,第450—451页;施启扬:《民法总则》(修订第八版),中国法制出版社2010年版,第342页。

效中断的诉讼仅指给付之诉,提起确认之诉、形成之诉不发生诉讼时效中断的效力(否定说)。[154]

76 　　持肯定说的观点认为,形成之诉表面上看不出行使权利,但诉讼的结果却使当事人之间的权利义务关系得以确定,因而也应中断诉讼时效。[155]但相反观点认为,形成之诉系原告通过诉讼行使形成权,请求法院判决撤销、变更、解除等,并非请求被告履行义务。[156]笔者认为,该问题不可一概而论。在因意思表示瑕疵(错误、欺诈或胁迫等)而提起撤销法律行为的诉讼中(形成诉权),撤销的效果是使法律行为溯及既往地失去效力(《民法典》第 155 条),此时撤销权人基于原法律行为所享有之请求权消灭,因撤销而新发生返还财产、折价补偿等请求权(《民法典》第 157 条),因此,提起撤销之诉,并无中断原法律行为请求权的问题。在《民法典》第 533 条第 1 款或第 563 条规定的解除情形中,如果合同被依法解除,则因解除新发生恢复原状或损害赔偿请求权(《民法典》第 566 条第 1 款),也不存在中断原请求权的诉讼时效问题。如果在《民法典》第 533 条第 1 款情事变更情形下,合同被法院判决变更,除非所变更者为合同的履行期,否则诉讼时效仍按照原债权的诉讼时效计算,但此时形成之诉的提起,权利人有表明行使权利的意思,因而起诉可使诉讼时效中断。总之,在涉及法律行为解除、撤销或终止等形成诉权的行使时,不存在诉讼时效中断的问题;在涉及对原债之关系予以变更的形成权时,提起形成之诉可使诉讼时效中断。

77 　　在确认之诉中,持肯定观点者认为,当事人一方请求确认债权是否存在,这表明是积极行使权利,应发生诉讼时效中断。[157]反对观点认为,确认之诉系确认权利或法律行为存在与否、有效与否,原告并非基于请求权而起诉,其诉讼请求并非要求被告履行义务,因而并不导致诉讼时

---

[154] 参见李宇:《民法总则要义:规范释论与判解集注》,法律出版社 2017 年版,第 931 页;姚瑞光:《民法总则论》,中国政法大学出版社 2011 年版,第 341—342 页。

[155] 参见王利明主编:《中国民法典学者建议稿及立法理由·总则编》,法律出版社 2005 年版,第 450 页。

[156] 参见李宇:《民法总则要义:规范释论与判解集注》,法律出版社 2017 年版,第 931 页。

[157] 参见最高人民法院民事审判第二庭编著:《最高人民法院关于民事案件诉讼时效司法解释理解与适用》,人民法院出版社 2015 年版,第 230 页。

效中断。[158] 笔者认为,从规范目的来看,某一情事能否使诉讼时效中断,一方面应考虑是否反映权利人积极地主张权利,另一方面应考虑是否使当事人之间的权利义务关系得到澄清。如果确认之诉指向请求权或发生请求权的法律关系(如债之关系),法院经审理确认存在该关系,此时认为诉讼时效中断,并无不妥。但如果确认之诉并不直接指向请求权本身,而仅仅是确认某种法律状态,例如请求确认所有权或确认亲属关系存在,并不意味着某种请求权的事实就得到了澄清,此时不宜认为诉讼时效中断。此外,如果原告提起的是消极确认之诉,即某种法律状态或法律关系不存在,则不发生诉讼时效中断的问题。

(2)符合起诉的一般要件

根据《诉讼时效若干规定(2020)》第10条规定,当事人一方向人民法院提交起诉状或者口头起诉的,诉讼时效从提交起诉状或者口头起诉之日起中断。但实践中通常认为,权利人提起诉讼须符合原《民事诉讼法》第119条(现《民事诉讼法》第122条)所规定的条件,[159] 即原告是与本案有直接利害关系的公民、法人和其他组织;有明确的被告;有具体的请求和事实、理由;属于人民法院受理民事诉讼的范围和受诉人民法院管辖。如果不符合该条所规定之要件,法院应根据不同情形,裁定驳回起诉或不予受理(《民事诉讼法解释》第208条、第209条)。在当事人所提起诉讼被裁定驳回或不予受理的情况下,诉讼时效是否中断,存在疑问。对此应结合每个要件具体分析。

①原告必须是与案件有直接利害关系的主体

根据《民法典》第195条第3项规定,提起诉讼的主体应为权利人。除了权利人本人以外,代理人、财产代管人、破产管理人、遗产管理人等具有诉讼权限的主体亦可代为提起诉讼。但如果原告是这些人以外的其他主体(与本案无直接利害关系),则不属于本条第3项所称"权利人提起诉讼",自不构成诉讼时效中断事由。[160]

---

[158] 参见李宇:《民法总则要义:规范释论与判解集注》,法律出版社2017年版,第931页。

[159] 参见最高人民法院民事审判第二庭编著:《最高人民法院关于民事案件诉讼时效司法解释理解与适用》,人民法院出版社2015年版,第230页。

[160] 参见李宇:《民法总则要义:规范释论与判解集注》,法律出版社2017年版,第933页;最高人民法院民事审判第二庭编著:《最高人民法院关于民事案件诉讼时效司法解释理解与适用》,人民法院出版社2015年版,第227页。

②必须有明确的被告

《民法典》第 195 条第 3 项虽然没有规定向谁提起诉讼,但解释上应认为,被告应指实体法上的义务人。[161] 这意味着如果因权利人未将义务人列为被告(无明确的被告)而被法院驳回起诉或法院不予受理,则不属于本条第 3 项所称情形。此类诉讼,即使法院受理,亦不构成诉讼时效中断事由。[162] 司法实践中,有观点认为,原告起诉虽然错列了被告,但仍是积极行使权利的表现,能够引起诉讼时效中断的法律效果。[163] 但这种观点并不妥当。一方面,如果错列被告是因为权利人根本不知道义务人是谁或对真实的义务人认识有误,根据《民法典》第 188 条第 2 款第 1 句,诉讼时效并不开始起算,此时根本不存在时效中断的问题。[164] 另一方面,如果是因为权利人对于法律认识有误,错列被告,在可以释明的情况下,首先应当由法院行使释明权,要求原告变更当事人,将符合条件的人列为被告。[165] 如果原告同意变更,则同样满足提起诉讼的前提条件;如果其拒绝变更,权利人是对错误的对象提起诉讼,不会发生诉讼时效中断的效果。

如果由于义务人已经更名、合并、分立或者更换地址等,而权利人并不知情且仍以原义务人为被告进行起诉,被法院裁定不予受理的,诉讼时效应当中断。因为权利人已经积极向义务人主张权利,而义务人的变更导致权利人不能行使权利,过错不在于权利人,权利人不应该承受此不利益。[166] 而且,此种情况下,权利人对义务人的认识并没有发生错误,而仅仅是因为不知道其已经更改名称、合并或分立等而提供了错误信息,此时应认为权

---

[161] 参见李宇:《民法总则要义:规范释论与判解集注》,法律出版社 2017 年版,第 934 页。

[162] 参见李宇:《民法总则要义:规范释论与判解集注》,法律出版社 2017 年版,第 934 页。

[163] 参见魏少永:《错列被告起诉能否引起诉讼时效中断》,《人民法院报》2008 年 11 月 18 日,第 006 版。

[164] 相同观点,亦见最高人民法院民事审判第二庭编著:《最高人民法院关于民事案件诉讼时效司法解释理解与适用》,人民法院出版社 2015 年版,第 227 页。

[165] 参见吴庆宝:《诉讼时效中断的司法认定》(上),《人民法院报》2009 年 2 月 3 日,第 006 版;最高人民法院民事审判第二庭编著:《最高人民法院关于民事案件诉讼时效司法解释理解与适用》,人民法院出版社 2015 年版,第 227 页。

[166] 参见吴庆宝:《诉讼时效中断的司法认定》(上),《人民法院报》2009 年 2 月 3 日,第 006 版。

【诉讼时效的中断】

利人已经向真实的义务人积极主张了权利,因此应当中断诉讼时效。

③有具体的请求和事实、理由

如果权利人所提出之请求不够具体、事实理由不够充分,或者欠缺某些必要材料,法院应当告知当事人补充材料(《民事诉讼法解释》第208条第2款、第209条第2款)。如果原告补足了必要的材料,法院应当受理,诉讼时效发生中断。学理上也有观点认为,如果原告提供的文书完全不满足起诉要件的要求而根本不能称为诉状,那么自然不构成起诉,因而不中断诉讼时效。如果诉状不完全满足起诉形式要件和事实主张具体化要求,或者原告未及时足额地缴纳诉讼费,法官应当要求原告补正,补正后,诉讼时效自递交诉状时中断;如果原告不能补正、拒绝补正,那么法院应当不予受理,此时,由于当事人的诉讼行为被视为未起诉,也不可能送达被告构成催告,因此不中断诉讼时效。[167] 另一种观点认为,我国民事立案机制尚不顺畅,而且法院立案并非权利人行使请求权所必需,因此无论受理、不予受理或驳回起诉,均不改变原告起诉行使请求权的行为性质,诉讼时效都应发生中断。[168]

笔者认为,提起诉讼与诉讼外行使请求权不同,后者须有主张权利的意思到达于义务人,才发生时效中断的效果;而前者的侧重点是权利人积极主张权利,并不以诉讼请求到达义务人为必要。[169] 根据《诉讼时效若干规定(2020)》第12条、第13条规定,向特定的社会组织提出保护权利的请求,或者向公安机关、人民检察院、人民法院报案或者控告,也可使诉讼时效中断。在此类情形中,不论请求或主张是否到达义务人,都发生时

---

[167] 参见曹志勋:《起诉中断诉讼时效规则的理论展开》,《当代法学》2014年第6期,第121页。

[168] 参见李宇:《民法总则要义:规范释论与判解集注》,法律出版社2017年版,第932—933页。相同观点,亦见张雪楳:《诉讼时效前沿问题审判实务》,中国法制出版社2014年版,第279页。司法实践中,有法院认为,权利人向法院提交了起诉状,构成时效中断,不能以法院告知权利人办理相关手续后并没有办理立案手续否定诉讼时效中断,不应混淆当事人提起诉讼与法院立案程序之间的区别。参见广西立特隆金属制品有限责任公司与广西天策投资有限公司买卖合同纠纷案,广西壮族自治区高级人民法院(2020)桂民申1295号民事裁定书。

[169] 有学者认为,起诉被驳回通常不发生向被告送达诉状的问题,故其应视同为未起诉,不能引起诉讼时效的中断,参见尹田:《民法典总则之理论与立法研究》(第2版),法律出版社2018年版,第752页。笔者不赞同这种观点。

效中断。而且根据《诉讼时效若干规定(2020)》第13条第2款规定,在公安机关、人民检察院、人民法院决定不立案、撤销案件、不起诉的,诉讼时效期间从权利人知道或者应当知道不立案、撤销案件或者不起诉之日起重新计算。与上述情形相比,权利人直接向法院提起诉讼,主张权利的意思更加清晰明确。举轻以明重,权利人直接起诉,虽然被法院以不满足要求,裁定驳回起诉或不予受理,但诉讼时效也应发生中断。

④属于人民法院受理民事诉讼的范围和受诉人民法院管辖

如果法院对民事案件没有管辖权或超出其主管范围,诉讼时效也会中断,因为权利人请求法院保护其民事权利的意思是明确的。[170] 最高人民法院有判决指出,《诉讼时效若干规定(2008)》第12条中并没有限制当事人必须向有管辖权的法院起诉才能引起诉讼时效中断,且即使原告诉错了法院,但由于原告提起的诉已经具备了起诉要件,其向法院请求保护民事权益的意思明确,因此发生诉讼时效中断的效果。[171] 此外,根据《民事诉讼法》第37条,人民法院发现受理的案件不属于本院管辖的,应当移送有管辖权的人民法院,受移送的人民法院应当受理。因此,若所涉案件移送至有管辖权的法院,则按一般规则发生诉讼时效中断的效果。

(3)撤诉是否影响诉讼时效中断

权利人在提起诉讼后又撤诉的,诉讼时效是否仍然中断,存在争议。否定说者[172]认为:第一,撤诉在法理上被视为未起诉,撤诉与未起诉具有同样的法律效果,因起诉而产生的法律效力一并消灭,权利义务状态也回

---

[170] 参见最高人民法院民事审判第二庭编著:《最高人民法院关于民事案件诉讼时效司法解释理解与适用》,人民法院出版社2015年版,第228页。

[171] 参见广西融海房地产开发有限公司与广西壮族自治区德保县糖厂借款担保合同纠纷再审案,法宝引证码:CLI.C.875634。

[172] 例如,《辽宁省高级人民法院关于当前商事审判中适用法律若干问题的指导意见》(辽高法〔2005〕29号)第29条第2项规定:"起诉后又撤诉的,是权利人撤回其于诉讼上主张权利的意思表示,或放弃其于诉讼上寻求法院裁判的强制力保护其权利的意思表示,应视为未起诉,诉讼时效视为不中断。"第3项规定:"起诉后,起诉状已送达于相对人后又提出撤诉的,虽然其撤回了于诉讼上主张权利的意思表示,但因其诉状已送达相对人,起到了于诉讼外向相对人主张权利的作用,故诉讼时效于起诉状送达相对人之日中断。"《海商法》第267条第1款规定:"时效因请求人提起诉讼、提交仲裁或者被请求人同意履行义务而中断。但是,请求人撤回起诉、撤回仲裁或者起诉被裁定驳回的,时效不中断。"

复至起诉前之状态,故诉讼时效不因此发生中断。[173] 第二,权利人在起诉后又撤诉,表明其不再请求司法机关裁判并强制义务人履行,[174] 既然权利人在主观上已不希望法院依法保护其实体权利,那么再使之发生起诉中断时效的后果就毫无意义。[175] 但否定说者又认为,如果起诉状副本已由法院送达被告,则其起诉经撤回亦可产生中断时效的效力,这被视为权利人请求义务人履行义务的一种方式。[176]

采肯定说者[177]所持理由如下:第一,权利人起诉后又撤诉导致时效中断,符合《民法典》第 195 条第 3 项的文义。权利人起诉后,诉讼时效即依本条第 3 项中断,"有关程序"即已开始,在一审法院宣判前,原告申请撤诉,法院对此予以准许的,诉讼程序以准予撤诉的裁定生效之日起终了,这属于本条所称"有关程序终结"。[178] 第二,诉的撤回视为未起诉之

---

[173] 参见曹志勋:《起诉中断诉讼时效规则的理论展开》,《当代法学》2014 年第 6 期,第 122 页;最高人民法院民事审判第二庭编著:《最高人民法院关于民事案件诉讼时效司法解释理解与适用》,人民法院出版社 2015 年版,第 235 页。

[174] 参见佟柔主编:《中国民法学·民法总则》(修订版),人民法院出版社 2008 年版,第 238 页。

[175] 参见张弛:《诉讼时效中断事由评释》,《现代法学》1994 年第 1 期,第 34 页。

[176] 参见张弛:《诉讼时效中断事由评释》,《现代法学》1994 年第 1 期,第 34 页;曹志勋:《起诉中断诉讼时效规则的理论展开》,《当代法学》2014 年第 6 期,第 122 页;尹田:《民法典总则之理论与立法研究》(第 2 版),法律出版社 2018 年版,第 752 页;最高人民法院民事审判第二庭编著:《最高人民法院关于民事案件诉讼时效司法解释理解与适用》,人民法院出版社 2015 年版,第 235 页。相关裁判观点,参见天士力制药集团股份有限公司与李连达名誉权纠纷案,天津市高级人民法院(2014)津高民一终字第 0028 号民事判决书。

[177] 参见广西融海房地产开发有限公司与广西壮族自治区德保县糖厂借款担保合同纠纷再审案,法宝引证码:CLI.C.875634;梁铁生与湖南佳惠置业有限责任公司合资、合作开发房地产合同纠纷案,最高人民法院(2016)最高法民终 815 号民事判决书;中国人民解放军军事科学院、中国安华(集团)总公司肃北县金山金矿与兰州兆龙装饰设计工程有限公司侵权赔偿纠纷案,最高人民法院(2004)民二终字第 111 号民事判决书。最高人民法院在《最高人民法院关于四川高院请示长沙铁路天群实业公司贸易部与四川鑫达实业有限公司返还代收贷款一案如何适用法(民)复〔1990〕3 号批复中"诉讼时效期间"问题的复函》(〔1999〕民他字第 12 号)中认为,起诉后又撤诉,诉讼时效期间应从撤诉之日起重新计算。

[178] 参见李宇:《民法总则要义:规范释论与判解集注》,法律出版社 2017 年版,第 938 页。

说,在民事诉讼法上成立,但诉讼时效并不以诉讼法理论为判断标准。[179] 最高人民法院有判决指出"撤诉对当事人来讲就是不再要求人民法院对其民事争议按照法定程序进行审判裁决,只表明当事人处分了自己的诉讼权利,而并没有处分自己的实体权利"[180]。第三,撤诉动机多种多样,如果以原告是否具备行使权利之决心或意思作为认定诉讼时效是否中断的标准,或以原告撤诉是否基于正当理由为标准,将陷法院于"动机审查"之泥潭,不但背离民法不考虑动机的一般原理,且动机可由原告任意解释,无可捉摸。[181]

笔者赞同肯定说,因为权利人提起诉讼,表明其已经在积极地主张权利,而且其权利主张符合起诉的前提条件,法院也已经受理。其后,无论权利人出于何种原因撤诉,所消灭的只是程序法上的效果,在实体法上符合《民法典》第195条第3项的规定,诉讼时效应中断。

对于《民事诉讼法》第148条规定的按撤诉处理的情形,诉讼时效同样因权利人提起诉讼而中断,并在相关程序终结时重新计算。

(4)债权人提起代位权诉讼

根据《诉讼时效若干规定(2020)》第16条,债权人提起代位权诉讼的,应当认定对债权人的债权和债务人的债权均发生诉讼时效中断的效力。该规定表明,债权人提起代位权诉讼,同时引起两个债权的诉讼时效中断,即债权人对债务人的债权和债务人对次债务人的债权。[182] 按照最高人民法院的解释,尽管债权人起诉的不是债务人,但根据《合同法解释(一)》(已失效)规定,债务人应为第三人参加诉讼,债权人向法院提起诉讼,寻求司法权力救济,表明其不放弃债权的真实意愿,符合诉讼时效中断的法理,所以债权人对债务人的请求权的诉

---

[179] 参见李宇:《民法总则要义:规范释论与判解集注》,法律出版社2017年版,第938页。

[180] 广西融海房地产开发有限公司与广西壮族自治区德保县糖厂借款担保合同纠纷再审案,法宝引证码:CLI.C.875634。

[181] 参见李宇:《民法总则要义:规范释论与判解集注》,法律出版社2017年版,第939页。

[182] 参见中国银行股份有限公司汕头分行与广东发展银行股份有限公司韶关分行、第三人珠海经济特区安然实业(集团)公司代位权纠纷案,最高人民法院(2011)民提字第7号民事判决书,载《最高人民法院公报》2011年第11期。

【诉讼时效的中断】

讼时效中断。[183] 在满足行使代位权的前提条件下,债权人依法取得了以自己的名义(代位债务人)向次债务人主张债权的权利,债权人依法代位行使诉权,系代位债务人行使提起诉讼之权利,因此债务人对次债务人的诉讼时效亦中断。[184]

代位权制度的目的在于保全债务人的责任财产,根据《民法典》第535条第2款第1句规定,代位权的行使范围以债权人的到期债权为限。如果是金钱债权,即要求以代位权人的金钱债权额为限,对于超出部分,法院不予支持;如果代位行使的债权属于特定债权,不应当设定数额的限制,而应允许代位债权人就整个债权代位行使。[185] 在金钱债权的场合下,会产生一个问题,即如果债权人对债务人之债权与债务人对次债务人之债权的金额不一致,诉讼时效中断的效力是否及于全部债权? 学理上认为,权利人主张部分权利的,如其无放弃同一债权剩余部分的意思,则权利人之主张使全部债权的诉讼时效中断[参照《诉讼时效若干规定(2020)》第9条]。[186] 最高人民法院也认为,无论在哪种情形,债权人提起代位权诉讼均可使全部债权的诉讼时效中断。[187]

2. 申请仲裁

申请仲裁是当事人希望通过司法程序行使其权利,表明其主张,也应构成中断时效的事由。[188] 根据《仲裁法》第21条规定,当事人申请仲裁应当符合下列条件:(1)有仲裁协议;(2)有具体的仲裁请求和事实、

---

[183] 参见最高人民法院民事审判第二庭编著:《最高人民法院关于民事案件诉讼时效司法解释理解与适用》,人民法院出版社2015年版,第306页。

[184] 参见最高人民法院民事审判第二庭编著:《最高人民法院关于民事案件诉讼时效司法解释理解与适用》,人民法院出版社2015年版,第306页。

[185] 参见韩世远:《合同法总论》(第四版),法律出版社2018年版,第447—448页。

[186] 参见韩世远:《合同法总论》(第四版),法律出版社2018年版,第449页;戴孟勇:《论因起诉及与起诉类似的事项导致诉讼时效中断的效力》,《交大法学》2016年第4期,第59页。

[187] 参见最高人民法院民事审判第二庭编著:《最高人民法院关于民事案件诉讼时效司法解释理解与适用》,人民法院出版社2015年版,第308页。

[188] 参见陈甦主编:《民法总则评注》(下册),法律出版社2017年版,第1409页(周江洪执笔)。

理由;(3)属于仲裁委员会的受理范围。如果当事人之间没有仲裁协议,则任何一方均无权提起仲裁,因此申请仲裁不会使诉讼时效中断。如果是因为欠缺具体的仲裁请求和事实、理由等要件,或者不属于仲裁委员会的受理范围而不被仲裁机构受理,可以参照前述提起诉讼的规则。

3. 诉讼时效中断及重新计算的时点

(1)一般标准

根据《民法典》第 195 条规定,因权利人提起诉讼或申请仲裁而中断时效的情形下,从有关程序终结时起,时效期间重新计算。与权利人于诉讼外请求义务人履行以及义务人同意履行不同,在权利人通过诉讼或仲裁主张权利的情形中,法院与仲裁机构需要一段时间来处理案件,在此期间内,可以认为处于权利人持续行使权利的状态,诉讼时效不计算。[189] 由此可见,在权利人提起诉讼或申请仲裁的情形中,诉讼时效中断的时点与诉讼时效重新计算的时点存在一定的时间间隔。

根据《诉讼时效若干规定(2020)》第 10 条规定,当事人一方向人民法院提交起诉状或者口头起诉的,诉讼时效从提交起诉状或者口头起诉之日起中断。如果权利人是通过申请仲裁主张权利,则诉讼时效应自向仲裁委员会递交仲裁协议、仲裁申请书及副本之日中断。按照《民法典》第 195 条的规定,诉讼时效从有关程序终结之日起算。一般来说,有关程序终结是指法院裁判确定时、诉讼终结时以及权利人撤诉、撤回上诉(及按撤诉、撤回上诉处理)时。[190] 但诉讼时效是否重新计算,会受到裁判结果的影响。

(2)原告胜诉

如果权利人获得胜诉判决或者法院出具调解书结案,则无论请求权

---

[189] 参见黄薇主编:《中华人民共和国民法典总则编释义》,法律出版社 2020 年版,第 528 页。司法实践中法院认为:"权利人提起诉讼以及后续参与诉讼审理的活动均应视为权利人持续主张和实现自身权利的过程,均可发生诉讼时效中断的效力。"参见全洲药业集团公司与华北制药集团销售有限公司买卖合同纠纷案,最高人民法院(2015)民申字第 1127 号民事裁定书。

[190] 参见李宇:《民法总则要义:规范释论与判解集注》,法律出版社 2017 年版,第 936 页。

【诉讼时效的中断】 第 195 条

的诉讼时效期间长短如何,均应统一适用《民事诉讼法》第 250 条[191]规定的 2 年申请执行时效及其起算规则,不必从诉讼程序终结时起重新计算原有的诉讼时效期间。[192] 比较法上,经司法裁判确认之请求权,欧洲各国一般规定在实体法的消灭时效制度中,并适用长期时效期间,如依《德国民法典》第 197 条第 1 款第 3 项规定,有既判力确定之请求权为长期的 30 年消灭时效期间;《瑞士债务法》第 137 条第 2 款规定经法院判决确定的请求权消灭时效期间为 10 年;苏格兰 1973 年的《时效与期限法》第 7 条规定为 20 年;《欧洲示范民法典草案》第 III-7:202 条规定该类请求权的时效期间为 10 年。因为普通消灭时效期间较短,为追求尽快清理法律关系和避免案件事实模糊不清之目的,而有既判力之请求权以及可强制执行之请求权,不存在此种问题,因此规定长期消灭时效期间。[193]

我国早期的民事诉讼法理论认为,执行期间是公法上申请强制执行的期限,是申请执行的必要条件,须由司法机关立案时主动审查,一旦超过该期限,应裁定不予受理。[194] 1982 年《民事诉讼法(试行)》第 169 条和 1991 年《民事诉讼法》第 219 条均规定当事人申请执行的期限为 6 个月。晚近的民事诉讼法理论将"强制执行请求权"与民事实体法上的请求权区别开来,前者是债权人基于执行名义所享有的可请求法院行使强制执行权、以实现执行名义所载权利的公法上的请求权;而后者则是执行名义中载明的私法上的请求权。基于此种区分,公法上的强制执行请求

---

[191] 《民事诉讼法》第 250 条规定:"申请执行的期间为二年。申请执行时效的中止、中断,适用法律有关诉讼时效中止、中断的规定(第 1 款)。前款规定的期间,从法律文书规定履行期间的最后一日起计算;法律文书规定分期履行的,从最后一期履行期限届满之日起计算;法律文书未规定履行期间的,从法律文书生效之日起计算(第 2 款)。"

[192] 参见戴孟勇:《论因起诉及与起诉类似的事项导致诉讼时效中断的效力》,《交大法学》2016 年第 4 期,第 58 页;李宇:《民法总则要义:规范释论与判解集注》,法律出版社 2017 年版,第 937 页。

[193] Vgl. Grothe, in: Münchener Kommentar zum BGB, 6.Aufl., 2012, §197, Rn.2.

[194] 1998 年最高人民法院颁布的《关于人民法院执行工作若干问题的规定(试行)》(法释[1998]15 号,已被修改)第 18 条第 1 款,将执行期间作为受理执行案件的条件之一。

权是一种司法救济保障,不应受期间限制;[195]执行期间本质上是对于私法上请求权的消灭时效限制。[196]

96 依现行《民事诉讼法》第250条第1款规定,申请执行的期间为两年,且适用有关诉讼时效中止、中断的规定。根据《民事诉讼法解释》第481条第1款规定,申请执行人超过申请执行时效期间向人民法院申请强制执行的,人民法院应予受理。被执行人对申请执行时效期间提出异议,人民法院经审查异议成立的,裁定不予执行。由此可见,申请执行如超过执行时效期间,应由被执行人提出异议,法院不得主动审查适用。执行时效期间与诉讼时效"抗辩权"的法律效果高度一致。基于此,民事诉讼法学者提出应彻底废除程序法上规定强制执行的期限限制,但在立法改变之前,应将原《民事诉讼法》第246条(现第250条)的执行时效理解为诉讼时效。[197] 在《民法典》生效以后,执行时效的规定就显得更不合理了,因为未经法院判决确认的诉讼时效期间尚且为3年,经法院判决确定的请求权的时效期间反而只有两年。《民事诉讼法》应对标《民法典》,将执行时效改为3年。

97 由此可见,如果原告主张请求权,获得胜诉判决,不存在诉讼时效中断的问题,而是应按照《民事诉讼法》第250条第2款,执行时效从法律文书规定履行期间的最后一日起算;法律文书规定分期履行的,从规定的每次履行期间的最后一日起计算;法律文书未规定履行期间的,从法律文书生效之日起计算。

98 如果权利人在仲裁程序中获得胜诉裁决或者仲裁庭出具调解书结案,应适用上述执行时效的规则,不必重新计算诉讼时效期间。

---

[195] 参见占善刚:《对我国民事申请执行期间制度的初步检讨——以〈民事诉讼法〉第219条的修改为对象的分析》,《南京师大学报(社会科学版)》2011年第1期,第37—42页。

[196] 参见刘学在:《论执行时效制度之理解误区及其矫正》,《北方法学》2014年第4期,第87页。

[197] 参见刘学在:《论执行时效制度之理解误区及其矫正》,《北方法学》2014年第4期,第87页;乔宇:《论申请执行时效的适用程序——兼谈权力分工语境下的审执分立》,《法律适用》2013年第4期,第67页;杨巍:《民事时效制度的理论反思与案例研究》,北京大学出版社2015年版,第79页。

(3) 原告败诉

如果权利人败诉,诉讼时效是否重新计算,存在不同见解。一种观点认为,义务人败诉或部分败诉的,诉讼时效期间仍重新计算,因为权利人仍有可能通过审判监督程序胜诉,故诉讼时效期间重新计算,仍有意义。[198] 反对观点认为,诉讼程序终结后,权利人败诉的,因其请求权未获承认,自无法重新计算诉讼时效期间。权利人申请再审的,应当适用《民事诉讼法》第 216 条规定的 6 个月申请再审期限,也不能重新计算诉讼时效期间。[199] 笔者认为,如果起诉后,原告因实体原因而败诉了,意味着法院确认原告并不享有请求权,从而没有诉讼时效中断的必要。但如果原告起诉后,因为程序原因导致诉讼被驳回,原告起诉本身已说明其通过诉讼主张请求权,诉讼时效应该中断,自收到裁判文书之日起重新计算时效。

如果权利人的仲裁请求未获支持,自无须重新计算诉讼时效期间,权利人申请法院撤销仲裁裁决的,应当适用《仲裁法》第 59 条规定的 6 个月申请撤销期限,也不能重新计算诉讼时效期间。[200]

(四) 与提起诉讼或申请仲裁具有同等效力的其他情形(《民法典》第 195 条第 4 项)

根据《民法典》第 195 条第 4 项规定,权利人在诉讼或仲裁以外的诉讼程序或非诉程序中主张权利,具有与提起诉讼或申请仲裁同等效力的,诉讼时效中断。根据《诉讼时效若干规定(2020)》第 11 条规定,此类情形包括:(1)申请支付令;(2)申请破产、申报破产债权;(3)为主张权利而申请宣告义务人失踪或死亡;(4)申请诉前财产保全、诉前临时禁令等诉前措施;(5)申请强制执行;(6)申请追加当事人或者被通知参加诉讼;(7)在诉讼中主张抵销。根据《诉讼时效若干规定(2020)》第 12 条规定,权利人向人民调解委员会以及其他依法有权解决相关民事纠纷的国

---

[198] 参见李宇:《民法总则要义:规范释论与判解集注》,法律出版社 2017 年版,第 937 页。

[199] 参见戴孟勇:《论因起诉及与起诉类似的事项导致诉讼时效中断的效力》,《交大法学》2016 年第 4 期,第 59 页。赞成此种观点者,参见陈甦主编:《民法总则评注》(下册),法律出版社 2017 年版,第 1409 页(周江洪执笔)。

[200] 参见戴孟勇:《论因起诉及与起诉类似的事项导致诉讼时效中断的效力》,《交大法学》2016 年第 4 期,第 59 页。

家机关、事业单位、社会团体等社会组织提出保护相应民事权利的请求,也可使诉讼时效中断。根据《诉讼时效若干规定(2020)》第13条规定,权利人向公安机关、人民检察院、人民法院报案或者控告,请求保护其民事权利,亦可使诉讼时效中断。下面分别对每种情形展开分析。

1. 申请支付令

102　　根据《民事诉讼法》第225条规定,债权人请求债务人给付金钱、有价证券,在债权人与债务人之间没有其他债务纠纷,并且支付令能够送达债务人的情况下,债权人可以向有管辖权的基层人民法院申请支付令。《民事诉讼法解释》第427条第1款对此进行了细化。[201] 基于前述规定,债权人申请支付令导致诉讼时效中断的前提是满足《民事诉讼法》规定的申请支付令的条件。如果债权人之申请因不符合要求而被裁定驳回或法院不予受理,诉讼时效仍然会发生中断。

103　　在债权人申请支付令的情形下,诉讼时效应自人民法院收到债权人的支付令申请书中断(类推适用《诉讼时效若干规定(2020)》第10条),但诉讼时效并非自此时起即重新开始起算。[202] 因为根据《民事诉讼法》第227条第1款,法院应在受理后15日内作出是否签发支付令的裁定,在此期间内,应理解为权利人处于持续行使权利的状态,诉讼时效应自"有关程序终结"时重新计算。如果法院经审查认定申请支付令不成立,裁定驳回的,诉讼时效期间应当从裁定生效的次日起重新计算。[203] 如果法院经审查认定申请成立并向债务人发出支付令,债务人在法定期

---

[201] 《民事诉讼法解释》第427条第1款规定:"债权人申请支付令,符合下列条件的,基层人民法院应当受理,并在收到支付令申请书后五日内通知债权人:(一)请求给付金钱或者汇票、本票、支票、股票、债券、国库券、可转让的存款单等有价证券;(二)请求给付的金钱或者有价证券已到期且数额确定,并写明了请求所根据的事实、证据;(三)债权人没有对待给付义务;(四)债务人在我国境内且未下落不明;(五)支付令能够送达债务人;(六)收到申请书的人民法院有管辖权;(七)债权人未向人民法院申请诉前保全。"

[202] 有法院认为,诉讼时效因债权人向法院提交支付令申请而中断,诉讼时效期间重新计算。参见中国出口信用保险公司与广西金地股份有限公司、广西金沙企业集团有限责任公司信用证纠纷案,广西壮族自治区高级人民法院(2012)桂民四终字第8号民事判决书。

[203] 参见戴孟勇:《论因起诉及与起诉类似的事项导致诉讼时效中断的效力》,《交大法学》2016年第4期,第59页。

间内既不提出异议又不履行支付令的,债权人可以向法院申请强制执行(《民事诉讼法》第 227 条第 3 款)。于此情形,应当适用《民事诉讼法》第 250 条规定的申请执行时效。如果在支付令签发后,因债务人异议等原因而使支付令失效(《民事诉讼法》第 228 条,《民事诉讼法解释》第 435 条、第 440 条),但无论是否转入诉讼程序,均不影响诉讼时效中断。如果在支付令签发后被撤销(《民事诉讼法解释》第 441 条),诉讼时效同样会中断,因为支付令的申请和执行行为足以证明债权人在积极主张权利。[204]

2. 申请破产、申报破产债权

(1)债权人对破产的债务人所享有之债权

根据《诉讼时效若干规定(2020)》第 11 条规定,申请破产、申报破产债权具有与提起诉讼同等的效力。根据《企业破产法》第 7 条规定,在债务人不能清偿到期债务的情况下,债权人与债务人均可向法院提出对债务人进行重整或破产清算。按照最高人民法院的解释,在债权人向法院申请债务人破产时,其意图通过破产程序主张债权,故申请破产行为本身具有类似提起诉讼而中断诉讼时效的效力;在债务人或其他债权人申请破产的情形下,债权人申报债权以便在破产程序中获得清偿,申报债权的行为也是主张权利的行为,也应具有中断诉讼时效的效力。[205] 但如果仅仅是债务人自己申请破产,并不使诉讼时效中断。

在提交破产申请或者申报债权后,债权人对债务人的诉讼时效即告中断,与破产申请是否被受理或其债权是否得到确认无关。[206] 诉讼时效因权利人申请破产或申报破产债权而中断后,在破产程序终结前,不应开始计算诉讼时效期间,[207]也即在申请破产、申报破产债权的情形下,时效中断与重新计算之间存在一定的时间间隔。经法院审查,如果裁定不受理

---

[204] 司法实践的观点,参见中房京贸房地产开发有限公司与北京城建五资产管理有限公司建设工程施工合同纠纷案,北京市高级人民法院(2020)京民终 84 号民事判决书。

[205] 参见最高人民法院民事审判第二庭编著:《最高人民法院关于民事案件诉讼时效司法解释理解与适用》,人民法院出版社 2015 年版,第 244—245 页。

[206] 参见王欣新:《破产程序与诉讼时效问题研究》,《政治与法律》2015 年第 2 期,第 3 页。

[207] 参见戴孟勇:《论因起诉及与起诉类似的事项导致诉讼时效中断的效力》,《交大法学》2016 年第 4 期,第 60 页。

破产申请或者受理后又驳回破产申请,或者债权人申报的债权未能得到确认,则诉讼时效从人民法院作出相关裁定时重新开始计算。[208] 如果债权人撤回破产申请或债权申报,有学者认为不发生诉讼时效中断的效力。[209] 但笔者不赞同该观点,结合前述关于撤诉不影响时效中断的相关理由,债权人撤回破产申请或债权申报,同样可以发生诉讼时效中断的效果。

《诉讼时效若干规定(2020)》第11条仅提及申请破产、申报破产债权,在破产程序中除了破产清算,还存在重整、和解。对此有必要分别进行分析。根据《企业破产法》第70条第1款规定,债权人和债务人均可向法院申请债务人重整。重整的目的是要挽救那些仍然具有市场竞争力但陷入财务困境的企业。[210] 在债权人申请对债务人进行重整,或者债务人申请破产而债权人申报破产债权时,债权人对债务人的债权诉讼时效中断。诉讼时效重新计算的时间应区分不同情况进而分别判断:(1)如果重整成功,重整程序终止,破产程序亦随之终结,诉讼时效重新计算;[211] (2)如果债务人将重整计划执行完毕,债务因被减免或被清偿而归于消灭,则不存在重新计算诉讼时效期间的问题;[212] (3)如果在重整期间因债务人状况恶化或者有不当行为、重整计划未获批准、债务人不能执行或不执行重整计划,法院裁定终止重整程序并宣告破产,此时转入破产清算程序,诉讼时效继续中断,诉讼时效的重新计算按照破产清算的规则处理。[213]

根据《企业破产法》第95条第1款规定,债务人可以直接向法院申请和解,也可在法院受理破产申请后、宣告债务人破产前,向法院申请和解。

---

[208] 参见王欣新:《破产程序与诉讼时效问题研究》,《政治与法律》2015年第2期,第3页。

[209] 参见王欣新:《破产程序与诉讼时效问题研究》,《政治与法律》2015年第2期,第3页。

[210] 参见许德风:《破产法论——解释与功能比较的视角》,北京大学出版社2015年版,第472页。

[211] 参见李宇:《民法总则要义:规范释论与判解集注》,法律出版社2017年版,第940页。

[212] 参见王欣新:《破产程序与诉讼时效问题研究》,《政治与法律》2015年第2期,第3页;戴孟勇:《论因起诉及与起诉类似的事项导致诉讼时效中断的效力》,《交大法学》2016年第4期,第60页。

[213] 参见李宇:《民法总则要义:规范释论与判解集注》,法律出版社2017年版,第940页。

【诉讼时效的中断】

诉讼时效重新计算的时点也区分不同情况判断:(1)如果和解协议经债权人会议通过,并经法院裁定认可,和解程序终止,自终止时起,诉讼时效重新计算;但如果和解协议定有债务履行期的,自该履行期限届满之日起,诉讼时效重新计算。[214] (2)如果债务人将和解协议执行完毕,依据和解协议减免的债务就不再清偿,不存在重新计算诉讼时效的问题。[215] (3)如果和解协议草案经债权人会议表决未获通过或经债权人会议通过但未获法院认可,或者债务人不能执行或不执行和解协议,经和解债权人请求,则会进入债务人破产程序,此时适用破产清算时诉讼时效重新计算的规则。[216]

如果最终进入破产清算程序,有观点认为,在破产清算程序终止时,债务人企业被注销,债务的主体都不复存在,也就不存在重新计算诉讼时效的问题。[217] 即使在破产程序终结后两年内,债权人发现有应当追回的财产或者债务人有应当供分配的其他财产,自应依《企业破产法》第123条规定的追加分配制度处理,不必也不能从破产程序终结时起重新计算诉讼时效期间。[218] 但也有观点认为,诉讼时效应于破产程序终结时起重新计算。[219] 笔者赞同后一种观点。

如果在法院受理破产申请后,债务人与债权人就债权债务的处理自行达成协议的,可以请求法院裁定认可,并终结破产程序。于此应当自破产程序终结时起重新计算诉讼时效,[220] 或者从协议约定的债务履行期届

---

[214] 参见李宇:《民法总则要义:规范释论与判解集注》,法律出版社2017年版,第940页。

[215] 参见王欣新:《破产程序与诉讼时效问题研究》,《政治与法律》2015年第2期,第3页;戴孟勇:《论因起诉及与起诉类似的事项导致诉讼时效中断的效力》,《交大法学》2016年第4期,第60页。

[216] 参见李宇:《民法总则要义:规范释论与判解集注》,法律出版社2017年版,第940页。

[217] 参见王欣新:《破产程序与诉讼时效问题研究》,《政治与法律》2015年第2期,第3页。

[218] 参见戴孟勇:《论因起诉及与起诉类似的事项导致诉讼时效中断的效力》,《交大法学》2016年第4期,第60页。

[219] 参见李宇:《民法总则要义:规范释论与判解集注》,法律出版社2017年版,第941页。

[220] 参见王欣新:《破产程序与诉讼时效问题研究》,《政治与法律》2015年第2期,第3页。

满次日重新计算诉讼时效期间。[221]

(2)破产的债务人对外所享有之债权

根据《破产法解释(二)》第19条第1款规定,债务人对外享有债权的诉讼时效,自法院受理破产申请之日起中断。这是因为破产程序启动后,债务人企业的管理权(包括财产处分、诉讼事项等)均由管理人接管。管理人接管破产企业后难以立即全面了解企业情况,并及时对外主张权利,所以司法解释规定,破产程序启动后,债务人对外债权的诉讼时效自动中断,以保障管理人能够有充裕的时间顺利行使职权,并维护破产企业及其债权人的利益。[222]从立法论看,将破产程序作为破产债务人的债权诉讼时效中止事由更为妥当,因为债务人进入破产程序,无法亲自对外主张权利,是一种不能行使权利的障碍,更符合诉讼时效中止的制度宗旨。但基于实证法的规定,以下还是从解释论的角度展开分析。

根据上述司法解释的规定,债务人对外享有之债权的诉讼时效自法院受理债务人破产申请之日中断。这里诉讼时效中断的原因并非权利人积极行使权利,而是因为行使权利的主体发生变更,而仅在法院受理破产申请后,才会发生权利行使主体的变更,所以诉讼时效并非自债务人申请破产时中断,而是自法院受理破产申请后中断。在此前提下,诉讼时效是从法院受理破产申请之时即重新计算,还是在破产程序终结时才重新计算,存在争议。[223]

---

[221] 参见戴孟勇:《论因起诉及与起诉类似的事项导致诉讼时效中断的效力》,《交大法学》2016年第4期,第60页。

[222] 参见王欣新:《破产程序与诉讼时效问题研究》,《政治与法律》2015年第2期,第5页;《积极追收债务人财产 充分保障债权人利益——最高人民法院民二庭负责人就〈最高人民法院关于适用《中华人民共和国企业破产法》若干问题的规定(二)〉答记者问》,中华人民共和国最高人民法院官网2013年9月13日,https://www.court.gov.cn/zixun-xiangqing-5678.html。

[223] 参见王欣新:《破产程序与诉讼时效问题研究》,《政治与法律》2015年第2期,第4页。实践中有法院采前一种观点,认为债务人对其债务人的债权因其进入重整程序(或受理破产案件之时)而中断,从该日起重新计算诉讼时效,参见湛江鸿华混凝土有限公司与黄壮强等买卖合同纠纷案,广东省高级人民法院(2017)粤民申2102号民事裁定书;天津金土地食品有限公司与新疆胡杨河番茄制品有限公司买卖合同纠纷案,新疆维吾尔自治区高级人民法院生产建设兵团分院(2016)兵民终64号民事判决书。也有法院采后一种观点,认为在法院宣告破产后,诉讼时效中断的法定事由一直处于延续状态,参见成功控股集团有限公司与湖南湘泉集团有限公司股权转让纠纷案,最高人民法院(2012)民提字第138号民事判决书;贵州宏运拍卖有限公司与铜仁市先桥房地产开发有限公司合同、无因管理、不当得利纠纷案,贵州省高级人民法院(2018)黔民申981号民事裁定书。

【诉讼时效的中断】

笔者认为,法院受理债务人破产程序发生诉讼时效中断的理由在于:管理人替换原先的债务人,行使权利的主体发生变化,这与《民法典》第194条第1款第2项和第3项规定的行使权利主体发生变更导致时效中止的情形类似,而中止事由消除后最多享有6个月的时效期间。因此,法院受理债务人破产发生时效中断的后果,不应过度优待破产债务人,将时效中断重新起算的时点往后推移,而应该以管理人确定之日作为诉讼时效重新计算的时点。

另外,根据《破产法解释(二)》第19条第2款规定,债务人无正当理由未及时行使到期的债权,导致在破产申请受理前1年内超过诉讼时效期间的,人民法院受理破产申请之日起重新计算该债权的诉讼时效期间。按照最高人民法院的解释,这是针对债务人恶意减少其财产的消极放弃债权行为,进而产生类似于撤销其积极放弃债权行为的法律效果,而从诉讼时效的角度作出的制度安排。[224] 如果债务人的债权在破产申请受理1年以前即罹于时效,该规则即不得适用。[225]

3. 为主张权利而申请宣告义务人失踪或死亡

根据《诉讼时效若干规定(2020)》第11条第3项规定,权利人为主张权利而申请宣告义务人失踪或死亡,亦构成诉讼时效中断的事由。适用本项规则,应满足以下三项前提条件:第一,申请人为权利人;第二,被申请人为义务人;第三,权利人系基于主张权利的目的而申请宣告义务人失踪或者死亡,如果并非基于主张权利的目的,则不具有诉讼时效中断的效力。[226] 在适用本项时,还须注意如果在诉讼时效开始后,义务人下落不明,并且这种状况持续至诉讼时效期间的最后6个月,就可能构成诉讼时效中止。

如果符合本项的适用条件,权利人请求权的诉讼时效应自法院作出失踪或死亡宣告的次日重新开始计算。如果权利人的申请因不符合宣告失踪或宣告死亡的前提条件而被驳回,但权利人主张权利的意思明确

---

[224] 参见《积极追收债务人财产 充分保障债权人利益——最高人民法院民二庭负责人就〈最高人民法院关于适用《中华人民共和国企业破产法》若干问题的规定(二)〉答记者问》,中华人民共和国最高人民法院官网2013年9月13日,https://www.court.gov.cn/zixun-xiangqing-5678.html。

[225] 参见中冶葫芦岛有色金属集团有限公司与凤城市青城子镇民政福利选矿厂买卖合同纠纷案,最高人民法院(2015)民申字第922号民事裁定书。

[226] 参见最高人民法院民事审判第二庭编著:《最高人民法院关于民事案件诉讼时效司法解释理解与适用》,人民法院出版社2015年版,第245页。

的,诉讼时效同样自相应程序终结的次日重新开始计算。[227]

4. 申请诉前财产保全、诉前临时禁令等诉前措施

115　根据《诉讼时效若干规定(2020)》第 11 条第 4 项规定,权利人申请诉前保全、诉前临时禁令等诉前措施,也会使诉讼时效中断。这里的诉前保全与诉前临时禁令包括《民事诉讼法》第九章中所规定的诉前保全、《最高人民法院关于对诉前停止侵犯专利权行为适用法律问题的若干规定》(法释[2001]20 号,已失效)中所规定的诉前临时禁令、《最高人民法院关于诉前停止侵犯注册商标专用权行为和保全证据适用法律问题的解释》(法释[2002]2 号,已失效)中所规定的诉前临时禁令。[228] 权利人申请诉前保护措施,是通过法院保护其权利的意思体现,因此,具有与起诉同等导致时效中断的效力。[229] 与前述几种情形类似,在权利人向法院申请诉前保全或诉前临时禁令时,诉讼时效即中断,至于诉讼时效自何时重新计算,应区分不同情况来考虑。

116　如果法院认为不满足诉前措施的前提条件,裁定驳回申请的,诉讼时效期间应当从裁定生效的次日起重新计算,[230] 理由与前述类似。

117　如果法院裁定采取诉前措施,诉讼时效从何时重新计算,应根据不同的后续处理方式,区别对待:第一,如果在法院采取诉前保全或诉前临时禁令后,申请人向法院提起诉讼,或向仲裁机构申请仲裁,此时诉讼时效的重新计算按照提起诉讼或申请仲裁导致诉讼时效中断的规则处理。[231] 第二,如果在法院采取诉前保全或诉前临时禁令后,没有依法按时提起诉讼或申请仲裁,法院应当解除保全(《民事诉讼法》第 104 条第 3 款),此时诉讼时效从法院解除保全措施的次日

---

[227] 参见戴孟勇:《论因起诉及与起诉类似的事项导致诉讼时效中断的效力》,《交大法学》2016 年第 4 期,第 60 页。

[228] 参见最高人民法院民事审判第二庭编著:《最高人民法院关于民事案件诉讼时效司法解释理解与适用》,人民法院出版社 2015 年版,第 245—246 页。

[229] 参见最高人民法院民事审判第二庭编著:《最高人民法院关于民事案件诉讼时效司法解释理解与适用》,人民法院出版社 2015 年版,第 246 页。

[230] 参见戴孟勇:《论因起诉及与起诉类似的事项导致诉讼时效中断的效力》,《交大法学》2016 年第 4 期,第 61 页。

[231] 参见最高人民法院民事审判第二庭编著:《最高人民法院关于民事案件诉讼时效司法解释理解与适用》,人民法院出版社 2015 年版,第 246 页。

【诉讼时效的中断】

起,重新开始计算。[232] 第三,在财产纠纷案件中,如果被申请人提供担保,法院也应当裁定解除保全(《民事诉讼法》第107条),此时诉讼时效从法院解除保全措施的次日起重新开始计算。第四,如果保全裁定未被法院撤销或者解除的,最终进入执行程序,自动转为执行中的查封、扣押、冻结措施,保全措施的期限连续计算(《民事诉讼法解释》第168条),且可依申请或依职权续行;如果保全措施持续至诉讼或仲裁程序终结,则根据该程序终结的结果是胜诉还是败诉,确定是否有必要以及何时重新起算诉讼时效。第五,诉前证据保全参照适用《民事诉讼法》第九章保全的有关规定,如果法院驳回或解除证据保全的,有关程序终结时诉讼时效重新起算;如果证据保全状态持续进入诉讼或仲裁阶段,但并无自动转换进入执行程序中的查封、扣押、冻结措施的必要,因此最迟于诉讼或仲裁程序终结之日,证据保全应予解除。[233] 此时,根据该程序终结的结果是胜诉还是败诉,确定是否有必要以及何时重新起算诉讼时效。

5. 申请强制执行

根据《诉讼时效若干规定(2020)》第11条第5项规定,权利人申请强制执行,同样可使诉讼时效中断。根据《执行工作若干规定(试行)》(法释〔2020〕21号)第2条的规定,执行机构负责执行的民事法律文书(执行依据)包括人民法院民事判决、裁定、调解书,民事制裁决定,支付令,刑事附带民事判决、裁定、调解书,我国仲裁机构作出的仲裁裁决和调解书,公证机关依法赋予强制执行效力的债权文书,经人民法院裁定承认效力的外国法院作出的判决、裁定,以及国外仲裁机构作出的仲裁裁决。

权利人为获取判决书等执行依据,向法院起诉或向仲裁机构申请仲裁,该行为本身已使请求权的诉讼时效中断。申请强制执行的权利人如已取得执行依据法律文书,此时其请求权受执行时效的限制。此处申请强制执行作为时效中断事由,是指执行时效的中断。中断的时点为权利人申请强制执行之日。

时效重新计算的时点,应区分不同情形分别对待:

---

〔232〕 参见戴孟勇:《论因起诉及与起诉类似的事项导致诉讼时效中断的效力》,《交大法学》2016年第4期,第61页。

〔233〕 参见李宇:《民法总则要义:规范释论与判解集注》,法律出版社2017年版,第942页。

120　　　第一,如果被执行人完全清偿执行法律文书所定义务,执行程序终结,申请执行人的权利已经实现,诉讼时效的问题即不复存在。[234]

121　　　第二,如果法院裁定终结执行,应区分不同终结事由,来确定诉讼时效重新计算的时点:(1)如果申请人撤销申请或据以执行的法律文书被撤销(《民事诉讼法》第268条第1项、第2项),诉讼时效期间于裁定终结执行之日起重新计算;(2)如果被执行人死亡,无遗产可供执行,又无义务承担人或者追索赡养费、扶养费、抚育费案件的权利人死亡(《民事诉讼法》第268条第3项、第4项),请求权无法实现,诉讼时效问题亦不复存在;[235](3)如果被执行人因为生活困难无力偿还借款,无收入来源,又丧失劳动能力(《民事诉讼法》第268条第5项),此时因为被执行人无力偿还债务,因此原则上也不存在时效中断的问题,但根据《民事诉讼法解释》第517条,因被执行人无可供执行财产而终结执行程序的,申请执行人发现被执行人有可供执行的财产,可以再次申请执行,并且再次申请不受诉讼时效限制。

122　　　第三,在执行依据为仲裁裁决且被法院裁定不予执行时,因当事人可以向法院起诉或者根据仲裁协议重新申请仲裁(《仲裁法》第9条第2款、《民事诉讼法》第248条第5款),故应从裁定生效的次日起重新计算诉讼时效期间。[236]

123　　　第四,如果法院因公证债权文书确有错误而裁定不予执行(《民事诉讼法》第249条第2款),则应从裁定生效的次日起重新计算诉讼时效期间。[237]

6.申请追加当事人或者被通知参加诉讼

124　　　在申请追加当事人或者被通知参加诉讼的场合,在参加诉讼后,对于参加人而言,与其相关的纠纷在法院裁决过程中,如有权利人主张权利或

---

[234] 参见李宇:《民法总则要义:规范释论与判解集注》,法律出版社2017年版,第942页。

[235] 参见李宇:《民法总则要义:规范释论与判解集注》,法律出版社2017年版,第943页。

[236] 参见戴孟勇:《论因起诉及与起诉类似的事项导致诉讼时效中断的效力》,《交大法学》2016年第4期,第61页;陈甦主编:《民法总则评注》(下册),法律出版社2017年版,第1412页(周江洪执笔)。

[237] 参见戴孟勇:《论因起诉及与起诉类似的事项导致诉讼时效中断的效力》,《交大法学》2016年第4期,第61页。

者义务人承认债务的,追加这一行为具有诉讼时效中断的效力。[238] 属于本项所规范情形者,包括申请或追加第三人参加诉讼、[239]申请追加共同被告、[240]追加被执行人、[241]通知参加仲裁[242]。如果不是以当事人的身份参加诉讼,则不满足本项的要求。[243]

申请追加当事人,或法院通知当事人参加诉讼,必发生于诉讼程序进行中,故于诉讼程序终结时起,诉讼时效期间重新计算。[244] 理论上可以对此进一步细化,区别参加人的不同身份来确定诉讼时效重新计算的时点:(1)如果参加人系以原告、被告或者有独立请求权第三人的身份参加诉讼,应当按照因起诉导致诉讼时效中断的情形处理;(2)在参加人系以无独立请求权第三人的身份参加诉讼的情况下,如被判决承担民事责任,则诉讼程序终结后应当适用《民事诉讼法》第250条规定的申请执行时效;(3)如未被判决承担民事责任,则其与原告或被告之间的债权债务关系应当自判决生效的次日起重新计算诉讼时效期间。[245]

7. 在诉讼中主张抵销

根据《诉讼时效若干规定(2020)》第11条第7项规定,在诉讼中主

---

[238] 参见最高人民法院民事审判第二庭编著:《最高人民法院关于民事案件诉讼时效司法解释理解与适用》,人民法院出版社2015年版,第248页。

[239] 参见付晓伟、余洪旭股权转让纠纷案,四川省高级人民法院(2017)川民终531号民事判决书;刘科生等与黄汉陆等买卖合同纠纷案,广西壮族自治区高级人民法院(2013)桂民一终字第19号民事判决书。

[240] 参见北京三九公司与库克药业与双鹭药业库克公司药品经销合同纠纷案,四川省高级人民法院(2015)川民终字第1072号民事判决书。

[241] 参见深圳市五星企业有限公司等与武汉市人民政府国有资产监督管理委员会货款纠纷案,湖北省高级人民法院(2014)鄂民二终字第00133号民事判决书。

[242] 参见王红与海南琪鑫七仙岭温泉开发有限公司商品房销售合同纠纷案,海南省高级人民法院(2019)琼民申918号民事裁定书。

[243] 参见达州市大众恒信融资担保有限公司与张梅保证合同纠纷案,四川省高级人民法院(2017)川民申2226号民事裁定书。

[244] 参见李宇:《民法总则要义:规范释论与判解集注》,法律出版社2017年版,第943页。

[245] 参见戴孟勇:《论因起诉及与起诉类似的事项导致诉讼时效中断的效力》,《交大法学》2016年第4期,第62页。类似观点,亦见陈甦主编:《民法总则评注》(下册),法律出版社2017年版,第1412页(周江洪执笔)。

张抵销亦可使诉讼时效中断。在诉讼中主张抵销,意味着主动债权人一方有主张权利的意思,故应具有诉讼时效中断的效力。[246] 应注意的是,此处所指的是被告将其债权作为主动债权与原告的债权进行抵销,发生时效中断的债权是被告对原告所享有的债权,而原告的债权的诉讼时效已经因为起算而中断,不必适用本项规则。[247] 抵销不以被告明确提出"抵销"为前提,只要可以从其诉讼的言行中确定其有以自己对原告所享有之债权进行抵销的意思即可。

127　　被告在诉讼中主张抵销的,无论是通过抵销抗辩的方式,还是通过提起反诉的方式,诉讼时效都应当从其主张抵销之日起中断。[248] 如果在诉讼程序终结后,被抵消的债权消灭,则不复在诉讼时效期间重新计算的问题;抵销后剩余的债权,或者因不符合抵销要件而未能抵销的债权,从裁判生效次日重新计算诉讼时效期间。[249]

8. 其他与提起诉讼具有同等诉讼时效中断效力的事项

128　　《诉讼时效若干规定(2020)》第 11 条对于与提起诉讼具有同等效力的其他事项非属穷尽列举,该条第 8 项设有兜底条款。司法实践中,可以认定为与提起诉讼具有同等效力的其他事项包括:(1)权利人提出执行回转申请;[250](2)权利人在其他案件中作为被告提出抗辩,主张本案中的义务人(被告)存在违约行为,该抗辩应当认定与提起诉讼具有同等诉讼时效中断的效力;[251](3)权利人为主张人身损害赔偿而以劳动能力鉴定委员会为

---

[246] 参见最高人民法院民事审判第二庭编著:《最高人民法院关于民事案件诉讼时效司法解释理解与适用》,人民法院出版社 2015 年版,第 249 页。

[247] 参见戴孟勇:《论因起诉及与起诉类似的事项导致诉讼时效中断的效力》,《交大法学》2016 年第 4 期,第 62 页;最高人民法院民事审判第二庭编著:《最高人民法院关于民事案件诉讼时效司法解释理解与适用》,人民法院出版社 2015 年版,第 250 页。

[248] 参见戴孟勇:《论因起诉及与起诉类似的事项导致诉讼时效中断的效力》,《交大法学》2016 年第 4 期,第 62 页。

[249] 参见戴孟勇:《论因起诉及与起诉类似的事项导致诉讼时效中断的效力》,《交大法学》2016 年第 4 期,第 62 页。

[250] 参见青海省创业(集团)有限公司与深圳市通利来实业有限公司财产损害赔偿纠纷案,最高人民法院(2018)最高法民终 662 号民事判决书。

[251] 参见张德树等与陈锡寿等股权转让纠纷案,最高人民法院(2017)最高法民终 46 号民事判决书。

[诉讼时效的中断]

被告进行行政诉讼;[252](4)权利人提起行政复议,其提起行政复议的请求与执行标的具有利害关系,执行时效中断;[253](5)当事人请求法院以拍卖、变卖方式实现抵押权,应认定当事人一方主张权利,具有诉讼时效中断的效力。[254]

9. 向有权解决民事纠纷的社会组织提出保护民事权利的请求

根据《诉讼时效若干规定(2020)》第12条规定,权利人向人民调解委员会以及其他依法有权解决相关民事纠纷的国家机关、事业单位、社会团体等社会组织提出保护相应民事权利的请求,也可使诉讼时效中断。按最高人民法院的解释,一方面,在构建和谐社会的背景下,诉讼外纠纷解决机制日益被重视,有关社会组织调处解决民事纠纷的职能日益被重视和强化,该规定系对这一实际状况的尊重,鼓励权利人利用诉讼外纠纷解决机制,促进纠纷的快速解决;另一方面,权利人将纠纷交由有关部门调处时,由于在请求调处时,权利人有主张权利的意思并积极寻求纠纷解决,因此诉讼时效应中断。[255] 这一规则在体系位置上,有学者将之归于"权利人向义务人提出履行请求"[256],也有学者将之归于"与提起诉讼具有同等效力的其他情形"[257],但无论如何定性都不影响其诉讼时效中断的法律效果。

(1)诉讼时效中断的前提条件

①由适格的主体提出权利保护的主张

根据《诉讼时效若干规定(2020)》第12条规定,可以提出保护相应

---

[252] 参见李伟杰与中国铁路武汉局集团有限公司生命权、健康权、身体权纠纷案,湖北省高级人民法院(2019)鄂民再43号民事裁定书。

[253] 参见济南凌和经贸有限公司所有权确认纠纷案,山东省高级人民法院(2016)鲁执复16号执行复议裁定书。

[254] 参见最高人民法院民事审判第二庭编著:《最高人民法院关于民事案件诉讼时效司法解释理解与适用》,人民法院出版社2015年版,第248页。

[255] 参见最高人民法院民事审判第二庭编著:《最高人民法院关于民事案件诉讼时效司法解释理解与适用》,人民法院出版社2015年版,第255页。

[256] 陈甦主编:《民法总则评注》(下册),法律出版社2017年版,第1407页(周江洪执笔)。

[257] 李宇:《民法总则要义:规范释论与判解集注》,法律出版社2017年版,第935页;黄薇主编:《中华人民共和国民法典总则编释义》,法律出版社2020年版,第527页。

民事权利之请求的人为权利人。在解释上,除了本人以外,还包括代理人、财产代管人、破产管理人、遗产管理人等。

②权利人的请求须表达保护其民事权利的意思

权利人所提出的请求须表达请求有关部门保护民事权利的意思,如果仅仅是反映问题、提出意见或建议,通常不认为权利人有此意思,诉讼时效不中断。[258] 司法实践对此认定较为宽松,如权利人向有关部门反映情况,要求解决相关问题;[259] 请求人民调解委员会调解有关债权债务纠纷;[260] 举报知识产权侵权人,要求进行行政处理;[261] 申请工伤认定[262] 等。

③向具有纠纷解决职能的组织提出请求

权利人的请求必须是向人民调解委员会或其他依法有权解决相关民事纠纷的社会组织提出。在司法实践中,可以认定为具有纠纷解决职能的社会组织包括信访局、[263] 政法委、[264] 国资委[265]、知识产权局、[266] 人力资

---

[258] 参见最高人民法院民事审判第二庭编著:《最高人民法院关于民事案件诉讼时效司法解释理解与适用》,人民法院出版社 2015 年版,第 256 页。

[259] 参见息烽锦绣华居房地产开发有限公司与贵州深宏房地产开发有限公司债务转移合同纠纷案,最高人民法院(2020)最高法民再 235 号民事判决书。

[260] 参见丽江市博石矿业有限责任公司与菲德勒环境(攀枝花)有限公司破产债权确认纠纷案,最高人民法院(2019)最高法民再 257 号民事判决书。

[261] 参见海安县同庆电塑厂与陈和明侵犯外观设计专利权纠纷案,最高人民法院(2009)民申字第 569 号民事裁定书。

[262] 参见湖北万峰石材有限公司与郑祥宝劳动争议纠纷案,湖北省高级人民法院(2019)鄂民申 4818 号民事裁定书。

[263] 参见屈海鱼、横山县大禹房地产开发有限公司、榆林市横山区宏泰物业管理有限责任公司商品房销售合同纠纷案,陕西省高级人民法院(2020)陕民申 2093 号民事裁定书;杜宝成与黑龙江象屿农业物产有限公司种植、养殖回收合同纠纷案,黑龙江省高级人民法院(2020)黑民终 98 号民事裁定书。但也有法院认为,向信访等政府部门主张权利不会使诉讼时效中断。参见耿连发与哈尔滨好民居建设投资发展有限公司房屋买卖合同纠纷案,黑龙江省高级人民法院(2020)黑民申 2194 号民事裁定书。

[264] 参见洛阳华厦房地产开发有限公司、上海弘韬建设发展有限公司与洛阳新银泰百货有限公司装饰装修合同纠纷案,最高人民法院(2016)最高法民申 618 号民事裁定书。

[265] 参见南宁市中润置业发展有限公司与中钢贸易有限公司等买卖合同纠纷案,北京市高级人民法院(2013)高民终字第 4387 号民事判决书。

[266] 参见海安县同庆电塑厂与陈和明侵犯外观设计专利权纠纷案,最高人民法院(2009)民申字第 569 号民事裁定书。

源和社会保障局、[267]公安局交通警察大队、[268]案涉的政府部门[269]等。由此可见,向有权解决相应民事纠纷的国家机关、社会团体等社会组织提出权利保护的请求,可以中断诉讼时效。

(2)诉讼时效中断及重新计算的时点

根据《诉讼时效若干规定(2020)》第12条规定,在此类情形中,诉讼时效从提出请求之日起中断。有关社会组织对于权利人保护民事权利的请求处理与否并不影响诉讼时效中断的效力。[270] 诉讼时效重新计算的时点,应为"有关程序终结"之时,即从调解协议生效或有关机构作出生效决定的次日重新计算诉讼时效。

10. 权利人向公检法报案或控告

根据《诉讼时效若干规定(2020)》第13条第1款规定,权利人向公安机关、人民检察院、人民法院报案或者控告,请求保护其民事权利,亦可使诉讼时效中断。《银行卡纠纷若干规定》第3条第3项亦有相似规定。该规则涉及的是刑民交叉纠纷若干案件中诉讼时效中断的问题。按最高人民法院的解释,如果权利人先提起民事诉讼而后进行刑事报案,或者刑事报案与提起民事诉讼发生在同时,提起诉讼本身已经使诉讼时效中断,那么本条的规范意义不大;如果是先进行刑事报案而后提起民事诉讼,报案或者控告行为意味着国家司法权力机关运用公权力在侦查犯罪的同时保护被害人的民事权利,其报案、请求公权力机关保护其权利的意思明确,因此诉讼时效中断。[271]

---

〔267〕 参见湖北万峰石材有限公司与郑祥宝劳动争议纠纷案,湖北省高级人民法院(2019)鄂民申4818号民事裁定书。

〔268〕 参见中国人民财产保险股份有限公司江门市新会支公司与王明佳财产保险合同纠纷案,广东省高级人民法院(2017)粤民申9158号民事裁定书。

〔269〕 参见四川星星建设集团有限公司与蒋国华、四川星星建设集团有限公司乌金公路越西新民至白沙河改建工程1合同段项目部合同纠纷案,四川省高级人民法院(2016)川民终151号民事判决书。

〔270〕 参见最高人民法院民事审判第二庭编著:《最高人民法院关于民事案件诉讼时效司法解释理解与适用》,人民法院出版社2015年版,第259页。

〔271〕 参见最高人民法院民事审判第二庭编著:《最高人民法院关于民事案件诉讼时效司法解释理解与适用》,人民法院出版社2015年版,第267—268页。

(1)诉讼时效中断的前提条件

①权利人主动报案、控告

135　　刑事案件可以是由权利人(被害人)主动报案或控告而启动刑事侦查程序,也可能是公安机关或检察院在发现案件线索后直接立案查处。按照本条的文义,只有权利人主动报案或者控告,请求保护其民事权利,才可使诉讼时效中断。不过,最高人民法院认为,如果在公安机关、检察院直接侦查发现犯罪嫌疑人后,通知被害人的,被害人在该期间合理信赖公安机关、检察院运用公权力通过对刑事犯罪嫌疑进行侦查的方式保护其民事权利的,则在该段期间,诉讼时效期间亦发生中断。[272] 这里的报案人、控告人或受通知的人,原则上应为权利人(受害人)本人或者其代理人等,其他无关的第三人报案或控告,不会使诉讼时效中断,因为无法体现权利人行使权利的意思。报案、控告、举报可以用书面或者口头提出(《刑事诉讼法》第111条第1款第1句)。

②向公安、检察院或法院报案或控告

136　　对于刑事自诉案件,可以由被害人或者在被害人死亡或丧失行为能力时,由被害人的法定代理人、近亲属向法院起诉(《刑事诉讼法》第114条)。被害人对侵犯其人身、财产权利的犯罪事实或者犯罪嫌疑人,有权向公安机关、人民检察院或者人民法院报案或者控告(《刑事诉讼法》第110条第2款)。权利人向公安机关、检察院或法院以外的机关或组织进行所谓"报案"或"控告",不在本条调整范围之内,而应考虑是否满足《诉讼时效若干规定(2020)》第12条的情形。

③权利人请求保护其民事权利

137　　权利人不必在刑事报案时明确提出是基于保护民事权利而报案或者控告,只要认为犯罪行为侵害其民事权利,其报案或者控告的,就能从该行为中推定出有"请求保护其民事权利"的意思,可认定诉讼时效中断。[273]

(2)诉讼时效中断及重新计算的时点

138　　根据《诉讼时效若干规定(2020)》第13条第1款规定,诉讼时效从其报案或者控告之日起中断。即使权利人报案或控告的公安机关、检察

---

[272] 参见最高人民法院民事审判第二庭编著:《最高人民法院关于民事案件诉讼时效司法解释理解与适用》,人民法院出版社2015年版,第268页。

[273] 参见最高人民法院民事审判第二庭编著:《最高人民法院关于民事案件诉讼时效司法解释理解与适用》,人民法院出版社2015年版,第269页。

院、法院没有管辖权,亦不影响诉讼时效中断的时点。[274]

诉讼时效重新计算的时点,应区分不同情况分别对待。第一,根据《诉讼时效若干规定(2020)》第13条第2款第1分句,上述机关决定不立案、撤销案件、不起诉的,诉讼时效期间从权利人知道或者应当知道不立案、撤销案件或者不起诉之日起重新计算。可见,重新计算时点采取主观判断标准,取决于权利人知道或应当知道不立案、撤销案件或不起诉。之所以采取主观标准,按最高人民法院的解释,是因为权利人对于公安机关、人民检察院查处刑事犯罪嫌疑的进展情况一般无从知晓,尤其是在公安机关撤销案件或人民检察院决定不起诉但未通知被害人的情况下,如果由于权利人不知悉也不应当知悉的原因而未及时主张权利,可能超过诉讼时效期间,则显然与立法目的相悖。[275] 2023年的《司法赔偿案件时效解释》第2条、第4条、第5条即贯彻了上述意旨。第二,根据《诉讼时效若干规定(2020)》第13条第2款第1分句,刑事案件进入审理阶段,但有可能在刑事案件审结以后,民事纠纷尚未得到解决,因此诉讼时效期间从刑事裁判文书生效之日起重新计算。

五、诉讼时效中断的法律效力

(一)诉讼时效期间重新计算

根据《民法典》第195条规定,诉讼时效中断后,诉讼时效期间从中断、有关程序终结时起,重新计算。关于诉讼时效重新起算的时点,已于上述各种导致诉讼时效中断的法定事由中分别阐释,于此不赘。

重新计算,意味着中断事由发生前已经过的时效期间,全归无效;中断时效事由存续期间,时效不进行。[275] 诉讼时效中断,仅使原先的诉讼时效重新计算,并不改变原先的诉讼时效期间,因此特别诉讼时效中断

---

[274] 《刑事诉讼法》第110条第3款规定:"公安机关、人民检察院或者人民法院对于报案、控告、举报,都应当接受。对于不属于自己管辖的,应当移送主管机关处理,并且通知报案人、控告人、举报人;对于不属于自己管辖而又必须采取紧急措施的,应当先采取紧急措施,然后移送主管机关。"

[275] 参见最高人民法院民事审判第二庭编著:《最高人民法院关于民事案件诉讼时效司法解释理解与适用》,人民法院出版社2015年版,第270页。

[276] 参见王泽鉴:《民法总则》,北京大学出版社2009年版,第510页。

后，重新开始计算的时效期间，仍为该种时效期间，并不转变为普通诉讼时效期间。[277]

142   中断后的诉讼时效可否超过 20 年最长诉讼时效期间，存在争议。根据《民法通则若干意见》（已失效）第 173 条规定，在诉讼时效中断后重新计算新的诉讼时效期间之内，再次发生诉讼时效中断事由的，可以再次中断。《民法典总则编若干问题解释》第 38 条继受了这一规定。由此可见，诉讼时效期间的中断并无次数限制，[278]因此数次中断后可能超过 20 年。但也有学者提出批评意见，认为这样除了对债权人尤其是国有银行有好处外，既不能督促权利人尽快通过诉讼最终解决纠纷，又在很大程度上放纵权利人滥用自由，严重损害法律的权威性。[279] 因此，有必要通过最长时效期间限制时效中断规则的适用。笔者认为，最长诉讼时效期间是与主观起算的普通诉讼时效期间并存的两种时效期间，若普通时效已经开始起算，即应排除最长诉讼时效起算的规则适用。再者，从诉讼时效中断的规范目的上说，无论义务人承认或是权利人主张权利，都是当事人对于法律关系的再次澄清和明确，因此没有理由适用 20 年最长时效的限制。

（二）诉讼时效中断的效力范围

1. 原则：相对效力

143   诉讼时效中断原则上仅有相对效力，即诉讼时效中断原则上仅在当事人、继承人以及受让人之间发生效力，债权人或债务人虽有多数，其中一人之时效中断，其效力不及于其他债权人或债务人。[280] 因为时效中断，系由于因时效而受利益或不利益之当事人的行为，故其效力只能及于当事人。[281] 我国现行法虽无明文规定，但司法解释专设诉讼时效效力及

---

[277] 参见李宇：《民法总则要义：规范释论与判解集注》，法律出版社 2017 年版，第 944 页。

[278] 参见陈甦主编：《民法总则评注》（下册），法律出版社 2017 年版，第 1404 页（周江洪执笔）。

[279] 参见张谷：《民法典合同编若干问题漫谈》，《法治研究》2019 年第 1 期，第 71 页。

[280] 参见王泽鉴：《民法总则》，北京大学出版社 2009 年版，第 510 页；龙卫球：《民法总论》，中国法制出版社 2001 年版，第 715 页。

[281] 参见郑玉波：《民法总则》，中国政法大学出版社 2003 年版，第 523 页。

于他人的特定规定,即隐含此项一般原则。[282]

2. 例外:涉他效力

(1)连带之债时效中断的涉他效力

根据《诉讼时效若干规定(2020)》第 15 条规定,对于连带债权人中的一人发生诉讼时效中断效力的事由,对其他连带债权人也发生中断的效力。对于连带债务人中的一人发生诉讼时效中断效力的事由,对其他连带债务人也发生中断的效力。按最高人民法院的解释,对于连带债权而言,连带债权人中的任一人均可请求债务人部分或者全部给付,该请求给付中断时效的效力及于其他连带债权人;债务人对于任一连带债权人为部分给付,或作出同意履行债务意思表示,其中断时效的效力都及于其他的连带债权人。[283] 对于连带债务而言,债权人基于对连带债务人负有连带清偿责任的信赖,仅向其中一个或者数个债务人提出请求,并非其怠于行使权利,而系根据连带债务制度的特点作出有利于自己的选择,因此对于未受请求的债务人的请求权诉讼时效亦应中断;在义务人同意履行导致时效中断的场合,虽然是债务人主动放弃时效利益,但在连带债务法律关系中对诉讼时效中断事由是否具有涉他效力有争议时,应作有利于债权人的解释,认可时效中断的涉他效力。[284] 基于相似的理由,《海上保险规定》(法释〔2020〕18 号)第 15 条、《虚假陈述民事赔偿规定》(法释〔2022〕2 号)第 32 条第 2 款也规定特定连带债务人之间诉讼时效中断具有涉他效力。

对于最高人民法院所持观点不乏批评者。周江洪教授认为,时效中断制度的目的,旨在督促权利人行使权利,债权人向连带债务人之一积极行使权利,并不等于向其他债务人也行使权利;对于其他连带债务人,债权人未积极行使权利,也可能隐含着债权人认为被主张的债务人的清偿

---

[282] 参见李宇:《民法总则要义:规范释论与判解集注》,法律出版社 2017 年版,第 944 页。类似主张参见周江洪:《连带债务涉他效力规则的源流与立法选择》,载《法商研究》2019 年第 3 期,第 31 页。

[283] 参见最高人民法院民事审判第二庭编著:《最高人民法院关于民事案件诉讼时效司法解释理解与适用》,人民法院出版社 2015 年版,第 293—294 页。

[284] 参见最高人民法院民事审判第二庭编著:《最高人民法院关于民事案件诉讼时效司法解释理解与适用》,人民法院出版社 2015 年版,第 294—295 页。

能力足以保障债权的实现。[285] 尹田教授认为,债权人对连带债务人之一人主张权利,行使权利的意思并未到达其他债务人,故时效中断的效力不能及于其他债务人。[286] 同理,连带债务人中之一人对债权人承认债务,也并不意味着其他债务人对债权人表示承认债务。特别是连带债务人之一承认债务中断诉讼时效也具有涉他效力,将会导致未表示承认的债务人被迫失去已经经过的时效期间利益。

146　　事实上,关于连带之债时效中断是否具有涉他效力,比较法上存在不同的法例。在德国法上,消灭时效的中止、中断等均只有个别效力,债权人针对一个债务人的请求权可能已经罹于时效,而对另一个债务人的请求权尚未罹于时效,如债权因被承认,时效重新起算。[287] 与之相反,《瑞士债务法》第 136 条第 1 款明确规定:"对连带债务人中一人或对不可分给付中共同债务人之一发生的时效中断,对其他连带债务人或共同债务人亦生效力。"我国台湾地区的民法理论区分不同情况,在连带债权人向债务人请求给付,时效中断者,其效力及于其他债权人(我国台湾地区"民法"第 285 条)。至于因其他事由而中断者,则不发生涉他效力。而对于连带债务,连带债务人之一有消灭时效中断之事由,其效力不及于其他连带债务人。[288] 可见,在这一问题上,并不存在完全一致的规范模式。

147　　笔者认为,从立法论的角度来看,连带之债的诉讼时效中断是否具有涉他效力,或可再行斟酌。从解释论的角度而言,最高人民法院在制定《诉讼时效若干规定(2008)》第 17 条[即《诉讼时效若干规定(2020)》第 15 条]时,已经考量过肯定说与否定说两种观点,并最终选择更偏向保护债权人的立场,承认连带债权与连带债务时效中断均有涉他效力,在司法适用上应认可连带之债诉讼时效中断的涉他效力。

(2)主债务与保证债务的时效中断

148　　《担保法解释》(已失效)第 36 条第 1 款规定:"一般保证中,主债务

---

[285] 参见周江洪:《连带债务涉他效力规则的源流与立法选择》,《法商研究》2019 年第 3 期,第 38 页。

[286] 参见尹田:《民法典总则之理论与立法研究》(第 2 版),法律出版社 2018 年版,第 757 页。

[287] Vgl. Staudinger/Dirk Looschelders, 2012, § 425, Rn.56.

[288] 参见郑玉波:《民法总则》,中国政法大学出版社 2003 年版,第 524 页;史尚宽:《民法总论》,中国政法大学出版社 2000 年版,第 678 页。

【诉讼时效的中断】

诉讼时效中断,保证债务诉讼时效中断;连带责任保证中,主债务诉讼时效中断,保证债务诉讼时效不中断。"《民法典各分编草案一审稿》第484条曾采纳这一规定,但从《合同编草案二审稿》以后,便删除了这一规则。有学者认为,这是对错误司法解释立场的拨乱反正,因为主债务诉讼时效与保证债务诉讼时效的中断,互不影响。[289] 相反观点认为,对于保证应适用时效中断从属性规则,无论连带保证还是一般保证,其诉讼时效均因主债务诉讼时效中断而中断,即使时效中断的事由系"债务人同意履行义务"亦同。[290] 笔者认为,对此应区分情况具体分析。

就主债务时效中断是否及于保证债务而言,首先,在一般保证中,根据《民法典》第694条规定,债权人在保证期间届满前对债务人提起诉讼或者申请仲裁的,从保证人拒绝承担担保责任的权利消灭之日起,才开始计算保证债务的诉讼时效。而根据《民法典》第687条第2款规定,除非存在本款所列除外情形,在主合同纠纷未经审判或者仲裁,并就债务人财产依法强制执行仍不能履行债务前,保证人可拒绝履行。据此可以推知:(1)如果主债权已经不能通过强制执行实现,此时再谈主债权诉讼时效是否中断已经没有意义。而保证债务的诉讼时效此时才开始起算,保证债务诉讼时效是否中断,自应单独判断,无所谓主债务诉讼时效中断是否及于保证债务的问题。但如果存在《民法典》第687条第2款但书所规范的情形,保证债务诉讼时效起算的前提是债权人在保证期间届满前对债务人提起诉讼或者申请仲裁,并且债权人知道或应当知道存在此等情形(《民法典担保制度解释》第28条第2款)。(2)如果债权人在与债务人的诉讼中败诉,则其债权不受法律保护,基于保证的从属性,保证人也不必再承担责任;如果债权人胜诉,此时不再考虑原债权的诉讼时效,而仅考虑执行时效的问题。此时要回答的是申请执行时效中断效力是否及于保证债务?在一般保证关系中,诉讼时效的中断仅有相对效力。即使一般保证人书面放弃先诉抗辩权,其也没有承担连带保证责任的意思,权利人仅向债务人主张权利(申请执行),或者债务人同意履行债务,与保证人全无干系,不应对其发生效力。

---

[289] 参见石冠彬:《论保证债务诉讼时效与主债务诉讼时效的关联性》,《浙江社会科学》2020年第12期,第63—65页。

[290] 参见杨巍:《保证债务与主债务的诉讼时效关联》,《法学》2020年第6期,第23—25页。

150 　　在连带保证中,保证债务的诉讼时效从债权人(在保证期间内)请求保证人承担保证责任之日起算。在此之后,如果主债务发生时效中断的事由,则应考虑中断的效力是否及于保证债务。此时主债务人与连带保证人应适用《诉讼时效若干规定(2020)》第 15 条第 2 款,即主债务时效中断的效力亦及于保证债务。但是,根据《民法典》第 701 条第 2 句规定,债务人放弃抗辩的,保证人仍有权向债权人主张抗辩。在诉讼时效因债务人同意履行而中断的场合,债务人虽然没有放弃一项已经产生的抗辩权,但《民法典》第 701 条第 2 句的规范目的是避免债权人与债务人恶意串通,致保证人遭受不利,引发道德风险。[291] 这一价值考量,在债务人放弃时效利益的场合亦可成立,因此《民法典》第 701 条第 2 句应类推适用于债务人同意履行债务的场合,也即因债务人同意履行而使诉讼时效中断的,对连带保证人不发生效力。

151 　　就保证债务诉讼时效中断是否及于主债权而言,首先,在一般保证中,保证债务诉讼时效中断不及于主债权,对此并无争议。无论从保证债务的单向从属性,抑或保证债务时效起算与主债务的关系上看,均无理由认为保证债务时效中断的效力及于主债权。其次,在连带保证中,原则上也应适用《诉讼时效若干规定(2020)》第 15 条第 2 款之规定,认可连带保证债务时效中断的效力及于主债务。问题在于此时是否存在《民法典》第 701 条类推适用的空间?从《民法典》第 701 条第 2 句的文义来看,其所规范者仅为债务人放弃抗辩,而不调整连带保证人放弃抗辩的情形,但如果连带保证人放弃抗辩将使主债务人一同丧失抗辩,则同样有可能引发道德风险,使主债务人遭受不利。前文已述,在时效抗辩权尚未发生,债务人放弃时效利益时,可类推适用《民法典》第 701 条第 2 句,其亦可类推适用于连带保证人放弃时效利益(同意履行)的情形,也即在连带保证中,连带保证债务因保证人同意履行而使诉讼时效中断的,其效力不及于主债务人。

(3)主债务时效中断是否及于物上担保

152 　　根据本书第 192 条评注(参见前文相关内容),抵押人可以援引主债权罹于时效的抗辩。以登记作为公示方式的权利质权的出质人得以主债

---

[291] 参见谢鸿飞、朱广新主编:《民法典评注·合同编·典型合同与准合同 2》,中国法制出版社 2020 年版,第 128 页(夏昊晗执笔)。

权时效期间届满为由,对抗质权人行使质权的主张,而动产出质人、以占有为公示方式的出质人以及留置财产的所有权人均不得援引主债权罹于时效的抗辩。理论上认为,如果主债权时效期间因中断而重新起算,抵押设定人因此无法援引主债权时效已届满予以抗辩,其实质就是承认了对主债务人发生的时效中断,其效力亦及于抵押设定人。[292] 对以登记作为公示方式的权利质权,亦可作相同解释;至于对动产出质人、以占有为公示方式的出质人以及留置财产的所有权人来说,主债权诉讼时效是否届满对动产质权人、以占有为公示方式的质权人和留置权人的权利没有影响,因此也就无所谓主债务时效中断是否影响其相应的担保物权。

(4)利息等其他从权利

基于主债权与利息债权的主从关系,主债权罹于时效,利息债权一并罹于时效,主债权诉讼时效中断,利息债权的诉讼时效亦应中断;[293] 反之,利息债权发生诉讼时效中断,其效力同样及于本金债权。[294]

六、证明责任

诉讼时效是否中断,原则上应由权利人承担证明责任。一般来说,即权利人要求义务人履行义务,义务人主张请求权的诉讼时效已经届满,而权利人又主张诉讼时效在期间届满之前发生中断并且重新计算,至权利人主张权利之日,没有超过重新计算的诉讼时效期间。

具体来说,针对本条第1项,债权人应证明其曾向义务人提出履行义务的请求,并且该履行义务的请求已经到达或应当到达债务人;如权利人无法证明,则诉讼时效并不中断。[295] 实践中,有法院认为,权利人通过快

---

[292] 参见陈甦主编:《民法总则评注》(下册),法律出版社2017年版,第1405页(周江洪执笔)。

[293] 参见刘洪泉与山东肥城农村商业银行股份有限公司金融借款合同纠纷案,山东省泰安市中级人民法院2018鲁09民终1565号民事判决书。

[294] 参见中国农业银行股份有限公司重庆梁平支行与重庆佰优乐文化旅游发展有限公司抵押合同纠纷案,重庆市第二中级人民法院(2019)渝02民申19号民事裁定书。

[295] 参见罗书美与辽宁金钢重型锻造有限公司买卖合同纠纷案,辽宁省大连市中级人民法院(2020)辽02民终8302号民事判决书。

递寄送催收通知书,按照日常生活常理,快递公司以按照指示的送达地址及时准确送达为常态,应由债务人证明存在不能收到的情形。[296] 如果债权人通过公告的方式主张权利,则须证明其曾经查找债务人的经营地、住所地,但未有结果,此时方可认定义务人下落不明。[297]

156　　针对本条第2项,应由权利人证明义务人曾向其作出同意履行义务的表示,以及该表示已经到达权利人。

157　　针对本条第3项与第4项,权利人提起诉讼或申请仲裁,或者通过与提起诉讼或申请仲裁具有同等效力的其他方式主张权利,应由权利人证明相关事实。并且权利人应证明相关程序自何时终结,由此确定诉讼时效重新计算的时点。

参考文献

1. 曹志勋:《起诉中断诉讼时效规则的理论展开》,《当代法学》2014年第6期。
2. 陈华彬:《民法总则》,中国政法大学出版社2017年版。
3. 陈甦主编:《民法总则评注》(下册),法律出版社2017年版。
4. 崔建远等编著:《民法总论》(第三版),清华大学出版社2019年版。
5. 戴孟勇:《论因起诉及与起诉类似的事项导致诉讼时效中断的效力》,《交大法学》2016年第4期。
6. 冯洁语:《诉讼时效正当理由和中断事由的重构》,《法律科学》2018年第4期。
7. 韩世远:《合同法总论》(第四版),法律出版社2018年版。
8. 黄立:《民法总则》,中国政法大学出版社2002年版。
9. 黄薇主编:《中华人民共和国民法典总则编释义》,法律出版社2020年版。
10. 黄薇主编:《中华人民共和国民法典合同编释义》,法律出版社2020年版。
11. 李永军:《民法总则》,中国法制出版社2018年版。
12. 李宇:《民法总则要义:规范释论与判解集注》,法律出版社2017年版。

---

[296] 参见南京华证投资管理有限公司与淮安市宏泰贸易有限公司等借款合同纠纷案,最高人民法院(2016)最高法民再355号民事判决书。

[297] 参见江西德广文化产业有限公司(原江西德广投资有限公司)与江西省生产资料总公司企业借贷纠纷案,江西省高级人民法院(2020)赣民终330号民事判决书。

13. 梁展欣主编:《诉讼时效司法实务精义》,人民法院出版社 2010 年版。
14. 刘学在:《论执行时效制度之理解误区及其矫正》,《北方法学》2014 年第 4 期。
15. 龙卫球:《民法总论》,中国法制出版社 2001 年版。
16. 乔宇:《论申请执行时效的适用程序——兼谈权力分工语境下的审执分立》,《法律适用》2013 年第 4 期。
17. 石冠彬:《论保证债务诉讼时效与主债务诉讼时效的关联性》,《浙江社会科学》2020 年第 12 期。
18. 施启扬:《民法总则》(修订第八版),中国法制出版社 2010 年版。
19. 史尚宽:《民法总论》,中国政法大学出版社 2000 年版。
20. 佟柔主编:《中国民法学·民法总则》(修订版),人民法院出版社 2008 年版。
21. 王利明主编:《中国民法典学者建议稿及立法理由·总则编》,法律出版社 2005 年版。
22. 王融擎编译:《日本民法:条文与判例》,法律出版社 2018 年版。
23. 王欣新:《破产程序与诉讼时效问题研究》,《政治与法律》2015 年第 2 期。
24. 王泽鉴:《民法总则》,北京大学出版社 2009 年版。
25. 王朝辉:《保证人在保证期间内支付利息视为债权人主张保证责任》,《人民司法·案例》2018 年第 14 期。
26. 魏少永:《错列被告起诉能否引起诉讼时效中断》,《人民法院报》2008 年 11 月 18 日,第 006 版。
27. 吴庆宝:《诉讼时效中断的司法认定》(上),《人民法院报》2009 年 2 月 3 日第 006 版。
28. 解亘:《〈民法总则(草案)〉中时效制度的不足》,《交大法学》2016 年第 4 期。
29. 许德风:《破产法论——解释与功能比较的视角》,北京大学出版社 2015 年版。
30. 杨婷:《诉讼请求变更的认定与处理》,《人民司法·案例》2016 年第 35 期。
31. 杨巍:《民法时效制度的理论反思与案例研究》,北京大学出版社 2015 年版。
32. 杨巍:《保证债务与主债务的诉讼时效关联》,《法学》2020 年第 6 期。
33. 姚瑞光:《民法总则论》,中国政法大学出版社 2011 年版。
34. 尹田:《民法典总则之理论与立法研究》(第 2 版),法律出版社 2018 年版。
35. 占善刚:《对我国民事申请执行期间制度的初步检讨——以〈民事诉讼

法〉第 219 条的修改为对象的分析》,《南京师大学报(社会科学版)》2011 年第 1 期。

36. 张弛:《诉讼时效中断事由评释》,《现代法学》1994 年第 1 期。
37. 张谷:《民法典合同编若干问题漫谈》,《法治研究》2019 年第 1 期。
38. 郑玉波:《民法总则》,中国政法大学出版社 2003 年版。
39. 周江洪:《连带债务涉他效力规则的源流与立法选择》,《法商研究》2019 年第 3 期。
40. 朱广新、谢鸿飞主编:《民法典评注·合同编通则 2》,中国法制出版社 2020 年版。
41. 谢鸿飞、朱广新主编:《民法典评注·合同编·典型合同与准合同 2》,中国法制出版社 2020 年版。
42. 朱庆育:《民法总论》(第二版),北京大学出版社 2016 年版。
43. 朱晓喆:《诉讼时效完成后债权效力的体系重构——以最高人民法院〈诉讼时效若干规定〉第 22 条为切入点》,《中国法学》2010 年第 6 期。
44. 朱岩:《消灭时效制度中的基本问题——比较法上的分析—兼评我国时效立法》,《中外法学》2005 年第 2 期。
45. 张雪楳:《诉讼时效前沿问题审判实务》,中国法制出版社 2014 年版。
46. 最高人民法院民事审判第二庭编著:《最高人民法院关于民事案件诉讼时效司法解释理解与适用》,人民法院出版社 2015 年版。
47. Münchener Kommentar zum BGB, 6.Aufl., 2012.
48. Staudinger Kommentar zum BGB, 2012.

案例索引

1. 安徽省高级人民法院(2020)皖民申 4735 号民事裁定书,滁州城市职业学院与天长市汉润建筑安装装潢有限公司建设工程施工合同纠纷案。
2. 北京市高级人民法院(2013)高民终字第 4387 号民事判决书,南宁市中润置业发展有限公司与中钢贸易有限公司等买卖合同纠纷案。
3. 北京市高级人民法院(2017)京民再 6 号民事判决书,北京市怀柔区红螺镇水库管理处与北京红螺旅游开发有限责任公司租赁合同纠纷案。
4. 北京市高级人民法院(2017)京民再 47 号民事判决书,浙江文华控股有限公司与北京信利源担保服务有限公司借款合同纠纷案。
5. 北京市高级人民法院(2020)京民终 48 号民事判决书,北青航媒科技传播有限公司与中金数据系统有限公司等合同纠纷案。
6. 北京市高级人民法院(2020)京民终 84 号民事判决书,中房京贸房地产开发有限公司与北京城建五资产管理有限公司建设工程施工合同纠纷案。

7. 北京市第二中级人民法院(2011)二中民终字第11945号民事判决书,秦东风与中国农业银行股份有限公司北京朝阳支行、北京聚艺苑贸易有限公司借款合同纠纷案。

8. 重庆市高级人民法院(2016)渝民终211号民事判决书,重庆力帆奥体物业管理有限公司与保利建设集团有限公司等建设工程施工合同纠纷案。

9. 重庆市高级人民法院(2016)渝民再19号民事判决书,重庆赵李房地产开发有限公司与四川省岳池送变电工程公司建设工程施工合同纠纷案。

10. 重庆市高级人民法院(2019)渝民终198号民事判决书,湖南金垣电力公司重庆乌江电力公司与花垣县供电公司供用电合同纠纷案。

11. 重庆市第二中级人民法院(2019)渝02民申19号民事裁定书,中国农业银行股份有限公司重庆梁平支行与重庆佰优乐文化旅游发展有限公司抵押合同纠纷案。

12. 福建省高级人民法院(2009)闽民终字第616号民事判决书,东方海外货柜航运有限公司与福清朝辉水产食品贸易有限公司海上货物运输合同纠纷案。

13. 福建省高级人民法院(2013)闽民终字第1313号民事判决书,福建邦辉集团有限公司与厦门汇洋投资有限公司、福州邦辉大酒店有限公司借款合同纠纷案。

14. 福建省高级人民法院(2014)闽民终字第130号民事判决书,张珍珠与洪美沓民间借贷纠纷案。

15. 福建省高级人民法院(2016)闽民申149号民事裁定书,洪鼎辉与福州大昌盛饲料有限公司买卖合同纠纷案。

16. 福建省高级人民法院(2018)闽民终281号民事判决书,叶宏滨与如皋市金鼎置业有限公司民间借贷纠纷案。

17. 福建省高级人民法院(2019)闽民终1138号民事判决书,福建省连江县恒利房地产开发有限公司、福建省晓沃建设工程有限公司、福建连江县兰庭房地产有限公司等建设工程合同纠纷案。

18. 广西壮族自治区高级人民法院(2012)桂民四终字第8号民事判决书,中国出口信用保险公司与广西金地股份有限公司、广西金沙企业集团有限责任公司信用证纠纷案。

19. 广西壮族自治区高级人民法院(2013)桂民一终字第19号民事判决书,刘科生等与黄汉陆等买卖合同纠纷案。

20. 甘肃省高级人民法院(2013)甘民二终字第235号民事判决书,庆阳市王强汽车服务有限公司、王强与中国农业银行股份有限公司庆阳西峰支行、杨庆林借款合同纠纷案。

21. 广东省高级人民法院(2014)粤高法民二申字第962号民事裁定书,钟志锋等与韶关市浈江区乐园镇新村村民委员会金融不良债权追偿纠纷案。

22. 广东省高级人民法院(2016)粤民申7592号民事裁定书,深圳市东菱电气有限公司与深圳市成武电气实业有限公司等买卖合同纠纷案。

23. 广东省高级人民法院(2017)粤民申2102号民事裁定书,湛江鸿华混凝土有限公司与黄壮强等买卖合同纠纷案。

24. 广东省高级人民法院(2017)粤民申9158号民事裁定书,中国人民财产保险股份有限公司江门市新会支公司与王明佳财产保险合同纠纷案。

25. 甘肃省高级人民法院(2018)甘民初8号民事判决书,光大兴陇信托有限责任公司与甘肃瑞鑫联邦投资有限公司、甘肃瑞鑫投资集团有限公司等借款合同纠纷案。

26. 贵州省高级人民法院(2018)黔民终715号民事判决书,黔西南久丰矿业(集团)有限公司晴隆县大厂镇全力煤矿与贵州创力煤矿机械成套装备有限公司买卖合同纠纷案。

27. 贵州省高级人民法院(2018)黔民申981号民事裁定书,贵州宏运拍卖有限公司与铜仁市先桥房地产开发有限公司合同、无因管理、不当得利纠纷案。

28. 广西壮族自治区高级人民法院(2020)桂民申1295号民事裁定书,广西立特隆金属制品有限责任公司与广西天策投资有限公司买卖合同纠纷案。

29. 湖北省高级人民法院(2014)鄂民二终字第00133号民事判决书,深圳市五星企业有限公司等与武汉市人民政府国有资产监督管理委员会货款纠纷案。

30. 湖北省高级人民法院(2014)鄂民二终字第00135号民事判决书,武汉钢铁(集团)公司与武汉市青山区物资总公司买卖合同纠纷案。

31. 湖南省高级人民法院(2015)湘高法民一终字第70号民事判决书,郴州化工集团有限公司与胡铁武合同纠纷案。

32. 湖北省高级人民法院(2015)鄂民申字第00025号民事裁定书,湖北兴龙房地产开发有限公司与宜昌市柑桔科学研究所城乡建设行政管理—房屋拆迁管理纠纷案。

33. 湖南省高级人民法院(2016)湘民再278号民事判决书,湖南双峰农村商业银行股份有限公司与张定宇、朱倩梨金融借款合同纠纷案。

34. 海南省高级人民法院(2016)琼民申440号民事裁定书,海南楚湘建设工程有限公司、陈国灿与海口云顺利贸易有限公司买卖合同纠纷案。

35. 河南省高级人民法院(2018)豫民再1186号民事判决书,花福祥与曹钰琦企业间借贷纠纷案。

36. 黑龙江省高级人民法院(2019)黑民终392号民事判决书,王东宁与秦靖智合同纠纷案。

37. 湖北省高级人民法院(2019)鄂民再 43 号民事裁定书,李伟杰与中国铁路武汉局集团有限公司生命权、健康权、身体权纠纷案。

38. 湖北省高级人民法院(2019)鄂民申 4818 号民事裁定书,湖北万峰石材有限公司与郑祥宝劳动争议纠纷案。

39. 湖南省高级人民法院(2019)湘民终 208 号民事判决书,发盈集团有限公司与长沙三兆实业开发有限公司合同纠纷案。

40. 海南省高级人民法院(2019)琼民申 918 号民事裁定书,王红与海南琪鑫七仙岭温泉开发有限公司商品房销售合同纠纷案。

41. 河北省高级人民法院(2020)冀民终 277 号民事判决书,河北兴安民用爆破器材有限公司与承德滨达运输有限公司运输合同纠纷案。

42. 黑龙江省高级人民法院(2020)黑民终 98 号民事裁定书,杜宝成与黑龙江象屿农业物产有限公司种植、养殖回收合同纠纷案。

43. 黑龙江省高级人民法院(2020)黑民申 2194 号民事裁定书,耿连发与哈尔滨好民居建设投资发展有限公司房屋买卖合同纠纷案。

44. 湖北省荆门市中级人民法院(2016)鄂 08 民终 729 号民事判决书,陈明俊与荆门市安洁物业服务有限公司民间借贷纠纷案。

45. 江苏省高级人民法院(2011)苏商终字第 0031 号民事判决书,南京鸿裕升投资管理有限公司与江苏淮安外贸包装公司金融借款合同纠纷案。

46. 江西省高级人民法院(2016)赣民终 110 号民事判决书,婺源县万寿山陵园有限公司与董光明民间借贷纠纷案。

47. 吉林省高级人民法院(2017)吉民申 2848 号民事裁定书,辽源农村商业银行有限责任公司与佟桂琴等民间借贷纠纷案。

48. 吉林省高级人民法院(2018)吉民终 678 号民事判决书,吉林省天鼎旅游产业发展股份有限公司、陈培文与于新华徐贵明(释超玄)、释明宽、吉林省安图县泰安寺民间借贷纠纷案。

49. 江西省高级人民法院(2019)赣民终 413 号民事裁定书,江西德广投资有限公司与江西省物资再生利用总公司企业借贷纠纷案。

50. 江西省高级人民法院(2020)赣民终 330 号民事判决书,江西德广文化产业有限公司(原江西德广投资有限公司)与江西省生产资料总公司企业借贷纠纷案。

51. 江苏省扬州市中级人民法院(2020)苏 10 民终 2242 号民事判决书,杭州和利时自动化有限公司与扬州高立达科技产业有限公司买卖合同纠纷案。

52. 辽宁省高级人民法院(2009)辽立三民申字第 2045 号民事裁定书,佟桂珍、邓明栋与李杏荣民间借贷纠纷案。

53. 辽宁省高级人民法院(2014)辽民二终字第 00077 号民事判决书,大连心悦大酒店有限公司与中国农业银行股份有限公司大连分行营业部金融借款合同纠纷案。

54. 辽宁省高级人民法院(2016)辽民终940号民事判决书,任丘市华北石油冀东石化销售有限公司与沈阳石蜡化工有限公司买卖合同纠纷案。

55. 辽宁省高级人民法院(2018)辽民终79号民事判决书,大连宏孚企业集团有限公司与大连银行股份有限公司金融借款合同纠纷案。

56. 辽宁省大连市中级人民法院(2020)辽02民终8302号民事判决书,罗书美与辽宁金钢重型锻造有限公司买卖合同纠纷案。

57. 内蒙古自治区通辽市中级人民法院(2018)内05民终1400号民事判决书,王艳彪与付常春、通辽市科尔沁区农村信用合作联社双泡子信用社金融借款合同纠纷案。

58. 山西省高级人民法院(2015)晋民申字第1155号民事裁定书,阳城县金园苗木中心与阳城县扶贫基金会工作委员会、张金柱借款合同纠纷案。

59. 四川省高级人民法院(2015)川民终字第1072号民事判决书,北京三九公司、库克药业与双鹭药业库克公司药品经销合同纠纷案。

60. 山东省高级人民法院(2016)鲁执复16号执行复议裁定书,济南凌和经贸有限公司所有权确认纠纷案。

61. 四川省高级人民法院(2016)川民终151号民事判决书,四川星星建设集团有限公司与蒋国华、四川星星建设集团有限公司乌金公路越西新民至白沙河改建工程1合同段项目部合同纠纷案。

62. 四川省高级人民法院(2017)川民终531号民事判决书,付晓伟与余洪旭股权转让纠纷案。

63. 四川省高级人民法院(2017)川民申2226号民事裁定书,达州市大众恒信融资担保有限公司与张梅保证合同纠纷案。

64. 山西省高级人民法院(2018)晋民申2433号民事裁定书,沁源县韩洪乡野虎沟煤矿与沁源县农村商业银行股份有限公司借款合同纠纷案。

65. 四川省高级人民法院(2018)川民再675号民事判决书,江苏星瑞化工工程科技有限公司与四川瑞能硅材料有限公司买卖合同纠纷案。

66. 上海市高级人民法院(2018)沪民终528号民事判决书,中交一航局第一工程有限公司与江苏鸿基水源科技股份有限公司船务、码头建造合同纠纷案。

67. 山西省高级人民法院(2019)晋民申1438号民事裁定书,山西能源产业集团煤炭营销有限公司与山西煤炭运销集团吕梁柳林有限公司、柳林县浩森煤炭购销有限责任公司买卖合同纠纷案。

68. 山东省高级人民法院(2019)鲁民再747号民事判决书,深圳齐物财富管理有限公司与曹县邵庄供销合作社金融借款合同纠纷案。

【诉讼时效的中断】   第 195 条

69. 陕西省高级人民法院(2020)陕民申 2093 号民事裁定书,屈海鱼、横山县大禹房地产开发有限公司、榆林市横山区宏泰物业管理有限责任公司商品房销售合同纠纷案。

70. 广东省深圳市中级人民法院(2015)深中法商终字第 2778 号民事判决书,深圳万骏房地产开发有限公司与骏业塑胶(深圳)有限公司借款合同纠纷案。

71. 山东省菏泽市中级人民法院(2016)鲁 17 民终 2579 号民事判决书,陈兴春与邵东华买卖合同纠纷案。

72. 山东省泰安市中级人民法院 2018 鲁 09 民终 1565 号民事判决书,刘洪泉与山东肥城农村商业银行股份有限公司金融借款合同纠纷案。

73. 天津市高级人民法院(2014)津高民一终字第 0028 号民事判决书,天士力制药集团股份有限公司与李连达名誉权纠纷案。

74. 新疆维吾尔自治区高级人民法院生产建设兵团分院(2016)兵民终 64 号民事判决书,天津金土地食品有限公司与新疆胡杨河番茄制品有限公司买卖合同纠纷案。

75. 新疆维吾尔自治区高级人民法院(2020)新民终 35 号民事判决书,新疆庆安建设工程有限公司、詹克志等与卡特彼勒(中国)融资租赁有限公司融资租赁合同纠纷案。

76. 云南省高级人民法院(2013)云高民二终字第 22 号民事判决书,姚安县雪峰皮件厂与中国农业银行股份有限公司姚安县支行金融借款合同纠纷案。

77. 云南省高级人民法院(2020)云民终 703 号民事判决书,云县晨光产业开发有限责任公司与茅粮酒业集团有限公司企业借贷纠纷案。

78. 江西省高级人民法院(2020)赣民终 330 号民事判决书,江西德广文化产业有限公司(原江西德广投资有限公司)与江西省生产资料总公司企业借贷纠纷案。

79. 最高人民法院(2004)民二终字第 111 号民事判决书,中国人民解放军军事科学院、中国安华(集团)总公司肃北县金山金矿与兰州兆龙装饰设计工程有限公司侵权赔偿纠纷案。

80. 最高人民法院(2009)民申字第 569 号民事裁定书,海安县同庆电塑厂与陈和明侵犯外观设计专利权纠纷案。

81. 最高人民法院(2010)民二终字第 11 号民事判决书,中国工商银行股份有限公司沈阳和平支行、沈阳市建设投资有限公司与沈阳和光集团股份有限公司、沈阳建设投资资产经营有限公司金融借款、担保合同纠纷案。

82. 最高人民法院(2010)民提字第 136 号民事判决书,中国农业银行股份有限公司溧阳市支行与江苏耀德资产管理有限公司、溧阳市供销合作总社、溧阳众诚会计师事务所有限公司借款合同纠纷案。

83. 最高人民法院(2011)民二终字第 27 号民事判决书,中色(宁夏)东方集团有限公司与中国信达资产管理股份有限公司陕西省分公司保证合同纠纷案。

84. 最高人民法院(2011)民二终字第 28 号民事判决书,中国东方资产管理公司武汉办事处与平安信托投资有限责任公司、中国平安人寿保险股份有限公司、武汉农村商业银行股份有限公司、北京王府井百货商业物业管理有限公司和陆氏实业(武汉)有限公司借款担保合同纠纷案。

85. 最高人民法院(2011)民提字第 7 号民事判决书,中国银行股份有限公司汕头分行与广东发展银行股份有限公司韶关分行、第三人珠海经济特区安然实业(集团)公司代位权纠纷案,载《最高人民法院公报》2011 年第 11 期。

86. 最高人民法院(2012)民二终字第 96 号民事判决书,中国农业银行股份有限公司黑龙江省分行直属支行与黑龙江北方企业集团有限责任公司、佳木斯北方煤化工有限责任公司金融借款合同纠纷案。

87. 最高人民法院(2012)民提字第 138 号民事判决书,成功控股集团有限公司与湖南湘泉集团有限公司股权转让纠纷案。

88. 最高人民法院(2014)民二终字第 147 号民事判决书,方大炭素新材料科技股份有限公司、三门峡惠能热电有限责任公司与中国农业银行股份有限公司陕县支行金融借款合同纠纷案。

89. 最高人民法院(2014)民提字第 67 号民事判决书,四川鼎鑫置业有限责任公司、成都制药一厂与成都制药一厂、承德市双滦区凯立德机电销售有限公司买卖合同纠纷案。

90. 最高人民法院(2014)民提字第 220 号民事判决书,河北辛集化工集团有限责任公司、浙江亚商投资管理有限公司与河北辛集化工集团有限责任公司保证合同纠纷案。

91. 最高人民法院(2015)民二终字第 53 号民事判决书,辽宁省对外贸易总公司等与沈阳瑞阳投资管理有限公司等金融不良债权追偿纠纷案。

92. 最高人民法院(2015)民二终字第 244 号民事判决书,中国华融资产管理股份有限公司深圳市分公司与青海水泥厂、青海水泥股份有限公司等金融借款合同纠纷案。

93. 最高人民法院(2015)民申字第 1051 号民事裁定书,林水源与卢光耀民间借贷纠纷案。

94. 最高人民法院(2015)民申字第 1127 号民事裁定书,全洲药业集团有限公司诉华北制药集团销售有限公司买卖合同纠纷案。

95. 最高人民法院(2015)民申字第 2450 号民事裁定书,刘正华与四川槽渔滩水电股份有限公司建设工程施工合同纠纷案。

96. 最高人民法院(2015)民申字第 922 号民事裁定书,中冶葫芦岛有色金属集团有限公司与凤城市青城子镇民政福利选矿厂买卖合同纠纷案。

97. 最高人民法院(2015)民申字第 2793 号民事裁定书,张家口中惠房地产开发有限公司与河北广立房地产开发集团股份有限公司委托合同纠纷案。

98. 最高人民法院(2016)最高法民终 815 号民事判决书,梁铁生与湖南佳惠置业有限责任公司合资、合作开发房地产合同纠纷案。

99. 最高人民法院(2016)最高法民终 819 号民事判决书,北京宏宇祥贸易有限责任公司与大同市宏安国际酒店有限责任公司合同、无因管理、不当得利纠纷案。

100. 最高人民法院(2016)最高法民再 320 号民事判决书,重庆倍嘉实业有限公司与福建三元达通讯股份有限公司买卖合同纠纷案。

101. 最高人民法院(2016)最高法民再 355 号民事判决书,南京华证投资管理有限公司与淮安市宏泰贸易有限公司等借款合同纠纷案。

102. 最高人民法院(2016)最高法民申 618 号民事裁定书,洛阳华厦房地产开发有限公司、上海弘韬建设发展有限公司与洛阳新银泰百货有限公司装饰装修合同纠纷案。

103. 最高人民法院(2016)最高法民申 1018 号民事裁定书,河南华安建设集团有限公司与陈红租赁合同纠纷案。

104. 最高人民法院(2017)最高法民终 46 号民事判决书,张德树等与陈锡寿等股权转让纠纷案。

105. 最高人民法院(2017)最高法民终 888 号民事判决书,厦门福康经济发展有限公司与龙海市国土资源局建设用地使用权出让合同纠纷案。

106. 最高人民法院(2017)最高法民再 63 号民事判决书,成都熊猫万国商城有限公司与香港 DCA 戚务诚建筑师事务所建设工程设计合同纠纷案。

107. 最高人民法院(2017)最高法民申 4844 号民事裁定书,山西省肿瘤医院与中国建筑工程总公司合同纠纷案。

108. 最高人民法院(2017)最高法民申 165 号民事判决书,山西省经济建设投资集团有限公司与首钢长治钢铁有限公司等企业借贷纠纷案。

109. 最高人民法院(2018)最高法民终 662 号民事判决书,青海省创业(集团)有限公司与深圳市通利来实业有限公司财产损害赔偿纠纷案。

110. 最高人民法院(2019)最高法民再 257 号民事判决书,丽江市博石矿业有限责任公司与菲德勒环境(攀枝花)有限公司破产债权确认纠纷案。

111. 最高人民法院(2020)最高法民再 235 号民事判决书,息烽锦绣华居房地产开发有限公司与贵州深宏房地产开发有限公司债务转移合同纠纷案。

112. 浙江省高级人民法院(2016)浙民申 46 号民事裁定书,蔡静宜等与邵夫定等民间借贷纠纷案。

113. 浙江省高级人民法院(2016)浙民再240号民事判决书,陈林娥与湖州盛兴建材有限公司、张建新民间借贷纠纷案。

114. 广西融海房地产开发有限公司与广西壮族自治区德保县糖厂借款担保合同纠纷再审案,法宝引证码:CLI.C.875634。

114. 河南省融资中心与河南省证券有限责任公司资金拆借合同纠纷案,法宝引证码:CLI.C.330361。

第一百九十六条 【不适用诉讼时效的请求权】

下列请求权不适用诉讼时效的规定：
（一）请求停止侵害、排除妨碍、消除危险；
（二）不动产物权和登记的动产物权的权利人请求返还财产；
（三）请求支付抚养费、赡养费或者扶养费；
（四）依法不适用诉讼时效的其他请求权。

目 录

一、规范目的 …………………………………………………………… 286
二、立法沿革与比较法例 ……………………………………………… 287
  （一）立法沿革 ……………………………………………………… 287
  （二）比较法例 ……………………………………………………… 288
三、不适用诉讼时效的请求权 ………………………………………… 290
  （一）停止侵害、排除妨碍、消除危险请求权（第1项）………… 290
    1.适用范围 ……………………………………………………… 290
    2.不动产登记簿更正请求权 …………………………………… 291
    3.不当信息更正、删除请求权 ………………………………… 291
  （二）不动产与登记的动产的返还财产请求权（第2项）………… 292
    1.不动产物权返还请求权 ……………………………………… 292
    2.登记的动产物权返还请求权 ………………………………… 292
    3.未登记的动产物权返还请求权 ……………………………… 294
  （三）支付抚养费、赡养费或者扶养费请求权（第3项）………… 295
  （四）依法不适用诉讼时效的请求权 …………………………… 298
    1. 本项所依之"法" …………………………………………… 298
    2.不适用诉讼时效的请求权的具体情形 ……………………… 299
      （1）支付存款本金及利息的请求权 ………………………… 299
      （2）兑付国债、金融债券以及向不特定对象发行的企业债券
          本息请求权 ……………………………………………… 299
      （3）基于投资关系产生的缴付出资请求权 ………………… 300

（五）其他不适用诉讼时效的请求权 ……………………………… 301
    1.基于纯粹身份关系而生的请求权 …………………………… 301
    2.受让人的物权移转登记请求权 ……………………………… 301
    3.物权确认请求权 ……………………………………………… 302
    4.形成权 ………………………………………………………… 303
参考文献 ……………………………………………………………… 303
案例索引 ……………………………………………………………… 304

一、规范目的

1　　请求权原则上应受诉讼时效期间的限制，但出于某些目的考量，法律亦可规定特定的请求权不受诉讼时效的限制，本条对此予以明确。

2　　根据本条第 1 项，请求停止侵害、排除妨碍、消除危险的请求权不受诉讼时效期间的限制，其主要理由在于：这三种请求权主要是针对诸如物权之类的绝对权的妨碍，回复权利人对权利客体的支配。根据物权理论，无论经过多长时间，法律不可能放任侵害物权的行为取得合法性，如果适用诉讼时效将会发生物权人须容忍他人对其物权进行侵害的结果，这对权利人不公平，也违反物权法基本理论。[1] 此外，从技术方面来说，停止侵害、消除危险的请求权是预防将来的妨碍，所以根本不考虑适用诉讼时效，而排除妨碍请求权针对的妨碍处于持续状态，因而也没有必要适用诉讼时效。[2]

3　　根据本条第 2 项，不动产物权和登记的动产物权的权利人请求返还财产的请求权不受诉讼时效限制。其理由在于：不动产登记簿的记载就显示了物权的归属，任何人在与他人进行交易行为时，负有注意和谨慎义务，应关注不动产的登记情况。在发生无权占有时，只要登记簿记载的权利人不改变，无论经过多长期间都不会使他人对物权占有人产生信赖，认为其是合法物权人并与之发生民事法律关系。至于农村中农民的房屋，因为不少农村地区尚未办理不动产登记，为更好地保护农民的房屋产

---

〔1〕 参见黄薇主编：《中华人民共和国民法典总则编释义》，法律出版社 2020 年版，第 529 页。

〔2〕 参见朱晓喆：《诉讼时效制度的价值基础与规范表达——〈民法总则〉第九章评释》，《中外法学》2017 年第 3 期，第 714 页。

权,也不适用诉讼时效。[3] 笔者认为,不动产物权的返还财产请求权之所以不适用诉讼时效,实质理由在于:一方面,不动产的价值较大,在能够通过登记或其他证据证明真实物权人的前提下,如果仅仅因时间过长,就可以使无权占有人取得对抗物权人的抗辩权,这对物权人过于严苛;另一方面,我国没有取得时效制度,即使无权占有人善意、和平地占有不动产较长时间,甚至超过诉讼时效期间,占有人也无法取得物权,从而形成一种"权利的僵局状态",即物权人主张请求权可能被无权占有人抗辩,而无权占有人也没有法律依据获得所有权,这种模糊的法律状况还不如干脆让不动产的原物返还请求权不适用诉讼时效,在价值判断上也比较容易令人接受。对于一般动产,为了减少诉累和及时解决矛盾,可以适用诉讼时效;而对于可以登记的动产,登记也产生强有力的公示公信效力,权利人请求返还财产不适用诉讼时效。[4]

根据本条第3项,支付抚养费、赡养费或者扶养费的请求权不适用诉讼时效。此类请求权之所以不适用诉讼时效,主要考虑到受抚养、赡养或扶养者一般是年幼、年老或者缺乏劳动能力的人,这些费用是他们的生活来源,若无此等费用,将严重影响他们的生活。[5] 换言之,此等基于身份关系的请求权承担着养老育幼的特殊社会功能,不应适用诉讼时效。[6]

本条第4项为兜底条款,为其他不适用诉讼时效的请求权留出空间,弥补列举式规定方式的不足。

二、立法沿革与比较法例

(一)立法沿革

在《民法总则》(已失效)颁布以前,《民法通则》(已失效)等基本法

---

[3] 参见黄薇主编:《中华人民共和国民法典总则编释义》,法律出版社2020年版,第530页。

[4] 参见黄薇主编:《中华人民共和国民法典总则编释义》,法律出版社2020年版,第531页。

[5] 参见黄薇主编:《中华人民共和国民法典总则编释义》,法律出版社2020年版,第532页。

[6] 参见梁慧星:《民法总论》(第五版),法律出版社2017年版,第258页。

律没有规定哪些请求权不适用诉讼时效。根据《诉讼时效若干规定(2008)》第1条规定，支付存款本金及利息请求权、兑付国债、金融债券以及向不特定对象发行的企业债券本息请求权、基于投资关系产生的缴付出资请求权，不受诉讼时效限制，同时设有兜底条款。该司法解释仅规定债权请求权是否适用诉讼时效的问题，未涉及物权请求权。《民法典》生效以后，最高人民法院对《诉讼时效若干规定》进行了修订，但维持了《诉讼时效若干规定(2008)》第1条。

7 　　《民法总则室内稿》第175条曾规定，停止侵害、排除妨碍、消除危险请求权，登记的物权人的财产返还请求权，以及支付赡养费、抚养费或扶养费的请求权，不适用诉讼时效。同时还规定了兜底性的"依法不适用诉讼时效的其他请求权"。《民法总则》各次审议稿基本维持了这一规定，仅有文字上的变化。最终通过的《民法总则》(已失效)将第2项调整为"不动产物权和登记的动产物权的权利人请求返还财产"，将第3项的表述调整为"请求支付抚养费、赡养费或者扶养费"。《民法典》完全采纳了《民法总则》(已失效)第196条的规定。

（二）比较法例

8 　　就停止侵害、排除妨碍、消除危险请求权而言，从比较法上看，少有国家或地区明确规定其是否适用诉讼时效。《俄罗斯联邦民法典》第208条第4项规定，财产的所有权人或其他占有人关于排除对其权利的任何侵害的请求不适用诉讼时效，即使这些侵害并不同时剥夺对财产的占有。日本民法学理认为，所有权本身是不适用诉讼时效的，妨碍排除请求权及妨碍预防请求权是具有回复所有权的圆满状态作用的物上请求权，只要所有权存在，作为从所有权不断流出的权利，就不罹于时效。[7] 我国台湾地区"司法院"释字第164号解释，已登记不动产所有权人之排除妨碍请求权，无消灭时效规定之适用，未依"法令"登记不动产及动产所生的物上请求权，仍适用消灭时效的规定。[8] 对排除人格权之侵害请求权，也不因时效而消灭。[9]

---

[7] 参见[日]我妻荣：《我妻荣民法讲义Ⅰ：新订民法总则》，于敏译，中国法制出版社2008年版，第459页。

[8] 参见王泽鉴：《民法总则》，北京大学出版社2009年版，第497—498页。

[9] 参见王泽鉴：《民法总则》，北京大学出版社2009年版，第497页。

就原物返还请求权而言,比较法上有规定其应适用长期时效期间者,如根据《德国民法典》第197条第1款第2项规定,所有物返还请求权、其他物上返还请求权、继承人对遗产占有人的返还请求权、后位继承人对前位继承人的遗产返还请求权、真正继承人之返还请求权等,适用30年的长期时效期间。不过,《德国民法典》第902条第1款第1句规定,已经登记之权利之请求权,不受时效之规制。原物返还请求权(Vindikationsanspruch)包含于其中,此为通说见解。[10]《西班牙民法典》第1963条第1款也规定,关于不动产的诉讼时效为30年。但也有立法例明确所有物返还请求权不适用诉讼时效。例如,根据《俄罗斯联邦民法典》第208条第4项规定,排除以剥夺占有的方式对财产所有权人的侵害的请求权(也就是返还原物请求权),不适用诉讼时效的规定。日本民法理论上认可所有物返还请求权不适用诉讼时效。[11] 我国台湾地区则是区分登记的不动产与未登记的不动产和动产,根据我国台湾地区"司法院"释字第107号解释,已登记不动产所有权人之恢复请求权,无消灭时效规定之适用,再结合前述"司法院"释字第164号解释可知,我国台湾地区"民法"中已登记不动产所有人的物上请求权不适用诉讼时效。[12]

就支付抚养费、赡养费或者扶养费的请求权而言,少有直接规定此类请求权不适用诉讼时效的法例,比较典型的是《德国民法典》第194条第2款。此外,还有规定此类请求权诉讼时效短于普通诉讼时效期间的,例如我国澳门特区的《澳门民法典》第303条第5项规定,到期之扶养费给付请求权的时效期间为5年,短于15年的普通时效期间;我国台湾地区"民法"第126条规定,赡养费给付债权,其各期给付请求权,因5年间不行使而消灭,也短于15年的普通时效期间。

除了上述情形,还有一些国家或地区的民法规定了其他各种不适用诉讼时效的请求权。例如,《德国民法典》第194条第2款规定,基于家庭关系产生的、为确定血缘关系而请求同意基因鉴定的请求权,不适用消灭时效;第758条规定,解消共同关系之请求权,不罹于时效。《俄罗斯联邦民法典》第208条第1项规定,要求保护人身非财产权利和其他非物质利

---

〔10〕 Vgl. Karl-Heinz Gursky, in: Staudinger BGB, 2013, § 902, Rn. 9.

〔11〕 参见[日]我妻荣:《我妻荣民法讲义Ⅰ:新订民法总则》,于敏译,中国法制出版社2008年版,第459页。

〔12〕 参见王泽鉴:《民法总则》,北京大学出版社2009年版,第497页以下。

益的请求,不适用诉讼时效。根据《西班牙民法典》第 1965 条,共同继承人、共同所有权人对于遗产和共有物的分割请求,不适用诉讼时效。但我国民法理论上认为,共有物分割请求权为分割共有物之权利,非请求其他共有人同为分割行为之权利,其性质为形成权,不受诉讼时效限制。[13]

三、不适用诉讼时效的请求权

(一)停止侵害、排除妨碍、消除危险请求权(第1项)

1. 适用范围

关于本项适用范围,一种观点认为,此处的停止侵害、排除妨碍和消除危险属于物权请求权,[14]本项所调整者,是物权请求权中的排除妨碍与消除危险请求权。[15]而对于人格权保护请求权,如消除影响、恢复名誉、赔礼道歉等,依当然解释(举轻以明重),更不应当适用诉讼时效。[16]另一种观点认为,本项所规定的三种请求权,并未限定为物权请求权,基于人格权、知识产权等基础权利以及相邻关系等,只要其救济请求权纳入到上述三种请求权范畴,均适用本项规定。[17] 笔者赞同后一种观点。

首先,从文义上看,本项并没有对停止侵害、排除妨碍与消除危险请求权来源的基础权利作任何限制,因此无论是对物权还是其他类似的支配权的妨碍或可能妨碍,原则上都应适用本项。其次,从体系上看,《民法典》第 179 条第 1 款前 3 项分别规定了停止侵害、排除妨碍和消除危

---

[13] 参见王泽鉴:《民法总则》,北京大学出版社 2009 年版,第 498 页。
[14] 参见黄薇主编:《中华人民共和国民法典总则编释义》,法律出版社 2020 年版,第 529 页;李宇:《民法总则要义:规范释论与判解集注》,法律出版社 2017 年版,第 949 页。
[15] 参见崔建远等编著:《民法总论》(第三版),清华大学出版社 2019 年版,第 277 页。
[16] 参见李宇:《民法总则要义:规范释论与判解集注》,法律出版社 2017 年版,第 949 页。
[17] 参见陈甦主编:《民法总则评注》(下册),法律出版社 2017 年版,第 1417—1418 页(周江洪执笔)。类似观点,亦见最高人民法院民法典贯彻实施工作领导小组主编:《中华人民共和国民法典总则编理解与适用》(下),人民法院出版社 2020 年版,第 989 页。

险,其位于《民法典》的总则编,在体系上可以涵盖因物权被妨碍或可能妨碍而应获得的救济(《民法典》第236条)、业主大会或业主委员会对损害他人合法权益行为人的停止侵害、排除妨碍与消除危险(《民法典》第286条第2款)、占有人的排除妨碍与消除危险请求权(《民法典》第462条第1款第2分句)、因侵害人格权获得的救济(《民法典》第995条第2句)。知识产权法上的停止侵害、排除妨碍、消除危险请求权作为特别私法上的请求权,亦可纳入其中。而且,《民法典》第995条第2句明文规定了人格权受害人的停止侵害、排除妨碍、消除危险、消除影响、恢复名誉、赔礼道歉请求权,不适用诉讼时效的规定。最后,无论是何种支配权受到妨碍或可能妨碍,前述不适用诉讼时效的立法理由均可成立,因此此类请求权都不应受诉讼时效的限制。

2. 不动产登记簿更正请求权

根据《民法典》第220条第1款第1句,权利人、利害关系人认为不动产登记簿记载的事项错误的,可以申请更正登记。从比较法上看,《德国民法典》第898条规定,土地登记簿更正请求权不受诉讼时效之限制。更正登记请求权适用的前提是发生登记错误,而登记错误本身构成对所有权的一种妨碍,因此更正登记请求权是排除妨害请求权的一种特殊形式,[18] 从而也不应适用诉讼时效。

3. 不当信息更正、删除请求权

根据《民法典》第1028条规定:"民事主体有证据证明报刊、网络等媒体报道的内容失实,侵害其名誉权的,有权请求该媒体及时采取更正或者删除等必要措施。"根据《民法典》第1029条第1句:"民事主体可以依法查询自己的信用评价;发现信用评价不当的,有权提出异议并请求采取更正、删除等必要措施。"根据《民法典》第1037条:"自然人可以依法向信息处理者查阅或者复制其个人信息;发现信息有错误的,有权提出异议并请求及时采取更正等必要措施。自然人发现信息处理者违反法律、行政法规的规定或者双方的约定处理其个人信息的,有权请求信息处理者及时删除。"发布、记载错误或不当的关于民事主体的信息,在客观上会构成对其人格权益的侵害。上述更正或删除请求权,本质上也是一种停

---

[18] Vgl. Kohler, in: Münchener Kommentar zum BGB, 6. Aufl., 2013, § 894, Rn. 2.

止侵害或排除妨碍的请求权,因此也不应适用诉讼时效。

(二)不动产与登记的动产的返还财产请求权(第2项)

1. 不动产物权返还请求权

按照本项规定,不论不动产是否登记,返还财产的请求权均不适用诉讼时效。须注意,此处的不动产物权不限于不动产所有权,亦包括物权人享有占有、使用权能的各种用益物权,如土地承包经营权、建设用地使用权、宅基地使用权、居住权。对于不动产抵押权而言,因为不要求抵押人将抵押财产交付抵押权人,所以抵押权人并不享有对不动产占有、使用的权能,不存在返还原物请求权的前提。但如果当事人以不动产设定让与担保,让与担保权人经登记而在名义上成为不动产的所有权人,因为不动产登记具有公示公信力,所以应允许不动产的让与担保权人基于所有权人地位向无权占有人主张原物返还请求权,该请求权不受诉讼时效限制。

2. 登记的动产物权返还请求权

在《民法总则》(已失效)以及《民法典》生效以前,学理上一般不区分动产的类型,而认为动产的原物返还请求权应适用诉讼时效。这主要是考虑到无权占有人占有物的状态长期持续,应保护第三人对此的信赖,降低交易成本,防止已经稳定的法秩序再度被破坏。[19] 而根据本项,动产只要经登记,物权人的返还原物请求权即不适用诉讼时效。通常认为,这里所指的登记动产物权人,主要就是特殊动产所有权人。[20] 根据《民法典》第225条规定,船舶、航空器和机动车等有体物的物权的设立、变更、转让和消灭,未经登记,不得对抗善意第三人。立法机关认为,如果特殊动产进行登记,与不动产登记一样,产生强有力的公示公信效力,则权利人的返还财产请求权不适用诉讼时效。[21] 但也有反对观点

---

[19] 参见朱虎:《返还原物请求权适用诉讼时效问题研究》,《法商研究》2012年第6期,第119页以下;张驰、黄鑫:《物上请求权与诉讼时效关系论》,《法学》2006年第9期,第89页以下;傅鼎生:《物上请求权的时效性》,《法学》2007年第6期,第81页。

[20] 动产抵押、所有权保留买卖、让与担保等虽然也可进行登记并取得对抗第三人的效力,但是上述担保中的权利人通常并无对担保物的占有权能,因此并不享有原物返还请求权,便无所谓是否适用诉讼时效的问题。

[21] 参见黄薇主编:《中华人民共和国民法典总则编释义》,法律出版社2020年版,第531页。

指出，特殊动产的登记仅具有对抗效力，登记并不表明其一定是权利人，无法以不动产登记的公示公信力推导出登记的动产原物返还请求权不适用诉讼时效。[22]

笔者认为，上述关于特殊动产登记不具有公信力，不能推导出特殊动产的原物返还请求权不适用诉讼时效的观点虽有一定道理，但也不能过于绝对。在一般动产中，所有权通常以占有的方式公示，因此所有权人如果长期不对无权占有人行使原物返还请求权，第三人就会信赖占有人是所有权人，为保护第三人对法律事实状态的信赖，应以诉讼时效限制所有权人的原物返还请求权。但对于特殊动产，登记在一定程度上可以表征物权的归属，如果特殊动产的占有人与登记名义人不一致，第三人应当知道占有人并非真实的所有权人，此时单纯对占有的信赖即不值得保护。当真实的所有权人进行了登记，而后其占有被剥夺或因其他原因为他人无权占有，规定所有物返还请求权不受诉讼时效限制，以保护其正当利益，具有合理性。

适用本项规则时，须结合具体的情形分别对待。在占有与登记分离的场合：(1)如甲将汽车出卖给乙，并且已经交付，但尚未办理登记，此时乙是汽车的所有权人，但不能对抗善意第三人。此时如果汽车被第三人丙无权占有，车虽然登记在甲的名下，但甲不是所有权人，其不享有所有物返还请求权，因此谈不上是否适用诉讼时效的问题；乙虽然是所有权人，享有所有物返还请求权，但未登记，其所有物返还请求权应受诉讼时效限制。(2)如甲将汽车出卖给乙，已经登记到乙的名下，但尚未交付，此时甲仍为汽车的所有权人。此时如果汽车被第三人丙无权占有，乙虽然取得了登记，但尚非所有权人，不享有原物返还请求权，因此谈不上适用诉讼时效的问题；甲虽然是所有权人，但已经失去登记，其原物返还请求权应适用诉讼时效。由此可见，本条适用情形主要是特殊动产的所有权人享有登记的场合。例如，所有权人原来占有动产并已登记，而后该动产被他人侵夺；或者所有权人基于买卖合同将占有让渡他人，但尚未办理登记，该合同无效或嗣后被撤销时，可适用本项规则。

---

[22] 参见陈甦主编：《民法总则评注》(下册)，法律出版社2017年版，第1419页（周江洪执笔）。

3. 未登记的动产物权返还请求权

20 依据对本项的反面解释,未登记的动产物权人要求返还财产,适用诉讼时效。[23] 立法机关对此也指出,一般动产价值小、流动大、易损耗,如果不适用诉讼时效的规定,多年后再提起诉讼,一是因为年代久远存在举证困难,二是增加诉累,三是不利于矛盾的及时解决。[24] 学理上认为,如果动产物权人的原物返还请求权长期不行使,会向不特定的第三人呈现出权利不存在的状态,此时就存在保护不特定第三人信赖利益的必要性,因而须适用诉讼时效。[25]

21 反对的观点,例如杨巍教授认为对《民法典》第 196 条第 2 项作反对解释,有悖于诉讼时效的立法目的及司法经验,[26] 基于规范目的的解释,对于该项应禁止作反面解释,而将未登记动产物权之返还原物请求权认定为依性质不适用诉讼时效。[27] 再者,还要考虑到我国欠缺取得时效制度,返还原物请求权罹于时效后,会使所有权与占有永久分离,所有权人不能占有动产(即所谓"空虚所有权"),占有人又不能取得所有权,形成法律上难以破解的困局。[28] 但金印副教授认为,在当代物权法中,所有

---

[23] 参见陈甦主编:《民法总则评注》(下册),法律出版社 2017 年版,第 1418 页(周江洪执笔)。

[24] 参见黄薇主编:《中华人民共和国民法典总则编释义》,法律出版社 2020 年版,第 531 页。

[25] 参见王轶:《物权请求权与诉讼时效制度的适用》,《当代法学》2006 年第 1 期,第 80 页。

[26] 杨巍教授认为,《民法典》第 196 条第 2 项的来源似乎是《第八次全国法院民事商事审判工作会议(民事部分)纪要》(法〔2016〕399 号,以下简称《八民纪要》)第 24 条,本条规定登记权利人请求无权占有人返还动产或者不动产不适用诉讼时效,《民法总则草案一审稿》至《民法总则草案三审稿》均表述为"登记的物权人请求返还财产",后因考虑到不少农村地区房屋尚无登记制度,才最终修改为《民法总则》(已失效)第 196 条第 2 项之表述。《八民纪要》第 24 条是基于既有裁判案件的经验,从正面确立登记物权人的返还原物请求权不适用诉讼时效之裁判规则,不宜据此推导出未登记动产物权人的返还原物请求权适用诉讼时效。参见杨巍:《论不适用诉讼时效的请求权——我国〈民法总则〉第 196 条的问题与解决》,《政治与法律》2018 年第 2 期,第 22 页。

[27] 参见杨巍:《论不适用诉讼时效的请求权——我国〈民法总则〉第 196 条的问题与解决》,《政治与法律》2018 年第 2 期,第 21—22 页。

[28] 参见杨巍:《论不适用诉讼时效的请求权——我国〈民法总则〉第 196 条的问题与解决》,《政治与法律》2018 年第 2 期,第 21 页。

权的空虚化恰恰是所有权人支配所有权的常态,只要所有权人和占有人以及不特定第三人的权益分配关系是清楚的,所有权在不同层次上被架空并不存在任何问题。[29] 朱虎教授也指出,即使返还原物请求权适用诉讼时效,如果物又被第三人占有,则该所有权又重新具有意义,返还原物请求权重新对第三人发生;而且,如果物之占有人主动返还原物,则其也不可再请求权利人返还,这与诉讼时效届满后的债权请求权并无区别。[30] 由此可见,以所有物返还请求权罹于时效会造成所有权的空虚化而否定诉讼时效规则的适用,还存在争议。

从法律适用的角度来看,笔者赞同对《民法典》第 196 条第 2 项作反面解释,即未登记的动产物权返还请求权适用诉讼时效,无论占有人善意抑或恶意,均无影响。原物返还请求权诉讼时效届满后,与之伴随的涉及孳息、费用、损害赔偿等从属性请求权的诉讼时效也随之届满。[31]

(三) 支付抚养费、赡养费或者扶养费请求权(第 3 项)

在《民法总则》(已失效)以及《民法典》生效以前,对于请求支付赡养费、抚养费或者扶养费的请求权应否适用诉讼时效,存在争议。梁慧星教授认为,对于非纯粹身份关系的请求权,如夫妻间的损害赔偿请求权、各期扶养费和赡养费的给付请求权,因其财产权的性质,应适用诉讼时效。[32] 也有学者认为,权利人请求义务人抚养、赡养的权利,不因诉讼时效而消灭,但如果权利人已经请求义务人为一定的赡养或抚养义务,权利人与义务人之间即形成一种一般意义上的债权关系,此种债权关系应适用诉讼时效。[33] 我国司法实践中一般认为,给付赡养费、抚养费、扶养费请求权关涉人的生存,义务人若不支付上述费用将使权利人的生活没有

---

[29] 参见金印:《论所有权与时效制度的关系》,《法学家》2017 年第 3 期,第 66 页。

[30] 参见朱虎:《返还原物请求权适用诉讼时效问题研究》,《法商研究》2012 年第 6 期,第 122 页。

[31] 参见朱虎:《返还原物请求权适用诉讼时效问题研究》,《法商研究》2012 年第 6 期,第 121 页。

[32] 参见梁慧星:《民法总论》(第四版),法律出版社 2011 年版,第 253 页。类似观点,亦见张驰:《论诉讼时效客体》,《法学》2001 年第 3 期,第 58 页。

[33] 参见王利明:《民法总则研究》,中国人民大学出版社 2003 年版,第 719 页。

保障,影响公序良俗,故对该请求权不应适用诉讼时效。[34]《民法典》明确规定此类请求权不适用诉讼时效,主要理由是出于家庭伦理秩序的维护以及近亲属之间生存利益的保障,这体现了立法者的一种价值选择。

24　　抚养义务一般存在于长辈与晚辈之间,系长辈对晚辈所负担之义务。根据《民法典》第 26 条第 1 款规定:"父母对未成年子女负有抚养、教育和保护的义务。"根据《民法典》第 1067 条第 1 款规定:"父母不履行抚养义务的,未成年子女或者不能独立生活的成年子女,有要求父母给付抚养费的权利。"《民法典》第 1074 条第 1 款还规定:"有负担能力的祖父母、外祖父母,对于父母已经死亡或者父母无力抚养的未成年孙子女、外孙子女,有抚养的义务。"基于此等抚养关系,被抚养人对抚养义务人享有支付抚养费的请求权,该请求权不受诉讼时效限制。但应注意,根据《民法典》第 1118 条第 1 款第 2 句规定:"因养子女成年后虐待、遗弃养父母而解除收养关系的,养父母可以要求养子女补偿收养期间支出的抚养费。"根据该条第 2 款第 1 分句规定:"生父母要求解除收养关系的,养父母可以要求生父母适当补偿收养期间支出的抚养费。"这里的抚养费补偿请求权不同于基于抚养关系所生的抚养费给付请求权,不适用本项规则。

25　　赡养义务系晚辈对长辈所负担之义务。根据《民法典》第 26 条第 2 款,成年子女对父母负有赡养义务。根据《民法典》第 1067 条第 2 款规定:"成年子女不履行赡养义务的,缺乏劳动能力或者生活困难的父母,有要求成年子女给付赡养费的权利。"此外,《民法典》第 1074 条第 2 款还规定:"有负担能力的孙子女、外孙子女,对于子女已经死亡或者子女无力赡养的祖父母、外祖父母,有赡养的义务。"权利人对赡养义务人的支付赡养费请求权不受诉讼时效限制。另外,根据《民法典》第 1118 条第 1 款第 1 句规定:"收养关系解除后,经养父母抚养的成年养子女,对缺乏劳动能力又缺乏生活来源的养父母,应当给付生活费。"这里虽未明确其为赡养义务,但其承载着救济养父母之期待利益和保障孤苦养父母生活之功能,[35]与赡

---

[34] 参见最高人民法院民事审判第二庭编著:《最高人民法院关于民事案件诉讼时效司法解释理解与适用》,人民法院出版社 2015 年版,第 49 页。类似观点,亦见鞠琳、胡浩亮、陆剑萍:《未成年非婚生子女追索抚养费的诉讼时效》,《人民司法·案例》2009 年第 24 期,第 82 页以下。

[35] 参见薛宁兰、谢鸿飞主编:《民法典评注·婚姻家庭编》,中国法制出版社 2020 年版,第 613 页(邓丽执笔)。

养费给付请求权的功能类似,因此亦不应受诉讼时效限制。

　　扶养费是存在于平辈亲属之间的给付义务。根据《民法典》第1075条规定:"有负担能力的兄、姐,对于父母已经死亡或者父母无力抚养的未成年弟、妹,有扶养的义务。由兄、姐扶养长大的有负担能力的弟、妹,对于缺乏劳动能力又缺乏生活来源的兄、姐,有扶养的义务。"《民法典》第1059条规定:"夫妻有相互扶养的义务。需要扶养的一方,在另一方不履行扶养义务时,有要求其给付扶养费的权利。"因近亲属关系所生的扶养费给付请求权,不受诉讼时效限制。

　　有观点认为,由于赡养费、抚养费、扶养费请求权是基于当事人的特殊身份,故上述请求权不适用诉讼时效的规定,必须以特殊身份的存续关系为条件。[36] 反对观点认为,《民法典》第196条第3项对此类请求权不适用诉讼时效并未设置任何限制性条件,因此无须考虑行使请求权时特定身份关系是否存续。[37] 笔者认为,仅从《民法典》第196条第3项的文义来看,并不能得出其以特殊身份关系存续为前提的结论。但结合本项旨在维系家庭和睦、实现养老育幼的社会功能来看,如果身份关系已经消灭,请求权不宜无限期存在。例如,夫妻离婚后,假如一方对另一方所享有之婚内的扶养费请求权不适用诉讼时效,且未在离婚后一段时间内履行完毕,将可能成为离婚较长时间后再次激化双方矛盾的事由。再者,即使父母子女身份关系一直存在,但当事人已经没有抚养的需要,如果抚养费请求权一直不适用诉讼时效,亦可能成为家庭矛盾发生的由头。例如,未成年子女在成年后的很长时间内仍可要求父母给付原来所欠抚养费,不利于维持家庭关系的和睦。因此,应对本项作目的性限缩,仅在当事人之间存在身份关系且有抚养、赡养或扶养之必要时,相应的请求权才不适用诉讼时效。[38]

---

　　[36] 参见最高人民法院民事审判第二庭编著:《最高人民法院关于民事案件诉讼时效司法解释理解与适用》,人民法院出版社2015年版,第50页。

　　[37] 参见杨巍:《论不适用诉讼时效的请求权——我国〈民法总则〉第196条的问题与解决》,《政治与法律》2018年第2期,第18页。

　　[38] 司法实践中,有法院认定原告在提起抚养费请求权诉讼时已经成年,不属于受抚养子女,因而对此前已超过诉讼时效的抚养费不予保护。参见金某甲与金某乙抚养费纠纷案,辽宁省大连市中级人民法院(2015)大民一终字第246号民事判决书。

(四)依法不适用诉讼时效的请求权

1. 本项所依之"法"

28　　本项规定是不适用诉讼时效请求权的兜底条款。对于这里的"依法",杨巍教授认为应解释为狭义法律和司法解释,不包括其他形式的法律渊源。因为根据《立法法》第 11 条规定,涉及"民事基本制度""诉讼和仲裁制度"的事项只能制定法律,诉讼时效制度虽属实体法制度,但与诉讼和仲裁制度的运行具有无法分割的密切联系,因此诉讼时效事项不能由行政法规、规章和地方性法规予以规定。[39] 而李宇教授认为,本项所用措辞为"依法",不是"依照法律规定",显然有意留出更大的灵活性,依法是指依广义之法。如果将非正式法源也解释为此处可依之"法",则本项规定将有更大的灵活性,可以缓和诉讼时效的严苛性。[40] 例如,最高人民法院发布的指导案例 65 号中,法院认为专项维修资金是业主为维护建筑物的长期安全使用而承担的一项法定义务,专项维修资金缴纳请求权不适用诉讼时效。[41] 即使是对本项所依之"法"的狭义解释论者,也认为指导案例对各级法院制作裁判文书时具有实质上的拘束力,可称为"弱的规范拘束力",因此可以作为这里的法源。[42]

29　　笔者认为,在某种请求权不适用诉讼时效具有正当理由的前提下,应对本项中的"法"作广义解释,可以缓和诉讼时效制度对请求权限制的严苛性。

---

[39] 参见杨巍:《论不适用诉讼时效的请求权——我国〈民法总则〉第 196 条的问题与解决》,《政治与法律》2018 年第 2 期,第 18 页。

[40] 参见李宇:《民法总则要义:规范释论与判解集注》,法律出版社 2017 年版,第 952 页。

[41] 参见上海市虹口区久乐大厦小区业主大会与上海环亚实业总公司业主共有权纠纷案,上海市第二中级人民法院(2011)沪二中民二(民)终字第 1908 号民事判决书。实践中,多有法院认为房屋公共维修金债权不适用诉讼时效,参见厦门佰仕达物业公司与王小华物业服务合同纠纷案,福建省厦门市中级人民法院(2012)厦民终字第 2508 号民事判决书。

[42] 参见杨巍:《论不适用诉讼时效的请求权——我国〈民法总则〉第 196 条的问题与解决》,《政治与法律》2018 年第 2 期,第 18 页。

2. 不适用诉讼时效的请求权的具体情形

(1) 支付存款本金及利息的请求权

根据《诉讼时效若干规定(2020)》第1条第1项规定,支付存款本金及利息的请求权不适用诉讼时效。其主要理由在于:第一,存款本息债权请求权无特定的履行期限,存款人可随时请求金融机构兑付,此为金融业惯例,故兑付存款本息请求权适用诉讼时效期间与该债权的性质不符。[43] 无论活期存款或定期存款,均为未定履行期之债务,定期存款所定之"期"并非"履行期限",而是决定利率之约款,期满可转为活期存款,按照其利率计算。[44] 据此,在存款人请求银行支付存款本息前,诉讼时效根本就不起算,而不是不适用诉讼时效的问题。第二,存款请求权的实现关系到民众的生存利益,如其适用诉讼时效,将危害到民众的生存权。[45] 但这一理由似乎言过其实。更主要的原因可能在于我国各商业银行的信用高,且基本上不会破产,也不会"赖账"。由此形成居民基于对银行的特殊信赖而发生存款的储蓄行为。[46] 因此,对于存款请求权不适用诉讼时效。

目前日常生活中应用非常普遍的"支付宝""微信钱包"等,用户一般可以随时提取账户内的资金,在"支付宝""微信钱包"内存放金钱虽然不同于银行存款,但是其同样属于未定履行期的债权,诉讼时效尚未起算,因此不存在适用诉讼时效的问题。

(2) 兑付国债、金融债券以及向不特定对象发行的企业债券本息请求权

根据《诉讼时效若干规定(2020)》第1条第2项规定,兑付国债、金融债券以及向不特定对象发行的企业债券本息请求权不适用诉讼时效。国债是政府为筹集财政资金或建设资金,以其信誉为担保,向社会公众投

---

[43] 参见最高人民法院民事审判第二庭编著:《最高人民法院关于民事案件诉讼时效司法解释理解与适用》,人民法院出版社2015年版,第44页。

[44] 参见李宇:《民法总则要义:规范释论与判解集注》,法律出版社2017年版,第951页。

[45] 参见最高人民法院民事审判第二庭编著:《最高人民法院关于民事案件诉讼时效司法解释理解与适用》,人民法院出版社2015年版,第44页。

[46] 参见杨巍:《民法时效制度的理论反思与案例研究》,北京大学出版社2015年版,第175页。

资者募集资金并发行的债券。金融债券是银行或非银行金融机构为筹措信贷资金向投资者发行的、承诺到期还本付息的债券。企业债券是公司等企业为筹集生产所需资金而发行的债券。

根据最高人民法院的解释,国债、金融债券因有国家和金融机构的信誉作为还本付息的担保,认购人基于信赖而购买债券,而且此类投资具有类似储蓄存款的性质,关涉社会公众利益,因此国债、金融债券的返本付息请求权不适用诉讼时效。[47] 对于向不特定对象发行的企业债券,通常是通过金融机构销售,购买人对金融机构产生一定的信赖。再者,此类债券的本息请求权能否兑付,涉及广大认购人的利益保护,也关涉社会公益,因此,不应适用诉讼时效。[48] 但是,针对个别特定的主体定向发行的企业债券,不涉及社会公共利益的保护问题,故应适用诉讼时效。[49] 笔者认为,上述债券不适用诉讼时效与我国长期以来金融理财和投资市场中普遍存在的"刚性兑付"理念有关,即只要涉及投资者众多的理财产品,融资方(投资对象)甚至销售方、托管方都被认为有完全兑付的义务,以免发生投资者维权的群体性事件。但是,在当今金融机构投资理财产品"刚性兑付"普遍被打破的背景下,监管部门也强调投资者自我负责、自担风险,而且无论购买国债还是金融债券、企业债券,购买人享有的都是一种私人权益,与社会公共利益并不存在必然关联。换言之,不能仅仅因为投资者众多就认定他们代表社会公共利益。因此,从发展趋势来看,各类债券的本息请求权不适用诉讼时效的观念将来应发生转变。

(3)基于投资关系产生的缴付出资请求权

基于投资关系所生的缴付出资请求权不适用诉讼时效不仅在《诉讼时效若干规定(2020)》第1条第3项中有规定,而且《公司法解释(三)》第19条第1款也规定,公司或股东请求未全面履行出资义务的股东缴纳出资,或者请求抽逃出资的股东返还出资,不受诉讼时效的限制;第2款规定,公司债权人请求未全面履行出资义务的股东或者抽逃出资的股东

---

[47] 参见最高人民法院民事审判第二庭编著:《最高人民法院关于民事案件诉讼时效司法解释理解与适用》,人民法院出版社2015年版,第44页。

[48] 参见最高人民法院民事审判第二庭编著:《最高人民法院关于民事案件诉讼时效司法解释理解与适用》,人民法院出版社2015年版,第45页。

[49] 参见最高人民法院民事审判第二庭编著:《最高人民法院关于民事案件诉讼时效司法解释理解与适用》,人民法院出版社2015年版,第45页。

承担赔偿责任,不受诉讼时效的限制。此类请求权之所以不适用诉讼时效,主要理由在于:第一,足额出资是股东对公司的法定义务,如果出资请求权适用诉讼时效的话,有违公司资本充足原则,不利于公司的发展,也不利于对其他足额出资的股东及公司债权人的保护。[50] 第二,投资关系形成继续性法律关系,其派生的请求权与该继续性法律关系并存,不应受诉讼时效的限制。[51]

(五)其他不适用诉讼时效的请求权

1. 基于纯粹身份关系而生的请求权

《民法典》第196条第3项仅规定身份关系所生之财产性请求权不适用诉讼时效,而未规定纯粹身份性的请求权亦不适用,此可谓失之过窄。民法理论上普遍认为,请求履行夫妻共同生活义务或父母对第三人请求交还子女,不应适用诉讼时效。[52] 我国司法实践应采取举轻明重的方法进行推论,既然基于身份关系的财产性请求权都不适用诉讼时效,那么比财产更重要的纯粹身份性请求权,更不应适用诉讼时效。[53]

2. 受让人的物权移转登记请求权

最高人民法院2016年发布的《第八次全国法院民事商事审判工作会议(民事部分)纪要》第24条规定:"已经合法占有转让标的物的受让人请求转让人办理物权变更登记……对方当事人以超过诉讼时效期间抗辩的,均应不予支持。"[54] 司法实践中对此观点都持肯定态度,理由是这种

---

[50] 参见最高人民法院民事审判第二庭编著:《最高人民法院关于民事案件诉讼时效司法解释理解与适用》,人民法院出版社2015年版,第45页。类似观点参见王利明:《民法总则研究》(第二版),中国人民大学出版社2012年版,第736页。

[51] 参见杨巍:《民法时效制度的理论反思与案例研究》,北京大学出版社2015年版,第180页。

[52] Vgl. Grothe, in : Münchener Kommentar zum BGB, 6.Aufl., 2012, §195, Rn. 7;梁慧星:《民法总论》(第五版),法律出版社2017年版,第258页;陈甦主编:《民法总则评注》(下册),法律出版社2017年版,第1421页(周江洪执笔)。

[53] 参见朱晓喆:《诉讼时效制度的价值基础与规范表达——〈民法总则〉第九章评释》,《中外法学》2017年第3期,第716页。

[54] 理论上持相反观点者,参见陈甦主编:《民法总则评注》(下册),法律出版社2017年版,第1423页(周江洪执笔)。

请求权具有物权性质，故不应适用诉讼时效。[55] 但这种理由有欠妥当，因为在不动产买卖中，在房屋过户登记至买受人之前，出卖人仍然是所有权人，买受人请求出卖人办理变更登记系基于买卖合同，属于债权请求权，而非物权请求权。笔者认为，在买受人已经支付房屋价款的前提下，如果房屋或其他不动产已经交付给买受人但尚未办理不动产权利的转移登记，假设买受人的登记请求权适用诉讼时效，将会导致买受人已经可以合法地对房屋占有、使用和收益，但房屋却始终登记在出卖人名下，而买受人又不能请求将房屋转移登记。此时出卖人已经将房屋的占有、使用、收益等权能让渡给买受人，登记意义上的所有权只有"空虚所有权"，而且如果出卖人再次处分房屋，就要对买受人承担违约责任。此外，买受人如果取得了对不动产的占有，也可以表明其持续占有的状态在行使权利，因而导致诉讼时效持续地中断。总之，买受人在已取得占有的情况下，请求出卖人变更登记的请求权不适用诉讼时效。

37 前述讨论的前提是买受人已经支付了房屋买卖合同的价款。但如果买受人没有支付款项，出卖人的价款请求权作为债权请求权适用诉讼时效的限制，而买受人的登记请求权不适用诉讼时效，这样买受人与出卖人在时效利益方面就不对等。所以，基于不动产交易的请求权其实都应该适用诉讼时效，只不过其价值较大，罹于时效的后果比较严重，因此从立法论的角度，可以考虑采取长期诉讼时效期间，例如《德国民法典》第 196 条规定给付不动产及其对待给付请求权的消灭时效期间为 10 年。

3. 物权确认请求权

38 学理上认为，确认物权的请求权，目的在解决权利纷争，其目的和性

---

[55] 参见佘琼圣：《房屋交付后办理登记的时效问题》，《人民司法·案例》2009 年第 18 期，第 25 页以下。类似观点，参见史智军：《不动产买卖中的诉讼时效问题研究——以房屋买卖合同纠纷为视角》，《法律适用》2015 年第 11 期，第 77 页。相关案例，可参见广发银行股份有限公司潮州分行与潮州市枫溪区中小企业管理服务中心房屋买卖合同纠纷案，广东省高级人民法院（2014）粤高法民一提字第 13 号民事判决书；滦平县胜龙房地产开发有限责任公司与王喜凤房屋买卖合同纠纷案，河北省承德市中级人民法院（2015）承民再终字第 41 号民事判决书；李承超与刘万堂房屋买卖合同纠纷案，北京市第一中级人民法院（2015）一中民终字第 09710 号民事判决书。

质决定了不应适用诉讼时效。[56] 司法实践亦有持此种观点者。[57] 但确认物权的"请求权"并非真正的请求权,而是一种诉权,对应着民事诉讼法中的确认之诉。因此,根本不存在适用诉讼时效的问题。

4. 形成权

《民法典》中常将共有物分割、解除、撤销、减价等都表述为一方"请求",但其本质上是形成权而非请求权,本身不受诉讼时效的限制,故本评注不在这里进行讨论,对此可参见本书第199条关于除斥期间的评注。

参考文献

1. 陈华彬:《民法总则》,中国政法大学出版社2017年版。
2. 陈甦主编:《民法总则评注》(下册),法律出版社2017年版。
3. 崔建远等编著:《民法总论》(第三版),清华大学出版社2019年版。
4. 傅鼎生:《物上请求权的时效性》,《法学》2007年第6期。
5. 鞠琳、胡浩亮、陆剑萍:《未成年非婚生子女追索抚养费的诉讼时效》,《人民司法·案例》2009年第24期。
6. 黄薇主编:《中华人民共和国民法典总则编释义》,法律出版社2020年版。
7. 金印:《论所有权与时效制度的关系》,《法学家》2017年第3期。
8. 李宇:《民法总则要义:规范释论与判解集注》,法律出版社2017年版。
9. 梁慧星:《民法总论》(第四版),法律出版社2011年版。
10. 梁慧星:《民法总则立法的若干理论问题》,《暨南学报(哲学社会科学版)》2016年第1期。
11. 梁慧星:《民法总论》(第五版),法律出版社2017年版。
12. 佘琼圣:《房屋交付后办理登记的时效问题》,《人民司法·案例》2009年第18期。
13. 史智军:《不动产买卖中的诉讼时效问题研究——以房屋买卖合同纠纷为

---

[56] 参见梁慧星:《民法总则立法的若干理论问题》,《暨南学报(哲学社会科学版)》2016年第1期,第37页;陈华彬:《民法总则》,中国政法大学出版社2017年版,第669页。

[57] 参见汤文元:《继承权纠纷诉讼时效的理解和适用》,《人民司法·案例》2010年第2期,第55页以下;周明娥等与周学新共有权确权纠纷案,浙江省湖州市中级人民法院(2012)浙湖民终字第307号民事判决书;邢凤兰与李玉晶所有权确认纠纷案,黑龙江省鸡西市中级人民法院(2020)黑03民终961号民事判决书。

视角》,《法律适用》2015 年第 11 期。

14. 汤文元:《继承权纠纷诉讼时效的理解和适用》,《人民司法·案例》2010 年第 2 期。

15. 王利明:《民法总则研究》,中国人民大学出版社 2003 年版。

16. 王利明:《民法总则研究》(第二版),中国人民大学出版社 2012 年版。

17. 王轶:《物权请求权与诉讼时效制度的适用》,《当代法学》2006 年第 1 期。

18. 王泽鉴:《民法总则》,北京大学出版社 2006 年版。

19. 薛宁兰、谢鸿飞主编:《民法典评注·婚姻家庭编》,中国法制出版社 2020 年版。

20. 杨巍:《民法时效制度的理论反思与案例研究》,北京大学出版社 2015 年版。

21. 杨巍:《论不适用诉讼时效的请求权——我国〈民法总则〉第 196 条的问题与解决》,《政治与法律》2018 年第 2 期。

22. 张驰:《论诉讼时效客体》,《法学》2001 年第 3 期。

23. 张驰、黄鑫:《物上请求权与诉讼时效关系论》,《法学》2006 年第 9 期。

24. 朱虎:《返还原物请求权适用诉讼时效问题研究》,《法商研究》2012 年第 6 期。

25. 朱晓喆:《诉讼时效制度的价值基础与规范表达——〈民法总则〉第九章评释》,《中外法学》2017 年第 3 期。

26. 最高人民法院民事审判第二庭编著:《最高人民法院关于民事案件诉讼时效司法解释理解与适用》,人民法院出版社 2015 年版。

27. 最高人民法院民法典贯彻实施工作领导小组主编:《中华人民共和国民法典总则编理解与适用》(下),人民法院出版社 2020 年版。

28. [日]我妻荣:《我妻荣民法讲义Ⅰ:新订民法总则》,于敏译,中国法制出版社 2008 年版。

29. Münchener Kommentar zum BGB, 6.Aufl., 2012.

30. Staudinger Kommentar zum BGB, 2013.

案例索引

1. 北京市第一中级人民法院(2015)一中民终字第 09710 号民事判决书,李承超与刘万堂房屋买卖合同纠纷案。

2. 福建省厦门市中级人民法院(2012)厦民终字第 2508 号民事判决书,厦门佰仕达物业公司与王小华物业服务合同纠纷案。

3. 广东省高级人民法院(2014)粤高法民一提字第 13 号民事判决书,广发银行股份有限公司潮州分行与潮州市枫溪区中小企业管理服务中心房屋买卖合同纠纷案。

4. 河北省承德市中级人民法院(2015)承民再终字第41号民事判决书,滦平县胜龙房地产开发有限责任公司与王喜凤房屋买卖合同纠纷案。

5. 黑龙江省鸡西市中级人民法院(2020)黑03民终961号民事判决书,邢凤兰与李玉晶所有权确认纠纷案。

6. 辽宁省大连市中级人民法院(2015)大民一终字第246号民事判决书,金某甲与金某乙抚养费纠纷案。

7. 上海市第二中级人民法院(2011)沪二中民二(民)终字第1908号民事判决书,上海市虹口区久乐大厦小区业主大会与上海环亚实业总公司业主共有权纠纷案。

8. 浙江省湖州市中级人民法院(2012)浙湖民终字第307号民事判决书,周明娥等与周学新共有权确权纠纷案。

第一百九十七条 【禁止诉讼时效的约定】

诉讼时效的期间、计算方法以及中止、中断的事由由法律规定,当事人约定无效。

当事人对诉讼时效利益的预先放弃无效。

目 录

一、规范目的 ··· 306
二、立法沿革与比较法例 ··· 309
　(一)立法沿革 ··· 309
　(二)比较法例 ··· 309
三、诉讼时效的约定无效(《民法典》第 197 条第 1 款) ············ 311
　(一)延长或缩短诉讼时效期间 ·· 311
　(二)关于诉讼时效中止、中断的约定 ································ 312
　(三)约定排除适用诉讼时效 ··· 313
四、诉讼时效利益的预先放弃(《民法典》第 197 条第 2 款) ······ 313
五、举证责任 ·· 314
参考文献 ·· 315
案例索引 ·· 315

一、规范目的

1　　本条第 1 款明确了诉讼时效具有强制性,当事人对于诉讼时效作出与法律规定相悖的约定无效。《民法总则草案一审稿》的说明指出:"诉讼时效制度关系法律秩序的清晰稳定,权利人和义务人不可以自行约定。"立法机关认为,诉讼时效制度是对民事权利的法定限制,以牺牲罹于时效的权利人的利益为代价,为交易关系提供安全保障,关乎社会公共利益及法律秩序的统一,这要求诉讼时效期间及其计算方法明确且为社会知晓。诉讼时效的中止、中断事由只能由法律作出明确规定,不属于当

【禁止诉讼时效的约定】

事人自行处分的事宜,权利人和义务人不可以自行约定。[1]

但是将诉讼时效制度当作一种强制规范,完全不允许当事人约定,在法政策上是否妥当,学理上存在较大争议。主张诉讼时效属于强制规范,当事人之间关于诉讼时效的约定无效者,大多以诉讼时效制度具有公益性为依据。[2] 例如,佟柔教授认为,诉讼时效属于强行性规范,是由其目的和作用决定的,否则就不能达成促使当事人及时行使权利和稳定社会经济秩序的目的。[3] 梁慧星教授指出,若允许改变时效期间,难免被居于优势地位的企业和经营者滥用,不利于消费者、劳动者及中小企业合法权益的保护。[4] 最高人民法院认为,如果允许当事人协议延长诉讼时效期间,既对债务人不利,也有害于公益,因为潜在的第三人并不知晓也不可能知晓延长时效而合理地信赖债务人的财产状况。况且,这样也不利于督促权利人积极行使权利。如果允许当事人协议缩短诉讼时效期间,则过分督促权利人行使权利,对权利人过于不利。[5]

主张诉讼时效非属强制规范,应允许当事人通过约定对其予以调整者,所持理由如下:第一,诉讼时效制度的价值目的无关乎公益。在诉讼时效的价值理由中,"保护债务人,避免因时日久远,举证困难,致遭受不利益""权利上的睡眠者,不值得保护"这两项价值考量只涉及债权人、债务人双方,与公共利益无直接关联。[6] 即便是诉讼时效制度"尊重现存秩序,维护法律安全与和平"的价值,基本上也局限于当事人之间,因为

---

[1] 参见黄薇主编:《中华人民共和国民法典总则编释义》,法律出版社2020年版,第532页。

[2] 参见谢怀栻:《民法总则讲要》,北京大学出版社2007年版,第201页;崔建远等编著:《民法总论》(第三版),清华大学出版社2019年版,第271页;梁慧星:《民法总论》(第五版),法律出版社2017年版,第252页;最高人民法院民事审判第二庭编著:《最高人民法院关于民事案件诉讼时效司法解释理解与适用》,人民法院出版社2015年版,第61页。

[3] 参见佟柔主编:《中国民法学·民法总则》(修订版),人民法院出版社2008年版,第231页。

[4] 参见梁慧星:《民法总论》(第五版),法律出版社2017年版,第252页。

[5] 参见最高人民法院民事审判第二庭编著:《最高人民法院关于民事案件诉讼时效司法解释理解与适用》,人民法院出版社2015年版,第62页。

[6] 参见朱庆育:《民法总论》(第二版),北京大学出版社2016年版,第546页。

请求权就是相对权,与第三人的关系不大。[7] 而且,当债务人放弃时效保护时,意思自治应当优先于公共利益。[8] 第二,诉讼时效的强制性与现行法关于诉讼时效的诸多规则不能契合,例如,诉讼时效可以通过权利人提出履行请求而中断,其实是一种通过单方行为延长诉讼时效的做法,这与禁止当事人约定延长时效相矛盾;[9] 诉讼时效完成后的效力,我国原先法律规定的是法院可主动适用诉讼时效规则,因此诉讼时效具有强制性规范的意义,但现在改采抗辩权发生主义,法院不能主动适用诉讼时效规定,且不允许法官进行释明,这种效果与诉讼时效强制性规范的属性不合。[10] 第三,允许当事人对诉讼时效进行约定,并不意味着对此不施加任何限制,法律可以设置约定期间的上下限。至于允许约定可能发生对债务人的压榨,可以通过显失公平、格式条款以及消费者保护等法律规则来应对。[11] 第四,大量实证的案例显示,否定诉讼时效约定的有效性,容易造成诱导当事人背信行为的后果,例如保险公司与投保人约定理赔的请求权不受时效限制,但保险公司事后反悔,主张时效抗辩权。[12] 笔者认为,从立法论的角度,应废弃僵硬的诉讼时效强制性原则,而采取在一定限度内允许当事人自由约定缩短或延长诉讼时效的规则。

4　　本条第 2 款明确当事人不得预先抛弃诉讼时效利益,其抛弃行为无效。因为如果允许预先放弃时效利益,权利人可能会利用强势地位,压榨

---

〔7〕　参见朱庆育:《民法总论》(第二版),北京大学出版社 2016 年版,第 546 页。另参见郑永宽:《诉讼时效强制性的反思》,《厦门大学学报(哲学社会科学版)》2010 年第 4 期,第 45 页以下。

〔8〕　参见高圣平:《诉讼时效立法中的几个问题》,《法学论坛》2015 年第 2 期,第 31 页。

〔9〕　参见金印:《诉讼时效强制性之反思——兼论时效利益自由处分的边界》,《法学》2016 年第 7 期,第 127 页。

〔10〕　参见高圣平:《诉讼时效立法中的几个问题》,《法学论坛》2015 年第 2 期,第 31 页。类似观点,亦见金印:《诉讼时效强制性之反思——兼论时效利益自由处分的边界》,《法学》2016 年第 7 期,第 125 页。

〔11〕　参见解亘:《〈民法总则(草案)〉中时效制度的不足》,《交大法学》2016 年第 4 期,第 55 页。类似观点,亦见郑永宽:《诉讼时效强制性的反思》,《厦门大学学报(哲学社会科学版)》2010 年第 4 期,第 49 页。

〔12〕　参见金印:《诉讼时效强制性之反思——兼论时效利益自由处分的边界》,《法学》2016 年第 7 期,第 131 页。

【禁止诉讼时效的约定】

债务人。因此，从公平角度出发，不能允许当事人预先约定放弃时效利益，否则等于权利人可以无限期地行使权利，违反诉讼时效的法定性。[13]对于这一规则，学理上没有太多争议。

从文义上说，本条规范的对象是诉讼时效，但鉴于我国《民事诉讼法》第 250 条规定的执行时效本质上是一种特殊的诉讼时效期间，因此《民法典》第 197 条关于诉讼时效强制性规则也应适用于执行时效期间。[14]

二、立法沿革与比较法例

（一）立法沿革

《民法通则》（已失效）对于诉讼时效可否约定，义务人可否预先放弃时效抗辩权没有规定。《诉讼时效若干规定（2008）》第 2 条规定，当事人违反法律规定，约定延长或者缩短诉讼时效期间、预先放弃诉讼时效利益的，人民法院不予认可。《民法总则室内稿》第 176 条规定：诉讼时效的期间、计算方法以及中止、中断的事由由法律规定，当事人约定无效。当事人对诉讼时效利益的预先放弃无效。自《民法总则草案二审稿》起将之分为两款，在内容上没有任何变化，最终形成现在的规则。

（二）比较法例

比较法上对于当事人可否约定改变诉讼时效期间，或者约定诉讼时效中止、中断事由，存在不同的规范方式，大体上可归为三类：

第一，当事人通过约定变更诉讼时效期间无效。例如《瑞士债务法》第 129 条规定："本章所规定的时效期间，当事人不得变更之。"之所以否定当事人通过法律行为变更诉讼时效，主要是服务于法律的安定性（Rechtssicherheit）。[15] 但瑞士民法最近的修改趋势是废弃禁止约定诉讼时效

---

[13] 参见黄薇主编：《中华人民共和国民法典总则编释义》，法律出版社 2020 年版，第 533 页。

[14] 参见杨巍：《中国民法典评注·规范集注（第 1 辑）：诉讼时效·期间计算》，中国民主法制出版社 2022 年版，第 290 页，第 197 条评注边码 9。

[15] Vgl. BSK OR I-DÄPPEN, Art. 129, Rn. 1.

期间的规则。[16] 与瑞士上述规定类似,《魁北克民法典》第 2884 条规定:"当事人不得在法律规定的时效期间以外协商自己的时效期间。"《俄罗斯联邦民法典》第 198 条规定:"诉讼时效期限及其计算办法不得由双方当事人协议变更(第 1 款)。中止和中断计算诉讼时效期限的根据由本法典和其他法律规定(第 2 款)。"《巴西新民法典》第 192 条规定:"时效期间不得依当事人的协议改变。"我国澳门特区《澳门民法典》第 293 条规定:"法律行为旨在改变法定时效期间者属无效;法律行为旨在以其他方式促使或阻碍导致时效产生效力之条件成就者,亦属无效。"

8　　第二,允许当事人通过约定缩短诉讼时效期间,但不得通过约定延长诉讼时效期间,如《奥地利民法典》第 1502 条规定:"不得依约定加长法律规定的诉讼时效期间。"原《德国民法典》第 225 条规定:"法律行为不得排除或者加重时效。允许减轻时效,特别是缩短时效期间。"但实践中,当事人还是想方设法通过时效停止或届满期间的约定而规避禁止延长时效的规定。2002 年德国新债法修改后,承认了这种普遍存在的约定。[17]

9　　第三,允许当事人通过约定延长或缩短诉讼时效期间,但为防止这一规则被滥用,同时设置一定的限制,如《德国民法典》第 202 条第 2 款规定:"消灭时效以法律行为加重者,依法定时效起算,不得超过三十年。"《欧洲示范民法典草案》第Ⅲ-7:601 条规定:"有关时效的要求得通过当事人间的协议变更,特别是时效期间的缩短或者延长(第 1 款)。时效不得缩短至根据第Ⅲ-7:203 条(期间的开始)的规定开始起算后 1 年以下或者延长至 30 年以上。"本条理由在于时效主要服务于保护债务人利益的目标,但债务人放弃时效保护时,当事人意思自治更具有优先性。[18] 但是当事人的约定仅在一定界限之内被允许,因为诉讼时效的规则也的确涉及公共利益(öffentliche Interesse),并非完全处于当事人自

---

〔16〕 参见金印:《诉讼时效强制性之反思——兼论时效利益自由处分的边界》,《法学》2016 年第 7 期,第 134 页。

〔17〕 Vgl. Mansel, Verjährung, in Dauner-Lieb (hrsg.), Das Neue Schuldrecht, Müller Verlag 2002, S. 53.

〔18〕 参见欧洲民法典研究组、欧盟现行私法研究组编著:《欧洲私法的原则、定义与示范规则:欧洲示范民法典草案(全译本):第 1 卷、第 2 卷、第 3 卷》,高圣平等译,法律出版社 2014 年版,第 1052—1053 页。

治之下。[19] 如果对于加重诉讼时效期间不设置上限,会导致权利不受诉讼时效限制,这不应被允许。[20]

各国及地区的民法几乎一致规定诉讼时效的抛弃仅可在时效届满后为之,预先抛弃诉讼时效的行为无效,如《瑞士债务法》第 141 条第 1 款、《奥地利民法典》第 1502 条前半句、《魁北克民法典》第 2883 条和我国澳门特区《澳门民法典》第 295 条第 1 款均有类似规定。《德国民法典》对此虽无规定,但学理上认为应禁止预先抛弃诉讼时效。[21]

三、诉讼时效的约定无效(《民法典》第 197 条第 1 款)

(一)延长或缩短诉讼时效期间

根据本条第 1 款,当事人关于诉讼时效期间以及计算方法的约定无效。这首先包括权利人与义务人在诉讼时效起算前,约定长于或短于本应适用的诉讼时效期间,既包括普通诉讼时效期间和特殊诉讼时效期间的约定,也包括最长诉讼时效期间的约定。如果当事人在诉讼时效期间进行中对诉讼时效期间进行约定,如所约定之时效期间长于或短于法定时效期间,根据本条,诉讼时效期间不应按照当事人的约定计算。但这并不意味着当事人之间的约定没有任何意义,在诉讼时效进程中的诉讼时效期间的约定,无论是延长还是缩短,至少都表明权利人在主张权利、义务人同意履行义务,因此发生时效中断的效力。[22] 同样,如果在诉讼时效期间届满后对诉讼时效期间进行约定,可以表明义务

---

[19] Vgl. Reinhard Bork, Allgemeiner Teil des Bürgerlichen Gesetzbuchs, 4. Aufl., Mohr Siebeck 2016, Rn. 331.

[20] 参见 Reinhard Bork, Allgemeiner Teil des Bürgerlichen Gesetzbuchs, 4. Aufl., Mohr Siebeck 2016, Rn. 331;欧洲民法典研究组、欧盟现行私法研究组编著:《欧洲私法的原则、定义与示范规则:欧洲示范民法典草案(全译本):第 1 卷、第 2 卷、第 3 卷》,高圣平等译,法律出版社 2014 年版,第 1053 页。

[21] Vgl. Reinhard Bork, Allgemeiner Teil des Bürgerlichen Gesetzbuchs, 4. Aufl., Mohr Siebeck 2016, Rn. 331.

[22] 参见陈甦主编:《民法总则评注》(下册),法律出版社 2017 年版,第 1427 页(周江洪执笔)。

人同意履行义务,会产生抛弃诉讼时效抗辩权的效力。

12　如果当事人没有直接对诉讼时效期间进行约定,而是约定变更期间的计算方法,从而导致诉讼时效期间的延长或缩短,亦属无效。[23] 如果当事人约定本不适用诉讼时效的请求权于一定期限届满后罹于时效,既然诉讼时效利益的预先放弃和期间的缩短都构成无效,举重以明轻,将不适用诉讼时效的请求权约定为适用,亦当然无效。[24] 司法实践中,当事人约定一方应于某日前向人民法院提起诉讼主张权利,该约定构成法律所禁止的对诉讼时效的约定,因而被认为无效。[25]

13　当事人关于诉讼时效期间的约定,不以明确使用"诉讼时效"的字样为前提,只要实质上是对权利行使期间的约定,即满足要求。例如,当事人约定请求权因诉讼时效期间以外的期间届满而丧失,同样无效。[26]

14　但当事人约定变更义务履行期限,不属于诉讼时效期间的变更,约定推迟或提前履行期限的,诉讼时效仍于履行期限届满时起算,诉讼时效期间的计算方法并未因之改变。[27]

(二)关于诉讼时效中止、中断的约定

15　根据本条第 1 款,当事人关于诉讼时效中止、中断的约定亦属无效。这包括当事人约定某一请求权的诉讼时效不发生中止或中断、约定《民法典》法定情形以外的事由导致诉讼时效中止或中断、约定出现法定事由但不发生中止或中断。此外,还应包括对于诉讼时效中止或中断的效果作出不同于法定规则的约定,如约定中止事由消除后继续计算的时效期间长于或短于 6 个月;约定中断事由消除后诉讼时效期间不重新计

---

[23] 参见李宇:《民法总则要义:规范释论与判解集注》,法律出版社 2017 年版,第 953 页。

[24] 参见陈甦主编:《民法总则评注》(下册),法律出版社 2017 年版,第 1427 页(周江洪执笔)。

[25] 参见肇庆市宏信物业发展有限公司、梁国权房屋租赁合同纠纷案,广东省高级人民法院(2018)粤民申 808 号民事裁定书。

[26] 参见李宇:《民法总则要义:规范释论与判解集注》,法律出版社 2017 年版,第 953 页。

[27] 参见李宇:《民法总则要义:规范释论与判解集注》,法律出版社 2017 年版,第 954 页。

算,而是继续计算;等等。

　　这里的约定既包括在诉讼时效期间起算前作出的约定,也包括在诉讼时效期间进行中或届满后的约定。当然,在诉讼时效期间进行中或届满后作出的约定,可能构成义务人同意履行义务、权利人主张权利,从而导致诉讼时效中断,或者构成权利人对诉讼时效抗辩权的抛弃。 16

(三)约定排除适用诉讼时效

　　虽然本款未提及约定排除适用诉讼时效的情形,但解释上认为,依据举轻明重原则,此类约定亦应无效。[28] 而且,该约定导致义务人事先丧失时效抗辩权,构成预先放弃时效利益而无效(《民法典》第197条第2款)。[29] 实践中,当事人在合同中直接约定"不受诉讼时效限制"[30],或者约定时效期间具有"永久性"[31],均为无效。 17

四、诉讼时效利益的预先放弃(《民法典》第197条第2款)

　　根据本条第2款,当事人对诉讼时效利益的预先放弃亦属无效。所谓预先放弃是指权利人放弃尚未取得的诉讼时效利益,诉讼时效期间届满后的抛弃,并不在禁止之列。[32] 预先放弃既包括在诉讼时效起算以前放弃,也包括在诉讼时效起算后、尚未届满前放弃。放弃诉讼时效利益,无论是单方法律行为(如义务人单方预先声明)还是双方法律行为(以合同 18

---

〔28〕 参见陈甦主编:《民法总则评注》(下册),法律出版社2017年版,第1427页(周江洪执笔)。

〔29〕 参见杨巍:《中国民法典评注·规范集注(第1辑):诉讼时效·期间计算》,中国民主法制出版社2022年版,第294页,第197条评注边码24。

〔30〕 上蔡县中原康利达实业有限责任公司与白冠华合同纠纷案,河南省高级人民法院(2021)豫民申2646号民事裁定书;成都市青羊区新华法律服务所与成都市五金交电化工有限责任公司诉讼、仲裁、人民调解代理合同纠纷案,四川省高级人民法院(2015)川民提字第421号民事判决书。

〔31〕 例如,当事人约定"本欠款有无限追索时效"无效。参见黄汝衡、胡满钊委托合同纠纷案,广东省中山市中级人民法院(2017)粤20民终7269号民事判决书。

〔32〕 参见陈甦主编:《民法总则评注》(下册),法律出版社2017年版,第1428页(周江洪执笔)。

约定不得主张诉讼时效抗辩），只要构成预先放弃，其行为即无效。[33] 实践中，当事人在合同中约定"不管何时债权人均有权催要款项"[34]、"债权人随时有权向法院申请支付令或提请仲裁委员会仲裁或诉诸有关法律部门"[35]，均构成预先放弃时效利益，相应约定无效。

19　　债务人提前在多份空白催收通知单上一次性加盖公章并交予债权人，债权人在需要时自行填写相关内容，事后证明该催款通知单引起诉讼时效的中断。司法实践中有法院认为该行为是提前放弃时效利益和抗辩权，应认定为无效。[36] 但也有法院认为是债务人的无限授权，构成《民法典》第 195 条第 2 项"义务人同意履行义务"，发生诉讼时效中断。[37]《最高人民法院关于借款到期后债务人在多份空白催收通知单上加盖公章如何计算诉讼时效的请示的答复》[（2004）民二他字第 28 号]中规定，该行为属于"提前抛弃时效的行为"，应认定为无效。

五、举证责任

20　　民事诉讼中原告提起诉讼主张请求权，如果请求权超过诉讼时效期间，被告作为义务人会援引时效抗辩权。此时，原告会继续提出并举证证明当事人之间存在有利于自己的诉讼时效约定事实。被告只须主张该约定符合《民法典》第 197 条无效之情形因而无效，而无须承担举证责任。

---

[33] 参见李宇：《民法总则要义：规范释论与判解集注》，法律出版社 2017 年版，第 954 页。

[34] 李春日与周连英、丁云国租赁合同纠纷案，吉林省高级人民法院（2018）吉民申 179 号民事裁定书。

[35] 海南赛春雷酒厂与海南省白沙黎族自治县热带水果加工厂、海南椰泉饮料公司企业借贷纠纷案，海南省高级人民法院（2015）琼民申字第 166 号民事裁定书。

[36] 参见山东德信建设集团股份有限公司（原烟台二建实业股份有限公司）与烟台银行股份有限公司借款合同纠纷案，山东省高级人民法院（2018）鲁民终 2078 号民事判决书。

[37] 参见沈阳市新城子区清水液化气服务站与沈阳瑞阳投资管理有限公司保证合同纠纷案，辽宁省高级人民法院（2020）辽民终 1066 号民事判决书。

参考文献

1. 陈甦主编:《民法总则评注》(下册),法律出版社 2017 年版。
2. 崔建远等编著:《民法总论》(第三版),清华大学出版社 2019 年版。
3. 高圣平:《诉讼时效立法中的几个问题》,《法学论坛》2015 年第 2 期。
4. 黄薇主编:《中华人民共和国民法典总则编释义》,法律出版社 2020 年版。
5. 金印:《诉讼时效强制性之反思——兼论时效利益自由处分的边界》,《法学》2016 年第 7 期。
6. 李宇:《民法总则要义:规范释论与判解集注》,法律出版社 2017 年版。
7. 梁慧星:《民法总论》(第五版),法律出版社 2017 年版。
8. 欧洲民法典研究组、欧盟现行私法研究组编著:《欧洲私法的原则、定义与示范规则:欧洲示范民法典草案(全译本):第 1 卷、第 2 卷、第 3 卷》,高圣平等译,法律出版社 2014 年版。
9. 佟柔主编:《中国民法学·民法总则》(修订版),人民法院出版社 2008 年版。
10. 解亘:《〈民法总则(草案)〉中时效制度的不足》,《交大法学》2016 年第 4 期。
11. 谢怀栻:《民法总则讲要》,北京大学出版社 2007 年版。
12. 杨巍:《中国民法典评注·规范集注(第 1 辑):诉讼时效·期间计算》,中国民主法制出版社 2022 年版。
13. 郑永宽:《诉讼时效强制性的反思》,《厦门大学学报(哲学社会科学版)》2010 年第 4 期。
14. 朱庆育:《民法总论》(第二版),北京大学出版社 2016 年版。
15. 最高人民法院民事审判第二庭编著:《最高人民法院关于民事案件诉讼时效司法解释理解与适用》,人民法院出版社 2015 年版。
16. Mansel, Verjährung, in Dauner-Lieb (hrsg.), Das Neue Schuldrecht, Müller Verlag 2002.
17. Reinhard Bork, Allgemeiner Teil des Bürgerlichen Gesetzbuchs, 4. Aufl., Mohr Siebeck, 2016.

案例索引

1. 广东省中山市中级人民法院(2017)粤 20 民终 7269 号民事判决书,黄汝衡与胡满钊委托合同纠纷案。

2. 广东省高级人民法院(2018)粤民申 808 民事裁定书,肇庆市宏信物业发展有限公司与梁国权房屋租赁合同纠纷案。

3. 海南省高级人民法院(2015)琼民申字第 166 号民事裁定书,海南赛春雷酒厂与海南省白沙黎族自治县热带水果加工厂、海南椰泉饮料公司企业借贷纠纷案。

4. 河南省高级人民法院(2021)豫民申 2646 号民事裁定书,上蔡县中原康利达实业有限责任公司与白冠华合同纠纷案。

5. 吉林省高级人民法院(2018)吉民申 179 号民事裁定书,李春日与周连英、丁云国租赁合同纠纷案。

6. 辽宁省高级人民法院(2020)辽民终 1066 号民事判决书,沈阳市新城子区清水液化气服务站与沈阳瑞阳投资管理有限公司保证合同纠纷案。

7. 四川省高级人民法院(2015)川民提字第 421 号民事判决书,成都市青羊区新华法律服务所与成都市五金交电化工有限责任公司诉讼、仲裁、人民调解代理合同纠纷案。

8. 山东省高级人民法院(2018)鲁民终 2078 号民事判决书,山东德信建设集团股份有限公司(原烟台二建实业股份有限公司)与烟台银行股份有限公司借款合同纠纷案。

第一百九十八条 【仲裁时效】

法律对仲裁时效有规定的,依照其规定;没有规定的,适用诉讼时效的规定。

目 录

一、规范目的 ·· 317
二、立法沿革与适用范围 ·· 318
三、法律对仲裁时效的特别规定 ·································· 319
 (一)民商事仲裁时效 ·· 319
 (二)劳动争议纠纷仲裁时效 ·································· 320
  1.仲裁时效期间及其起算点 ································ 320
  (1)仲裁时效期间 ·· 320
  (2)仲裁时效的起算点 ···································· 320
  (3)仲裁时效的中断 ······································ 322
  (4)仲裁时效的中止 ······································ 323
 (三)农村土地承包经营纠纷仲裁时效 ·························· 325
四、仲裁机构不得主动适用时效规则 ······························ 327
参考文献 ·· 327
案例索引 ·· 328

一、规范目的

本条所规范的是诉讼时效与仲裁时效之间的适用关系。本条既为特别法对仲裁时效作规定留有接口,也为仲裁时效准用诉讼时效的规定提供依据。[1] 从字义上看,诉讼时效似乎是民事诉讼中的时间限制,但在

---

[1] 参见黄薇主编:《中华人民共和国民法典总则编释义》,法律出版社2020年版,第536页。

我国民法上,诉讼时效制度本质上是对请求权时间限制的实体法制度,其法律效果是赋予义务人一方抗辩权,且不限于在诉讼程序中主张。同理,仲裁时效也并非是仲裁程序中对于申请人的时间限制,[2]其本质也是实体法对仲裁申请人请求权的时间限制,因此在法律没有特别规定时,仲裁当事人的请求权适用诉讼时效的规定。

二、立法沿革与适用范围

2 　　《民法通则》(已失效)对于仲裁时效没有规定。《仲裁法》第74条规定:"法律对仲裁时效有规定的,适用该规定。法律对仲裁时效没有规定的,适用诉讼时效的规定。"《民法总则草案一审稿》对此亦未规定,自《民法总则草案二审稿》以来,这一规定被吸纳进来,最终形成《民法典》第198条。

3 　　本条虽沿用《仲裁法》规定,但并非重复无用。李宇教授指出,我国实行多元仲裁制度,《仲裁法》所适用的仲裁,仅是民事主体之间一般合同纠纷和其他财产权益纠纷的仲裁(《仲裁法》第2条),另有劳动争议仲裁、人事争议仲裁、农村土地承包经营纠纷仲裁,适用其他法律规定,不属于《仲裁法》适用范围,本条将《仲裁法》第74条提升为《民法典》之规定,具有覆盖全部仲裁之效力,使诉讼时效制度在《仲裁法》以外的仲裁中适用,不必再借助于类推适用的迂回方法。[3] 再者,我国《体育法》上已形成独立的体育仲裁制度,[4]国际投资仲裁亦逐渐被纳入商事仲裁领域,[5]而此类仲裁都没有关于时效的特别规定,根据《民法典》第198条,亦应适用诉讼时效的规定。

4 　　当事人不履行仲裁裁决的,仲裁申请人可以根据《仲裁法》第62条、

---

〔2〕 从比较法上看,英国法将仲裁时效理解为申请仲裁的程序性时间限制。参见杨良宜:《国际商务仲裁》,中国政法大学出版社1997年版,第282页以下。

〔3〕 参见李宇:《民法总则要义:规范释论与判解集注》,法律出版社2017年版,第958页。

〔4〕 《中华人民共和国体育法》第九章(第91—100条)关于体育仲裁有专门规定。相关分析参见李智:《修法背景下我国独立体育仲裁制度的设立》,《法学》2022年第2期,第162—175页。

〔5〕 参见刘晓红、朱怡:《国际投资仲裁的"商事化"与中国进路》,《上海对外经贸大学学报》2019年第6期,第71—84页。

《民事诉讼法》第 248 条规定向有管辖权的人民法院申请执行,此时仲裁裁决书确认的请求权应适用《民事诉讼法》第 250 条规定的执行时效规则,而非特殊的仲裁时效。

三、法律对仲裁时效的特别规定

本条所称"法律"不包括仲裁机构自行制定的仲裁规则。理由在于,一是仲裁机构不享有立法权;二是仲裁规则只能针对程序问题予以设计,而仲裁时效是实体问题。[6] 这也是诉讼时效规则法定性的要求。

关于仲裁时效的特别规定主要有《民法典》第 594 条关于国际货物买卖合同和技术进口合同的仲裁时效、《劳动争议调解仲裁法》第 27 条关于劳动争议的仲裁时效,以及《农村土地承包经营纠纷调解仲裁法》第 18 条关于农村土地承包经营纠纷的仲裁时效。以下按不同领域分别阐释。

(一)民商事仲裁时效

《仲裁法》第 2 条规定:"平等主体的公民、法人和其他组织之间发生的合同纠纷和其他财产权益纠纷,可以仲裁。"可见《仲裁法》是关于民商事仲裁的基本法律。该法对于仲裁时效并无特别规定,根据《民法典》第 198 条规定,仲裁当事人请求权的时间限制要适用《民法典》的诉讼时效规定,包括时效的适用对象、起算、中止、中断以及时效届满的法律效果等。

根据《民法典》第 594 条规定:"因国际货物买卖合同和技术进口合同争议提起诉讼或者申请仲裁的时效期间为四年。"本条只是对该两类合同争议的诉讼时效期间的规定,没有对诉讼时效的其他方面进行特别规定,诉讼时效的起算、中止、中断等仍适用《民法典》第 188 条至第 199 条的相关规定。[7] 仲裁时效亦同,即此类合同纠纷适用 4 年的仲裁时效期间,并适用《民法典》总则编关于诉讼时效的一般规则。

---

[6] 参见杨巍:《中国民法典评注·规范集注(第 1 辑):诉讼时效·期间计算》,中国民主法制出版社 2022 年版,第 305 页,第 198 条评注,边码 10。

[7] 参见朱广新、谢鸿飞主编:《民法典评注·合同编通则 2》,中国法制出版社 2020 年版,第 502 页(郝丽燕执笔)。

(二)劳动争议纠纷仲裁时效

9 　　《劳动争议调解仲裁法》第27条对于劳动争议仲裁时效的期间、起算、中止、中断、停止计算等设有详细的规定。但该规定是在《民法通则》(已失效)的背景下制定的,基本法理参考《民法通则》(已失效)。[8]但《民法典》对于《民法通则》(已失效)诉讼时效的诸多理念与具体制度进行了调整更新,在解释适用上,应尽可能依据新法的制度理念对相应规则进行适当调整。

　　1.仲裁时效期间及其起算点
　　(1)仲裁时效期间

10 　　根据《劳动法》第82条第1句:"提出仲裁要求的一方应当自劳动争议发生之日起六十日内向劳动争议仲裁委员会提出书面申请。"但根据《劳动争议调解仲裁法》第27条第1款第1句:"劳动争议申请仲裁的时效期间为一年。"二者均为现行有效的法律,冲突非常明显。有学者指出,《劳动争议调解仲裁法》确立的劳动争议仲裁时效制度在我国劳动司法领域具有里程碑的意义,我国《劳动法》中劳动仲裁申请期限为60日的规定至此"寿终正寝",被现有的仲裁时效制度取代。[9]《劳动法》自1995年正式开始实施,而《劳动争议调解仲裁法》于2008年开始实施,按照"新法优于旧法"的一般原理,《劳动法》上的仲裁时效期间理应为《劳动争议调解仲裁法》所取代。[10]

　　(2)仲裁时效的起算点
　　①时效起算的一般规则

11 　　根据《劳动争议调解仲裁法》第27条第1款第2句规定:"仲裁时效期间从当事人知道或者应当知道其权利被侵害之日起计算。"这改变了《劳动法》第82条将"劳动争议发生之日"作为仲裁时效起算点的做法。学理上认为,以"知道或应当知道之日"作为仲裁时效的起算点更符合时

---

〔8〕 参见陈甦主编:《民法总则评注》(下册),法律出版社2017年版,第1430页(周江洪执笔)。

〔9〕 参见吴文芳:《劳动争议仲裁时效与民事诉讼时效冲突探析》,《华东政法大学学报》2013年第6期,第120页。

〔10〕 参见杨巍:《中国民法典评注·规范集注(第1辑):诉讼时效·期间计算》,中国民主法制出版社2022年版,第305页,第198条评注,边码32。

效的本质要求,与我国《民法通则》(已失效)中关于时效的起算点的规定保持一致。[11] 这种变化具有合理性,因为不能苛求权利人在尚不知道或不应当知道自己权利遭受侵害的情况下申请仲裁。

《民法典》第 188 条第 2 款第 1 句对《民法通则》(已失效)第 137 条第 1 句又进行了修改,除了将"被侵害"改为"受到损害",还增加了"权利人知道或应当知道……义务人"作为诉讼时效起算的前提条件。不过,在劳动争议中,大部分情况下义务人就是雇主,通常来说,权利人是知道义务人的。总之,《劳动争议调解仲裁法》系重复《民法通则》(已失效)的规则,在《民法典》生效后,应按照《民法典》第 188 条确定仲裁时效的起算。[12]

另外,《事业单位人事管理条例》第 37 条规定,事业单位工作人员与所在单位发生人事争议的,依照《劳动争议调解仲裁法》等有关规定处理,据此,劳动争议仲裁的时效规定,亦适用于人事争议仲裁。[13]

②劳动关系存续期间内拖欠劳动报酬的时效起算规则

根据《劳动争议调解仲裁法》第 27 条第 4 款规定:"劳动关系存续期间因拖欠劳动报酬发生争议的,劳动者申请仲裁不受本条第一款规定的仲裁时效期间的限制;但是,劳动关系终止的,应当自劳动关系终止之日起一年内提出。"按照第 4 款第 1 分句,只要在劳动关系存续期间内,劳动者可就支付劳动报酬的请求权随时申请仲裁,不受仲裁时效期间的限制。这是因为在劳动关系存续期间,劳动者出于维护劳动关系的需要,对用人单位拖欠劳动报酬的行为不敢主张权利。[14] 在劳动关系终止以后,这种顾虑就不存在了,此时对于劳动报酬支付请求权,应适用 1 年的仲裁时效期间。按照第 4 款第 2 分句,权利人所享有之请求权应自劳动关系终止

---

〔11〕 参见吴文芳:《劳动争议仲裁时效与民事诉讼时效冲突探析》,载《华东政法大学学报》2013 年第 6 期,第 122—123 页。

〔12〕 参见杨巍:《中国民法典评注·规范集注(第 1 辑):诉讼时效·期间计算》,中国民主法制出版社 2022 年版,第 305 页,第 198 条评注,边码 51。

〔13〕 参见李宇:《民法总则要义:规范释论与判解集注》,法律出版社 2017 年版,第 959 页。

〔14〕 参见全国人大常委会法制工作委员会行政法室编著:《〈中华人民共和国劳动争议调解仲裁法〉条文释义与案例精解》,中国民主法制出版社 2012 年版,第 98—99 页。学者观点,参见吴文芳:《劳动争议仲裁时效与民事诉讼时效冲突探析》,《华东政法大学学报》2013 年第 6 期,第 124 页。

之日起算,但这里只是将劳动关系终止作为诉讼时效起算的前提条件之一,在劳动关系终止后,如果劳动者不知道且不应当知道权利被侵害或义务人,诉讼时效不起算。

(3) 仲裁时效的中断

①仲裁时效中断事由

15　　　根据《劳动争议调解仲裁法》第 27 条第 2 款第 1 句规定,仲裁时效,因当事人一方向对方当事人主张权利,或者向有关部门请求权利救济,或者对方当事人同意履行义务而中断。这里规定了三种导致仲裁时效中断的事由,其中"当事人一方向对方当事人主张权利"和"对方当事人同意履行义务"与《民法典》第 195 条第 1 项与第 2 项基本一致,对此可参照本书第 195 条的相关评注。

16　　　此外,《劳动争议调解仲裁法》第 27 条第 2 款还将"向有关部门请求权利救济"作为仲裁时效中断事由。对于"有关部门"应作何理解,存在分歧。有观点认为,该"有关部门"应当限制理解为有权处理劳动争议的部门,仅包括劳动争议仲裁委员会和人民法院。[15] 最高人民法院认为,当事人向劳动争议仲裁委员会和人民法院以外的部门提出权利救济主张,原则上不能引起仲裁时效中断,因为其不具有解决劳动纠纷的职能,但如果此类部门将当事人主张权利救济的函件转交给了有权解决劳动争议的相关部门,后者收到函件的事实产生仲裁时效中断的效力。[16] 也有学者主张,对于这里的"有关部门"应从宽解释,因为根据《民法典》第 195 条第 3 项和第 4 项以及《诉讼时效若干规定(2020)》第 12 条、第 13 条中的相关规定,权利人提起诉讼、申请仲裁或者采取其他与提起诉讼或申请仲裁具有同等效力的方式主张权利,或者向有权解决民事纠纷的社会组织提出保护民事权利的请求、向公检法报案或控告,均可使诉讼时效中断,应将"向有关部门请求权利救济"解释为包括"权利人提起诉讼或申请仲裁"和"与提起诉讼或者申请仲裁具有同等效力的其他情形"(即向劳动争议仲裁委员会和人民法院以外的部门寻求救济),以使仲裁

---

〔15〕参见梁展欣主编:《诉讼时效司法实务精义》,人民法院出版社 2010 年版,第 370 页。

〔16〕参见最高人民法院民事审判第一庭主编:《最高人民法院劳动争议司法解释的理解与适用》,人民法院出版社 2015 年版,第 277—279 页。

时效中断事由的范围与诉讼时效中断事由的范围基本一致。[17]

笔者赞同后一种观点。除前述理由以外,在解释上应认为《劳动争议调解仲裁法》第27条第2款第1句并非排他性规定,即不能排除《民法典》及相关司法解释中关于诉讼时效中断(事由)规则的适用。据此,即使不将"有关部门"解释为包括劳动争议仲裁委员会和人民法院以外的部门,也不影响在劳动者向其他部门主张权利时,适用《民法典》以及《诉讼时效若干规定(2020)》中关于诉讼时效中断的规定,认定仲裁时效中断。实践中的确有法院认为,劳动者向市人民政府、省人民政府、省高级人民法院、市劳动局、市政法委、市信访局等多次反映情况,仲裁时效多次发生中断。[18] 司法实践倾向于从宽解释此处的"有关部门"。

②仲裁时效的重新计算

根据《劳动争议调解仲裁法》第27条第2款第2句规定,从中断时起,仲裁时效期间重新计算。这种规定的表述与《民法通则》(已失效)第140条第2句一致。但其没有考虑到,有些情形下时效中断事由会持续一定的时间,由此使时效中断的时点与重新起算的时点不一致。《民法典》第195条规定是"从中断、有关程序终结时起,诉讼时效期间重新计算"。学理上认为,《民法典》第195条关于时效中断的新规定,强化了对权利人的保护,应依据新法优于旧法原则,优先适用。[19] 具体而言,在"当事人一方向对方当事人主张权利"和"对方当事人同意履行义务"的情形下,从仲裁时效中断的次日起重新计算仲裁时效期间;在"向有关部门请求权利救济"的情形下,因为在有关部门作出裁断以前,仲裁时效处于持续中断状态,仲裁时效无法重新计算,故应自有关程序终结的次日,重新计算仲裁时效。

(4)仲裁时效的中止

①仲裁时效中止事由

根据《劳动争议调解仲裁法》第27条第3款第1句:"因不可抗力或

---

〔17〕 参见杨巍:《中国民法典评注·规范集注(第1辑):诉讼时效·期间计算》,中国民主法制出版社2022年版,第305页,第198条评注,边码59。另参见杨巍:《仲裁时效与诉讼时效衔接研究》,社会科学文献出版社2019年版,第202页。

〔18〕 参见肖新熙与西王食品股份有限公司劳动争议纠纷案,湖南省高级人民法院(2014)湘高法民再终字第78号民事判决书。

〔19〕 参见李宇:《民法总则要义:规范释论与判解集注》,法律出版社2017年版,第959页。

者有其他正当理由,当事人不能在本条第一款规定的仲裁时效期间申请仲裁的,仲裁时效中止。"这里的不可抗力与《民法典》第 194 条第 1 款第 1 项中的不可抗力作相同理解。至于"其他正当理由",可以包括《民法典》第 194 条第 1 款其他各项关于诉讼时效中止的法定事由。另外,劳动关系存在本身即可能构成《民法典》第 194 条第 1 款第 4 项意义上的"控制",因为"劳动关系的存在"导致劳动者事实上不敢或不能行使权利,因此将劳动关系的存在认定为仲裁时效中止事由,可有效地对劳动者提供保护,也有利于弥补因现行法规定的仲裁时效期间偏短所造成的对劳动者保护不力的弊端。[20]

另外,《劳动争议调解仲裁法》第 27 条第 3 款不要求导致诉讼时效中止的事由发生或存在于仲裁时效届满的最后 6 个月。《民法通则》(已失效)第 139 条要求中止事由存在于诉讼时效届满的最后 6 个月。在《劳动争议调解仲裁法》制定时,已经有《民法通则》(已失效)中的相关规则可兹参照,而其却未采纳。似乎《劳动争议调解仲裁法》上关于仲裁时效中止规则有特殊考量,或许因为劳动争议仲裁时效期间本就较短(1 年),故不必再设此限制。而且,按《民法典》第 194 条第 2 款,中止的效果是"自中止时效的原因消除之日起满六个月,诉讼时效期间届满"。换言之,可以再给权利人补充 6 个月的时效期间,因此在最后 6 个月内发生中止事由才有意义。但按《劳动争议调解仲裁法》第 27 条第 3 款第 2 句规定,中止事由消除后,继续计算剩下的时效期间,它可能短于或长于 6 个月,因此就没有必要要求中止事由须发生在时效的最后 6 个月内。

②仲裁时效的继续计算

根据《劳动争议调解仲裁法》第 27 条第 3 款第 2 句规定,仲裁时效从中止时效的原因消除之日起,继续计算。按照这一规定,仲裁时效从中止事由消除之日起,继续计算剩余的仲裁时效期间。有学者主张,在《民法总则》(已失效)施行后,劳动争议仲裁时效中止的法律后果应当适用《民法总则》(已失效)第 194 条第 2 款之规定,不再适用《劳动争议调解仲裁法》第 27 条第 3 款的规定。[21] 一方面,《劳动争议调解仲裁法》第 27 条

---

[20] 参见杨巍:《仲裁时效与诉讼时效衔接研究》,社会科学文献出版社 2019 年版,第 204 页。

[21] 参见杨巍:《仲裁时效与诉讼时效衔接研究》,社会科学文献出版社 2019 年版,第 207 页。

【仲裁时效】 第 198 条

第 3 款规定的中止后果是"继续计算",这是照搬《民法通则》(已失效)第 139 条的结果,在《民法典》已对中止的效果作出修改的前提下,《劳动争议调解仲裁法》第 27 条第 3 款与《民法典》第 194 条第 2 款不构成"特别法与一般法"的关系,而构成"新法与旧法"的关系;另一方面,现行法规定的劳动争议仲裁时效期间比普通诉讼时效期间更短,而且劳动者相较于普通债权人而言处于更弱势的地位,因此对时效规则的适用作有利于劳动者的解释具有必要性。[22]

但上述观点是否妥当,值得斟酌。第一,《劳动争议调解仲裁法》第 27 条第 3 款并未完全照搬《民法通则》(已失效)第 137 条,因为《劳动争议调解仲裁法》第 27 条第 3 款关于仲裁时效中止的规定不以中止事由存在于时效届满的最后 6 个月为前提。如果仲裁时效在起算后 3 个月发生中止事由,仲裁时效中止,那么在中止事由消除后只继续计算 6 个月显然不妥。第二,如采纳《民法典》第 194 条第 2 款的法律效果,那么在仲裁时效中止的认定上,就要求中止事由须发生或存在于仲裁时效届满后的最后 6 个月内,但《劳动争议调解仲裁法》第 27 条第 3 款文义上并未作此要求。第三,如前所述,劳动关系存在本身也被视为仲裁时效中止事由,如果仅在仲裁时效届满的最后 6 个月才发生时效中止,并于相应事由消除后补足 6 个月,则在劳动关系终止后,就只有 6 个月的时效期间,这显然对劳动者极为不利;反之,如果仲裁时效自始中止(或未起算),并于劳动关系终止后继续计算,则劳动者仍有 1 年的时间可以申请仲裁。因此笔者认为,这里关于诉讼时效的问题,不应采取《民法典》第 194 条第 2 款延期 6 个月届满的模式,而应采取停止计算模式。[23]

(三)农村土地承包经营纠纷仲裁时效

《农村土地承包经营纠纷调解仲裁法》第 18 条规定:"农村土地承包经营纠纷申请仲裁的时效期间为二年,自当事人知道或者应当知道其权利被侵害之日起计算。"这一时效期间和起算规则与《民法通则》(已失

---

[22] 参见杨巍:《仲裁时效与诉讼时效衔接研究》,社会科学文献出版社 2019 年版,第 207 页。主张《民法典》第 194 条的新规则应当优先适用于旧法的观点,亦见李宇:《民法总则要义:规范释论与判解集注》,法律出版社 2017 年版,第 959 页。

[23] 相同观点,亦见陈甦主编:《民法总则评注》(下册),法律出版社 2017 年版,第 1430 页(周江洪执笔)。

效)完全一致。笔者认为,应当以《民法典》第 188 条的规则取而代之。但也有学者认为,在《农村土地承包经营纠纷调解仲裁法》修改完善以前,仲裁时效的期间及起算规则仍应适用该法的特别规定,但《农村土地承包经营纠纷调解仲裁法》对于仲裁时效的中止、中断没有规定,因此可以适用《民法典》的相关规则,在权利人不知亦不应知义务人时,仲裁时效延期届满。[24]

24　　值得注意的是,《民法典》的诉讼时效仅适用于请求权。根据《农村土地承包经营纠纷调解仲裁法》第 2 条第 2 款规定,农村土地承包经营纠纷包括:(1)因订立、履行、变更、解除和终止农村土地承包合同发生的纠纷;(2)因农村土地承包经营权转包、出租、互换、转让、入股等流转发生的纠纷;(3)因收回、调整承包地发生的纠纷;(4)因确认农村土地承包经营权发生的纠纷;(5)因侵害农村土地承包经营权发生的纠纷;(6)法律、法规规定的其他农村土地承包经营纠纷。据此,有学者主张,仲裁时效的适用并不限定于请求权,尤其是确认土地承包经营权亦在适用范围之内。[25] 但也有学者认为,解除承包合同、请求确认农村土地承包经营权,不适用仲裁时效。[26] 笔者赞同后一种观点。首先,解除和终止农村土地承包合同,本质上是行使形成权,应适用除斥期间,不适用仲裁时效或诉讼时效。其次,"确认农村土地承包经营权"本质上是确认物权的纠纷,属于民事诉讼法中的确认之诉,不存在时效限制的问题。对此可参见本书第 196 条的相关评注。

25　　此外,在解除问题上须注意农村土地承包合同的特殊性。根据《民法典》第 564 条第 2 款的规定,解除权的除斥期间原则上是自解除权人知道或者应当知道解除事由之日起 1 年。根据《农村土地承包法》第 42 条的规定,受让方擅自改变土地的农业用途、弃耕抛荒连续两年以上、给土地造成严重损害或者严重破坏土地生态环境,或有其他严重违约行为,承包方可以解除土地经营权流转合同。对于土地农业用途被改变、弃耕抛

---

〔24〕 参见陈甦主编:《民法总则评注》(下册),法律出版社 2017 年版,第 1430 页(周江洪执笔)。

〔25〕 参见陈甦主编:《民法总则评注》(下册),法律出版社 2017 年版,第 1430 页(周江洪执笔)。

〔26〕 参见杨巍:《中国民法典评注·规范集注(第 1 辑):诉讼时效·期间计算》,中国民主法制出版社 2022 年版,第 305 页,第 198 条评注,边码 69—70。

荒连续两年、给土地造成严重损害或者严重破坏土地生态环境的行为通常均有持续性,如果自该行为发生之日至承包方欲解除合同时,此种行为或状态仍在持续,应认为除斥期间尚未开始起算,因为这种行为或状态一直在持续。

四、仲裁机构不得主动适用时效规则

关于仲裁庭可否主动依职权适用时效的规定,理论上存在争议。一种观点认为,仲裁庭不得主动审查、适用时效的规定。[27] 但另一种观点认为,根据2009年人力资源和社会保障部颁布的《劳动人事争议仲裁办案规则》第30条第3项规定,仲裁庭受理劳动争议案件的必备条件之一是,"在申请仲裁的法定时效期间内",仲裁机关具有主动审查程序意义上的仲裁时效的职能。[28] 然而,人力资源和社会保障部已于2017年修订《劳动人事争议仲裁办案规则》,删除受理劳动争议案件须"在申请仲裁的法定时效期间内"的要求。笔者认为,一方面,根据《民法典》第198条第2分句,法律对仲裁时效没有规定的,适用诉讼时效的规定,据此《民法典》第193条关于人民法院不得主动适用诉讼时效的规定对于仲裁时效亦同样适用;另一方面,劳动仲裁机构主动审查仲裁时效会偏离裁判机构的中立性,违背时效事由被动审查原则,不利于劳动者权利的保护,且与劳动法的立法理念背道而驰。[29] 因此笔者赞同第一种观点。

参考文献

1. 陈甦主编:《民法总则评注》(下册),法律出版社2017年版。
2. 黄薇主编:《中华人民共和国民法典总则编释义》,法律出版社2020年版。

---

[27] 参见陈甦主编:《民法总则评注》(下册),法律出版社2017年版,第1432页(周江洪执笔);李宇:《民法总则要义:规范释论与判解集注》,法律出版社2017年版,第960页。

[28] 参见吴文芳:《劳动争议仲裁时效与民事诉讼时效冲突探析》,《华东政法大学学报》2013年第6期,第121页。

[29] 参见杨巍:《仲裁时效与诉讼时效衔接研究》,社会科学文献出版社2019年版,第185页。

3. 李宇:《民法总则要义:规范释论与判解集注》,法律出版社 2017 年版。

4. 李智:《修法背景下我国独立体育仲裁制度的设立》,《法学》2022 年第 2 期。

5. 梁展欣主编:《诉讼时效司法实务精义》,人民法院出版社 2010 年版。

6. 刘晓红、朱怡:《国际投资仲裁的"商事化"与中国进路》,《上海对外经贸大学学报》2019 年第 6 期。

7. 全国人大常委会法制工作委员会行政法室编著:《〈中华人民共和国劳动争议调解仲裁法〉条文释义与案例精解》,中国民主法制出版社 2012 年版。

8. 吴文芳:《劳动争议仲裁时效与民事诉讼时效冲突探析》,《华东政法大学学报》2013 年第 6 期。

9. 杨良宜:《国际商务仲裁》,中国政法大学出版社 1997 年版。

10. 杨巍:《仲裁时效与诉讼时效衔接研究》,社会科学文献出版社 2019 年版。

11. 杨巍:《中国民法典评注·规范集注(第 1 辑):诉讼时效·期间计算》,中国民主法制出版社 2022 年版。

12. 朱广新、谢鸿飞主编:《民法典评注·合同编通则 2》,中国法制出版社 2020 年版。

13. 最高人民法院民事审判第一庭主编:《最高人民法院劳动争议司法解释的理解与适用》,人民法院出版社 2015 年版。

案例索引

1. 湖南省高级人民法院(2014)湘高法民再终字第 78 号民事判决书,肖新熙与西王食品股份有限公司劳动争议纠纷案。

第一百九十九条 【除斥期间】

法律规定或者当事人约定的撤销权、解除权等权利的存续期间,除法律另有规定外,自权利人知道或者应当知道权利产生之日起计算,不适用有关诉讼时效中止、中断和延长的规定。存续期间届满,撤销权、解除权等权利消灭。

目 录

一、规范目的 330
  (一)除斥期间的目的 330
  (二)本条的规范意义 331
二、立法沿革与比较法例 332
  (一)立法沿革 332
  (二)比较法例 332
    1. 一般规范模式 332
    2. 个别规范模式 333
三、除斥期间的界定与类型 335
  (一)除斥期间的基本界定 335
  (二)法定的除斥期间 337
    1. 撤销权的行使期间 337
    2. 解除权的行使期间 339
    3. 优先购买权的行使期间 342
    4. 减价权的行使期间 343
    5. 追认权的行使期间 344
    6. 特殊请求权的行使期间 344
    7. 担保物权(优先权)的行使期间 345
  (三)约定的除斥期间 346
    1. 法律明确允许约定除斥期间 346
    2. 法律未设除斥期间且未明确允许约定除斥期间 347
    3. 约定延长、缩短或放弃除斥期间 348

四、除斥期间的计算 ··· 349
　（一）除斥期间的期限 ···································· 349
　（二）除斥期间的起算点 ·································· 350
　（三）中止、中断或延长 ·································· 351
　　1. 既有理论学说 ·· 351
　　2. 本评注观点 ·· 352
五、除斥期间届满的法律效果 ································ 354
　（一）除斥期间限制的权利消灭 ···························· 354
　（二）除斥期间与诉讼时效的协调 ·························· 355
六、证明责任 ·· 358
参考文献 ·· 358
案例索引 ·· 360

一、规范目的

（一）除斥期间的目的

1　　除斥期间的目的在于促使法律关系早日确定，防止相对人因为消极等待而蒙受损害，避免使相对人处于权利义务不稳定的状态。[1] 有理论观点认为，除斥期间所保护的是特定人利益和公共利益所构成的复合利益，其重点并非保护义务人，而是权利所涉及利益关系的不确定状况，即社会公共利益。除斥期间对义务人的保护是保护公共利益的附带作用，义务人搭了公共利益的"便车"。[2] 本评注认为，任何个别当事人之间权利义务关系的确定，均有助于整体法秩序的安定与明晰，但将此认为是社会公共利益，且作为除斥期间的制度理由，似嫌宽泛。

2　　从限制权利的强度上说，诉讼时效制度是为了结束请求权久悬未决之状态，而形成权的行使，直接改变对方的法律地位，效力强于请求权，如果形成权人长期不行使权利，相对人法律地位之不确定将远甚于请求权，因此对于形成权的时间限制，效力强于诉讼时效，除斥期间经过，形成

---

[1] 参见黄薇主编：《中华人民共和国民法典总则编释义》，法律出版社2020年版，第536页。
[2] 参见耿林：《论除斥期间》，《中外法学》2016年第3期，第631—632页。

[除斥期间]　　　　　　　　　　　　　　3-5　　第199条

权消灭。[3]

(二) 本条的规范意义

本条明确除斥期间起算的一般规则以及除斥期间经过的法律效果。事实上，各种样态的形成权及其规范目的不尽一致，本应根据各个形成权的类型来设计具体规则，无须在民法总则层面作统一规定。但学理上认为，在总则中设置除斥期间的一般规则，可以在具体的形成权规则欠缺期间、法律效果等情形下补充适用，因此除斥期间一般规定也有意义。[4]

本条第1句将除斥期间的起算点一般性地确定为"权利人知道或者应当知道权利产生之日"，这里采取的是主观起算标准，因为权利人如果不知道且不应当知道权利的产生，便无法行使权利。[5] 这种主观起算标准与《民法典》第188条第2款普通诉讼时效期间的起算方式一致。此外，根据本条第1句规定，如果法律对于除斥期间有特别规定，应当优先适用之。

本条第1句还明确了除斥期间不适用有关诉讼时效中止、中断和延长的规定。之所以如此规定，是因为立法机关认为："除斥期间是权利预设期间，以促使法律关系尽早确定为目标，为达制度目的，需要规定除斥期间经过后，权利人的权利即归于消灭，要么使原本不确定的法律关系明确固定，要么使既有的法律关系归于消灭，都会引起实体法上效果的变化。所以除斥期间没有中断的可能性，一般也不会发生中止。"[6] 但这种解释并未触及问题的实质，除斥期间经过后，自然要使法律关系明确固定或使其消灭，但若在除斥期间存续期间内，权利人存在事实上或法律上的障碍，导致其无法及时行使权利，此时不应苛求权利人。本评注认为，除斥期间不适用中止或中断的做法，在法政策上有失严苛，在司法适用中应作

---

[3]　参见朱庆育：《民法总论》（第二版），北京大学出版社2016年版，第547页。

[4]　参见陈甦主编：《民法总则评注》（下册），法律出版社2017年版，第1436页（周江洪执笔）。

[5]　立法机关对此的解释是，除斥期间的起算点原则上应自权利行使无法律上的障碍时开始计算。参见黄薇主编：《中华人民共和国民法典总则编释义》，法律出版社2020年版，第537页。但本评注认为，权利人不知权利产生当然无法行使权利，这本质上是个事实问题，与法律上的障碍无关。

[6]　黄薇主编：《中华人民共和国民法典总则编释义》，法律出版社2020年版，第538页。

适当调整，如有可能，立法上应进一步考虑改进。下文将对此进行详述。

6　　根据本条第 2 句规定，除斥期间经过的法律效果是权利消灭。这与除斥期间旨在使当事人之间的法律关系尽早确定的价值功能相符。由此也使除斥期间的效果不同于诉讼时效，后者只是发生义务人的抗辩权，并不直接导致请求权消灭（《民法典》第 192 条第 1 款、第 193 条）。

二、立法沿革与比较法例

（一）立法沿革

7　　《民法通则》（已失效）以及《合同法》（已失效）虽然对撤销权、解除权等权利的行使期间有规定，但并未使用"除斥期间"这一术语且未作一般规定。除斥期间作为一个法定的术语首见于《诉讼时效若干规定(2008)》第 7 条。

8　　《民法总则草案一审稿》曾专设一节、三个条文规定除斥期间。《民法总则草案三审稿》将三条合并为一条，不设独立的节，仅将一条规定在诉讼时效之后。立法机关认为，"除斥期间"的表述理论性较强，一般老百姓不易理解，[7] 或许正因如此，法条中删除了"除斥期间"的表述，而称为"存续期间"。

（二）比较法例

1. 一般规范模式

9　　比较法上看，单独为除斥期间设定一般规则的立法例并不多见，依笔者有限的考察，仅《葡萄牙民法典》和我国澳门特区的《澳门民法典》专设除斥期间规定。以《葡萄牙民法典》为例，其第二编第三章第三节专门规定"失效"（内容主要是除斥期间）。关于除斥期间的起算，根据《葡萄牙民法典》第 329 条规定，如法律未规定始期，则除斥期间于可依法行使权利时开始进行。关于除斥期间的适用，《葡萄牙民法典》区分了权利失效是否涉及各当事人可处分之事宜，根据第 333 条第 1 款规定，如失效涉及

---

[7] 参见黄薇主编：《中华人民共和国民法典总则编释义》，法律出版社 2020 年版，第 537 页。

[除斥期间]

非属当事人可处分之事宜,则法院可对失效依职权进行审查,且当事人得在诉讼程序的任一阶段内提出失效;如涉及当事人可处分之事宜,则失效适用时效抗辩权援引的规则,即法院不得依职权进行审查。关于中止中断问题,《葡萄牙民法典》第328条明确规定,除斥期间既不中止亦不中断,但允许法律作出例外规定。

2. 个别规范模式

各国和地区对除斥期间大多采取个别规范模式,即针对各种不同的形成权分别规定不同的除斥期间。鉴于形成权种类繁多,不宜逐一进行罗列,本评注仅以最具代表性的因意思表示瑕疵所生的撤销权为例作比较分析。不同法例下,撤销权除斥期间的规范模式有较大差别,主要有如下三种类型:

第一,德国法区分因欺诈、胁迫产生的撤销权与因错误产生的撤销权。对于前者,依《德国民法典》第124条第1款与第2款规定,于欺诈的情形自撤销权人发现欺诈时起,于胁迫的情形自胁迫状态终止时起,1年内可以撤销。一年的除斥期间准用第206条(因不可抗力之消灭时效不完成)、第210条(非完全行为能力人之时效期间不完成)及第211条(遗产之时效期满不完成)关于消灭时效障碍的规定。对于因意思表示错误发生的撤销权,根据《德国民法典》第121条第1款规定,撤销权人应于知悉撤销原因后,不迟延(无过错迟延)地撤销其意思表示。对此没有规定固定的期间,这是为了确保在每种具体情形下充分考量当事人的利益,确定一个可能且合理的权利行使期间。[8] 因为"无过错迟延"本身就已经考虑到权利人有时不方便行使权利,所以没有必要再准用时效不完成的规则。就除斥期间届满的效果而言,《德国民法典》中没有明确规定,解释上认为,期间经过撤销权丧失。[9] 我国台湾地区"民法"也区分因错误与因欺诈或胁迫的撤销(第90条、第93条),二者期间都是1年,仅起算方法不同。我国台湾地区的民事法律理论上认为该1年期间是除斥期间,于期间经过后,不得行使权利。[10] 与德国民法不同的是,我国台湾地

---

[8] Vgl. MüKoBGB/Armbrüster, 6. Aufl., § 121, Rn. 7.
[9] Vgl. MüKoBGB/Armbrüster, 6. Aufl., § 121, Rn. 7.
[10] 参见黄立:《民法总则》,中国政法大学出版社2002年版,第310页;郑玉波:《民法总则》,中国政法大学出版社2003年版,第350页。

区"民法"未规定除斥期间是否可以中止或中断,但通说认为,除斥期间不因任何事由而延长,[11]不存在中断或不完成之问题,目的是早日确定当事人之间的关系。[12]

第二,日本法对于意思表示瑕疵所生之撤销权的行使期间作统一规定。根据《日本民法典》第126条规定:"撤销权,自得追认之时起五年间不行使时,因时效而消灭。自行为之时起经过二十年时,亦同。"第124条第1款还规定:"得撤销行为之追认,非于撤销原因之状况消灭且知道有撤销权之后作出,不生其效力。"值得注意的是,民法典中的表述是"因时效而消灭"。但日本民法理论上对于撤销权的行使期间是时效期间还是除斥期间存在争议。原来通说认为是时效期间,但我妻荣先生认为,从撤销权的性质上看,解释为除斥期间是正当的。[13] 近来日本民法通说认为是除斥期间,理由是形成权一旦行使目的便会达到,所以无法想象由权利人一方中断时效。[14] 也有观点认为,形成权会因承认而中断,但不存在因行使(主张权利)而导致中断。[15]

第三,还有部分国家及地区将撤销权行使期间作为诉讼时效的一种情形予以规定。例如,《奥地利民法典》第1487条规定,当事人因恐惧或错误而订立合同,撤销合同的权利须于三年时间之内行使,该期限届满后罹于时效(verjährt)。加拿大《魁北克民法典》消灭时效(Extinctive Prescription)一节之下设第2927条规定,其内容为:取消合同效力的诉讼(an action in nullity of contract),时效期间自援引失效原因之人知悉该原因之日起算;在暴力或胁迫的情形,自其停止之日起算。由此可见,从比较法上看,撤销权的行使期间并非仅可规定为除斥期间,广义上的时效(Verjährung、Prescription)包括形成权的行使期间。

---

[11] 参见史尚宽:《民法总论》,中国政法大学出版社2000年版,第625页。
[12] 参见王泽鉴:《民法总则》,北京大学出版社2009年版,第494页;郑玉波:《民法总则》,中国政法大学出版社2003年版,第494页。
[13] 参见[日]我妻荣:《我妻荣民法讲义Ⅰ:新订民法总则》,于敏译,中国法制出版社2008年版,第377页。
[14] 参见[日]山本敬三:《民法讲义Ⅰ:总则(第3版)》,解亘译,北京大学出版社2012年版,第489页。
[15] 参见[日]山本敬三:《民法讲义Ⅰ:总则(第3版)》,解亘译,北京大学出版社2012年版,第489页,注释44。

三、除斥期间的界定与类型

(一)除斥期间的基本界定

通说认为,除斥期间(Ausschlussfrist)是指法律对于某种权利所预定之存续期间,因时间之经过,当然使权利消灭之期间。[16] 这一定义包含两重含义:一是除斥期间是预定的存续期间,因此又称为不变期间。[17] 但本评注认为,除斥期间可以约定长短,也应该适用中止、中断,"不变"并非除斥期间的本质特点。二是除斥期间届满的效果是权利当然消灭,这是除斥期间与诉讼时效的根本区别,后者须由当事人援引抗辩权后才导致请求权消灭(《民法典》第192条、第193条)。此外,上述定义强调除斥期间由法律规定,但根据本条第1句,除斥期间亦可由当事人约定,未必都是法定。

通过与诉讼时效的比较,可以看出除斥期间的法律特征:

第一,除斥期间限制的对象原则上是形成权,但不限于形成权。通说认为诉讼时效的客体是请求权,而除斥期间的客体是形成权。[18] 但也有学者指出,形成权虽然是除斥期间的主要适用对象,但不限于此,绝对权与请求权也可能受除斥期间规制。前者如著作权中的财产权存续期间;后者如债权人对提存物的提取请求权(《民法典》第574条第2款)、因产品缺陷而产生的损害赔偿请求权(《产品质量法》第45条第2款),以及独资企业解散后债权人对原投资人在经营期间享有的请求权(《个人独资企业法》第28条)。[19] 这些权利在性质上虽属请求权,但其权利因不行使而在特定

---

〔16〕 参见史尚宽:《民法总论》,中国政法大学出版社2000年版,第625页;佟柔主编:《中国民法学·民法总则》(修订版),人民法院出版社2008年版,第226页;梁慧星:《民法总论》(第五版),法律出版社2017年版,第250页。

〔17〕 参见崔建远等编著:《民法总论》(第三版),清华大学出版社2019年版,第292页。

〔18〕 参见王泽鉴:《民法总则》,北京大学出版社2009年版,第494页;黄立:《民法总则》,中国政法大学出版社2002年版,第498页;梁慧星:《民法总论》(第五版),法律出版社2017年版,第250页。在《民法总则》制定过程中,有学者建议将除斥期间的客体限于形成权,以界分除斥期间与诉讼时效、权利失效等各项制度,参见崔建远:《关于制定〈民法总则〉的建议》,《财经法学》2015年第4期,第19页。

〔19〕 参见朱庆育:《民法总论》(第二版),北京大学出版社2016年版,第548页。

16 期间内消灭,并非是诉讼时效届满而发生抗辩权,故可以归入除斥期间。[20]

还有学者对除斥期间适用对象采更宽泛的理解,认为除斥期间的对象可以是任何权利,甚至可以是某种法律地位以及程序法上的权利与地位,[21]如《合同法》(已失效)第158条(现为《民法典》第621条)关于检验期间的规定,即属于法律地位,是一种程序性的异议权或瑕疵通知权。[22]检验期间的法律性质存在争议,有诉讼时效说、除斥期间说、权利失效期间说、或有期间说、抗辩权说等理论。[23]根据《民法典》第621条第1款规定,检验期间经过后,"视为标的物的数量或者质量符合约定",从而买受人自始不发生瑕疵担保的权利。因此,检验期间并非对于已有权利的时间限制,不属于除斥期间。

17 另外,也并非所有的形成权都适用除斥期间,有些形成权无行使期间的限制,如共有物分割请求权(通说认为系形成权)、[24]法定抵销权、间接代理中第三人的选择权、委托合同中的任意解除权等。[25]

18 第二,除斥期间的法律效果是直接导致权利消灭,而诉讼时效届满的效果是义务人取得时效抗辩权,但实体权利本身并不消灭。而且,诉讼时效届满后,如果义务人未提出时效抗辩权,法院不得主动查明;而除斥期间经过可直接使权利消灭,因此不待当事人主张,法院即可主动查明。诉讼时效期间届满,义务人可放弃时效利益;而除斥期间届满,形成权当然消灭,权利人无利益可抛弃。[26]

---

〔20〕参见陈甦主编:《民法总则评注》(下册),法律出版社2017年版,第1437页(周江洪执笔)。

〔21〕参见耿林:《论除斥期间》,《中外法学》2016年第3期,第621页。实践的观点,例如最高人民法院在一份判决中认为,提出管辖权异议的期间属于除斥期间。参见中国中化集团公司与北京三元金安大酒店等代位权纠纷案,最高人民法院(2004)民二终字第53号民事判决书。

〔22〕参见耿林:《论除斥期间》,《中外法学》2016年第3期,第622页。

〔23〕参见谢鸿飞、朱广新主编:《民法典评注·合同编·典型合同与准合同1》,中国法制出版社2020年版,第135—139页(武腾执笔)。

〔24〕参见王泽鉴:《民法总则》,北京大学出版社2009年版,第494页。

〔25〕参见崔建远等编著:《民法总论》(第三版),清华大学出版社2019年版,第293页。

〔26〕参见李宇:《民法总则要义:规范释论与判解集注》,法律出版社2017年版,第963页;黄立:《民法总则》,中国政法大学出版社2002年版,第498页;陈华彬:《民法总则》,中国政法大学出版社2017年版,第659页。

第三,法律对除斥期间的长度未设统一规则,针对不同权利分别规定不同的期间,而诉讼时效则有统一规定(《民法典》第188条)。而且,即使是相同类型的权利,若产生原因不同,除斥期间长度可能也不相同。例如,根据《民法典》第152条第1款规定,因意思表示瑕疵所生撤销权的除斥期间原则上是1年,但因重大误解发生的撤销权为90天。再者,就期间的强制性而言,诉讼时效完全由法律规定,当事人关于诉讼时效的约定无效(《民法典》第197条),而法律原则上允许除斥期间的各种约定,对此详见下文论述。

(二)法定的除斥期间

除斥期间依其产生的基础可分为法定除斥期间和约定除斥期间。德国民法学说又将法定除斥期间区分为纯粹除斥期间和减弱除斥期间。二者的区别在于,纯粹除斥期间不适用中止中断的规定;而减弱除斥期间,可以援引消灭时效的相关规定。[27] 但我国《民法典》否定除斥期间可以适用诉讼时效中止或中断的规定,因此这一分类的借鉴意义不大。下面仍以法定除斥期间与约定除斥期间为分类标准,对我国现行法(主要是民法)中的除斥期间进行归类阐述。

关于除斥期间的规定,法条一般使用"权利消灭"的表述;还有的法律规定表述为"视为放弃",系以法律上拟制之手段,强制使权利消灭,无论法院或当事人,均无改变之余地,实质上亦属除斥期间。[28] 根据本条第1句的不完全列举,撤销权、解除权的存续期间都是除斥期间。具体而言,以下权利的行使期间属于除斥期间。

1. 撤销权的行使期间

我国现行法上,存在各种不同类型的撤销权,虽都用同一名称,但实质内涵差别很大,以下分类阐述:

(1)意思表示瑕疵所生之撤销权。《民法典》第147条至第151条所规定的撤销权,即因重大误解、欺诈、胁迫以及显失公平而产生的撤销权

---

[27] 参见尚连杰:《表意瑕疵视角下除斥期间规则的构建与适用——以〈民法总则〉第152条为中心》,《现代法学》2019年第4期,第106页。

[28] 参见李宇:《民法总则要义:规范释论与判解集注》,法律出版社2017年版,第1438页;黄薇主编:《中华人民共和国民法典总则编释义》,法律出版社2020年版,第538页。

受除斥期间限制。第 152 条第 1 款第 1 项和第 2 项是按照主观标准起算的除斥期间，第 2 款是按照客观标准起算的除斥期间。《民法典》第 1052 条所规定的因受胁迫而缔结婚姻、被非法限制人身自由的婚姻当事人的撤销权，以及第 1053 条规定的患有重大疾病而未告知所缔结之婚姻的相对方的撤销权，均受一年除斥期间的限制。

23　　　（2）债之保全的撤销权。根据《民法典》第 541 条规定，债之保全撤销权应自债权人知道或应当知道撤销事由之日起一年内行使；自债务人的行为发生之日起五年内没有行使撤销权的，该撤销权消灭。与此类似，《信托法》第 22 条第 2 款规定的委托人撤销受托人违反信托目的的处分行为或违反职责、管理不当导致信托财产损失的撤销权，也是债之保全意义上的撤销权。另外，根据《民法典》第 410 条第 1 款规定，抵押权人与抵押人可通过协议对抵押财产折价，若该协议损害其他债权人利益的，其他债权人可请求法院撤销该协议。依《物权法》（已失效）第 195 条第 1 款第 2 句规定，这里的撤销权受一年期间的限制。但《民法典》第 410 条删除了这一规定，有解释者认为，这可以充分保障其他抵押权人的权利。[29] 言外之意，似乎是该撤销权不受除斥期间限制。但也有解释者认为此处应适用《民法典》第 152 条，其他债权人应在知道或者应当知道撤销事由之日起 1 年内请求法院撤销该协议，否则撤销权消灭；在抵押人与抵押权人达成协议起 5 年内其他债权人没有行使撤销权的，撤销权也归于消灭。[30] 本评注认为，《民法典》第 410 条第 1 款第 2 句的意义在于保全债务人（即抵押人）的责任财产，其与第 539 条保全撤销权的规范目的一致，因此该撤销权的行使期间，不宜类推适用意思表示瑕疵的撤销权（第 152 条），而应类推适用第 541 条保全撤销权的除斥期间，尽管二者在时间长度上是一样的。

24　　　（3）赠与人的撤销权。根据《民法典》第 663 条第 1 款规定，如果受赠人严重侵害赠与人或者赠与人近亲属的合法权益、对赠与人有扶养义务而不履行或者不履行赠与合同约定的义务，赠与人可以撤销赠与。根据该条第 2 款规定，赠与人的撤销权，应自其知道或者应当知道撤销事由

---

〔29〕 参见孙宪忠、朱广新主编：《民法典评注·物权编 4》，中国法制出版社 2020 年版，第 193 页（董学立执笔）。

〔30〕 参见黄薇主编：《中华人民共和国民法典物权编释义》，法律出版社 2020 年版，第 522 页。

之日起一年内行使。根据《民法典》第 664 条第 2 款规定,若该撤销权由赠与人的继承人或者法定代理人代为行使,则应自知道或者应当知道撤销事由之日起六个月内主张。这里的撤销权行使期间,属于除斥期间。

(4)违法决议的撤销权。根据《民法典》第 85 条第 1 句,营利法人的出资人对于"程序违法"或"内容违反章程"的决议享有撤销权,但未规定撤销权的行使期间。而根据 2023 年修订之前的《公司法》第 22 条第 1 款(现《公司法》第 26 条第 1 款),公司法人决议瑕疵的撤销权应自决议作出之日起 60 日内行使。理论上对此有商榷意见指出,该 60 日为客观起算的除斥期间,一律自决议作出之日起算,本身即不合理,更不宜类推适用于其他企业法人。从立法论的角度,应采主观和客观结合的起算方式,并放宽期限。[31]《公司法》修订后,增设第 26 条第 2 款:"未被通知参加股东会会议的股东自知道或者应当知道股东会决议作出之日起六十日内,可以请求人民法院撤销;自决议作出之日起一年内没有行使撤销权的,撤销权消灭。"可见,对于未受通知参加股东会会议的股东提起撤销决议的期间采取主观起算的 60 日及客观起算的一年除斥期间。此外,《民法典》第 280 条第 2 款规定:"业主大会或者业主委员会作出的决定侵害业主合法权益的,受侵害的业主可以请求人民法院予以撤销。"对此,最高人民法院在《建筑物区分所有权解释》第 12 条中规定,业主在知道或者应当知道业主大会或者业主委员会作出决定之日起 1 年内行使。

2. 解除权的行使期间

《民法典》中有大量关于法定解除权的规定,除了《民法典》合同编通则第 563 条关于合同法定解除权的一般规定外,还有第 528 条第 3 句规定的不安抗辩权情形下的解除权,第 533 条第 1 款规定的情势变更情形下当事人在合理期限内协商不成的变更或解除权。此外,合同编分则对于有名合同也有解除权的特别规定。关于解除权的行使期间,根据《民法典》第 564 条第 2 款,法律没有规定或者当事人没有约定解除权行使期限,自解除权人知道或者应当知道解除事由之日起一年内不行使,或者经对方催告后在合理期限内不行使的,该权利消灭。这里的一年期间与合理期间都是解除权的除斥期间。此外,最高人民法院在《商品房买

---

[31] 参见李宇:《民法总则要义:规范释论与判解集注》,法律出版社 2017 年版,第 257 页。

卖合同解释》(法释〔2020〕17号)第11条第2款中对于商品房买卖当事人的解除权行使期间规定是:法律没有规定或者当事人没有约定,经对方当事人催告后,解除权行使的合理期限为三个月;对方当事人没有催告的,解除权人自知道或者应当知道解除事由之日起一年内行使。由此与《民法典》第564条第2款保持一致。

《民法典》颁布之前,《合同法》(已失效)第95条规定了三种解除权的除斥期间:约定法定以及对方催告后的合理期限。但实践中经常出现的是不存在上述三种除斥期间而解除权长期不行使的情形。对此,法院常以悖于诚信原则[32]、权利滥用[33]、权利失效[34]为由,个案中酌情认定解除权超过除斥期间。根据《民法典》第564条第2款规定,此类情形现在都统一适用一年除斥期间。理论上认为,《民法典》将解除权的除斥期间规定为一年的主要理由在于:其一,符合相同事物相同处理的理念,即合同解除权和撤销权的除斥期间规范意旨相似,都意在促使权利人及时行使权利,所以类推撤销权的一年除斥期间规则;其二,若允许解除权人在过长时间后解除合同,将导致既有的合同关系动辄被废止,现存法律秩序易遭破坏;其三,解除权的除斥期间设置为一年,有利于及早确定违约行为发生后的合同关系,解除权人有一年的时间权衡利弊,决定是否解除合同,时间也不算短。但是,本评注认为,统一的、短期的一年除斥期间规则存在如下弊端:一是在交易实践中,各类合同标的的价值不一,民商有别,一律适用一年的除斥期间于当事人的利益状况是否相符存在疑问。[35] 二是合同

---

〔32〕 参见重庆市奥格斯酒店管理有限公司与重庆市涪陵腾源开发建设投资集团有限公司租赁合同纠纷案,重庆市高级人民法院(2017)渝民终328号民事判决书。

〔33〕 参见山东海汇生物工程股份有限公司与谢宜豪股权转让合同纠纷案,山东省青岛市中级人民法院(2010)青民二商终字第562号民事判决书,《人民司法·案例》2011年第12期。

〔34〕 参见江苏万通建设集团有限公司与袁新燕房屋买卖合同纠纷案,江苏省南通市崇川区人民法院(2018)苏0602民初5570号民事判决书,《人民司法·案例》2019年第8期。

〔35〕 例如,司法实践中对于建设用地使用权出让合同的解除权行使的合理期限认定就比较长。参见高丰美、丁广宇:《合同解除权行使"合理期限"之司法认定——基于36份裁判文书的分析》,《法律适用》2019年第22期,第95页。而在涉及公司股权转让的情形,法院认为股权转让涉及多方面的利益,属于典型的商事行为,为维护交易安全和市场经济秩序,对于解除权合理期间的认定应当比通常的民事行为更加严格。参见杜孝君与夏曙萍股权转让合同纠纷案,最高人民法院(2015)民四终字第21号民事判决书。

[除斥期间]

一方发生违约后,对方未必急于行使解除权。在大型的商事合同中,合同各方并不急于破坏已有的合作状态,即使一方违约不能实现合同目的,商事合作伙伴也往往愿意先采取谈判、协商等方式解决违约事宜,而非立即发出解除通知。而一年除斥期间规则,将促使非违约方必须在知道或应当知道解除事由的一年内作出是否解除合同的决断。[36] 因此,本评注建议,将来的司法实践对于解除权除斥期间限制应当从宽把握,一方面严格认定解除权除斥期间的起算点,即知道或应当知道解除事由之日;另一方面在发生不可抗力、当事人死亡或欠缺行为能力、通过诉讼或协商谈判处理纠纷的情形时,应类推适用诉讼时效的规则,认定解除权的除斥期间中止。

从体系位置来看,第 564 条第 2 款位于《民法典》合同编通则,故原则上对于合同编通则及分则编所规定的解除权均可适用,除非存在特别规定。但须注意,其不适用于任意解除权(如《民法典》第 787 条、第 933 条),因为在适用任意解除权的场合,本就意味着权利人可以随时解除合同,故无适用除斥期间之必要。至于《民法典》第 533 条第 1 款未规定情势变更所生之变更权或解除权的除斥期间,解除权自应适用第 564 条第 2 款。变更权在性质和目的上与解除权类似,可类推适用第 564 条第 2 款。情势变更发生后,当事人应当重新协商;在合理期限内协商不成的,可以请求人民法院或者仲裁机构变更或者解除合同。因此,变更权和解除权并非自当事人知道或应当知道情势变更事由之日起算除斥期间,而是在合理期限内协商未果之际,才起算一年的除斥期间(第 564 条第 2 款的第一种情形);或协商未果,又经对方催告后在合理期限内不行使而权利消灭(第 564 条第 2 款第二种情形)。[37]

此外,《民法典》第 563 条第 2 款规定了不定期持续性合同的预告解除"应当在合理期限之前通知对方",此处虽然也涉及"合理期限",但并非解除权的除斥期间,其效果是:在解除通知后的一段合理期间经过后才发生合同解除。理由在于:不定期的持续性合同当事人虽然没有明确的期限利益,但如果一方随时解除会给相对方造成突然袭击,带来不可预测

---

[36] 参见朱晓喆:《〈民法典〉合同法定解除权规则的体系重构》,《财经法学》2020 年第 5 期,第 31 页。

[37] 参见魏启证:《〈民法典〉情势变更规则之行使期间与时效》,《广东社会科学》2021 年第 3 期,第 250 页。

的损害。因此,合理期间给了相对方一个缓冲的时间,以便提前安排合同结束的后果。[38]

3. 优先购买权的行使期间

30 《民法典》设有多处关于优先购买权的规定,无论其产生原因为何,这些优先购买权均属形成权,除法律另有规定或当事人另有约定外,优先购买权人应在知道或者应当知道转让事实后的一定期限内行使权利。

31 第一,根据《民法典》第 305 条规定,按份共有人转让共有份额,其他共有人享有优先购买权。根据《民法典》第 306 条第 1 款规定,其他共有人应当在收到转让通知后的合理期限内行使优先购买权。

32 第二,根据《民法典》第 726 条规定,承租人享有优先购买权,且应在出租人履行通知义务后 15 日内行使;该条第 2 款规定,承租人逾期不行使优先购买权的后果是"视为承租人放弃优先购买权",仅从其文字表述来看,似乎是一种拟制的权利抛弃,但实质上就是除斥期间。出租人履行通知义务,就是 15 日除斥期间的起算点。另外,《民法典》第 734 条还规定了承租人的优先承租权,该条未规定优先承租权的行使期间,在解释上,应类推适用承租人优先购买权的规则。

33 第三,根据《民法典》第 847 条第 1 款第 2 句规定,法人或者非法人组织订立技术合同转让职务技术成果时,职务技术成果的完成人享有优先购买权。根据《民法典》859 条第 2 款规定,研究开发人转让专利申请权的,委托人享有优先购买权。根据《民法典》第 860 条第 1 款规定,合作开发完成的发明创造的当事人一方转让其共有的专利申请权的,其他各方享有优先购买权。上述规定均为除斥期间,有解释者认为,这类优先购买权可参照按份共有人优先购买权与承租人优先购买权行使期限的规则。[39] 本评注原则上赞同这一观点,但承租人优先购买权的 15 日除斥期间过于刚性,建议应由法院在个案中根据诚信原则具体判定除斥期间的合理期限,此种做法较为妥当。

---

[38] 参见朱晓喆:《〈民法典〉合同法定解除权规则的体系重构》,《财经法学》2020 年第 5 期,第 24 页。

[39] 参见谢鸿飞、朱广新主编:《民法典评注·合同编·典型合同与准合同3》,中国法制出版社 2020 年版,第 467 页(朱涛执笔)。

[除斥期间]

《民法典》之外,在特别法上也有优先购买权的规定。根据《公司法》第84条第2款,有限公司股东对外转让股权,经股东同意转让的股权,其他股东享有优先购买权。转让股权的股东,应当将股权转让的数量、价格、支付方式和期限等事项书面通知其他股东,其他股东自接到书面通知之日起三十日内未答复的,视为放弃优先购买权。又根据《公司法》第85条,通过法院强制执行程序转让股东股权的,优先购买权应自法院通知之日起20日内行使。以上均为股东优先购买权除斥期间。 34

其次,根据《合伙企业法》第23条,合伙人对外转让合伙企业份额的,其他合伙人享有优先购买权;第42条第2款规定,法院强制执行合伙人的财产份额时,应当通知全体合伙人,其他合伙人有优先购买权;第74条第2款规定,法院强制执行有限合伙人的财产份额时,应当通知全体合伙人,其他合伙人有优先购买权。但《合伙企业法》对于以上优先购买权的行使期间均未有明确规定。解释上可以类推适用有限公司股东优先购买权的规定,或由法院在个案中具体认定合理期限为除斥期间。 35

最后,《农村土地承包法》(2018年修定)第38条第5项规定,家庭承包方式的土地经营权流转,在同等条件下,本集体经济组织成员享有优先权,但对该优先权未设期限的规定。最高人民法院在《农村土地承包解释》(2020年修订)第11条中规定,如果土地经营权流转中,本集体经济组织成员,在书面公示的合理期限内未提出优先权主张的;或未经书面公示,在本集体经济组织以外的人开始使用承包地两个月内未提出优先权主张的,人民法院即不予支持优先权。上述规定中的合理期限或两个月,均为优先权的除斥期间。 36

从我国现行法关于优先购买权的规定来看,普遍存在着未明确优先购买权的除斥期间以及期间的起算点问题。在法律没有明文规定的情形下,法院解决优先购买权纠纷时,应注意以权利人知道或应当知道作为除斥期间的起算点,以合理期间的经过作为权利的除斥期间。 37

4. 减价权的行使期间

《民法典》规定了合同违约时相对方享有减少价款、租金、报酬的权利。例如,第582条规定在债务人的给付不符合约定时,债权人可以请求减少价款;第713条第1款第3句规定,因维修租赁物影响承租人使用的,应当相应减少租金或者延长租期;第723条第1款规定因第三人主张权利,致使承租人不能对租赁物使用、收益的,承租人可以请求减少租金 38

或者不支付租金；第729条第1分句规定因不可归责于承租人的事由，致使租赁物部分或者全部毁损、灭失的，承租人可以请求减少租金或者不支付租金；第781条规定承揽人交付的工作成果不符合质量要求的，定作人可以请求承揽人减少报酬。通说认为，减价权性质上属于形成权，[40]故原则上应受除斥期间的限制。但我国民法对于减价权未设权利行使期间的限制。从体系上看，《民法典》第582条在合同违约责任的一般规定中设置减价权，并与修理、重作、更换、退货等违约责任并列。其中退货可以理解为解除权，[41]而其他的责任形式均为请求权。既然作为瑕疵担保违约责任的请求权、解除权都受到时间限制，那么减价权也应如此。考虑到减价权与退货权（解除权）同为形成权，因此可类推适用《民法典》第564条解除权的除斥期间。

5. 追认权的行使期间

根据《民法典》第145条第2款第1句规定，法定代理人对限制行为能力人所为法律行为的追认，应在法定代理人收到催告通知之日起30日内为之。根据《民法典》第171条第2款第1句规定，被代理人对无权代理行为的追认，应在被代理人收到催告通知之日起30日内为之。这里的30日为追认权的除斥期间。

6. 特殊请求权的行使期间

《民法典》对于个别请求权的行使期间规定为届期之后当然消灭。例如，根据第462条第2款规定，占有人返还原物的请求权，自侵占发生之日起一年内未行使的，该请求权消灭；第574条第2款第1句规定，债权人领取提存物的权利，自提存之日起五年内不行使而消灭。上述期间经过的效果是权利消灭，而非义务人取得抗辩权，且不发生中止、中断，因

---

[40] 参见韩世远：《合同法总论》（第四版），法律出版社2018年版，第851页；吕双全：《减价救济之定性与实现的逻辑构成》，《政治与法律》2018年第3期，第130页。近来我国民法学者也有主张减价权为合同变更权，即买受人请求出卖人作出减价的法律行为或请求法院对合同价格进行调整。参见武腾：《减价实现方式的重思与重构》，《北方法学》2014年第3期，第151页。

[41] 通说认为退货性质上是解除，须符合法定解除权的条件。参见金晶：《〈合同法〉第111条（质量不符合约定之违约责任）评注》，《法学家》2018年第3期，第188页。

此性质上应认为是除斥期间。[42] 由此说明,请求权适用诉讼时效是一般性的规定,特殊的请求权也可由法律规定适用除斥期间。

7. 担保物权(优先权)的行使期间

《民法典》第807条规定建设工程的发包人不支付工程价款的,承包人可以与发包人协议将工程折价,或请求人民法院将工程依法拍卖,就该工程折价或者拍卖的价款优先受偿。建设工程款的优先受偿权究竟是留置权、法定抵押权还是优先权存在理论争议,立法机关也未有定论。[43] 有学者采模糊的处理,称为担保物权。[44] 本评注认为,定性问题若对法律适用的效果没有实质影响,性质争议可暂且搁置,采取最低共识态度,认为其属于担保物权,关于担保物权的一般规则均可适用。[45] 2020年的最高人民法院《建设工程施工合同解释(一)》(法释〔2020〕25号)第41条将该优先受偿权的期限限定为不得超过十八个月,自发包人应当给付建设工程价款之日起算。该条来源于《最高人民法院关于建设工程价款优先受偿权问题的批复》(法释〔2002〕16号,已失效)《建设工程施工合同解释(二)》(法释〔2018〕20号,已失效)规定的6个月行使期限,最高人民法院认为是除斥期间。[46] 《民法典》颁布后,有解释者采相同观点。[47]

---

〔42〕 最高人民法院审理相关案件中认为占有返还请求权的时间限制为除斥期间。参见李正桃、陈栎匀等占有物返还纠纷案,最高人民法院(2021)最高法民申5241号民事裁定书。

〔43〕 参见黄薇主编:《中华人民共和国民法典合同编释义》,法律出版社2020年版,第695页。最高人民法院在《关于审理建设工程施工合同纠纷案件适用法律问题的解释(二)》(已失效)第19条采优先权说。参见最高人民法院民事审判第一庭编著:《最高人民法院建设工程施工合同司法解释(二)理解与适用》,人民法院出版社2019年版,第400页。

〔44〕 参见李建星:《〈民法典〉第807条(建工价款的优先受偿权)评注》,《南京大学学报(哲学·人文科学·社会科学)》2021年第4期,第86页。

〔45〕 相同理解可参见孙华璞:《关于适用合同法第二百八十六条若干问题的思考》,《人民司法》2019年第13期,第28页。

〔46〕 参见最高人民法院民事审判第一庭编著:《最高人民法院建设工程施工合同司法解释(二)理解与适用》,人民法院出版社2019年版,第447页。

〔47〕 参见谢鸿飞、朱广新主编:《民法典评注·合同编·典型合同与准合同3》,中国法制出版社2020年版,第182页(冉克平执笔)。

42　　另外,最高人民法院《担保法解释》(已失效)第 12 条第 2 款规定,担保物权所担保的债权的诉讼时效结束后,担保权人在诉讼时效结束后的二年内行使担保物权的,人民法院应当予以支持。类似的规则,也见于我国台湾地区"民法"第 880 条关于抵押权在所担保之债权请求权罹于时效后五年内不行使而消灭。对此期限,理论上认为是除斥期间。[48] 但随着《民法典》替代旧法,我国民法上此类除斥期间不复存在。

(三)约定的除斥期间

1. 法律明确允许约定除斥期间

43　　根据本条第 1 句,当事人可以约定除斥期间。约定除斥期间典型的示例就是解除权行使期间的约定,即《民法典》第 564 条第 1 款。又如,《民法典》第 515 条第 2 款规定,选择之债的选择权人应在约定期限内或者履行期限届满前作出选择,否则经催告后在合理期限内仍未选择的,选择权移转至对方。此外,商事交易实践中很多当事人经常在投融资协议中约定"回购"条款,即触发回购条件时,权利人可以要求义务人在一定的"回购期间"内以确定价格回购股权或特定资产。[49] 理论上认为,回购权在性质上是一种约定的形成权,当事人也可以约定的回购期间即该权利行使的除斥期间,类似约定解除权的除斥期间。[50]

44　　法律没有明文限制约定除斥期间的长短,但这不意味着该约定一概有效。例如,当事人约定解除权行使期间过短,效果上近乎放弃形成权,其效力如何,不可一概而论。学理上认为,如为约定解除权,解除权既属约定所生,嗣后约定排除,自无不可;如为法定解除权,仅排除针对具体情形的解除权,原则上有效;但抽象地完全排除解除权,无异于将当事人永久拘束于债权债务关系之中,构成对自由的过度限制,违背公序良俗而

---

[48] 参见邹海林:《抵押权时效问题的民法表达》,《法学研究》2018 年第 1 期,第 60—64 页。

[49] 典型案例参见夏敏:《收益权转让及回购合同的性质判断》,《人民司法》2020 年第 17 期,第 64—68 页。实践中存在大量的"对赌协议"都约定股权回购条款,投资方据此享有回购权,收回投资款的本金和利息。

[50] 参见王文胜:《托底型回购合同的风险转嫁机理》,《法学研究》2020 年第 4 期,第 164—165 页。

无效。[51] 据此,约定过短的除斥期间相当于排除法定解除权的场合,该约定无效;相反,如果约定的除斥期间太长,相对人将长期处于不确定的状态之中,这与除斥期间旨在使法律关系尽早明晰、消除权利义务不确定状态的规范目的不符,也属于违背公序良俗而无效。

2. 法律未设除斥期间且未明确允许约定除斥期间

若法律没有明确某种形成权的除斥期间,且未明确该形成权是否受除斥期间限制,原则上应允许当事人约定除斥期间。如前所述,合伙人企业份额的优先购买权、承租人的优先承租权、业主对侵害其合法权利之决议的撤销权。学理上认为,形成权人与相对人约定除斥期间,是其对自己权利的处分,基于私法自治原则,应为有效。[52] 这种观点原则上值得赞同,唯应补充一点:法律未规定除斥期间可能因为该权利的行使本就不受时间限制,例如约定任意解除权的除斥期间,就与任意解除权的本旨相悖,故应属无效。

须进一步说明,并非所有不受除斥期间限制的形成权,均不可约定除斥期间。例如,学理上认为共有物分割请求权不受除斥期间限制。根据《民法典》第303条第1句第1分句,共有人约定不得分割共有的不动产或者动产,以维持共有关系的,应当按照约定,但是共有人有重大理由需要分割的,可以请求分割。既然当事人可以通过约定排除共有物分割请求权(即约定不得分割共有物),举重以明轻,如果当事人只是约定共有物分割请求权的行使期间,限制共有物分割请求权,应无不可。当然,根据该条但书,即使当事人有约定限制分割共有物,但是在有重大理由时,共有人仍可请求分割。与此类似,学理上认为法定抵销权不适用除斥期间。[53] 但根据《民法典》第568条第1款但书,当事人可以约定排除抵销权,即约定适于抵销的债权不得抵销。举重以明轻,如果当事人约定抵

---

[51] 参见李宇:《民法总则要义:规范释论与判解集注》,法律出版社2017年版,第967页。

[52] 参见李宇:《民法总则要义:规范释论与判解集注》,法律出版社2017年版,第967页。

[53] 参见崔建远等编著:《民法总论》(第三版),清华大学出版社2019年版,第293页。实践中有法院认为,尽管现行法未对抵销权设置除斥期间,但抵销权的行使不应不合理地被迟延,参见厦门源昌房地产开发有限公司与海南悦信集团有限公司委托合同纠纷案,最高人民法院(2018)最高法民再51号民事判决书。

销权的行使期限,超过该期限适于抵销之债权即不得抵销,自然亦无不可。[54]

3. 约定延长、缩短或放弃除斥期间

47　　法律对形成权设有除斥期间,但是否允许当事人约定延长、缩短或排除,有待澄清。例如《民法典》第152条意义上的撤销权产生以后,若该权利的行使仅影响当事人之间的利益,原则上应认可约定除斥期间的效力。首先,就约定延长除斥期间而言,承认当事人的约定,有利于缓和除斥期间规则不适用中止或中断因而期间过于刚性的弊端。但如果约定的期间过长或排除除斥期间的适用,则须具体判断是否违背公序良俗。其次,就约定缩短除斥期间而言,此类约定有利于法律关系尽早明确,应当允许。[55] 而且根据《民法典》第152条第1款第3项规定,当事人可以放弃撤销权,举重以明轻,当事人也可以约定缩短撤销权的除斥期间。

48　　如果当事人之间的关于除斥期间的约定影响第三人的利益,则应区别对待。例如,债权人与债务人约定延长债权人(保全)撤销权的行使期间,则第三人与债务人之间缔结的合同被撤销的不确定性时间将被延长。因为私法上约定不得对当事人以外的第三人创设不利益,应认为债权人与债务人之间延长除斥期间的约定无效。如果是完全排除除斥期间的约定,更应无效。但如果债权人与债务人约定缩短债权人(保全)撤销权的行使期间,可使第三人与债务人所缔结的合同的效力状态更早得以确定,于第三人而言,没有任何不利,该约定应属有效。在优先购买权的场合,利益状况相似,亦应适用上述规则。

49　　如果当事人预先约定放弃除斥期间,在法律没有规定的情况下,应类推适用《民法典》第197条第2款。法律禁止诉讼时效的预先放弃主要理由是权利人可能会利用强势地位,损害义务人,从公平保护的角度而言,不应该允许当事人预先约定放弃时效利益,否则等于权利人可以无限

---

[54] 相同观点参见李宇:《民法总则要义:规范释论与判解集注》,法律出版社2017年版,第967页。

[55] 参见尚连杰:《表意瑕疵视角下除斥期间规则的构建与适用——以〈民法总则〉第152条为中心》,《现代法学》2019年第4期,第111页。

期地行使权利,与诉讼时效设立的目的不相吻合。[56] 这些考量在除斥期间中同样成立,而且如果长时期不行使受除斥期间限制的权利,造成相对人法律地位不确定的状况远更甚于请求权的不行使,因此不应允许预先放弃除斥期间。

四、除斥期间的计算

(一)除斥期间的期限

本条对除斥期间的具体期限没有作出统一规定。因为受除斥期间限制的形成权种类繁多,产生原因不一,法律所配置的权利限制期间也不尽相同,所以无法规定统一的期限。从现行法上除斥期间的各项规定中,大致可以归纳出两项规律:

第一,涉及解消某一法律行为之效力的,除斥期间一般应在权利人知道或应当知道相应事由之日起 1 年内行使权利,否则权利消灭;或者自行为发生之日起 5 年内没有行使权利的,权利消灭。在因意思表示瑕疵所生撤销权(《民法典》第 152 条)以及债权人的保全撤销权(《民法典》第 541 条),原则上都采取这种主客观相结合的除斥期间规则。在合同解除权(《民法典》第 564 条)与赠与人的撤销权(《民法典》第 663 条第 1 款)之下,均规定主观标准起算的 1 年除斥期间。涉及商事主体决议的撤销权(《公司法》第 26 条第 2 款),出于组织体稳定和交易安全保护的考虑,除斥期间为客观起算的 60 日。

第二,合理期间。法律未规定或当事人未约定具体期限,法院可以根据诚信原则,在个案中确定权利行使的合理期间。例如,共有人优先购买权、合伙人对合伙份额优先购买权。当事人约定某种形成权,但未约定行使期间,也应该受到合理期间的限制。例如,上海市高级人民法院在裁判中认为,当事人只约定股权回购的条件,条件成就后投资人享有的股权回购权应当在合理期间内行使,"合理期间的确定应依据诚实信用、公平原则,综合考量公司经营管理的特性、股权价值的变动、合同的目的等因素。

---

[56] 参见黄薇主编:《中华人民共和国民法典总则编释义》,法律出版社 2020 年版,第 533 页。

从权利的性质及行使的后果出发,股权回购权的行使期间应短于合同解除权的行使期间"。[57]

(二)除斥期间的起算点

53　　根据本条第 1 句,如果法律没有特别规定,除斥期间应当自权利人知道或者应当知道权利产生之日起计算,即主观起算标准。在《民法总则》(已失效)施行以前,对于法律行为撤销的除斥期间采客观起算标准,例如,《民法通则若干意见》(已失效)第 73 条第 2 款规定:"可变更或者可撤销的民事行为,自行为成立时起超过一年当事人才请求变更或撤销的,人民法院不予保护。"学说上也赞同除斥期间应从权利成立时起算。[58]但也有反对观点指出,如果适用除斥期间的权利尽管已经产生,但客观上处于产生后即无法行使的状态,机械地认定从开始产生时计算,无异于直接否定这种权利的存在。因此,应考虑起算时当事人的主观因素,使除斥期间像时效一样从权利能够行使时开始计算。[59]《合同法》(已失效)第 55 条即采用主观起算标准,《民法典》第 199 条继承之。

54　　比较而言,普通诉讼时效期间的起算点是权利人知道或应当知道权利受到损害以及义务人之日,而适用除斥期间的权利通常与损害无关,因此权利人知道或应当知道的是权利产生事由之日,而非"受到损害之日"。此外,除斥期间所涉及的形成权是相对权的一种,当事人均知晓对方的存在,因此一般不存在权利人不知道相对人是谁的情况,因而无须将明知相对人作为除斥期间主观起算的条件。[60]

55　　《民法典》第 199 条第 1 句关于除斥期间起算点原则上采主观标

---

[57] 吕华铭与蔡冰股权转让纠纷案,上海市高级人民法院(2020)沪民申 1297 号民事裁定书。与此相反,安徽省高级人民法院在裁判中认为,当事人未约定股权回购的期限,权利人自回购条件成就之日起 6 年未行使权利,但回购权没有行使时间的限制或时效限制。参见东华工程科技股份有限公司与安徽淮化集团有限公司股权转让合同纠纷案,安徽省高级人民法院(2020)皖民再 215 号民事判决书。笔者认为,根据诚信原则,未约定行使期间的回购权也应受时间的限制。

[58] 参见佟柔主编:《中国民法学·民法总则》(修订版),人民法院出版社 2008 年版,第 227 页;梁慧星:《民法总论》(第四版),法律出版社 2011 年版,第 247 页。

[59] 参见耿林:《论除斥期间》,《中外法学》2016 年第 3 期,第 639 页。

[60] 是否存在特殊情形,即权利人确实不知道相对人是谁,从而不应当起算除斥期间,有待将来在实践中探索和检验。

准,但还有"除法律另有规定外"的例外情况。具体包括:(1)采主客观结合的标准,例如《民法典》第152条的意思表示瑕疵撤销权、《民法典》第541条的保全撤销权、《公司法》第26条规定的公司决议撤销权;(2)纯粹的客观起算标准,例如《民法典》第462条第2款占有返还请求权(1年)、《民法典》第574条第2款第1句提存物的领取权(5年);(3)以催告或通知作为除斥期间的起算点,例如《民法典》第145条第2款法定代理人的追认权自收到催告之日起30日内行使(类似的有《民法典》第171条第2款)、《民法典》第726条第2款出租人履行通知义务后承租人优先购买权应在15日内行使。当事人约定的回购权及行使权利期间,应自权利人主张回购的意思表示生效之日起算除斥期间。

(三) 中止、中断或延长

1. 既有理论学说

根据本条第1句,除斥期间不适用诉讼时效中止、中断和延长的规定。长期以来我国民法理论都将除斥期间理解为权利存续的固定期间,依其性质不适用中止和中断,也不因其他任何事由而变更。[61] 之所以否定除斥期间适用中止、中断或延长,主要是基于以下几点考量:(1)除斥期间的重点在于追求权利和法律的安定,若允许当事人以主观因素延展期间,显然与其制度宗旨和规范目的相悖。[62] (2)形成权属于一次性权利,一旦行使,就使法律关系发生变动,形成权本身即归于消灭。再次行使,既无必要,亦无可能,不像请求权可以反复行使,故不必有中断而使除斥期间重新计算。[63] (3)除斥期间的期限确定,起算点客观,可以

---

[61] 参见佟柔主编:《中国民法学·民法总则》(修订版),人民法院出版社2008年版,第227页;梁慧星:《民法总论》(第四版),法律出版社2011年版,第246页;王利明主编:《中华人民共和国民法总则详解》(下册),中国法制出版社2017年版,第955页(高圣平执笔);崔建远等编著:《民法总论》(第三版),清华大学出版社2019年版,第293页。

[62] 参见陈甦主编:《民法总则评注》(下册),法律出版社2017年版,第1440页(周江洪执笔);耿林:《论除斥期间》,《中外法学》2016年第3期,第640页。

[63] 参见李宇:《民法总则要义:规范释论与判解集注》,法律出版社2017年版,第969页;陈甦主编:《民法总则评注》(下册),法律出版社2017年版,第1440页(周江洪执笔);王利明主编:《中国民法典学者建议稿及立法理由·总则编》,法律出版社2005年版,第484页;耿林:《论除斥期间》,《中外法学》2016年第3期,第640页。

使相对人有预期,如果发生中止,则其期间何时届满难以确定,相对人不能预期,从而陷入不利的状态。[64]

57　　但也有很多学者对此进行了反思,主张适当予以缓和。周江洪教授认为,中止和延长的主要事由是权利人行使权利面临障碍,从法政策上可以考虑给予除斥期间延期届满或延长。[65] 李宇教授认为,在特殊情形下,如因相对人故意制造障碍而使形成权人于除斥期间内不能行使形成权,相对人即不值得保护,相对人主张除斥期间届满而权利消灭,应依据"恶意者不受保护"之法理,对《民法典》第 199 条作目的性限缩,认定除斥期间于相对人故意制造的障碍期间内中止。[66] 尚连杰教授认为意思表示瑕疵的撤销权需要通过法院或仲裁机关行使,除斥期间应该在有权机关处理阶段停止计算,按中断或中止处理。当出现《民法典》第 194 条中的不可抗力等情形时,除斥期间也可以中止。对于五年的客观起算的除斥期间,虽不适用时效中止或中断的规定,但是可以借鉴最长诉讼时效期间延长的规定,以保留相应的弹性。[67]

2. 本评注观点

58　　除斥期间的目的固然在于追求权利与法律状态的安定清晰,但这不能成为绝对不适用中止或中断规则的理由。尽管除斥期间适用的对象(形成权)对法律关系的稳定性影响极大,因此相较于诉讼时效,除斥期间的规定应更为严苛,但并不能由此推导出除斥期间不适用中止或中断。追求法律关系的安定清晰只是除斥期间价值考量的一方面,另一方面基于私权处分自由原则,只有权利人能够行使而不行使权利,才会导致权利因时间之经过而消灭。若存在权利行使的障碍,导致不能行使权利,法律也不宜过分苛责权利人。《民法典》对除斥期间原则上采主观起算标准,也体现了这一价值考量。

---

　[64]　参见李宇:《民法总则要义:规范释论与判解集注》,法律出版社 2017 年版,第 969 页。

　[65]　参见陈甦主编:《民法总则评注》(下册),法律出版社 2017 年版,第 1440 页(周江洪执笔)。

　[66]　参见李宇:《民法总则要义:规范释论与判解集注》,法律出版社 2017 年版,第 970 页。

　[67]　参见尚连杰:《表意瑕疵视角下除斥期间规则的构建与适用——以〈民法总则〉第 152 条为中心》,《现代法学》2019 年第 4 期,第 113 页。

[除斥期间]

以形成权一经行使就使法律关系确定,进而形成权消灭为由,认为除斥期间不存在中断或中止,但这一观点没有考虑到有些形成权须通过诉讼或仲裁方式行使,如果因诉讼上的程序原因没能有效行使形成权(如程序错误、审判违法等),法律关系并未确定,而权利人也并非不行使权利,就不应当发生除斥期间经过的后果。[68]

本评注认为,本条第1句所规定的除斥期间不适用中止、中断和延长,在法政策上的合理性值得商榷,在具体适用时应适当缓和。尤其是适用该规定将造成难以容忍的不公平后果时,应允许存在例外。以下就中止、中断的具体事由分述之。

就中止事由而言,具体包括:(1)因不可抗力导致权利人无法主张权利,除斥期间若不中止,无异于要求权利人完成不可能做到的事情;(2)权利人欠缺行为能力又没有法定代理人,无法主张权利,或者义务人欠缺行为能力又没有法定代理人,无适格主体受领意思表示,除斥期间徒然经过,对权利人并不公平;(3)在继承开始后未确定继承人或遗产管理人,或者权利人被义务人控制,权利人均无法正常行使权利。本评注认为,在上述情形,均可类推适用《民法典》第194条第1款的规定,除斥期间发生中止,不应继续计算。因为除斥期间在于追求法律关系尽速明确安定,本身期间较诉讼时效为短,因此中止事由消除后,不宜类推《民法典》第194条第2款延期6个月届满,而应继续计算中止事由发生时余下的除斥期间。此外,实践中还有合同当事人发生纠纷后,一直处于协商解决争议状态中的情形,法院认定未超过除斥期间,[69]应值赞同。

就中断而言,《民法典》第195条规定诉讼时效中断的事由大致可分为两类,即主张权利型和义务承认型。首先,就权利人行使权利是否导致除斥期间的中断,应区分具体情形判断:(1)如果权利人以意思表示乃至

---

[68] 司法实践中有案例显示,合同受欺诈一方申请仲裁主张撤销合同,遭仲裁委员会驳回后,继而向人民法院申请撤销仲裁并获得支持。此后,受欺诈方再次向人民法院提起诉讼申请撤销合同,但经过两次司法程序,距其知道欺诈事由已超过了一年的除斥期间。于此,若认定撤销权因除斥期间经过而消灭,对受欺诈方实属不公。参见孙瑞玺:《除斥期间不等于不变期间》,《中国律师》2010年第9期,第62—64页。

[69] 参见中化重庆涪陵化工有限公司与沈鑫股权转让纠纷案,最高人民法院(2018)最高法民申5574号民事裁定书。

通过司法方式主张形成权取得效果,特别是获得胜诉判决,则权利行使之后立即使法律关系终局地确定下来,并不发生除斥期间中断问题;(2)如果权利人主张形成权并无效果(如形成权不成立),或相对人的抗辩成立(如经过除斥期间),也无中断的必要;(3)如果权利人通过司法程序主张权利,因程序原因或司法机关违法审判导致终审被驳回,此后原告另行起诉或法院启动再审,但此时原告的形成权早已超过除斥期间,如果就此认为权利消灭,对原告实属不公,于此可类推适用《民法典》第 195 条第 3 项,除斥期间发生中断,[70]即前一程序终结后,再次起算相同的除斥期间或合理期间。其次,义务人同意履行是否导致中断?本评注认为,形成权不存在相对人同意履行的问题,但如果能够从相对人同意的意思表示中解释出变更除斥期间的合意,则除斥期间按照当事人的约定相应地缩短或延长。

63 　　就延长而言,因为诉讼时效延长所针对的是客观起算的最长时效期间,对于普通时效期间只有中止和中断,不存在延长的问题。因此按照主观标准起算的除斥期间,也不存在延长的问题。按客观标准起算的除斥期间,如果确实存在权利人无法行使权利的障碍,可以考虑类推适用诉讼时效延长的规则。

五、除斥期间届满的法律效果

(一)除斥期间限制的权利消灭

64 　　根据本条第 2 句,除斥期间届满的效果是权利消灭,由此可使法律关系得以终局地确定。具体而言,从权利人的角度来看,撤销权或解除权消灭,使原本可撤销的法律行为或可解除的合同,不能被撤销或解除;优先购买权消灭,权利人不得再以单方意思表示而与出卖人之间创设买卖关系;减价权消灭,权利人不可要求按减少后的价款或报酬履行合同(但不妨碍其他违约责任);追认权消灭,法律行为确定不生效。从相对人的角度来看,除斥期间届满权利消灭的效果是自动发生,因期限届满而受有利

---

[70] 相同观点参见韩世远:《合同法总论》(第四版),法律出版社 2018 年版,第 250 页。

[除斥期间]　　　　　　　　　　　　　65-67　　第199条

益之人无法抛弃该利益。[71]

对于受除斥期间限制的请求权,有观点认为,除斥期间届满后,义务 65
人的给付构成非债清偿,应按不当得利要求返还;但若是明知除斥期间经
过而自愿给付,则视为当事人之间重新成立与原请求权内容相同的法律
关系,而不是原权利的延续。[72] 本评注认为,除斥期间所限制的是请求
权,期间届满的效果是请求权直接消灭,请求权人不得再主张,[73]但实体
权利(产生请求权的法律关系)本身并未消灭,如果义务人自愿履行,类
推《民法典》第192条第2款后段,权利人受领给付后义务人不得请求
返还。

(二)除斥期间与诉讼时效的协调

除斥期间与诉讼时效期间所限制的权利各不相同,原则上不发生交 66
集,相互不影响。如果因同一事实而使权利人同时发生两项以上的权
利,且分别受一年的除斥期间与三年的普通诉讼时效的限制,就可能发生
一者的期间已经届满,而另一者尚未届满的情形。例如,因债务人履行合
同不符合约定,导致债权人同时享有减价权、解除权和损害赔偿请求权
(《民法典》第577条、第582条)。民法理论上将这种形成权与请求权并
存的情形称为"选择性竞合"(alternative Konkurrenz),当事人只能择一行
使,法律效果相互排斥。[74] 法律上对二者的时间限制原则上应分别认
定,相互不妨碍各自的效力。但是,由于二者的起算点和期间计算不
同,就会出现基于同一事由发生的不同权利,在时间限制的法律评价上不
一致,由此突显为两个方面的问题:

第一,合同当事人发生根本违约时,违约请求权的诉讼时效一般较 67

---

〔71〕 参见陈甦主编:《民法总则评注》(下册),法律出版社2017年版,第1441页
(周江洪执笔)。

〔72〕 参见陈甦主编:《民法总则评注》(下册),法律出版社2017年版,第1441页
(周江洪执笔)。

〔73〕 除斥期间限制请求权的效果,与诉讼时效届满限制的效果的不同之处在
于,后者并非使请求权直接消灭,而是义务人取得抗辩权,经行使抗辩权后,请求权才
消灭。

〔74〕 Vgl. Larenz/Wolf, Allgemeiner Teil des Bürgerlichen Rechts, 9. Aufl., C.H. Beck
2004, S. 320.

解除权的除斥期间为长,通常诉讼时效经过后除斥期间也会届满,但偶有特殊原因导致请求权已罹于诉讼时效,而解除权尚未过除斥期间,如果允许行使解除权,则间接地实现了违约损害赔偿请求权的效果,从而架空诉讼时效对请求权的时间限制。例如,在"广州珠钢码头有限公司(以下简称珠钢公司)与亚洲钢铁(投资)有限公司(以下简称亚钢公司)买卖合同纠纷案"中,2011年3月,亚钢公司作为卖方与珠钢公司作为买方签订《设备销售合同》,合同签订当天,珠钢公司向亚钢公司电汇360万美元,合同约定最迟交货期限应为2013年3月。交货期届满后,亚钢公司未向珠钢公司交付约定设备,珠钢公司也未向亚钢公司发送催促函或解除合同通知,直至2018年9月珠钢公司才向法院提起诉讼,要求解除合同并返还已付设备款并主张损失赔偿。此时,违约责任中的损害赔偿请求权显然已罹于诉讼时效,但按照《合同法》(已失效)第95条规定,未经催告解除权的合理期限并不起算,因此原告认为:解除权尚未超过合理期限,仍可继续主张。但是,该案二审法院对此认为"如果在请求权诉讼时效已经届满的情形下解除权人还可以行使合同解除权,对方当事人此时则可以基于诉讼时效经过或者届满提出抗辩,从而使解除权行使失去意义。且合同解除权行使后附随的返还请求权往往出现在同一诉讼中,合同解除与返还财产等存在前后关联关系,若行使合同解除权不受任何期间的限制,会导致当事人以解除权的行使作为规避诉讼时效的事由,也会使请求权的诉讼时效规定落空,不符合诉讼时效的立法目的。"因此,法院驳回原告解除合同的诉讼请求。[75] 上述问题发生在《民法典》颁布之前,而如今按照《民法典》第564条第2款设定的解除权一年除斥期间,且普通诉讼时效期间与除斥期间都是从权利人知道或应当知道发生事由之日起算,解除权的除斥期间一般会先于请求权的诉讼时效届满,因此不发生该问题。但理论上说,还是可能会出现除斥期间起算点比诉讼时效更晚、[76] 除斥期间比短期诉讼时效(如6个月)更长、约定的除斥期间较普通诉讼时效更长

---

[75] 参见广州珠钢码头有限公司与亚洲钢铁(投资)有限公司买卖合同纠纷案,湖北省高级人民法院(2020)鄂民终542号民事判决书。

[76] 例如,债权人只要知道或应当知道债务人因迟延而违约,迟延损害赔偿请求权已经起算诉讼时效;但债权人须知道或应当知道迟延达到根本违约状态,才导致解除权的除斥期间起算。

等特殊情形,上述问题仍可能继续存在。另外,同为违约救济手段,损害赔偿请求权适用三年普通诉讼时效,解除权却适用一年除斥期间,且后者按法律规定不适用中止、中断,更显严苛。因此,彻底解决问题的办法应该是将二者的时间限制协同处理。例如,《德国民法典》并不规定解除权的法定除斥期间,而是将解除权的时间限制系于消灭时效的效力。按照《德国民法典》第 218 条第 1 款第 1 句,如果因债务不履行发生的请求权罹于消灭时效,且债务人主张消灭时效的,解除也不生效力。换言之,如果请求权没有罹于消灭时效,包括中止、中断,则解除权也不会消灭。如此,作为非违约方救济手段的请求权和解除权,能够保持时间限制上的统一。

第二,合同当事人一方欺诈,相对方既享有撤销权(《民法典》第 148 条),又基于缔约过失而享有损害赔偿请求权(《民法典》第 500 条)。[77] 从民法原理上说,撤销是使合同效力自始消灭,而缔约过失损害赔偿手段的"恢复原状"就是废止缔结的"不利的合同"。[78] 因此二者在实际效果上是一致的,但由于撤销权的除斥期间与缔约过失损害赔偿请求权(废止合同请求权)的诉讼时效不一致,从而撤销权先因经过除斥期间而消灭,但相对方仍可能通过损害赔偿请求权实现相同的目的,由此出现法律上的评价矛盾。[79] 对此,德国民法的解决方案或是允许当事人选择竞合的权利,或是欺诈规范优先适用。我国学者则提出严格区分欺诈与缔约过失责任的适用范围,前者侧重保护意思表示自由,后者限于金钱赔偿而

---

[77] 此外,欺诈构成对意思自治的干涉,可能构成侵权责任,发生侵权损害赔偿请求权(《民法典》第 1165 条第 1 款)。我国台湾地区实践承认,因受胁迫而为意思表示者,同时成一种侵权行为,如果撤销权经除斥期间消灭后,仍不妨碍消灭时效完成前,基于侵权行为之损害赔偿请求权,请求废止加害人之债权。参见王泽鉴:《民法总则》,北京大学出版社 2009 年版,第 377 页。德国民法上对于欺诈同时构成侵权的情形,如果欺诈撤销权的除斥期间经过,但根据《德国民法典》第 853 条仍可以主张恶意抗辩,被欺诈人可以拒绝履行债务。Vgl. Staudinger Kommentar BGB/ Reinhard Singer, 2011, §124 Rn. 11.

[78] Vgl. Larenz/Wolf, Allgemeiner Teil des Bürgerlichen Rechts, 9. Aufl., C.H. Beck 2004, S. 606.

[79] 参见刘勇:《缔约过失与欺诈的制度竞合——以欺诈的"故意"要件为中心》,《法学研究》2015 年第 5 期,第 58—59 页;尚连杰:《缔约过失与欺诈的关系再造——以错误理论的功能介入为辅线》,《法学家》2017 年第 4 期,第 131—132 页。

不包括废止合同,[80]即撤销权的效果是消灭法律行为约束力,缔约过失损害赔偿不是消灭合同而只解决金钱赔偿问题。本评注认为,剔除缔约过失中恢复原状的损害赔偿方式,是修改损害赔偿请求权的内涵,破坏原本统一的概念,不足为取。上述撤销权与请求权时间限制方面的差异是立法原因,是人为造成的,当二者都能获致取消法律行为效力这一结果时,欺诈的相关规则相较于缔约过失更为特别,规范目的更为强烈,应该将除斥期间的规则类推适用于缔约过失损害赔偿中的废止合同请求权,由此使二者在时间限制方面得到统一。[81]

六、证明责任

本条适用的前提是权利人须证明形成权已经成立且已经有效地行使权利,例如意思表示已经到达对方(《民法典》第 137 条第 2 款)或向法院提起诉讼,诉状副本已经送达对方(《民法典》第 565 条第 2 款)。继而,相对人欲根据本条第 1 句主张形成权的行使已经超过除斥期间,须证明除斥期间已经起算。具体言之:第一,就主观起算的除斥期间,相对人须证明权利人知道或者应当知道权利已产生。第二,《民法典》其他规定的客观起算除斥期间,例如第 152 条第 2 款、第 462 条第 2 款、第 541 条第 2 句等,相对人须证明导致权利产生的有关事实发生之日。第三,在以催告或通知作为除斥期间起算点的情形,例如第 145 条第 2 款、第 171 条第 2 款、第 726 条第 2 款,相对人须证明已经催告或通知权利人的事实。

如果限缩本条第 1 句中"不适用有关诉讼时效中止、中断和延长的规定",允许司法机关类推适用诉讼时效中止、中断和延长的规定,则应由权利人证明导致权利行使障碍的事实。

参考文献

1. 陈华彬:《民法总则》,中国政法大学出版社 2017 年版。

---

[80] 参见尚连杰:《缔约过失与欺诈的关系再造——以错误理论的功能介入为辅线》,《法学家》2017 年第 4 期,第 131—144 页。

[81] 德国民法通说是基于缔约过失的合同废止请求权类推适用欺诈撤销权的除斥期间。Vgl. Staudinger Kommentar BGB/ Reinhard Singer, 2011, § 124 Rn. 10.

2. 陈甦主编:《民法总则评注》(下册),法律出版社 2017 年版。

3. 崔建远:《关于制定〈民法总则〉的建议》,《财经法学》2015 年第 4 期。

4. 崔建远等编著:《民法总论》(第三版),清华大学出版社 2019 年版。

5. 高丰美、丁广宇:《合同解除权行使"合理期限"之司法认定——基于 36 份裁判文书的分析》,《法律适用》2019 年第 22 期。

6. 耿林:《论除斥期间》,《中外法学》2016 年第 3 期。

7. 韩世远:《合同法总论》(第四版),法律出版社 2018 年版。

8. 黄立:《民法总则》,中国政法大学出版社 2002 年版。

9. 黄薇主编:《中华人民共和国民法典总则编释义》,法律出版社 2020 年版。

10. 黄薇主编:《中华人民共和国民法典合同编释义》,法律出版社 2020 年版。

11. 金晶:《〈合同法〉第 111 条(质量不符合约定之违约责任)评注》,《法学家》2018 年第 3 期。

12. 李建星:《〈民法典〉第 807 条(建工价款的优先受偿权)评注》,《南京大学学报(哲学·人文科学·社会科学)》2021 年第 4 期。

13. 李宇:《民法总则要义:规范释论与判解集注》,法律出版社 2017 年版。

14. 梁慧星:《民法总论》(第四版),法律出版社 2011 年版。

15. 梁慧星:《民法总论》(第五版),法律出版社 2017 年版。

16. 刘勇:《缔约过失与欺诈的制度竞合——以欺诈的"故意"要件为中心》,《法学研究》2015 年第 5 期。

17. 吕双全:《减价救济之定性与实现的逻辑构成》,《政治与法律》2018 年第 3 期。

18. 尚连杰:《缔约过失与欺诈的关系再造——以错误理论的功能介入为辅线》,《法学家》2017 年第 4 期。

19. 尚连杰:《表意瑕疵视角下除斥期间规则的构建与适用——以〈民法总则〉第 152 条为中心》,《现代法学》2019 年第 4 期。

20. 史尚宽:《民法总论》,中国政法大学出版社 2000 年版。

21. 孙华璞:《关于适用合同法第二百八十六条若干问题的思考》,《人民司法》2019 年第 13 期。

22. 孙瑞玺:《除斥期间不等于不变期间》,《中国律师》2010 年第 9 期。

23. 孙宪忠、朱广新主编:《民法典评注·物权编 4》,中国法制出版社 2020 年版。

24. 佟柔主编:《中国民法学·民法总则》(修订版),人民法院出版社 2008 年版。

25. 王利明主编:《中国民法典学者建议稿及立法理由·总则编》,法律出版社 2005 年版。

26. 王利明主编:《中华人民共和国民法总则详解》(下册),中国法制出版社 2017 年版。

27. 王文胜:《托底型回购合同的风险转嫁机理》,《法学研究》2020 年第 4 期。

28. 王泽鉴:《民法总则》,北京大学出版社 2009 年版。

29. 魏启证:《〈民法典〉情势变更规则之行使期间与时效》,《广东社会科学》2021 年第 3 期。

30. 武腾:《减价实现方式的重思与重构》,《北方法学》2014 年第 3 期。

31. 夏敏:《收益权转让及回购合同的性质判断》,《人民司法》2020 年第 17 期。

32. 谢鸿飞、朱广新主编:《民法典评注·合同编·典型合同与准合同 1》,中国法制出版社 2020 年版。

33. 谢鸿飞、朱广新主编:《民法典评注·合同编·典型合同与准合同 3》,中国法制出版社 2020 年版。

34. 郑玉波:《民法总则》,中国政法大学出版社 2003 年版。

35. 朱庆育:《民法总论》(第二版),北京大学出版社 2016 年版。

36. 朱晓喆:《〈民法典〉合同法定解除权规则的体系重构》,《财经法学》2020 年第 5 期。

37. 邹海林:《抵押权时效问题的民法表达》,《法学研究》2018 年第 1 期。

38. 最高人民法院民事审判第一庭编著:《最高人民法院建设工程施工合同司法解释(二)理解与适用》,人民法院出版社 2019 年版。

39. [日]山本敬三:《民法讲义 I:总则》(第 3 版)》,解亘译,北京大学出版社 2012 年版。

40. [日]我妻荣:《我妻荣民法讲义Ⅰ:新订民法总则》,于敏译,中国法制出版社 2008 年版。

41. Larenz/Wolf, Allgemeiner Teil des Bürgerlichen Rechts, 9. Aufl., C. H. Beck 2004.

42. Münchener Kommentar zum BGB, 6.Aufl., 2012.

43. Staudinger Kommentar BGB, 2011.

案例索引

1. 安徽省高级人民法院(2020)皖民再 215 号民事判决书,东华工程科技股份有限公司与安徽淮化集团有限公司股权转让合同纠纷案。

2. 重庆市高级人民法院(2017)渝民终 328 号民事判决书,重庆市奥格斯酒店管理有限公司与重庆市涪陵腾源开发建设投资集团有限公司租赁合同纠纷案。

3. 湖北省高级人民法院(2020)鄂民终542号民事判决书,广州珠钢码头有限公司与亚洲钢铁(投资)有限公司买卖合同纠纷案。

4. 江苏省南通市崇川区人民法院(2018)苏0602民初5570号民事判决书,江苏万通建设集团有限公司与袁新燕房屋买卖合同纠纷案,《人民司法·案例》2019年第8期。

5. 上海市高级人民法院(2020)沪民申1297号民事裁定书,吕华铭与蔡冰股权转让纠纷案。

6. 山东省青岛市中级人民法院(2010)青民二商终字第562号民事判决书,山东海汇生物工程股份有限公司与谢宜豪股权转让合同纠纷案,《人民司法·案例》2011年第12期。

7. 最高人民法院(2004)民二终字第53号民事判决书,中国中化集团公司与北京三元金安大酒店等代位权纠纷案。

8. 最高人民法院(2015)民四终字第21号民事判决书,杜孝君与夏曙萍股权转让合同纠纷案。

9. 最高人民法院(2018)最高法民再51号民事判决书,厦门源昌房地产开发有限公司与海南悦信集团有限公司委托合同纠纷案。

10. 最高人民法院(2018)最高法民申5574号民事裁定书,中化重庆涪陵化工有限公司与沈鑫股权转让纠纷案。

11. 最高人民法院(2021)最高法民申5241号民事裁定书,李正桃与陈栎匀等占有物返还纠纷案。

第十章 期间计算

导 言

　　本章是关于期间计算方法的规定。期间的上位概念是时间,时间本身也是法律事实的一种,且时间在法律事实中占有重要位置,其使用亦最为频繁,[1]如自然人出生与死亡的时间直接决定权利能力的取得与丧失;在附期限的法律行为中,法律行为的效力取决于一定时间的到来;遗失物的所有权人能否追回被他人无权处分之物,取决于其是否在一定时间内向受让人请求返还原物;债权人可否要求债务人履行债务,取决于所约定的履行时间(期限)是否届至;撤销权的行使期间届满,会使权利人丧失其所享有的撤销权。诸此等等,无不反映了时间与一定法律事实,或者说一定法律效果的发生有着密切联系。民法学理上将时间在法律上的意义归纳为以下七个方面:(1)时间决定民事主体的民事权利和民事行为能力;(2)时间决定某些事实的推定,如自然人下落不明达到一定期间而在法律上推定其失踪或死亡;(3)时间决定法律关系由不确定到确定,如无权代理中,经相对人催告,被代理人1个月内未作表示,法律关系确定地发生在相对人和无权代理人之间;(4)时间决定权利的取得、存续和丧失;(5)时间决定着权利的行使和义务的履行;(6)时间决定着法律行为的存续;(7)时间作为独立的民法制度,如诉讼时效、除斥期间。[2]

　　时间包括期日和期间。期日是指一定的、不许分割的时间,它是时间的静态表现。[3]期间是指期日与期日所间隔的时间段,它必有一定长度,且有始有终,犹如时间流上截取的一个段落,属于动态的观念。[4]期

---

[1] 参见梁慧星:《民法总论》(第五版),法律出版社2017年版,第268页。

[2] 参见崔建远等编著:《民法总论》(第三版),清华大学出版社2019年版,第267—269页。

[3] 参见梁慧星:《民法总论》(第五版),法律出版社2017年版,第268页;崔建远等编著:《民法总论》(第三版),清华大学出版社2019年版,第269页。

[4] 参见梁慧星:《民法总论》(第五版),法律出版社2017年版,第268页;崔建远等编著:《民法总论》(第三版),清华大学出版社2019年版,第269页。

日的计算一般以法定期日、指定期日和约定期日为准。[5] 但需要注意的是,以某日为给付或意思表示的期日时,该日全日皆视为不可分的期日,但原则上应于通常营业或作息时间为给付或意思表示,于凌晨或深夜为之者,依其情形,得构成诚实信用原则的违反。[6] 此外,法律上还有"期限"的概念。学理上认为,期限之时间的计算,从某一时点开始计算,称为始期;迄自某一时点停止计算,称为终期。[7] 换言之,期限为时间之计算,仅言其一端;期间为时间之经过,指两端之间。[8]

本章规定,是针对自期间起算点向将来计算的情形(顺算),对于自起算点回溯计算的情形(逆算),可类推适用。[9] 另外,史尚宽先生指出,关于期间的规定,均为解释规定,唯于当事人之意思不明时,始有适用。[10] 根据《民法典》第 204 条的但书,当事人可以约定期间的计算方法,因此宜将本章规定理解为解释规定,如果当事人另有约定,或者从当事人的约定中可以解释出对期间有不同于本章第 200 条至第 203 条的计算规则时,应优先适用。在解释时,如果当事人之间存在关于期间计算的交易习惯,应尊重相应交易习惯。

---

[5] 参见崔建远等编著:《民法总论》(第三版),清华大学出版社 2019 年版,第 269 页。

[6] 参见王泽鉴:《民法总则》,北京大学出版社 2009 年版,第 487 页。

[7] 参见梁慧星:《民法总论》(第五版),法律出版社 2017 年版,第 268 页。

[8] 参见梁慧星:《民法总论》(第五版),法律出版社 2017 年版,第 268—269 页。

[9] 参见王泽鉴:《民法总则》,北京大学出版社 2009 年版,第 489 页;李宇:《民法总则要义:规范释论与判解集注》,法律出版社 2017 年版,第 971 页。

[10] 参见史尚宽:《民法总论》,中国政法大学出版社 2000 年版,第 611 页。

第二百条 【期间的计算单位】

民法所称的期间按照公历年、月、日、小时计算。

一、规范目的

本条确定了期间的计算单位,根据本条规定,民法上所称的期间以公历年、月、日、小时为计算单位。

二、立法沿革与比较法例

本条源自《民法通则》(已失效)第154条第1款,其内容与本条一致。在立法过程中,在《民法总则草案一审稿》中规定为"民事法律所称的期间按照公历年、月、日、小时计算"。在《民法总则草案三审稿》中又将"民事法律"的表述改为"民法",此后再无变化。

立法过程中,有建议将"小时"改为"时"的观点,因为"时"可以包含小时、分、秒等单位,随着时间观念的变迁,在股票、期货、外汇交易等民事活动中,一分一秒都具有重大商业价值,计量时间需要精确到分和秒。[1]但考虑到法律规定无法穷尽和面面俱到,需要把社会实践中最常使用的期间计算单位加以明确规定,同时在民事活动中,尊重当事人的意思自治和交易习惯,允许当事人约定期间的计算单位、计算方法,因此法律没有作出此种规定。[2]

比较法上,有以星期作为时间计算单位的,如《德国民法典》第188条第2款、《日本民法典》第140条、《俄罗斯联邦民法典》第190条第1款以及我国台湾地区"民法"第120条第2款。我国在制定《民法典》的过

---

〔1〕 参见黄薇主编:《中华人民共和国民法典总则编释义》,法律出版社2020年版,第539页。

〔2〕 参见黄薇主编:《中华人民共和国民法典总则编释义》,法律出版社2020年版,第539页。

程中,也有人建议法律明确规定"星期"为期间的计算单位。但考虑到"星期"在社会生活中虽然频繁用到,但在签订合同、履行义务、提供劳务等法律上需要计算期间时,我国社会公众很少使用"星期"作为期间计算单位,绝大多数情况下还是使用小时、日、月和年,遂未规定。[3]

三、期间计算方法

关于期间的计算方法有自然计算法和历法计算法两种:

自然计算法是以固定的时间长度作为精确计算期间的方法。按照这种计算方法,1小时为60分钟、1日为24小时、1个月为30日、1年为365日。学理上认为,自然计算法所得结果固然精确,但有欠简便,用以计算长期间,颇为不便。[4]

历法计算法是按照日历所确定的日、月、年计算。按照这种计算方法,1个月为日历所载1日至当月末日(可能是30日,也可能是31日),一年为日历所载1月1日至当年12月31日(可能是365日,也可能是366日)。这里的年和月均指公历的年月,而非农历的年月。由于年有平闰年之分,月有大小之别,因此同为1年或1个月期间,时间的具体长度可能有所不同。[5] 本条并未言明采取何种计算方法。但从两种计算方法的实际内涵可以看出,历法计算法用于计算日、月和年,对于小时无法适用。因此,如果当事人约定或法律规定的期间计算单位为小时,则只能按照自然计算法计算期间。民法应以依历法计算法为原则,而依自然计算法为例外。[6]

当涉及以年、月作为期间计算单位时,主流观点认为,在对连续性期间进行计算时,应以历法计算法计算年和月的时间长度,而采用自然计算法确定日和小时的时间长度;对非连续性期间进行计算时,则统一采用

---

〔3〕 参见黄薇主编:《中华人民共和国民法典总则编释义》,法律出版社2020年版,第539页。

〔4〕 参见梁慧星:《民法总论》(第五版),法律出版社2017年版,第269页;崔建远等编著:《民法总论》(第三版),清华大学出版社2019年版,第270页。

〔5〕 参见陈甦主编:《民法总则评注》(下册),法律出版社2017年版,第1444页(刘明执笔)。

〔6〕 参见史尚宽:《民法总论》,中国政法大学出版社2000年版,第612页。

自然计算法确定时间长度。[7] 也有观点不区分期间是否具有连续性,主张对于年、月采用公历的历法规则,对于日、小时采用自然计算法。[8] 根据《民法通则若干意见》(已失效)第198条第1款,当事人约定的期间不是以月、年第一天起算的,1个月为30日,1年为365日。

区分期间是否具有连续性而适用不同计算方法的做法值得赞同。若期间具有连续性,如根据《民法典》第152条第1款第2项,撤销受胁迫的法律行为,应自胁迫行为终止之日起1年内为之。假使胁迫行为自2021年3月9日终止,一年除斥期间应自2021年3月10日起算,至2022年3月10日。如果胁迫行为自2020年(闰年)3月9日终止,除斥期间应自2020年3月10日起算,至2021年3月10日,而不应采取自然计算法,以2021年3月9日为除斥期间届满之日。又如,甲乙约定:甲将房屋出租给乙,租期1个月,合同自2021年3月9日生效。应认为租期于4月9日届满,而非考虑3月是大月,认为租期于4月8日届满。

若期间不具有连续性,如在采用不定期工作制的劳务关系中,雇用双方约定,劳方工作每满1个月雇主向其支付一次工资,此处所说的一个月,是指具体的工作时间长度,而非日历上的某个日期。[9] 但因为期间计算法本身也是一种解释规则,因此应当结合当事人的约定及交易习惯具体判断,如甲乙约定:甲每周来乙家两次为乙的女儿教授钢琴,工资月结。这里的月就不应按照自然计算法计算,而宜采取历法计算法。

---

[7] 参见陈甦主编:《民法总则评注》(下册),法律出版社2017年版,第1444页(刘明执笔);梁慧星:《民法总论》(第五版),法律出版社2017年版,第269页。《德国民法典》第191条规定:"以月或年定期间,而非须连续计算者,每月以三十日,每年以三百六十五日计算。"

[8] 参见黄薇主编:《中华人民共和国民法典总则编释义》,法律出版社2020年版,第539页。

[9] 参见陈甦主编:《民法总则评注》(下册),法律出版社2017年版,第1444页(刘明执笔)。

第二百零一条 【始期的计算方法】

按照年、月、日计算期间的,开始的当日不计入,自下一日开始计算。按照小时计算期间的,自法律规定或者当事人约定的时间开始计算。

目 录

一、规范目的 …………………………………………………… 370
二、立法沿革与比较法例 ……………………………………… 371
三、始期的计算方法 …………………………………………… 371
　(一)以年、月、日计算期间 ………………………………… 371
　(二)以小时计算期间 ……………………………………… 373

一、规范目的

期间的计算首先涉及的问题是期间自何时开始计算,即始期的确定。因为期间的计算会直接影响乃至决定当事人之间的权利义务关系,为避免当事人在没有明确约定的情况下,对期间始期的确定发生争议,本条分别对使用年、月、日和小时作为期间计算单位时,期间始期的默认计算方法进行了规定。[1]

本条分为两款,对于按照年、月、日计算的期间和按照小时计算的期间采取不同的始期计算规则。如果期间是按照年、月、日计算的,开始的当日不计入,这主要是因为期间开始的当日通常已经过一段时间,如果以该日作为期间的起算点,可能会使当事人的期限利益遭受损失。[2] 以小时作为计算单位的期间长度往往较短,为保障期间计算的精确程度,应以法律规定或当事人约定的具体时刻作为期间的起算点,并据此推定期间

---

[1] 参见陈甦主编:《民法总则评注》(下册),法律出版社2017年版,第1446页(刘明执笔)。

[2] 参见陈甦主编:《民法总则评注》(下册),法律出版社2017年版,第1447页(刘明执笔)。

的终期。[3]

二、立法沿革与比较法例

本条源自《民法通则》(已失效)第 154 条第 2 款,该款第 2 句与本条第 1 款的内容没有实质差别。依《民法通则》(已失效)第 154 条第 2 款第 1 句,按照小时计算期间的,从规定时开始计算。《民法总则草案一审稿》将《民法通则》(已失效)第 154 条第 2 款的规定分为两款,第 1 款为按照小时计算期间的始期确定规则,除保留了自法律规定的时间起算外,还增加了自当事人约定的时间起算。第 2 款为按照日、月、年计算期间的始期确定规则,其内容与《民法通则》(已失效)第 154 条第 2 款第 2 句基本相同。在以后的各次审议稿中,仅《民法总则草案审议稿》将两款的位置颠倒,除此以外,没有任何实质变化,最终形成了现在的规则。

比较法上对于以日、周、月、年或者一定事件确定期间的,大多规定始日或事件发生之日不计算在内,而自次日开始计算,如《德国民法典》第 187 条第 1 款、《日本民法典》第 140 条第 1 句、《俄罗斯联邦民法典》第 191 条以及我国台湾地区"民法"第 120 条第 2 款,均有类似规定。但其多设有例外规定,如《德国民法典》第 187 条第 2 款第 1 句以及《日本民法典》第 140 条第 2 句规定,若期间自上午零时起算,其始日仍然计算在内;《德国民法典》第 187 条第 2 款第 2 句以及我国台湾地区"民法"第 124 条第 1 款规定,年龄之计算,出生之日亦计入始日。

三、始期的计算方法

(一)以年、月、日计算期间

无论是按照年、月还是日计算期间,期间均从某一日开始。依本条第 1 款规定,以年、月、日为单位计算期间,开始之日不计入,而应从下一日开始计算期间。具体来说,是从下一日的零时开始计算。根据《民法典》

---

[3] 参见陈甦主编:《民法总则评注》(下册),法律出版社 2017 年版,第 1447 页(刘明执笔)。

第 152 条第 1 款第 1 项后一种情形,因重大误解而产生的撤销权,应在当事人知道或应当知道撤销事由之日起 90 日内行使,例如,甲在 2022 年 3 月 10 日上午 9 点知道自己的意思表示存在错误,则其撤销权的除斥期间应自 2022 年 3 月 11 日零时开始计算。开始当日之所以不计入,是因为若算入初日,则以未满 24 小时为 1 日,于交易习惯上既有不合,于当事人之一方亦未免过于严苛。[4]

6　　如前所述,德国与日本设有"若期间自上午零时起算,其始日仍然计算在内"的规则,我国台湾地区"民法"虽无类似规定,但学理上认可当事人得特别约定算入始日。[5] 我国《民法典》虽无此规则,但根据《民法典》第 204 条,当事人可对期间的计算方法进行约定。若当事人明确约定初始日也计入期间,自应允许。即使当事人没有明确约定初始日也计入期间,只要能从其约定中解释出此等意思,即可认为初始日亦计入期间。例如,甲乙于 2022 年 3 月 10 日上午 9 点约定,甲将房屋出租给乙,租期自 2022 年 4 月 10 日开始,总计 3 个月。在此种情形下,租赁期间自应从 2022 年 4 月 10 日零时起算,即 4 月 10 日当天应计入。若期间系由法律规定,通常来说,很少会存在从零时开始起算的情况,但若确实存在此种情形,则应进行目的性限缩,将初始日也计算在内。例如,甲于一次交通事故中受伤,肇事司机逃逸,甲发动好友帮其寻找肇事司机,终于在 2022 年 3 月 10 日零时,甲的好友乙将肇事司机的详细信息告知甲,诉讼时效应立即开始计算。

7　　年龄的计算,其实是终期计算的问题,如婴儿 1 周岁的时间应为其出生 1 年后对应月对应日零时。与始期计算相关者,是权利能力取得时间的确定。根据《民法典》第 13 条规定,自然人从出生时起到死亡时止,具有权利能力。学理上认为,此处的"从出生时起"显然包含自然人出生当天在内,准确来说,自然人权利能力的起算时间点并不能说是以出生日为标准,而应当以出生日的具体时间点(即出生日的某时某分甚至精确到某秒)为标准。[6] 这种观点值得赞同,因为权利能力因自然人之出生而自动获得,与期间计算问题无关。但在胎儿出生以后,与其相关的法律事

〔4〕 参见史尚宽:《民法总论》,中国政法大学出版社 2000 年版,第 613 页。
〔5〕 参见史尚宽:《民法总论》,中国政法大学出版社 2000 年版,第 614 页。
〔6〕 参见王利明主编:《中华人民共和国民法总则详解》(下册),中国法制出版社 2017 年版,第 967—968 页。

[始期的计算方法] 8-9 第 201 条

实涉及期间计算的,仍应适用本条的一般规则。

(二) 以小时计算期间

根据本条第 2 款,按照小时计算期间的,自法律规定或者当事人约定的时间开始计算。这里虽仅规范了以小时计算期间,但对于以分、秒计算期间,亦可类推适用。按照这一规定,开始的时点也计算在期间之内。与之不同,根据《民事诉讼法》第 85 条第 2 款规定,期间以时计算的,期间开始的时点不计算在内。根据《民事诉讼法解释》第 125 条规定,依照《民事诉讼法》第 85 条第 2 款规定,民事诉讼中以时起算的期间从次时起算。这一规则不可准用于民法上以时为单位的期间计算,因为根据《民事诉讼法》第 85 条规定,民事诉讼法上的期间包括法定期间和人民法院指定的期间。如果不以整时计算,而具体到分、秒,会使民事诉讼中的期间认定过于零散、复杂。《民事诉讼法》上的规定有其合理之处。但在民事交往中,期间应按照当事人的约定即刻起算,而不是必须从整时开始。例如,甲于 2022 年 3 月 10 日上午 10 点 40 分在游船码头向乙租赁一艘游船,使用时间为 2 小时,超出 2 小时按每 10 分钟 15 元计费,不足 10 分钟按 10 分钟计算。在此,甲使用游船的时间应从 10 点 40 分即开始计算。此外,还有观点认为,除非当事人另有约定,否则按照小时计算期间时,通常应以整点作为期间的始期和终期的计算节点。[7] 但在一些使用智能系统计算时间的交易中,时间的计算可能会精确到分秒,如甲在 KTV 唱歌,KTV 员工在 7 点 36 分为甲设置开始一个包间,时间 3 小时,到了晚上 10 点 36 分时,包房系统即停用。这里时间的计算精确到了分秒。关于期间的具体计算,更多还是要考虑当事人之间的约定以及交易习惯。

8

现行法所规定的以小时计算期间的,主要集中于刑事诉讼、行政诉讼、行政处罚等领域。私法上以小时计算期间的规定并不多。《海商法》第 97 条第 1 款规定:"出租人在约定的受载期限内未能提供船舶的,承租人有权解除合同。但是,出租人将船舶延误情况和船舶预期抵达装货港的日期通知承租人的,承租人应当自收到通知时起四十八小时内,将是否解除合同的决定通知出租人。"《海商法》第 131 条第 2 款规定:"出租人

9

---

〔7〕 参见陈甦主编:《民法总则评注》(下册),法律出版社 2017 年版,第 1447 页(刘明执笔)。

违反前款规定的,承租人有权解除合同,出租人将船舶延误情况和船舶预期抵达交船港的日期通知承租人的,承租人应当自接到通知时起四十八小时内,将解除合同或者继续租用船舶的决定通知出租人。"《海商法》第 133 条第 2 款规定:"船舶不符合约定的适航状态或者其他状态而不能正常营运连续满二十四小时的,对因此而损失的营运时间,承租人不付租金,但是上述状态是由承租人造成的除外。"《劳动合同法》第 68 条规定,非全日制用工是劳动者在同一用人单位一般平均每日工作时间不超过 4 小时,每周工作时间累计不超过 24 小时的用工形式。这些都是法定的按小时计算期间,其始期按照相应规定中的时点确定。学理上认为,这里的时间应具体到分甚至秒,唯有如此方能更好地保障双方当事人的权益。[8]

---

[8] 参见王利明主编:《中华人民共和国民法总则详解》(下册),中国法制出版社 2017 年版,第 967 页。

第二百零二条 【终期的计算方法】

按照年、月计算期间的,到期月的对应日为期间的最后一日;没有对应日的,月末日为期间的最后一日。

一、规范目的

本条是关于终期计算方法的规则,在确定了始期以后,须再确定终期,方可完整地确定期间。本条区分到期月是否有对应日,分别以"到期月的对应日"和"月末日"为期间的最后一日。

二、立法沿革与比较法例

《民法通则》(已失效)没有关于终期计算的一般规则。《民法总则草案一审稿》第182条规定:"按照月、年计算期间的,最后一月与期间开始当日的相应日为期间的最后一日;最后一月没有相应日的,其结束日为期间的最后一日。"《民法总则草案二审稿》基本维持了这一规定,在语言表述上更为凝练,规定为"按照月、年计算期间的,到期月的对应日为期间的最后一日;没有对应日的,月末日为期间的最后一日。"此后本条无实质变化,仅将"按照月、年计算期间的"改为"按照年、月计算期间的"。

在比较法上,如果期间的起算点是1个月或1年的第一天,有以该月或年的末日为终期者,如《日本民法典》第141条和我国台湾地区"民法"第121条第1款,均设有类似规定。按照这种计算方法,如甲乙约定,甲从2022年1月1日起(包括当日)将房屋出租给乙,租期1年,则租赁期间于2022年12月31日届满。

如果期间的起算点不是1个月或1年的第一天,一般区分是否存在对应日,但具体的计算方式不一致。根据《德国民法典》第188条第2款规定,如果存在对应日,则应以最末周或月之对应日为期间之终期;如果始日也计算在内,则以该对应日的前一日为终期;若以月定期间,且于最末月无相当日,则以该月之最末日为终期。根据《日本民法典》第 143 条第 2 款以及我国台湾地区"民法"第 121 条第 2 款规定,期间不以星期、月或年之始日起算者,以最后之星期、月或年与起算日对应日的前一日,为终期;但以月或年定期间,于最后月无对应日,则以其月之末日,为终期。也即,除非是始日也计算在期间之内,否则按照德国法计算的期间较日本与我国台湾地区多一日。

三、终期的计算方法

(一)到期月有对应日的期间计算

本条没有区分始日是否为 1 年或 1 月的第一天,而统一按照是否有对应日确定终期。有观点认为,在按照整月计算的情况下,期间的最后一日总是月末日,如甲乙于 2017 年 2 月 28 日签订劳务合同,约定 1 个月的履行期,则期间开始日为 2017 年 3 月 1 日,期间结束日为 2017 年 3 月 31 日。[1] 梁慧星教授也认为,若在以星期、月、年之第一日起算的情形,则当然以该期间之末日,为期间最后一日。[2] 但这与法律规定的文义并不契合,因为按照本条第 1 分句的规定,前述案例属于到期月有对应日的情形,应以到期月的对应日为最后一日,即 2017 年 4 月 1 日为最后一日。[3] 期间的计算更多属于一种技术性规范,前述做法突破了法律清晰的文义,存有疑问。

另外,对于"对应日为期间的最后一日"应如何理解,也存在分歧。按照全国人大法工委释义书中所举例子,甲、乙二人于 2017 年 1 月 15 日签订劳动合同,约定 1 个月的履行期,则期间开始日为 2017 年 1 月 16 日,结束日为 2017 年 2 月 15 日。[4] 按照《民法总则评注》中所举的例子,若某期

---

〔1〕 参见黄薇主编:《中华人民共和国民法典总则编释义》,法律出版社 2020 年版,第 542 页。

〔2〕 参见梁慧星:《民法总论》(第五版),法律出版社 2017 年版,第 270 页。

〔3〕 相同观点,参见陈甦主编:《民法总则评注》(下册),法律出版社 2017 年版,第 1450 页。

〔4〕 参见黄薇主编:《中华人民共和国民法典总则编释义》,法律出版社 2020 年版,第 542 页。

间自 2017 年 3 月 20 日开始计算,期间为 1 个月,到期日则为 4 月 20 日。[5] 按此计算方法,在前一个例子中,到期日应为 2017 年 2 月 16 日。

笔者赞成前一种观点。在第二个例子中,期间从 3 月 20 日开始计算,这意味着这一天是算在内的。本条第 1 分句所讲的对应日所"对应"的应该是前一条(《民法典》第 201 条)中的"开始的当日"。也就是说,通常情况下 3 月 19 日是"开始的当日",那么对应日应该是 4 月 19 日,到期日应为 4 月 19 日,这与第一个例子的结论一致。但假使当事人于 3 月 1 日约定,租期从 3 月 20 日开始计算,为期 1 个月,或者说存在《民法典》第 201 条中所说的期间从当日零时开始起算的情形,如果严格按照法条字义的话,到期月的对应日只能是 4 月 20 日,而该日是期间的最后一日。这样,相比于前一种情况就会多出一天。在当事人约定的情况下,首先应通过意思表示解释来确定 3 月 20 日与 4 月 20 日是否都包括在期间之内,如果当事人没有明确约定,通常来说,当事人约定的重点在于"为期 1 个月",故应以 4 月 19 日为到期日,如果 4 月 20 日也包括在内,实际期间是 1 个月零 1 天,这与当事人意思不符。在法定情况下,如前所述,开始日恰为零时的情形并不多见,如确实存在这种情况,当日既已计算在内,则终期应不再包括对应日,即以对应日的前一日为最后一日。

(二)到期月无对应日的期间计算

因为按照公历计算的月会有大月和小月之分,二月最多只有 29 天,所以可能会存在到期月没有对应日的情况,如 2021 年 3 月 31 日,甲乙签订租赁合同,租期 1 个月,因为 4 月(到期月)没有 31 号,因此应以 4 月 30 日为期间的最后一日。这种做法可能导致的一个结果是,在到期月没有对应日的情形中,总时间会比有对应日的情形少。在前述例子中,如果租赁合同于 3 月 30 号签订,到期日同样是 4 月 30 日,总时间多了一天。不过,这是两种情形下期间计算规则所推导出的一般结果,不宜认为存在法律漏洞,无须进行漏洞填补。

---

[5] 参见陈甦主编:《民法总则评注》(下册),法律出版社 2017 年版,第 1450 页(刘明执笔)。

第二百零三条 【终期的顺延与截止时间】

期间的最后一日是法定休假日的,以法定休假日结束的次日为期间的最后一日。

期间的最后一日的截止时间为二十四时;有业务时间的,停止业务活动的时间为截止时间。

一、规范目的

1　本条分为两款,第1款所调整的是期间最后一日为法定休假日的情况下期间的顺延。第2款首先对最后一日的截止时间作出了一般规定,但如果有业务时间,则应以停止业务活动的时间为截止时间。之所以在遇到"法定休假日"或有"业务时间"的情况下,应对期间最后一日或其截止时间进行特殊规范,主要是为了确保当事人能够在期间的最后一日实现有效沟通,从而尽量避免以期限届满的法定效果替代双方当事人的意思自治。[1] 尤其是我国采取民商合一的立法模式,在法定休假日内,公司企业等主体并不营业,此等主体自身通常不能行使权利,其他主体对其也不能行使权利,如果认为在法定休假日内期间即届满,则无异于使期间缩短。同样,公司企业等主体通常有固定的业务活动时间,法律不能强求其于业务活动停止后仍从事民事活动,故以业务活动停止的时间为截止时间。

二、立法沿革与比较法例

(一)立法沿革

2　本条源自《民法通则》(已失效)第154条第3款和第4款,第3款规定:"期间的最后一天是星期日或者其他法定休假日的,以休假日的次日

---

〔1〕 参见陈甦主编:《民法总则评注》(下册),法律出版社2017年版,第1452页(刘明执笔)。

为期间的最后一天。"第 4 款规定:"期间的最后一天的截止时间为二十四点。有业务时间的,到停止业务活动的时间截止。"《民法总则草案一审稿》维持了这一规则,但作了部分文字修改,规定为:"期间的最后一日是法定休假日的,以法定休假日结束的次日为期间的最后一日(第 1 款)。期间的最后一日的截止时间为二十四点;有业务活动时间的,到停止业务活动的时间截止(第 2 款)。"在此后的数次审议稿中,仅对该条文字作了部分修改,最终形成本条规定。

比较法上多亦设有类似规定,如《德国民法典》第 193 条规定:"于特定期日或期间内,应为意思表示或给付者,且该期日或期间之末日为星期日,或于表示地或给付地为国定假日或星期六,以其次日之工作日代之。"《日本民法典》第 142 条规定:"期间最后一日为星期日,国民节日法规定之休息日及其他休息日时,限于有习惯于该日不进行交易之情形,期间于其翌日届满。"我国台湾地区"民法"第 122 条规定:"于一定期日或期间内,应为意思表示或给付者,其期日或其期间之末日,为星期日、纪念日或其他休息日时,以其休息日之次日代之。"前述各规定虽在文字表述上略有出入,但其规则实质内涵差别不大。

三、终期的顺延(《民法典》第 203 条第 1 款)

根据本条第 1 款,期间的最后一日如果是法定休假日,则期间的最后一日应顺延至法定休假日结束的次日。按照这一规定,如果期间的数日均在法定休假日内,在法定休假日结束后,也只顺延 1 日。例如,除夕当天为终期的倒数第 3 天,因为从除夕当天开始计算 7 天的法定休假日,在春节 7 天休假日结束后,期间并非继续计算 3 天,而是仅剩 1 天。

这里的"法定休假日"包括星期六和星期日以及其他法定休假日。《民法通则》(已失效)第 154 条第 3 款之所以仅将星期日作为法定休假日,是因为在当时我国长期采取每周六天工作制。现在根据《国务院关于职工工作时间的规定》第 7 条以及目前绝大多数企事业单位的实际情况,周六和周日都是法定休假日。[2] 因此如果期间的最后一日是星期

---

[2] 参见陈甦主编:《民法总则评注》(下册),法律出版社 2017 年版,第 1453 页(刘明执笔)。

六或星期日,应将星期一作为期间的最后一日。

6　　根据《全国年节及纪念日放假办法》第2条规定,全体公民放假的节日包括:(1)元旦,放假1天(1月1日);(2)春节,放假3天(农历正月初一、初二、初三);(3)清明节,放假1天(农历清明当日);(4)劳动节,放假1天(5月1日);(5)端午节,放假1天(农历端午当日);(6)中秋节,放假1天(农历中秋当日);(7)国庆节,放假3天(10月1日、2日、3日)。如果期间的最后一日为此类全体公民放假的节日,期间终期应顺延。不过,相应假期一般会结合周六、周日进行调休安排,休假日应当按照相应节日的具体休假安排确定。

7　　根据《全国年节及纪念日放假办法》第3条规定,部分公民放假的节日及纪念日包括:(1)妇女节(3月8日),妇女放假半天;(2)青年节(5月4日),14周岁以上的青年放假半天;(3)儿童节(6月1日),不满14周岁的少年儿童放假1天;(4)中国人民解放军建军纪念日(8月1日),现役军人放假半天。学理上认为,此类休假日因适用对象不具有普遍性,对于日常工作生产亦不产生实质影响,通常不作为期间计算中的"法定休假日"。[3] 该观点值得赞同。

8　　根据《全国年节及纪念日放假办法》第4条规定,少数民族习惯的节日,由各少数民族聚居地区的地方人民政府,按照各该民族习惯,规定放假日期。如果当事人之间的权利义务关系期间计算涉及少数民族节假日,亦应顺延一日。学理上认为,不为交易之习惯,当事人一方所在地有休息习惯,而他方无此习惯时,当事人一方有此习惯为已足。[4] 也就是说,原则上只要一方当事人所在地有法定休假日,即应适用本款。

9　　此外,如果当事人在法定休假日为意思表示或给付,经相对人接受的,效力并不因法定休假日而受影响;送达经过被送达人或其他有权代为接收送达人的接受,接受日即使为法定休假日,送达也照样产生法律效力。[5] 本款的规范目的是防止期间最后一日在法定休假日内,而影响权

---

〔3〕 参见陈甦主编:《民法总则评注》(下册),法律出版社2017年版,第1453页(刘明执笔)。

〔4〕 参见史尚宽:《民法总论》,中国政法大学出版社2000年版,第617页。

〔5〕 参见王利明主编:《中华人民共和国民法总则详解》(下册),中国法制出版社2017年版,第974页。类似观点,亦见史尚宽:《民法总论》,中国政法大学出版社2000年版,第617页。

利行使或义务履行等民事活动的开展,既然法定休假日对当事人没有产生实际影响,则没有必要适用本款。

四、终期的截止时间(《民法典》第203条第2款)

按照自然计算法,1日为24小时,因此最后一日的截止时间原则上是当天24点。但如前述,对于公司企业等主体来说,不能期待其晚上12点还在营业。通常来说,业务结束的时间意味着其在实质上不再具有受领和发出意思表示的能力,因此应以业务结束时间为截止时间。[6] 这里的业务时间,是指民事主体个别的业务活动常规时间(营业时间、办公时间等)。[7] 由于不同民事主体的业务时间往往各不相同,因此,为了平衡兼顾双方当事人的利益关系,本条所述的业务时间,应同时具备公开性和固定性特点,即该业务时间既能够被相对人合理知悉,也不存在被任意修改或调整的情况。[8] 如果相应民事主体在业务时间以外行使权利或发出意思表示,而该权利行使的主张或意思表示于相对人业务时间内到达(或其没有业务时间),则其通常发生效力。当然在此情况下,相对人亦可向已过业务活动时间的主体发出意思表示或主张权利。

---

[6] 参见陈甦主编:《民法总则评注》(下册),法律出版社2017年版,第1454页(刘明执笔)。

[7] 参见李宇:《民法总则要义:规范释论与判解集注》,法律出版社2017年版,第974页。

[8] 参见陈甦主编:《民法总则评注》(下册),法律出版社2017年版,第1454页(刘明执笔)。

第二百零四条 【本章规定的适用范围】

期间的计算方法依照本法的规定,但是法律另有规定或者当事人另有约定的除外。

一、规范目的

1   本条确定了期间原则上按照本章所规定之方法计算,但也允许其他法律对期间的计算方法另行规定,或由当事人对期间的计算方法进行约定。本章所确定的是民事领域期间计算的基本规则,如果单行法对期间的计算方法有不同规定,根据特殊优先于一般的法理,应当适用特别法的规定。[1] 同时,民法需要充分尊重当事人的意思自治,当事人有特定交易习惯或者对期间的计算方法能够达成一致约定的,可以依照当事人的约定。[2] 承认期间的计算规则是任意规定,可以满足实践中当事人对于期间计算方法更加多样、细致的需求。

二、立法沿革与比较法例

2   根据《民法通则若干意见》(已失效)第199条规定,按照日、月、年计算期间,当事人对起算时间有约定的,按约定办。由此也可看出,我国法律承认当事人可对期间的计算方法进行约定,但仅从本条字面含义来看,其适用范围较为狭窄,仅限于按照日、月、年计算的期间,而且当事人仅可对起算时间进行约定。《民法总则草案一审稿》对此进行了扩张,依该草案第184条规定:"期间的计算方法依照本法的规定,法律另有规定或者当事人另有约定的除外。"根据该条,当事人可对所有期间的计算方

---

〔1〕 参见黄薇主编:《中华人民共和国民法典总则编释义》,法律出版社2020年版,第545页。

〔2〕 参见黄薇主编:《中华人民共和国民法典总则编释义》,法律出版社2020年版,第545页。

[本章规定的适用范围]

法进行约定。此后各次审议稿仅作个别文字修改,最终形成现在的规定。

比较法上大多亦承认法律可对期间另作规定,当事人亦可通过约定确定期间的计算方法,如《日本民法典》第138条规定:"期间之计算方法,除法令、裁判之命令有特别规定之情形,或法律行为另有约定之情形外,依本章之规定。"我国台湾地区"民法"第119条规定:"法令、审判或法律行为所定之期日及期间,除有特别订定外,其计算依本章之规定。"

三、本条的适用范围

根据本条前段,期间依照本法所规定的方法计算,其主要指的就是本章关于期间计算的方法。解释上认为,本章规定具有期间计算方法一般规定之性质,不仅各种民事法律所规定的期间适用本章规定,甚至公法上的期间,法律如无特别规定的,也适用本章规定。[3]

四、期间计算方法的特别规定与私人约定

(一)其他法律的特别规定

根据本条但书第一种情况,如果法律对期间的计算方法另有规定,则相应规定应优先适用。解释上认为,本条中所说之"法律",应仅限于全国人民代表大会和全国人民代表大会常务委员会行使国家立法权所制定的法律,其他规范性文件无权对期间计算方法进行单独调整。[4]

法律的特别规定,如《民事诉讼法》第85条规定:期间包括法定期间和人民法院指定的期间(第1款)。期间以时、日、月、年计算。期间开始的时和日,不计算在期间内(第2款)。期间届满的最后一日是法定休假日的,以法定休假日后的第一日为期间届满的日期(第3款)。期间不包括在途时间,诉讼文书在期满前交邮的,不算过期(第4款)。根据《民事诉讼法解释》第125条规定,依照《民事诉讼法》第85条第2款,民事诉讼

---

〔3〕 参见李宇:《民法总则要义:规范释论与判解集注》,法律出版社2017年版,第974页。

〔4〕 参见陈甦主编:《民法总则评注》(下册),法律出版社2017年版,第1456页(刘明执笔)。

中以时起算的期间从次时起算。这是对民事诉讼中期间计算的特别规定,在涉及民事诉讼中的期间计算时,相应规则应优先适用。又如《行政复议法》第 88 条第 2 款规定:"本法关于行政复议期间有关'三日'、'五日'、'七日'、'十日'的规定是指工作日,不含法定休假日。"关于行政复议的期间,应适用这里的特别规定。

(二)当事人间的特别约定

7　　根据本条但书第二种情况,如果当事人对于期间的计算另有约定,则应按照当事人的约定计算期间。当事人可以对期间的计算单位、始期和终期计算方法以及期间截止时点等所有涉及期间计算的问题进行约定。

8　　当事人对于期间的约定亦非没有限制。根据《民法典》第 197 条规定,当事人对于诉讼时效期间、计算方法以及中止、中断事由的约定无效。如果当事人之间关于期间的约定会改变诉讼时效期间或其计算方法等,则不宜认可当事人之间约定的效力。另外,关于年龄、失踪等法定事实的期间计算,不得另作约定,此乃事理之当然。[5]

本章参考文献

1. 陈甦主编:《民法总则评注》(下册),法律出版社 2017 年版。
2. 崔建远等编著:《民法总论》(第三版),清华大学出版社 2019 年版。
3. 黄薇主编:《中华人民共和国民法典总则编释义》,法律出版社 2020 年版。
4. 李宇:《民法总则要义:规范释论与判解集注》,法律出版社 2017 年版。
5. 梁慧星:《民法总论》(第五版),法律出版社 2017 年版。
6. 史尚宽:《民法总论》,中国政法大学出版社 2000 年版。
7. 王利明主编:《中华人民共和国民法总则详解》(下册),中国法制出版社 2017 年版。
8. 王泽鉴:《民法总则》,北京大学出版社 2009 年版。

---

〔5〕　参见李宇:《民法总则要义:规范释论与判解集注》,法律出版社 2017 年版,第 975 页。

附录一

《民法典总则编·诉讼时效、期间计算评注》规范性文件名称缩略语表

全称	简称
中国法律法规	
《中华人民共和国民法典》	《民法典》
《中华人民共和国民法通则》	《民法通则》
《中华人民共和国民法总则》	《民法总则》
《中华人民共和国物权法》	《物权法》
《中华人民共和国合同法》	《合同法》
《中华人民共和国担保法》	《担保法》
《中华人民共和国继承法》	《继承法》
《中华人民共和农村土地承包法》	《农村土地承包法》
《中华人民共和国公司法》	《公司法》
《中华人民共和国合伙企业法》	《合伙企业法》
《中华人民共和国个人独资企业法》	《个人独资企业法》
《中华人民共和国企业破产法》	《企业破产法》
《中华人民共和国保险法》	《保险法》
《中华人民共和国票据法》	《票据法》
《中华人民共和国信托法》	《信托法》
《中华人民共和国海商法》	《海商法》
《中华人民共和国著作权法》	《著作权法》
《中华人民共和国专利法》	《专利法》
《中华人民共和国产品质量法》	《产品质量法》

(续表)

全称	简称
《中华人民共和国环境保护法》	《环境保护法》
《中华人民共和国行政复议法》	《行政复议法》
《中华人民共和国国家赔偿法》	《国家赔偿法》
《中华人民共和国民用航空法》	《民用航空法》
《中华人民共和国体育法》	《体育法》
《中华人民共和国突发事件应对法》	《突发事件应对法》
《中华人民共和国国防动员法》	《国防动员法》
《中华人民共和国监狱法》	《监狱法》
《中华人民共和国劳动法》	《劳动法》
《中华人民共和国劳动合同法》	《劳动合同法》
《中华人民共和国民事诉讼法》	《民事诉讼法》
《中华人民共和国仲裁法》	《仲裁法》
《中华人民共和国农村土地承包经营纠纷调解仲裁法》	《农村土地承包经营纠纷调解仲裁法》
《中华人民共和国劳动争议调解仲裁法》	《劳动争议调解仲裁法》
最高人民法院司法解释	
《最高人民法院关于贯彻执行〈中华人民共和国民法通则〉若干问题的意见(试行)》	《民法通则若干意见》
《最高人民法院关于适用〈中华人民共和国担保法〉若干问题的解释》	《担保法解释》
《最高人民法院关于适用〈中华人民共和国合同法〉若干问题的解释(一)》	《合同法解释(一)》
《最高人民法院关于适用〈中华人民共和国民法典〉总则编若干问题的解释》	《民法典总则编若干问题解释》
《最高人民法院关于适用〈中华人民共和国民法典〉担保制度的解释》	《民法典担保制度解释》

(续表)

全称	简称
《最高人民法院关于审理民事案件适用诉讼时效制度若干问题的规定》	《诉讼时效若干规定》
《最高人民法院关于审理司法赔偿案件适用请求时效制度若干问题的解释》	《司法赔偿案件时效解释》
《最高人民法院关于审理涉及农村土地承包纠纷案件适用法律问题的解释》	《农村土地承包解释》
《最高人民法院关于审理建筑物区分所有权纠纷案件适用法律若干问题的解释》	《建筑物区分所有权解释》
《最高人民法院关于审理商品房买卖合同纠纷案件适用法律若干问题的解释》	《商品房买卖合同解释》
《最高人民法院关于审理建设工程施工合同纠纷案件适用法律问题的解释(一)》	《建设工程施工合同解释(一)》
《最高人民法院关于适用〈中华人民共和国公司法〉若干问题的规定(二)》	《公司法解释(二)》
《最高人民法院关于适用〈中华人民共和国公司法〉若干问题的规定(三)》	《公司法解释(三)》
《最高人民法院关于适用〈中华人民共和国公司法〉若干问题的规定(四)》	《公司法解释(四)》
《最高人民法院关于适用〈中华人民共和国企业破产法〉若干问题的规定(二)》	《破产法解释(二)》
《最高人民法院关于审理证券市场虚假陈述侵权民事赔偿案件的若干规定》	《虚假陈述民事赔偿规定》
《最高人民法院关于适用〈中华人民共和国保险法〉若干问题的解释(二)》	《保险法解释(二)》
《最高人民法院关于审理海上保险纠纷案件若干问题的规定》	《海上保险规定》
《最高人民法院关于审理著作权民事纠纷案件适用法律若干问题的解释》	《著作权解释》
《最高人民法院关于审理专利纠纷案件适用法律问题的若干规定》	《专利规定》

(续表)

全称	简称
《最高人民法院关于审理商标民事纠纷案件适用法律若干问题的解释》	《商标解释》
《最高人民法院关于审理因垄断行为引发的民事纠纷案件应用法律若干问题的规定》	《垄断行为规定》
《最高人民法院关于审理银行卡民事纠纷案件若干问题的规定》	《银行卡纠纷若干规定》
《最高人民法院关于适用〈中华人民共和国民事诉讼法〉的解释》	《民事诉讼法解释》
《最高人民法院关于人民法院执行工作若干问题的规定(试行)》	《执行工作若干规定(试行)》
《最高人民法院关于适用〈中华人民共和国民事诉讼法〉执行程序若干问题的解释》	《执行程序解释》
民法典各草案及其说明	
《中华人民共和国民法总则(草案)》(2015年8月28日)	《民法总则室内稿》
《中华人民共和国民法总则(草案第一次审议稿)》(2016年6月27日)	《民法总则草案一审稿》
《中华人民共和国民法总则(草案第二次审议稿)》(2016年10月11日)	《民法总则草案二审稿》
《中华人民共和国民法总则(草案第三次审议稿)》(2016年12月19日)	《民法总则草案三审稿》
《中华人民共和国民法总则(草案大会审议稿)》(2017年3月8日)	《民法总则草案审议稿》
《民法典各分编(草案第一次审议稿)》(2018年8月27日)	《民法典各分编草案一审稿》
《民法典合同编(草案第二次审议稿)》(2018年12月14日)	《合同编草案二审稿》
《关于〈中华人民共和国民法总则(草案)〉的说明》	《民法总则》草案说明

(续表)

全称	简称
国际公约、条约	
《国际商事合同通则》(PICC)	《国际商事合同通则》
《欧洲民法典共同参考框架草案》(DCFR)	《欧洲民法典草案》

【说明】

1.《民法通则》等有关法律自2021年1月1号起失效,但行文中暂用《民法通则》《物权法》,或者为特别说明表述为《民法通则》(已失效)。

2.部分行政法规、部门规章本身名字较短,不用缩写,直接用全称,如《不动产登记暂行条例》《应收账款质押登记办法》。

3.最高人民法院颁布的个别司法解释或批复,因出现频率不高,故书中采用全称。

附录二

"中华人民共和国民法典评注系列"编写指南

（2023 年 10 月）

中华人民共和国民法典评注研究小组

（2019 年 8 月初定,2020 年 12 月修订,2023 年 10 月修订）

一、评注内容和风格总体要求

1.评注的读者预设。民法典评注成果应成为全体法律人共同体必备的参考资料,包括学者、法官、检察官、律师、法科学生等都可使用,评注应关注实践问题及其解决方案和结果。

2.评注的内容重点。阐述内容应针对民法典的法律适用问题,评注不宜过多聚焦理论争议,应避免没有具体实践基础的纯学理讨论,避免"论文化"评注。

3.评注不同于一般的法律释义书或教材,要达到一定的理论深度,不能完全追随司法裁判或法律实务的观点,应基于法教义学原理进行研究写作。

4.案例类型化整理。对于相关条文在实践中已有案例的,进行类型化整理,以达到评注整合案件裁判规则的作用,并为将来的裁判提供指引或参考。

5.评注应有助于形成通说,或成为通说。对于已形成的通说,表明通说即可;若不赞同通说,可提出作者的观点并进行论证。

6.评注尽量不对法条进行法政策上的批判,除非法律规定有严重瑕疵,则有必要通过评注进行法律续造。

7.评注的结构应当合理安排,有逻辑层次;内容应当易于理解;语言文字表述尽量简明、清晰。

8.字数。对于完全法条,阐释其规范内涵基本需 1 万字左右,重点条文推荐 2 万字以上,不设上限。不完全法条或内涵较少的条文,字数由作者酌定。

二、评注的形式要求

(一)导言

1. 在编、章之前应有概述性导言。
2. 导言不要成为专题性质的基础理论讨论。
3. 司法实践中可能遇到的每个问题应在具体的条文中处理,不用在导言中展开。
4. 条文所涉及法律制度的基本法理、社会基础、比较法与法律史考察等确有阐述之必要,如放在具体条文中,可能导致该条文评注过长,可以在导言中展开。

举例1:民法典第九章"诉讼时效"涉及法律上对于权利行使的时间限制的基础原理和体系,可以置于导言中进行阐述介绍。

举例2:在评注民法典农村土地承包经营权规则时,需要介绍《农村土地承包法》及土地承包制度与中国土地改革的相关内容,可以将其放于导言中。

(二)条文正文和法条的条旨(条标)

法条的标题由作者确定,也可以参考法律释义书或出版社在法律汇编中采用的标题。

(三)目录

1. 较长的条文评注,可设置层级标题,列在评注正文之前。目录对应边码。
2. 目录标题层次编号为:"一、""(一)""1.""(1)"。

(四)正文内容的结构

1. 规范意旨

(1) 法条的规范目的(必备项目)。
(2) 体系位置以及相关特别法的规定(法源问题)。
(3) 规范性质。如有必要,说明是强制性/任意性规范;完全性/不完全性法条;是否为请求权基础规范;是否授予法官自由裁量权;是否为说明性法条、指示援引性法条,等等。

(4)如有必要,介绍司法裁判现状。

(5)如有必要,可作法政策学上的评判。

(6)适用范围或准用范围。

2. 立法历史沿革(及比较法例)

(1)推荐撰写。如无必要或内容太少,可不用独立作为一部分,并入规范意旨即可。

(2)比较法只在有助于澄清我国立法问题和解释法条时进行适当撰写。

(3)立法历史梳理的起点是1949年新中国成立以来,不涉及民国及古代的中国法律。

3. 构成要件和法律效果

(1)原则上以"构成要件""法律效果"的方式引导规范内容,但标题不要僵化采取"构成要件""法律效果"的表述,可根据内容设计标题和结构。

(2)编写时采用文义、体系、目的、历史等解释方法,以及在必要时的类推等续造方法。

(3)构成要件和法律效果若为多重,可分层次讨论。

(4)重要概念应当进行解释和界定。有法定定义或官方法律注释书的界定,应当援引相关文献资料。

(5)一个法条包含多个法律规范或多层含义的,应分层次阐述。

(6)宣示性、倡导性规范,缺乏构成要件和法律效果,可根据其情况特殊处理。

4. 证明责任(如需)。

5. 国际私法的规则(如需)。

(五)参考文献和案例索引

1. "参考文献"列举在每条评注内容之后。

2. 参考资料列举顺序采取:(1)先国内,后国外;(2)按作者拼音或文献拼音顺序列举。

3."案例索引"列举于参考文献之后,列举顺序同参考资料。

(六)边码

1.边码的编排:

(1)通常,每个自然段如果对应一个层次的内容思想,编为一个边码。

(2)例外,如果数个自然段,阐释的是一个层次内容意思,则配以一个边码。

2.推荐每个边码所涵盖的自然段至少包括3行,最多不超过1页。

3.撰写初稿时,暂时不用添加边码。在正式出版时,编辑会对边码进行注明。

三、若干编写说明

(一)规范目的的探求

原则上力求澄清规范的意义,做规范目的解释。首先从文义出发,然后再推进到立法史、权威的法律规范目的解释等。尽量参考全国人大法工委出版的立法理由说明。

例如,在对《民法典》第1202条"因产品存在缺陷造成他人损害的,生产者应当承担侵权责任"评注时,会遇到产品自损的问题。就文义而言,产品缺陷造成产品自身损害时,可以适用《民法典》第1202条。但是,从立法史的角度来看,在这之前的《产品质量法》第41条规定,生产者的产品责任限于产品以外的财产、人身损害。而之前的《民法通则》(已失效)第122条并未将产品责任限于产品以外的损害,而晚近的《侵权责任法》(已失效)第41条也未做此限定。那么,从立法史的变迁可以判断出《民法典》第1202条的立法目的,即试图通过文义的改变,将产品自损纳入到生产者的产品责任中。

(二)立法历史沿革和比较法介绍

1.如果立法史有重大意义或有助于法律目的解释时,有必要考察《民法典》颁布之前的单行法、民法典各次草案。

2.有必要时,可追溯1949年新中国成立以后的历次立法或草案。

3.如果立法历史简单或没有必要的话,不用做立法史介绍。

4.立法史的介绍,尽量援引官方的立法资料。例如,关于《民法典分编草案》,可参考的立法史资料包括:《室内稿》《征求意见稿》《一审稿》《二审稿》《三审稿》等。

5.比较法介绍以必要性为原则,须有利于澄清我国法律规范目的、来源与适用。避免宽泛的评析介绍和资料堆积。

(三) 司法裁判引用

1.推荐在搭好理论框架和确定阐释目的之后,收集整理司法裁判。这样可以节约时间,较快达到预期效果。

2.司法裁判案例的作用有4种:(1)整理案型;(2)支撑自己观点;(3)批判裁判;(4)反映我国裁判特有的问题。作者根据需要使用。

3.同类型案例,选择典型的进行列举,不必穷尽检索和列举。

4.推荐司法判决参考顺序如下(引用时也参考本顺序):

(1)最高人民法院指导案例;

(2)最高人民法院公报案例;

(3)最高人民法院公开出版物发表案例(如《民事审判指导与参考》《人民法院案例选》《人民司法·案例》《法律适用·司法案例》《审判案例要览》);

(4)高级人民法院案例;

(5)中级人民法院案例;

(6)基层人民法院案例;

(7)同一法院的判决中,按时间顺序先后排列。

5.案例的援引,尽量完整标注案例的名称和法院裁判文书案号。

例1:完整引用,如重庆新洲实业(集团)有限公司(新洲公司)等与重庆华通典当有限公司(华通公司)案外人执行异议之诉纠纷案,重庆市高级人民法院(2014)渝高法民终字第00273号民事判决书。

例2:刊物登载的案例,如中国农业发展银行安徽省分行与张大标民间借贷纠纷上诉案,安徽省高级人民法院(2013)皖民二终字第00261号民事判决书,参见霍楠、夏敏:《保证金账户质押生效规则不能成为另案执行标的》,《人民司法·案例》2014年第4期。

例3:早期没有完整案号信息的案例,如广东国际信托投资公司破产案,《最高人民法院公报》2003年第3期,第28页。

    6.编写内容中如何使用和安排案例。

    (1)重要的典型案例,在正文中写明案例名称,并在脚注中示例。

    例4:在"招商银行股份有限公司长沙分行与江西煤业物资供应有限责任公司合同纠纷案"中,在保理债权让与通知以后,债权出让人一直没有交货,因此,债务人拒绝向保理人履行。

    (2)非典型的案例,如只是采用或分析其裁判理由,可直接在脚注中注明案例来源。

    (3)同一类型的案件,不用穷尽或大量收集,能够举出数个代表性案例即可。

六、法律法规援引和缩略语

    1.援引法条,不必使用"原《民法通则》",而直接使用"《民法通则》"即可。如有特别需要说明,可采用"《民法通则》(已失效)"或"《合同法》(1999)"这样的表述。

    2.关于民法典草案建议稿,统一表述如下:

    《民法总则(草案)》"第一次审议稿"(以下简称《民法总则草案一审稿》);《民法典各分编(草案)》"第二次审议稿"(以下简称《民法典各分编草案二审稿》);全国人大法工委民法室《民法典各分编(草案)》"室内稿"(以下简称《民法典各分编室内稿》)。

    3.如有必要,可参考学者起草的"建议稿"。

    例如:"中国法学会民法学研究会《民法总则》(草案)建议稿"(以下简称"民法学研究会建议稿");"中国社会科学院《民法总则》(草案)建议稿"(以下简称"社科院建议稿")。

    4.外国法律或国际条约等,直接表述该法律。

    例如:《德国民法典》《联合国国际货物买卖合同公约》。

    5.根据出版社发布的编辑规范,全套丛书统一法律、法规、司法解释、外国法典的缩略语。

七、注释格式

    1.具体引注格式规范,参见北京大学出版社的格式规范(《法学引注手册》)。

2.采完整信息的脚注格式,每页重新编号。不使用"前引注＊＊"的格式。

3.引用外国法方面的著作时,尽量引用译著,目的是方便国内读者查询;若中文译著确有翻译问题或版本过老,可援引外文原著。

图书在版编目（CIP）数据

民法典总则编. 诉讼时效、期间计算评注：第 188 条—第 204 条 / 朱晓喆著. --北京：北京大学出版社，2024.5
ISBN 978-7-301-35095-9

Ⅰ.①民… Ⅱ.①朱… Ⅲ.①民法—法典—研究—中国 Ⅳ.①D923.04

中国国家版本馆 CIP 数据核字（2024）第 108138 号

书　　名	民法典总则编·诉讼时效、期间计算评注（第 188 条—第 204 条） MINFADIAN ZONGZEBIAN·SUSONG SHIXIAO、QIJIAN JISUAN PINGZHU（DI 188 TIAO—DI 204 TIAO）
著作责任者	朱晓喆　著
责任编辑	任翔宇　方尔琦
标准书号	ISBN 978-7-301-35095-9
出版发行	北京大学出版社
地　　址	北京市海淀区成府路 205 号　100871
网　　址	http://www.pup.cn　http://www.yandayuanzhao.com
电子邮箱	编辑部 yandayuanzhao@pup.cn　总编室 zpup@pup.cn
新浪微博	@北京大学出版社　@北大出版社燕大元照法律图书
电　　话	邮购部 010-62752015　发行部 010-62750672 编辑部 010-62117788
印　刷　者	南京爱德印刷有限公司
经　销　者	新华书店
	880 毫米×1230 毫米　A5　13.875 印张　468 千字 2024 年 5 月第 1 版　2024 年 5 月第 1 次印刷
定　　价	79.00 元

未经许可，不得以任何方式复制或抄袭本书之部分或全部内容。
版权所有，侵权必究
举报电话：010-62752024　电子邮箱：fd@pup.cn
图书如有印装质量问题，请与出版部联系，电话：010-62756370